精品课程配套教材

21世纪应用型人才培养“十三五”规划教材

“双创”型人才培养优秀教材

风险管理

主　编　谭异初　郭毅航　姜　健

副主编　王文杰　王　华　张雪梅　龙含金

白玉培　夏清明

FENGXIAN
GUANLI

图书在版编目（CIP）数据

风险管理／谭异初，郭毅航，姜健主编．—青岛：中国海洋大学出版社，2018.7

ISBN 978-7-5670-1909-6

Ⅰ．①风…　Ⅱ．①谭…　②郭…　③姜…　Ⅲ．①风险管理　Ⅳ．①F272.35

中国版本图书馆CIP数据核字（2018）第183139号

出版发行　中国海洋大学出版社
社　　址　青岛市香港东路23号　　**邮政编码**　266071
出 版 人　杨立敏
网　　址　http://www.ouc-press.com
电子信箱　2880524430@qq.com
订购电话　010-82477073（传真）　　**电　　话**　010-82477073
责任编辑　赵冲
印　　制　北京俊林印刷有限公司
版　　次　2018年8月第1版
印　　次　2018年8月第1次印刷
成品尺寸　185 mm×260 mm
印　　张　24.5
字　　数　578千
印　　数　1—10000
定　　价　49.00元

精品课程配套教材 “双创”型人才培养优秀教材 编审委员会

前　言

伴随着金融自由化、全球化的发展以及日新月异的金融创新，金融机构所处的风险环境也日益复杂，金融风险已成为各国政府和公众面临的最严重的非自然类灾难。特别是2008年的金融危机似一场海啸席卷全球，大量著名金融机构陷入破产、重组的境地。不只是金融机构，一般的企业也面临越来越突出的风险问题。市场经济越发达，不确定性因素就越多，风险也就越突出，对风险管理的需求也就越迫切、要求也越高。在现代经济中，如何有效管理各种风险，实现公司价值最大化，就成为公司治理以及核心竞争力培育中的一个非常重要的永恒课题。

本书分为三大部分共13章。第一部分包括第一章至第七章，是风险管理基本原理篇。第一章介绍了风险及风险管理的基本概念、特征及分类，阐述了风险管理的内容、目标、框架和程序。第二章至第六章分别阐述了风险识别、风险评估、风险管理措施、内部控制与评价及风险管理决策。该部分内容是按照全面风险管理整合框架的主要构成要素进行展开的。第七章阐述了纯粹风险管理的内容，包括财产风险、责任风险、人力资本风险的管理。第二部分包括第八章至第十二章，是金融风险管理基本理论与实务篇，分别介绍了各种具体的金融风险的衡量方法和控制技术，对流动性风险、信用风险、操作风险、市场风险、法律风险及声誉风险进行分析。第十三章是本书的第三部分，介绍了全面风险管理理论及金融监管理论。该章系统地阐述了全面风险管理理论产生的原因及理论发展以及《ERM框架》《中央企业全面风险管理指引》《巴塞尔协议Ⅲ》的主要内容。商业银行的资本充足率监管、保险公司的偿付能力监管、证券公司的以净资本为核心的指标体系监管构成了我国金融监管的基本体系。

为使教材能更好地适应经济类学生的教学及研究需要，我们力求突出以下几个特色：

1. 系统性和新颖性

本书对风险管理的基本原理做了较为全面系统的阐述，详细介绍了风险管理整合框架（包括识别、评估、管理措施、决策、监控、内部控制等），全面叙述了各种主要风险（包括纯粹风险和金融风险）管理的基本原理与技术，既注重经济主体面临风险的微观管理，也介绍了宏观的风险监控。

本教材参考的资料大部分是近年来金融风险管理领域的最新成果，并吸纳了国内、国外最新的被实践检验能够成立的学术思想和理论观点，力求做到资料新、数据新、案例新、框架新。

2. 应用性和现实性

本书是定位于培养应用性专业技术人才的教材，在介绍制度、流程、手段的同时，还特别对风险管理的实务操作，如识别技术、评估技术、管理策略、规划技术以及相关运用等都进行了非常具体的介绍，并适当增加了常用风险管理指标的计算原理，配有例题加以解释。每一章都有比较经典的案例导入，并配套有课后习题。

本书力求做到能与实践中的风险管理相结合，知识与技能相结合，使学生全面理解风险管理的基础知识与操作，并为银行从业人员资格考试的顺利通过打下基础。

专家、学者及业界人士从理论上与实践上对风险管理的理念、技术、决策和监控进行了全方位多角度的探索和研究，目前已经形成了以公司全面风险管理整合框架为主流的科学合理的理论体系。由于“风险管理”的内容博大精深，编者在编写过程中借鉴了国内外成熟的新理论、新知识、新技术，在此对这些文献的作者表示最诚挚的谢意。

本书由谭异初、郭毅航、姜健担任主编，由王文杰、王华、张雪梅、龙含金、白玉培、夏清明担任主编。具体分工如下：谭异初编写第四章、第六章、第七章；郭毅航编写第一章、第二章；姜健编写第三章、第五章；王文杰编写第八章；王华编写第九章；张雪梅编写第十章；龙含金编写第十一章；白玉培编写第十二章；夏清明编写第十三章。最有由谭异初对全书进行了统筹修改。

由于编者水平有限，本书难免存在疏漏和错误，恳请广大读者批评指正。

编者

2018 年 6 月

目 录
Contents

第1章 风险与风险管理

知识目标

1. 了解风险的含义、特征及分类
2. 理解风险与收益、损失、可能性之间的关系
3. 掌握风险管理的定义
4. 熟悉风险管理的内容、目标和框架
5. 明确风险管理的程序

技能目标

1. 具有一定的风险意识
2. 能够分析风险管理的框架要素与实施步骤之间的对应关系
3. 能够解释风险管理的内容、目标与框架之间的逻辑关系

能力目标

1. 能准确理解风险的含义并判断所面临的风险
2. 能进行风险的成因分析
3. 能够制订简单的风险管理的框架以及掌握风险管理的程序

导入案例

冰岛的"国家破产"

冰岛，一个美丽富饶的北欧温泉岛国，被联合国选为全球最适宜居住的国家。由于受到世界金融危机的影响，一度面临着"国家破产"的危险。在2005年，冰岛人均国内生产总值达到54975美元，位居世界第三。冰岛还是世界上第二长寿的国家，2005年人均寿命达到了81.15岁。冰岛的福利是十分完善的，连大学也只免交学费。福利好，教育水平高，人口素质自然高。冰岛人明白只靠捕鱼维生是没有可能令国家富有的，所以他们便大力发展金融业，通过高利率与低管制的开放金融环境，吸引海外资金。而冰岛的银行也效法其他国际投资银行，在国际资金市场大量借入低利短债，投资高获利长期资产，次级按揭资产便是其中一种。之前几年的全球经济形势大好，导致冰岛的银行过分借贷，财务杠杆因此达到了惊人的幅度，总外债规模竟是国内生产总值的12倍，外债总额高达1000亿

欧元，相反冰岛央行的流动资产却只有40亿欧元。银行业已经到达了一个“富可敌国”的地步，所以一旦出现问题，政府根本救也没法救，只能面临破产的局面。

2008年10月6日，冰岛总理宣布，国家可能将要破产。世界舆论大惊。究竟这个小国到底发生了什么事？它将如何破产？它是否是第一块倒下的“多米诺骨牌”？它能够产生多大的“蝴蝶效应”？它将对国际社会带来怎样的影响？……冰岛缘何一夜致贫。一向很少引人关注的北欧小国冰岛，最近一段时间因为传出国家“濒临破产”的消息而突然成了世界舆论的焦点。可在人们的印象里，以前听说这个国家都是诸如“世界最富裕”“最具经济进取性”“最和平国家”等褒奖。那么，是什么导致冰岛几乎“一夜致贫”，号称“破产”的冰岛现在又是怎样一番景象呢？

2008年10月9日，冰岛市值排名前三位的银行已全部被政府接管。数据显示，这三家银行的债务总额为610亿美元，大约相当于冰岛GDP的12倍。冰岛出现严重金融动荡，经历冰岛克朗从2008年1月份以来贬值超过一半。冰岛政府向国际货币基金组织（IMF）、俄罗斯等申请援助，以应对金融危机。

很多欧美游客居然是因为金融危机导致的冰岛货币贬值，才决定来冰岛一了夙愿的。“以前冰岛太贵了，玩不起。”一位英国游客说，“我住的旅馆，如果按照以前的价格，需要150欧元一晚，现在只要80欧元。”但是对于冰岛人来说，情况正好相反。他们的工资是按冰岛克朗支付的，但他们平时购买的商品大都是用外汇从国外进口的，他们的房贷也都听从冰岛银行的建议，改为外币短期信贷。这样一来，冰岛人的生活立刻变得困难起来。

诺贝尔文学奖获得者、冰岛作家哈德尔·拉克斯内斯曾经说过这样一句话：人世间的喧嚣聒噪终将停止，所有荣华富贵都如过眼云烟。当一切都结束后你会发现，人生最重要的东西就是咸鱼。

资料来源：根据百度百科等网络资料整理。

问题：

1. 冰岛“国家破产”的原因是什么？
2. 浅谈你对风险与风险管理的认识。

第一节　风险概述

风险始终伴随着人类的生活。彼得·伯恩斯坦在其著作《与天为敌——风险的传奇经历》（*Against the Gods-The Remarkable Story of Risk*）中对风险做出了深刻的阐释，他指出：“管理风险的能力，以及进一步承担风险以做长远选择的偏好，是驱动经济系统向前发展的关键因素。”风险涉及的领域广阔，各领域对风险下的定义也各有侧重，但风险的本质是一样的。只有抓住了风险的本质，才能正确理解风险并做出恰当的风险管理竞争中决策，进而在未来的竞争中稳步前行。

一、风险的概念与本质

“风险”（Risk）从词源学上来看，可以追溯至拉丁语“Res-cum”，意思是“在海上遭遇损失或伤害的可能性”或“应避免的东西”。

《牛津英语字典》将“风险”定义为“遭受损失、伤害、不利或毁灭的机会或者可能性”，而将“面临风险”定义为“处于风险之中”。在此语境中，“风险”很显然被视为负面影响的先兆。但是，冒险也可能带来积极正面的成果。

目前，学术界对风险的定义有很多，综合国内外理论界对风险的解释或界定，主要有以下一些观点：

（一）风险是损失发生可能性

这个定义将风险与损失联系在一起，是传统意义上对风险的理解。可能性是指客观事物存在或发生的机会，这种机会可以用概率来进行衡量。当概率为 0 时，表明风险不存在；当概率为 1 时，表明风险是一种确定的事件；损失的可能性意味着损失事件发生的概率在 0～1 之间。

（二）风险是损失的不确定性

不确定与确定是特定时间下的概念。确定是一种没有怀疑的状态，而确定的反义词“不确定”是指怀疑自己对当前行为所造成的将来结果的预测能力。因此不确定描述的是一种心理状态，它是存在于客观事物与人们的认识之间的一种差距，反映了人们由于难以预测未来活动和事件后果而产生的怀疑态度。不确定性可以分为以下 3 级：

表 1-1　不确定性的水平

第 3 级	未来的结果与发生的概率均无法确定	
第 2 级	知道未来会有哪些结果，但每一种结果发生的概率无法客观确定	主观不确定
第 1 级	未来有多种结果，每一种结果及其概率可知	客观不确定
无	结果完全可以精确预测	风险与不确定性等于 0

资料来源：刘新立．风险管理（第二版）［M］．北京大学出版社 2006 年．

（三）风险是实际结果与预期结果的偏差

实际结果与预期结果的偏差即为风险，这种偏差可以用统计学中标准差进行衡量。比如在金融投资中，普遍以收益率方差（或标准差）作为风险计量指标。例如用 1 万人民币进行一年的证券投资，预期收益率是 10%，而实际收益率仅为 5%。

（四）风险是实际结果偏离预期结果的概率

有的保险学者把风险定义为一个事件的实际结果偏离预期结果的客观概率。在这个定义中，风险不是损失概率。例如，生命表中 21 岁的男性死亡率是 1.91‰，而 21 岁男性的实际死亡率会与这个预期的死亡率不同，这一偏差的客观概率是可以计算出的。这个定义实际上是实际结果与预期结果的离差的变换形式。

二、风险的特征

风险具有以下特征：

(1) 不确定性。不确定性是风险的基本特征。不确定性是指发生与否不确定、发生的时间不确定、发生的状况不确定，以及发生的后果严重性程度不确定。

（2）客观性。风险不以人的意志为转移，是独立于意志之外的客观存在，人们无法避开它，也无法否定它。经济主体只能采取风险管理办法降低风险发生的频率和损失的幅度，而不能彻底消除风险。我们必须采取客观的态度，承认风险和正视风险，要采取积极的态度去对待风险。

（3）普遍性。在现代社会，个体或企业面临着各式各样的风险，随着科学技术的发展和生产力水平的提高，还会不断产生新的风险，且风险事故造成的损失也越来越大。

（4）可变性。它是指在一定条件下风险具有可转化的特性。世界上任何事物都是相互联系、相互依存、相互制约的，而任何事物都处于变化之中，这些变化必然会引起风险的变化。例如科学发明和文明进步，都可能使风险因素发生变动。

（5）损失性。风险发生后必然会给人们造成某种损失，然而对于损失的发生人们却无法预料和确定。人们只能在认识和了解风险的基础上严防风险的发生和减少风险所造成的损失，损失是风险的必然结果。

（6）发展性。人类社会自身进步和发展的同时，也创造和发展了风险。尤其是当代高新科学技术的发展和应用，使风险的发展性更为突出。风险会因时间、空间因素的不断变化而不断发展变化。

三、风险的本质

风险的本质是指构成风险特征、影响风险的产生、存在和发展的因素，我们可以将其归结为风险因素、风险事故和损失。为真正领会风险的本质，就必须深入分析这三个概念及其相互联系。

（一）风险因素

风险因素是指促使和增加损失发生的频率或严重程度的条件，它是风险事故发生的潜在原因，是造成损失的内在或间接原因。构成风险因素的条件越多，发生损失的可能性就越大，损失就会越严重。例如，房屋内存放的易燃易爆品、有关人员的疏忽大意、灭火设施不灵，房屋结构不合理等都是增加火灾损失频率和损失幅度的条件，是火灾的风险因素。根据风险因素的性质，可以将其分为有形风险因素和无形风险因素。

1. 有形风险因素

有形风险因素是指导致损失发生的物质方面的因素。比如财产所在的地域、建筑结构和用途等。南方地域要比北方地域发生洪灾的可能性大；木质结构的房屋要比水泥结构的房屋发生火灾的可能性大；机动车从事营运的要比非营运的发生交通事故的可能性大。

在这里我们提出暴露这个概念。暴露是指一种处于某种风险之中的状态。例如，假设一个人驾驶一辆小汽车行驶在公路上，我们就称驾驶者和汽车暴露在与车祸有关的人身风险和汽车风险中，这里的人和车称为暴露体，暴露体此时所处环境中的一些有关的物质性因素，如路况、车况、驾驶者的身体状况等就是有形风险因素。

2. 无形风险因素

文化、习俗和生活态度等一类非物资形态的因素也会影响损失发生的可能性和受损的程度。无形风险因素包括道德风险因素和心理风险因素两种。

（1）道德风险因素。道德风险因素是与人的品德修养有关的无形的因素，是指人们以不诚实、不良企图、欺诈行为故意促使风险事故发生，或扩大已发生的风险事故所造成的损失的因素。例如欺诈、盗窃、抢劫、贪污等。对于在路上驾驶汽车的司机来说，故意违规就属于道德风险因素。

（2）心理风险因素。心理风险因素虽然也是无形的，但与道德风险因素所不同的是，它是与人的心理有关的，是指由于人们行为上的粗心大意和漠不关心，易于引发风险事故发生的机会和扩大损失程度的因素。例如驾驶者在行车过程中走神，就会增加车祸的可能。

道德风险因素和心理风险因素均与人的行为有关，所以也常将二者合并称为人为风险因素。由于无形风险因素看不见摸不着，具有很大的隐蔽性，往往可以隐藏很长时间，因此在许多情况下，等到被发觉了，已经酿成了巨大的损失。例如巴林银行等许多大型金融机构的倒闭，都是因为道德风险因素或心理风险因素。因此，在进行风险管理时，不仅要注意那些有形的危险，更要严密防范这些无形的隐患。

（二）风险事故

风险事故又称风险事件，是指风险的可能成为现实，以致造成人身伤亡或财产损害的偶发事件。例如，火灾、地震、洪水、龙卷风、雷电、爆炸、盗窃、抢劫、疾病、死亡等等都是风险事故。风险事故是造成损失的直接的或外在的原因，它是使风险造成损失的可能性转化为现实性的媒介，是风险因素到风险损失的中间环节。风险只有通过风险事故的发生，才可能导致损失。

有时风险事故和风险因素很难区分，某一事件在一定条件下是风险因素，在另一条件下是风险事故。如下冰雹，使得路滑发生车祸，造成人员伤亡，这时冰雹是风险因素，车祸是风险事故；若冰雹直接击伤人，则它就是风险事故。因此，应以导致损失的直接性和间接性来区分，导致损失的直接原因是风险事故，间接原因则为风险因素。

（三）损失

损失是指非故意的、非预期的和非计划的经济价值的减少或消失。损失的要素之一是经济价值的减少，它是以货币为单位进行衡量的。要素之二是非故意或非预期和非计划的。上述两个要素缺一不可。例如折旧，虽然是经济价值的减少，但它是固定资产自然而有计划的经济价值的减少，因此不符合这里所讲的损失的定义。

损失可以分为直接损失和间接损失两种。直接损失是风险事故对标的本身所造成的破坏，是风险事故导致的初次效应；间接损失是风险事故的后续效应，是由直接损失所造成的破坏，一般包括额外费用损失和收入损失等。

风险本质上就是由风险因素、风险事故和损失三者构成的统一体，这三者之间存在着一种因果关系，即风险因素增加或产生风险事故，风险事故引起损失。换句话说，风险事故是损失发生的直接与外在原因，风险因素是损失发生的间接与内在的原因。

四、风险的分类

基于有效分析和管理风险的目的，需要对风险进行合理的分类。从不同的角度，可以有不同的分类方法。

（一）纯粹风险与投机风险

按照风险的性质不同，风险可分为纯粹风险和投机风险。纯粹风险是指只有损失机会而无获利机会的风险。其分类包括：

（1）财产风险，是指导致有形资产毁损、灭失或贬值的风险。这里的财产损失包括直接损失和间接损失。

（2）责任风险，因侵权行为而产生的法律责任使侵权行为人的现有或将来收入遭受损失的可能性。

（3）人身风险，由于伤亡或疾病丧失工作能力或失业而造成收入损失的可能性。

（4）信用风险，是指交易对手不履行合同规定的义务而造成经济违约损失的可能性。

风险是指那些既存在损失可能性，也存在获利可能性的风险。它所导致的结果有三种可能：损失、无损失和获利。股票是说明投机风险的一个很好的例子。除了赌博以外，大多数投机风险属于动态风险，大多数纯粹风险属于静态风险。一般而言，纯粹风险具有可保性，而投机风险是不可保的。

表 1-2　纯粹风险与投机风险的区别

角度	纯粹风险	投机风险
风险损失的可控制性	可采取预防措施，降低风险	提高自身的风险承受能力
风险的融资性	保险、分散	不可保、转移
风险损失变化	净损失	无净损失，只是社会财富的重新分配

（二）动态风险和静态风险

按照风险的形成环境分类，可以将风险分为静态风险与动态风险。静态风险是一种在经济环境条件没有变化的情况下，一些自然行为和人们的不当行为形成的损失可能性，例如，自然灾害和个人不诚实品质造成经济损失。静态风险对社会无任何益处，但它们具有一定规律，是可以预测的。动态风险则是在经济条件变化情况下造成经济损失的可能性，例如价格水平、技术变化、经济政策变化等可能会使经济单位、个人遭受损失。从长期来看，动态风险使社会受益，它们是对资源配置不当所做的调整。与静态风险相比较，动态风险因缺乏规律性而难以预测，保险较适合于对付动态风险。

（三）行业风险和经营风险

按照风险因素的不同，企业可能面对的风险可分为行业风险和经营风险两大类。

1. 行业风险

行业风险是指由于特定行业因素或环境的不利变化给企业经营目标实现带来负面影响的风险。行业风险分析主要通过成本结构分析、行业成熟期分析、行业同期性分析、行业赢利性分析、行业依赖性分析、产品潜在性分析和法律、政策环境分析，了解整个行业的基本状况和发展趋势。其主要评价指标如下：行业对国民经济的重要性，行业进入壁垒，产品供求状况及发展潜力，赢利能力，行业价格控制能力，与供应商谈判中地位和控制成本费用的能力，现金流量充足而稳定性，政策风险，企业管理难易程度低，超额收益情况及亏损风险。

2. 经营风险

经营风险指由于采用的战略不当、资源不足、经济环境或竞争环境发生变化而不能实现经营目标的风险。它包括市场风险、政治风险、操作风险、项目风险、信用风险、产品风险、流动性风险、环境风险、声誉风险和战略风险。

（1）市场风险是由于市场价格（包括金融资产价格和商品价格）波动而导致公司价值遭受损失的风险。其主要表现形式有利率风险、汇率风险、股票价格风险和商品价格风险，分别是指由于利率、汇率、股票价格和商品价格的不利变动而带来的风险。

（2）政治风险就是与企业运营所在的国家的政治稳定性，或者当地的政治制度相关的风险。

（3）操作风险指由不完善或有问题的内部程序、人员及系统或外部事件所造成损失的风险。它还包括法律风险（指不符合法律或法规要求的风险），但不包括声誉风险和战略风险。人员因素、内部流程、系统缺陷和外部事件是操作风险形成的原因。

（4）项目风险是指与项目建设与运营有关的风险。其主要表现为项目方案可能无法执行，项目进度可能发生变化，项目成本可能超支，项目不能达到预定规格，或者项目成果可能会遭到顾客拒绝。

（5）信用风险是指债务人或交易对手未能履行合同所规定的义务或信用质量发生变化，影响金融产品价值，从而给债权人或金融产品持有人造成经济损失的风险，因此又被称为违约风险。

（6）产品风险指企业面临的与产品（包括商品、劳务在内）相关的风险。新产品和成熟产品都存在一定的产品风险：前者涉及产品的销量和顾客的认可与否；后者涉及价格变化对销量的影响。

（7）流动性风险是指公司因无力为负债的减少和资产的增加提供融资，而造成损失或破产的可能性。流动性是指在一定时间内以合理的成本获取资金用于偿还债务或增加资产的能力，其基本要素包括时间、成本和资金数量。

（8）环境风险是指企业由于其自身或影响其业务的其他方造成的环境破坏而承担损失的风险。公众环保意识的增强使得他们更加关心人类行为造成的环境破坏，企业管理者需要关心的不仅包括企业对环境造成的直接影响，还应包括企业与客户和供应商之间的联系对环境造成的间接影响。

（9）声誉风险是指由于意外事件、公司的政策调整、市场表现或日常经营活动所产生的负面结果，可能对公司无形资产造成损失的风险。声誉风险主要是二级风险，其产生的原因来自企业未能有效地控制其他类型的风险。

（10）战略风险是指在追求短期商业目的和长期发展目标的系统化管理过程中，不适当的未来发展规划和战略决策可能威胁公司未来发展的潜在风险。

（四）系统性风险和非系统性风险

按照风险的起源以及影响范围不同，风险可以分为系统性风险与非系统性风险。其中，系统性风险是由非个体的，或至少是个体往往不能控制的系统性因素引起的、损失通常波及很大范围的风险。它应当由社会来承担，而不是由个人或企业来承担。非系统性风险是指由特定的社会个体所引起的，通常是由某些个人、家庭或者公司来承担损失的风险。例如，由于火灾、爆炸、盗窃等所引起的财产损失的风险，对他人财产损失和身体伤害所负法律责任的风险等，都属于非系统风险。非系统风险通常被认为是由个体引起的，在个人的责任范围内，因此，它们的管理也主要由个体来完成，如通过保险、损失防范和其他工具来应付这一类风险。

另外，风险还有其他分类。如按是否能够量化，可以将风险划分为可量化风险和不可量化风险；按照承受能力，可以将风险分为可接受风险与不可接受风险；按照风险控制程度，可以将风险分为可控制风险与不可控制风险；按照风险存在方式，可以将风险分为潜在风险、延缓风险与突发风险；按照风险责任主体，可以将风险分为国家风险、企业风险、个人风险；按照风险损失程度，可以将风险分为轻度风险、中度风险、高度风险；等等。

根据诱发风险的原因，巴塞尔委员会把风险分为八类，即信用风险、市场风险、操作风险、流动性风险、国家风险、声誉风险、法律风险与战略风险。

五、风险的度量

在现实生活中，我们经常能听到这样的说法：这个事情风险很大，这个事情风险很小，这里所说的风险很大或风险很小是什么意思呢？实际上，它所谈论的是风险的度量问题。根据风险的定义，它是由损失的大小和损失发生的概率两部分组成的，所以对风险的度量的关键指标也包括两个：损失幅度和损失概率。损失幅度是指一定时期内，某一风险事故一旦发生，可能造成的最大损失数值。损失概率是指损失发生的可能大小。我们经常通过概率和数理统计的方法进行先验性判断。

假设有三只股票可以购买，它们目前的价格都是 100 元，在未来一定时期内（假设一年）的收益情况和概率分布都互不相同，如表 1-3 所示：

表 1-3　三只股票的收益情况

股票 A		股票 B		股票 C	
收益或损失	概率	收益或损失	概率	收益或损失	概率
+10	0.5	+1	0.5	+10	0.01
−10	0.5	−1	0.5	−10	0.99

首先对股票 A 和股票 C 进行比较，可以很清楚地看到，股票 C 损失 10 块钱的概率比股票 A 大；而股票 C 赚 10 块钱的概率仅为 1%，又远远小于股票 A 中 50%的概率。在损失幅度相同的情况下，损失发生的概率越大，其所面临的风险也越大。所以股票 C 的风险大于股票 A 的风险。但是对于股票 A 和股票 B，从统计量角度看，它们的期望值水平相同，都是 0，发生的概率也各为 50%。但是在损失幅度上，股票 A 高于股票 B。所以，在度量风险水平的时候，仅仅考察损失概率是不够的，还必须比较损失幅度。因此，从这个角度考虑，股票 A 的风险高于股票 B。

根据损失的幅度和损失的概率的大小可以组成四种情况，如图 1-1 所示：

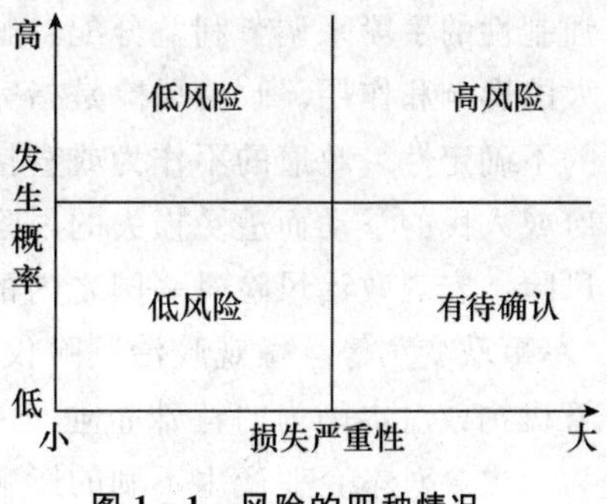

图 1-1 风险的四种情况

从图中可以看出，损失概率和损失幅度均低的为低风险，损失概率虽然高，但损失幅度小也可以看成是低风险，损失概率和损失幅度都大的话是高风险，但是 对于损失概率较低，而损失幅度较大的风险，则要具体情况具体分析。比如一些巨灾事件，像 2008 年汶川地震，虽然发生概率很低，但由于后果严重，就被视为高风险。

六、风险的成因

产生风险的原因有很多，一般来说，风险主要来源于自然和社会环境的不确定性、市场经济运行及经济单位自身业务的复杂性，以及管理者认识能力的滞后性与手段方法的局限性。总而言之，风险产生的原因既受主观因素的影响，也受客观因素的影响，具体有以下几个方面：

（一）主观因素

风险产生的主观影响因素主要体现在信息的不完全性与不充分性。信息在质与量两个方面不能完全或充分地满足预测未来的需要，而获取完全充分的信息要耗费大量金钱与时间，不利于及时做出决策。人的有限理性决定了人不可能准确无误地预测未来的一切。人的能力等主观因素的限制加上预测工具以及工作条件的限制，决定了预测结果与实际情况肯定有或大或小的偏差。

（二）客观因素

1. 自然因素

自然界的运动变化不仅受其自身规律的作用，而且还受到种种外力的影响和制约，因而使其在发展过程中呈现出不规则的变化趋势。一系列自然灾害如地震、洪水、海啸等经常给人们正常的生产、生活带来严重影响，让人们的生命财产蒙受巨大损失。总之，自然风险是指自然力的不规则变化使社会生产和社会生活等遭受威胁的风险。

2. 社会因素

人的本质在其现实性上是一切社会关系的总和。社会因素是指社会上各种事物，包括社会制度、社会群体、社会交往、道德规范、国家法律、社会舆论、风俗习惯等等。它们的存在和作用是强有力的，影响着人们态度的形成和改变。社会风险是指由于个人或团体所做出的行为（包括过失行为、不当行为以及故意行为）使社会生产以及人们生活遭受损失的风险，如盗窃、抢劫、玩忽职守及故意破坏等行为将可能对他人财产造成损失或人身造成伤害。

3. 政治因素

政治是人类社会发展到一定阶段后出现的特殊的历史现象。它产生于人与人之间的利害冲突，是社会中占统治地位的阶级，通过建立以暴力为基础的国家政权，利用法律这种强制性的手段来调节利益分配，解决社会冲突的活动。政治对社会生活的各个方面都有重大的影响和作用。政治风险是指完全或部分由政府官员行使权力和政府组织的行为而产生的不确定性。政府的不作为或直接干预也可能产生政治风险。政治风险也指企业因一国政府或人民的举动而遭受损失的风险。政治风险常常分为两大类：宏观政治风险和微观政治风险。宏观政治风险对一国之内的所有企业都有潜在影响。如“恐怖活动”、“内战”或“军事政变”等。微观政治风险仅对特定企业、产业或投资类型产生影响。如设立新的监管机构或对本国内的特殊企业征税。另外，当地业务合作伙伴如果被政府发现有不当行为，也会对本企业产生不利的影响。大量研究表明，绝大多数的政治风险问题属于微观层次的问题，而且更多地涉及企业或投资者经营收入和投资回报，而不是财产所有权。政治风险的直接原因是东道国或投资所在国国内政治环境的变化及其对外政治关系的变化，而且是对外国企业和外国投资者不利的变化。在跨国并购中，政治风险尤为突出，通常表现为政策变动风险、歧视性干预风险、恐怖袭击风险、国有化风险、战争动乱风险和劳工风险等等。

4. 经济因素

风险产生的经济因素是指因经济前景的不确定性，各经济主体在从事正常的经济活动时蒙受经济损失的可能性。它是市场经济发展过程中的必然现象。经济因素是指影响企业营销活动的一个国家或地区的宏观经济状况，主要包括经济发展状况、经济结构、居民收入、消费者结构等方面的情况。经济风险是指在生产和销售等经营活动中由于受各种市场供求关系、经济贸易条件等因素变化的影响或经济决策失误、对前景预期出现偏差等导致经营失败的风险。

5. 技术因素

风险产生的技术因素是指伴随着科学技术的发展、生产方式的改变而产生的威胁人们生产与生活的风险因素，如核辐射、空气污染和噪音等。导致风险产生的技术因素种类有很多，主要类型有因技术不足导致的技术开发方面的问题、技术保护不当、技术使用问题、技术取得和转让问题等等。

第二节 风险管理概述

人类社会的历史，就是一部不断地同各种风险抗争的历史；而风险管理理论的产生却是社会生产力和科学技术发展到一定阶段的产物。控制和减少风险事故的发生，提高风险管理的水平，可以有效利用社会资源，实现资源的优化配置；反之，就会造成社会资源配置的浪费和不必要的经济损失。风险管理的重要性日益凸显。

一、风险管理的起源和发展

自古以来，风险管理就已经存在，它是人类为了生存而必然采取的措施之一。史前人类结为部落，共同承担风险、分担责任、共同分享劳动成果的管理方式，就是风险管理的方式，只是尚未以学科理论的方式确定下来。

企业风险管理的思想的萌芽是伴随着工业革命的进程而产生的。工业文明的发展促进了生产力的高度发展，促进了社会财富的急剧增加。但是，与之相伴的是巨大的财产损失和人身伤亡事故的增加，这不仅影响到企业的经营、发展，而且也影响到员工的生命安全。一般认为企业风险管理从 20 世纪 30 年代起源于美国后，就受到了各个国家的高度重视，发展迅速，现已形成了较为系统、科学的理论。

（一）第一阶段：早期风险管理意识的萌芽

人类从很早以来就有了风险意识的萌芽。早先的人类面临生存的风险和挑战，表现出惊人的智慧。原始人为了控制野狼袭击的风险，他们将火燃烧在山洞口；为了抵御生病的风险，神农氏尝遍百草以求良药。大禹治水可以说是一次成功的风险管理，能够管理黄河泛滥带来的风险。工具的发明则是人类管理风险史上的一大成就。可以说，正是自然界不断使人类暴露于风险之中，才促进了人类的进化。

逐渐地，人们产生了原始的保险意识。大约 1600 年前我国商代的商人们在长江上从事货物水运时，采取了将一批货物分装在几条船上的措施，以避免货物在运输过程中因意外事故而全部损失的危险，这就是保险的损失分摊思想的雏形。我国春秋战国时期的墨子就提出："有力者疾以助人"、"有力以劳人"，体现了互助互济的思想。

（二）第二阶段：19 世纪末至 20 世纪初

随着工业革命的深入，企业规模不断扩大，机器设备大量使用，工业生产安全风险亦逐步扩大。1906 年，美国 US 钢铁公司董事长凯里从多次发生的事故中吸取教训，提出了"安全第一"的管理思想。从之前的"质量第一，产量第二"到"安全第一，质量第二，产量第三"的经营方针的转变，保障了企业财产和雇员的安全，并且在后来的实践中获得了较大的成功，并震惊了美国实业界。1912 年，芝加哥创立的"全美安全协会"研究制订了有关企业安全管理的法律草案。1917 年，英国伦敦也成立了"英国安全第一协会"。

金融风险在这一段时期也被人们深刻认识。"南海泡沫"便是早期资本市场风险事故的一次典型案例。公认会计师的出现则是人们管理此类金融风险的一种尝试手段，因为股东期望获得更多可靠信息以减少由于对企业认识不足而带来的投资收益不确定性。

（三）第三阶段：20 世纪初至 20 世纪 70 年代

1929—1933 年，世界经济陷入了严重的经济危机。面对经济衰退、工厂倒闭、工人失业和社会财富遭受的巨大损失，人们开始思考风险管理的重要性。1931 年，在美国经营者协会（AMA）召开的大会上，明确了对企业风险进行管理的重要意义，并设立保险部门作为美国经营者协会的独立机构。从此，出现了风险管理人或风险经理。1932 年，由企业风险管理人员共同组成了纽约投保人协会，彼此交换风险管理的信息，并研究风险管理的技术和方法。但是，在 20 世纪三四十年代，企业风险管理的对象主要是可保风险。

20 世纪 50 年代，风险管理以学科的形式发展起来，并形成了独立的理论体系。风险管理理论最早起源于美国，并在美国获得了广泛的发展。当时推动风险管理理论发展主要有两大事件：一是 1948 年美国钢铁工人工会与厂方就养老金和团体人身保险等损失问题进行谈判；二是 1953 年美国通用汽车公司自动变速装置厂发生火灾而损失惨重。这一切都在提醒人类，在利用科学技术迅猛发展带来便利的同时，也要重视科学技术带来的巨额损失风险，重视对引起事故的各种风险因素进行科学、规范的分析和管理。20 世纪 60 年代，很多学者开始系统地研究风险管理的方法，并寻求风险管理方法的多样化。1964 年，威廉姆斯和汉斯出版了《风险管理与保险》一书，引起了欧美各国的广泛重视。概率论和数理统计的运用，使风险管理从经验走向科学，并发展成为一门独立的学科。与此同时，有关风险管理的教育也在美国率先展开。到了 70 年代，美国主要大学的工商管理学院都开设了风险管理课程，传统的保险系也把教学重点到风险管理方面。

20 世纪 70 年代初期，风险管理的理念也开始传入日本和中国台湾，但是，风险管理的实务在亚洲的发展却比较缓慢。

在这一阶段，人们仍然只关注危害性风险，但安全管理与保险有融合的迹象。

（四）第四阶段：20 世纪 70 年代至 20 世纪 90 年代

20 世纪 70 年代以后，出现了风险管理历史上第一个革命性的转变，即从传统的以保险为核心的风险管理体系中脱离出来，现代全方位的风险管理逐渐形成。1971 年，布雷顿森林体系的崩溃，任何经济实体都面临着空前的金融风险，这使得企业认识到，风险管理不仅针对危害性风险，也包含金融风险。金融风险管理日益受到重视。在这一阶段里发生的一些大型科技灾难对风险管理的思维造成极大的影响。人们意识到管理风险不应只注重技术与财务，还应该注重个人行为和文化社会背景的影响。

（五）第五阶段：20 世纪 90 年代至今

在这一阶段，风险管理有了迅速发展，同时也促使危害性风险管理和金融风险管理有了更深层次的整合。

20 世纪 90 年代以来，因使用金融衍生品不当而引发的金融风暴开始增多，并且损失巨大，如巴林银行事件、日本大和银行事件，以及美国 2008 年的次贷危机演变成全球的金融危机。这些都促使人们对金融风险管理的认识更加深入。例如“风险价值（VAR)”的提出及全球风险专业协会的成立就说明了这一点。

此外，以危害性风险管理为主的保险市场和以金融风险管理为主的资本市场之间的界限被打破，出现了一些新型风险管理工具，如财务再保险和保险期货等。尽管这些新型工具有的还不太成熟，但保险风险证券化已成为风险管理领域的一个重要发展趋势。

近年来，风险管理的标准化也引起了国际社会的广泛关注，许多国家现在正在试图通过规范化、标准化的风险管理手段来加强风险管理的绩效。澳大利亚、英国、加拿大、日本等国家在一般性风险管理标准、风险管理技术等领域以及在医疗器械、航天系统、软件、项目管理等许多领域都制订了相应的风险管理标准，并形成了一定的风险管理标准体系。

二、风险管理的定义

由于风险管理的应用极为广泛，且在各个领域中管理的目标也不尽相同，因此对风险管理的界定如图对风险的界定，有许多不同的解释。风险管理是涉及社会政治、经济领域的重要课题，是复杂、普遍的系统工程，是对各种风险事故的预警、规避，是对已经发生损失的处理。从风险管理的主体来看，国家、企业、社会组织、家庭和个人都需要管理各种风险。从风险管理的内容来看，内容丰富，涉及社会政治、经济生活的方方面面。风险管理作为一门新兴的、跨专业的管理学科，涉及金融学、财务管理学、数学、投资学、统计学等多门学科知识。

风险管理是社会组织或者个人用以降低风险的消极结果的决策过程，通过风险识别、风险估测、风险评价，并在此基础上选择与优化组合各种风险管理技术，对风险实施有效控制和妥善处理风险所致损失的后果，从而以最小的成本收获最大的安全保障。从该定义可以看出，对风险管理的理解主要包括以下几个方面：

（1）风险管理的目标是以最小的成本收获最大的安全保障。

（2）风险管理的主体可以是任何组织和个人。

（3）风险管理的对象是潜在风险。

（4）风险管理的过程是风险决策的过程。

三、风险管理的基本原则及目标

（一）风险管理的基本原则

近年来，全球性金融危机的爆发及跨国企业的运营失败等，使得风险管理的重要性达到了历史最高点。风险管理有助于企业决策的达成和运营效率的提升。英国标准 BS 31100 和国际标准 ISO 31000 中都非常详细地提到了风险管理准则的相关内容。一般而言，风险管理行为应当遵循以下基本原则：

（1）适应性：风险管理行为必须与企业所面临的风险水平相适应。

（2）相关性：风险管理行为与企业的其他经营活动相融合。

（3）综合性：为了实现风险管理的高效性，必须采用综合性的管理手段。

（4）融合性：风险管理行为应当渗透到企业的日常运营当中。

（5）动态性：风险管理行为应该是动态的，能够应对风险的突发及变化。

（二）风险管理的目标

风险管理最主要的目标是处置风险和控制风险，防止和减少损失，以保障公司运营、社会及各项活动的顺利进行。风险管理可以分为五个层次：①降低意外损失风险，防止企业倒闭破产；②维持企业生产，避免企业经营中断；③安定局面，稳定企业收入；④持续发展，提高企业利润；⑤建立良好的企业信誉和形象。

由于风险管理的目标在损失发生之前主要在于保证经济，在损失发生之后重点在于有令人满意的复原，因此具体地讲，风险管理在损失前后其具体目标要求是不同的。

1. 损失前目标

在风险事故尚未发生之前，风险管理应达到如下目标：

（1）经济合理目标。经济合理目标是损失发生之前风险管理的首要内容。在损失发生之前，风险管理者应分析、比较各种风险处置工具、安全计划、保险险种及防损技术所需的费用，并进行全面的财务分析，以谋求最经济合理的综合处置方式，即在保证风险处理效果的前提下，使风险管理的费用尽可能减少。

（2）安全系数目标。安全系数目标就是将风险控制在可承受的范围内。风险的存在及其造成的严重后果，不仅可能引起财产物资的损毁和人身伤害，同时还会给人们带来种种忧虑和恐惧，这种心理上的障碍无疑会严重影响人们的工作积极性和主动性，从而造成低效率甚至无效率的状况。风险管理者必须使人们意识到风险的存在，而不是隐瞒风险，这样有利于人们提高安全意识，防范风险并主动配合风险管理计划的实施。实施风险管理措施，可以尽量减少人们心理上的恐惧和忧虑，消除后顾之忧，使人产生安全感。因此，形成一种安定可靠、轻松的环境也是风险主体开展风险管理活动应达到的一个重要目标。

(3) 社会责任目标。与其他各种管理一样，实施风险管理也必须承担有关责任和义务，必然受到政府和主管部门有关政策和法规以及风险主体公共责任的制约，如政府法令和规则及各种公共准则。同时，社会化大生产使单个风险主体与外界各种经济组织、个人之间有着广泛的联系。一个风险主体遭受损失，受损的通常不只是风险主体本身，还包括它的股东、债权人、客户、消费者、劳动者以及相关的人员和经济组织。风险带来的损失严重时，甚至会使国家或社会蒙受损失，从而给社会带来不良影响。因此，风险管理还应注重履行必要的社会责任，全面实施防灾防损计划，尽可能消除风险损失的隐患，这无疑是对社会的一种贡献。所以，社会责任目标也是风险管理的目标之一。

2. 损失后目标

即使实施十分完善的风险管理计划和方案，也不可能完全避免损失的发生。因此，确定损失发生后的风险管理目标也同样重要。与损失前目标不同，确定损失后的风险管理目标重在考虑最大限度地补偿和挽救损失带来的后果及其影响。损失发生后的风险管理应达到如下目标：

(1) 维持生存目标。为使经济单位、家庭、个人乃至整个社会不致由于意外事件的发生而遭受灭顶之灾，损失发生后风险管理的最基本、最主要的目标就是维持生存。实现这一目标，意味着通过风险管理者的种种努力，能够使经济单位、家庭、个人乃至社会在财力、物力及心理上做好充分的准备，能够经受得住损失的打击，不至于因自然灾害或意外事故的发生而元气大伤、一蹶不振。

(2) 保持正常生产经营目标。维护风险主体生产经营活动持续运行是损失发生后风险管理应达到的第二位目标。持续经营目标是指不因为损失事件的发生而使风险主体的生产经营活动中断。

(3) 尽快实现收益稳定目标。风险管理者在使风险主体维持生存并迅速复原后，应尽快实现原有的稳定的收益水平，促使资金回流，尽快消除损失带来的不利稳定的影响，以保证企业经营的连续性，尽快使企业恢复到损失前的赢利水平。

(4) 实现持续增长目标。执行和实施风险管理计划及方案，及时、有效地处理各种损失结果，并不断地根据可能出现的新情况拟订新的风险管理计划和方案，周而复始地执行计划，实施方案，从而使风险主体实现持续稳定的发展，这是风险管理应达到的高层次目标。

(5) 履行社会成员职责目标。风险损失的发生，不仅承担风险的经济单位受害，还会影响到雇员、顾客、供货人、债权人、税务部门以及整个社会的利益。切实履行社会职责是现代风险主体应负的历史使命，也是风险主体开展风险管理活动应追求的目标。

与损失发生前目标中强调风险主体承担社会责任和履行义务的道理一样，有效地处理风险事故发生后所带来的损失后果，减少因损失造成的种种不利影响，可以减轻对国家经济的影响，保护与风险主体相关的人员和经济组织的利益。风险主体更好地、充分地承担社会责任，履行应尽的义务，可以树立良好的社会形象，建立信誉，为今后进一步发展奠定基础。

上述风险管理目标相互联系、相互作用，目标层次不同，反映和决定了风险管理水平的高低。以维持风险主体生存和稳定收益为目标的风险管理计划，与实现持续发展为目标的风险管理计划相比，前者表现为“保守”和“谨慎”，而后者则更倾向于“积极”和“冒险”。

四、风险管理的框架

全面风险管理整合框架包括八个相互关联的构成要素，它们源于管理当局经营公司的方式，并与管理过程整合在一起。这些构成要素如下：

（1）内部环境。管理当局确立关于风险的理念，并确定风险容量。内部环境为主体中的人们如何看待风险和着手控制风险确立了基础。所有公司的核心都是人（他们的个人品性，包括诚信、道德价值观和胜任能力）以及经营所处的环境。

（2）目标设定。必须先有目标，管理当局才能识别影响它们实现的潜在事项。公司风险管理确保管理当局采取恰当的程序去设定目标，确保所选定的目标支持和切合该主体的使命，并且与它的风险容量相一致。

（3）事项识别。必须识别可能对主体产生影响的潜在事项。事项识别涉及从影响目标实现的内部或外部原因中识别潜在的事项。它包括区分代表风险的事项和代表机会的事项，以及可能二者兼有的事项。机会被反馈到管理当局的战略或目标制订过程中。

（4）风险评估。要对识别的风险进行分析，以便形成确定应该如何对它们进行管理的依据。风险与可能被影响的目标相关联，既要对固有风险进行评估，也要对剩余风险进行评估，评估要考虑到风险的可能性和影响。

（5）风险管理。员工识别和评价可能的风险管理，包括回避、承担、降低和分担风险。管理当局选择一系列措施使风险主体的风险容限和风险容量相协调。

（6）风险控制。制订和实施政策与程序以帮助确保管理当局所选择的风险管理得以有效实施。

（7）信息与沟通。收集整理传递相关的信息以确保员工履行其职责的方式和时机予以识别、获取和沟通。主体的各个层级都需要借助信息来识别、评估和应对风险。有效沟通的含义比较广泛，包括信息在主体中的向下、平行和向上流动，员工获得有关他们的职能和责任的清晰的沟通。

（8）风险监控。对公司风险管理进行全面监控，必要时加以修正。通过这种方式，它能够动态地做出反应，根据条件的要求而变化、监控通过持续的管理活动、对公司风险管理的个别评价或者两者相结合来完成。

风险管理的构成要素及其主要内容如表 1-4 所示：

表 1-4 风险管理的构成要素及其主要内容

序号	风险管理要件	主要内容
1	内部环境	风险管理理念；风险容量；董事会；诚信和道德价值观；对胜任能力的要求；组织结构；权力和职责的分配；人力资源准则
2	目标设定	战略目标；相关目标；选定目标；风险容量；风险容限
3	事项识别	事项；影响因素；事项识别技术；事项相互依赖性；事项类别；区分风险与机会
4	风险风估	固有风险和剩余风险；估计可能性和影响；数据来源；评估技术；事项之间的关系
5	风险管理	评价可能的应对措施；选定应对；组合观
6	风险控制	与风险管理相结合；控制活动的类型；政策和程序；对信息系统的控制；主体的特殊性
7	信息与沟通	信息管理；沟通协调
8	风险监控	持续监控活动；个别评价；报告缺陷

五、风险管理的流程

风险管理是应用一般的管理原则去管理一个组织的资源和活动，并以合理的成本尽可能地减小风险损失及其对所处环境的不利影响。风险管理的一般过程如下：

（1）风险识别。风险识别也称风险辨识或危险识别，是在特定的系统中确定风险因素并定义其特征的过程。风险识别是风险管理的基础和起点，也是风险管理者重要的，或许是最困难的一项工作。它的任务是辨别本经济单位所面临的风险有哪些，确定各种风险的性质，分析可能发生的损失及明确风险损失所处的具体部门。风险识别的意义在于，如果不能准确地辨明所面临的各种风险，就会失去切实地处理这些风险的机会，因而使得风险管理的职能得不到正常的发挥，自然也就不能有效地对风险进行控制和处置。

（2）风险估计。风险估计也称风险衡量，是在特定的系统中对风险损失的大小进行定量计算的过程。其内容包括：频率分析，即特定风险因素发生的频率或概率分析；后果分析，即分析特定风险因素在环境因素下可能导致的各种事故后果及其可能造成的损失，包括情景分析和损失分析。情景分析是指分析特定风险因素在环境因素下可能导致的各种事故后果；损失分析是指分析特定后果对其他事物的影响，进一步得出其对某一部分的利益造成的损失，并进行量化。

（3）风险评价。在对特定系统中所有危险进行风险估计之后，需要根据相应的风险标准判断该风险是否可以被系统接受，是否需要采取进一步的安全措施，这就是风险评价。一般来说，风险估计可与风险评价同时进行。

（4）风险决策。风险决策也称风险应对或风险防范，它是根据风险评估的结果以一个最低成本最大限度地降低系统风险的动态过程。一般的风险应对方法包括风险规避、风险转移、风险分散等。

（5）风险监控。风险监控包括风险监测与风险控制。风险监测就是在风险管理过程中对风险进行跟踪，监视已识别的风险和残余风险、识别进程中新的风险，并在实施风险应对计划后评估风险应对措施对减轻风险的效果。风险控制则是在风险监测的基础上，实施风险管理规划和风险应对计划，并在情况发生变化时，重新修正风险管理规划或风险应对措施。在某段时间内，风险监测和风险控制交替进行，即发现风险后经常需要马上采取控制措施，或风险因素消失后立即调整风险应对措施。因此，我们常常将风险监测和风险控制综合起来考虑。上述风险管理的一般过程给出了风险管理的主要思路。虽然各经济单位都有自己的特点，但不论经济单位多么不同，这些基本的过程都是必要的。

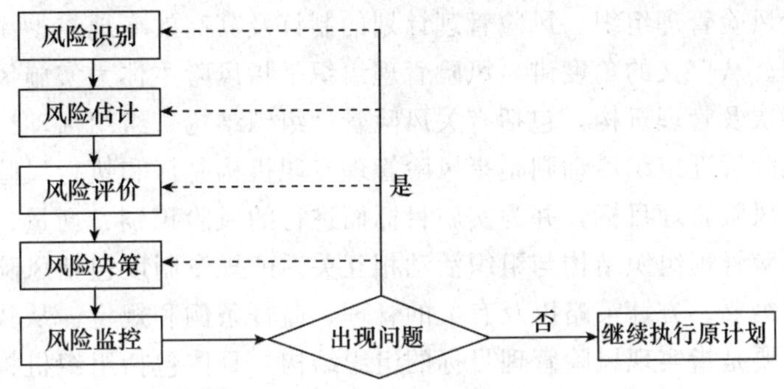

图 1－2 风险管理的一般过程

风险管理的具体实施步骤可以分为风险管理计划的制订、风险管理计划的实施、风险管理计划的调整三个阶段。

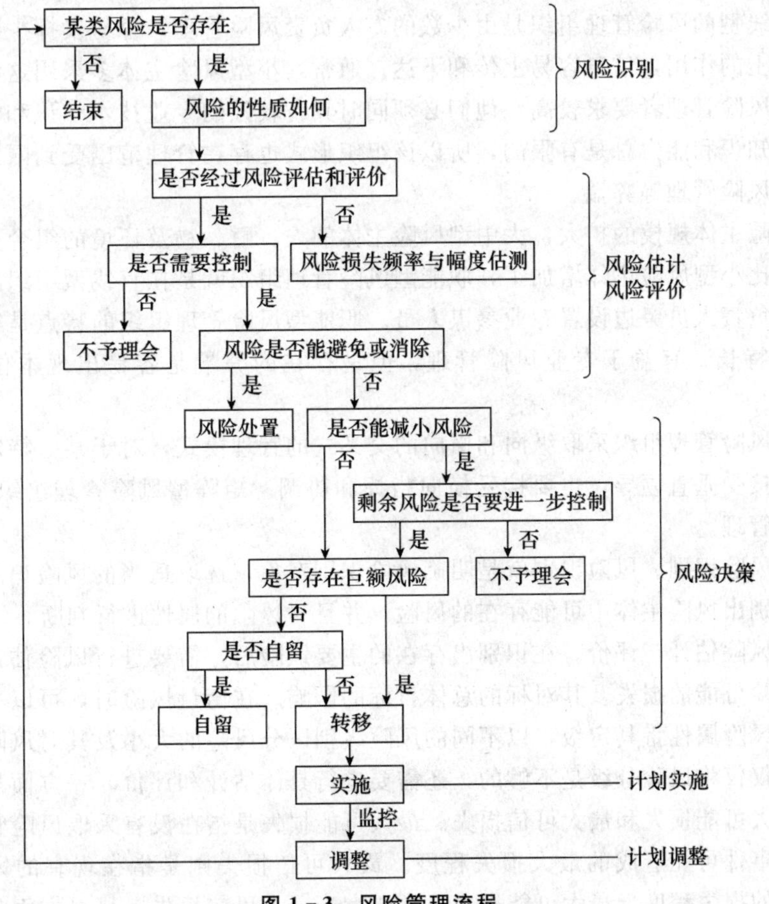

图 1－3 风险管理流程

（一）风险管理计划的制订

风险管理计划是风险管理组织进行风险管理的重要工具，是全部风险管理过程的基础环节。风险管理计划的主要内容包括设置风险管理组织、风险识别、风险估计与评价、拟订风险处置方案。

第一，设置风险管理组织。风险管理计划的制订及其高效率地贯彻实施都离不开良好的风险管理组织。从广义的角度讲，风险管理组织是指风险主体为实施风险管理目标而设置的内部管理层次及管理机构，包括有关风险管理组织结构、组织活动以及两者相互关系的规章制度。风险管理组织活动则是指风险管理专职机构制订和执行风险管理计划的全过程，包括为制订风险管理目标，并为实施目标而进行的风险识别、衡量、处理及效果评价等活动。体现风险管理组织结构与组织活动相互关系的规章制度包括风险主体风险管理的指导思想、政策纲要、方针策略以及有关的管理、监督条例和规定。从狭义的角度讲，风险管理组织则主要是指实现风险管理目标的组织结构，具体包括组织机构、管理体制和领导机构。如果没有一个稳定、合理、健全的组织结构，整个风险管理活动就会陷入混乱无序甚至毫无效果的境地。本书主要采用狭义的风险管理组织定义。

一般的风险管理组织形式包括直线型、职能型、矩阵型三种。直线型组织是指由一个上级统一对下属下达命令，每个下属只接受一个上级的指挥，组织的责任和权限完全是直线式的。直线型的风险管理组织是由少数的专人负责风险管理，容易发挥少数富有风险管理经验的人士的作用，信息容易上传和下达。通常，小型风险主体多采用这种形式。这种组织形式对风险管理者要求较高，他们必须同时具备较强的专业技术知识和管理能力。然而，个人的知识和能力总是有限的，所以该组织形式也存在管理范围受到限制、不利于全员参与全面风险管理等弊端。

随着风险主体规模的扩大，大中型风险主体的人、财、物及环境的组合更为复杂，所面临的风险比小型风险主体增加了，职能型风险管理组织就是在直线型组织的基础上，在每一层次的负责人员旁边设置专业参谋人员。职能型风险管理组织的特点是容易发挥参谋人员的专业特长，有益于专业风险管理，但是存在的弊端是容易出现本位主义和多头领导。

矩阵型风险管理组织采取纵向和横向的交叉式的管理模式，对于某一特定位置的人员来说，既要接受垂直领导，也要接受横向指挥和协调。矩阵型风险管理组织适用于复杂、大型的风险管理。

第二，风险识别。风险识别就是明确风险识别对象，选取适当的风险识别方法，按照一定原则识别出风险主体中可能存在的风险，并且对风险的属性进行判断。

第三，风险估计与评价。在识别出存在的主要风险后，需要进行风险估计与评价，也就是衡量风险可能的损失及其对标的总体目标的影响。在衡量风险时，可以采用模糊评估方法，根据风险属性将其定级，以不同的风险级别区分风险的大小及其对风险管理目标的影响。但是仅仅将风险分级是不够的，还需要进行具体估计和评价。一方面是衡量每次事故造成的最大可能损失和最大可信损失。最大可能损失是指在没有采取风险管理措施的情况下，风险事件可能造成的最大损失程度。最大可信损失则是指在现有的风险管理条件下，最可能的损失程度。最大可能损失通常要大于最大可信损失。另一方面是估计每次风险事件发生可能的损失程度和损失频率。风险事件造成的损失程度是指可用货币衡量的风险事件造成的经济损失的金额，其他的损失如精神损失、社会效益下降等损失不计算在内。在估计风险事件造成的损失程度时，需要采取适当的风险估计方法。损失频率是指在一定时间内，风险事件发生的次数。衡量损失频率也就是估计某一风险单位可能遭受各种风险因素影响而导致风险事故发生的概率。

第四，拟订风险处置方案。在明确了标的工程所有可能存在的风险，并估计和评价了风险损失对目标的影响程度之后，应该采取一定的风险处置对策。处置风险的方法主要有三类，即风险回避、风险自留和风险转移。根据具体的风险环境的不同，每类风险处置方法中的具体处置措施是不同的，拟订的风险处置方案也是不同的。

（二）风险管理计划的实施

风险管理计划制订之后，接下来要做的就是贯彻和落实计划。再好的计划也只有经过落实才能显现其效力，达到风险管理的目标。比如在一项铺设高速公路工程中，风险管理人员已识别出在工程穿越某一居民居住区附近时，打桩施工对地面的巨大、频繁的冲击力有可能损害附近的居民住宅，并考虑将风险转移，拟订了将该工程风险投保第三者责任险的处置方案，但是因为某种原因没有办理相应的工程保险，结果事故发生了，赔偿责任只能由承包商或业主自己承担。这个案例说明，一个完善的风险管理计划只有通过落实才能发挥作用。风险计划的落实需要有风险管理组织作保证。风险管理的组织形式、规模以及组织中的每个岗位的职责和权限都应在计划实施之前拟订好。

在风险管理计划的落实过程中，管理人员应做好指导、监督、检查和信息反馈或决策等工作。对于现代风险管理来说，风险管理是全员参加的、生命周期内全过程的、动态监控的复杂管理系统，某一个细微的环节出现问题都可能导致风险事故的发生，因此必须全员参与风险的防范和处置，才能更有效地降低风险。风险管理计划实施过程中的指导和组织协调是非常重要的。风险管理组织人员应向有关人员介绍风险管理计划的思想和内容，并且帮助他们明确自己在风险管理中的职责和具体的风险管理办法等。在计划实施过程中，风险管理人员应根据计划的进展程度和风险主体中的风险分布情况，对风险计划的落实情况进行动态的监督和检查。如果在计划实施过程中发现了风险计划的不当之处，比如计划制订时假设的环境发生了变化，或者计划的风险分析结论存在问题，计划中提出的风险处置方案不符合实际情况等，都需要及时调整风险管理计划。

（三）风险管理计划的调整

动态风险管理的思想在于为实现风险管理目标，要求风险管理者持续监控风险情况，并根据风险环境的变化，不断地调整风险管理策略。若出现风险管理计划不适应实际风险管理要求的情况，应及时有效调整计划。在调整计划时，一般采取局部修补的方式，需要注意调整的部分与其他未调整部分的协调关系。

风险管理计划的调整主要涉及如下两个环节。一是风险管理组织的调整，如增减或调整风险管理人员。风险管理组织是贯彻风险管理计划、实现风险管理目标的重要的组织基础。一般情况下，风险管理组织是根据预测的风险设计的。当风险环境发生变化时，应做相应的调整，还应根据风险属性和风险管理任务的要求，加派或减少风险管理者人数，或者重新调配适合新的风险管理任务要求的风险管理者。二是补充或修正风险分析，调整风险处置对策。在已发生变化的风险环境下，查找新的风险源，并且判断风险属性。若识别出新的风险，则要衡量和评价风险损失、风险发生的频率以及每次事故损失程度等。评价风险损失及影响之后，提出风险处置方案。

复习思考题

一、单项选择题

1. 下列关于风险的说法，不正确的是（　　）。
   A. 风险是收益的概率分布
   B. 风险既是损失的来源，同时也是盈利的基础
   C. 损失是一个事前概念，风险是一个事后概念
   D. 风险虽然通常采用损失的可能性以及潜在的损失规模来计量，但并不等同于损失本身
2. 金融风险可能造成的损失不包括（　　）。
   A. 系统损失　B. 预期损失　C. 非预期损失　D. 灾难性损失
3. 下列关于风险的定义，错误的是（　　）。
   A. 风险是未来结果的不确定性　B. 风险是损失的可能性
   C. 风险是不可避免的危险　D. 风险是未来结果对期望的偏离，即波动性
4. （　　）是指由于人为错误、技术缺陷或不利的外部事件所造成损失的风险。
   A. 操作风险　B. 市场风险　C. 信用风险　D. 声誉风险
5. “不要将鸡蛋放在一个篮子里”这一投资格言说明的风险管理策略是（　　）。
   A. 风险分散　B. 风险对冲　C. 风险转移　D. 风险补偿

二、多项选择题

1. 下列有关纯粹风险的说法正确的有（　　）。
   A. 纯粹风险是指只有损失机会而无获利机会的风险
   B. 纯粹风险主要包括财产风险、责任风险和人身风险等
   C. 纯粹风险可采取预防措施，降低风险
   D. 大多次纯粹风险属于静态风险
   E. 纯粹风险可保
2. 按照风险的起源以及影响范围不同，风险可以分为（　　）。
   A. 纯粹风险　B. 投机风险　C. 系统性风险
   D. 非系统性风险　E. 信用风险
3. 风险管理损失前目标主要包括（　　）。
   A. 经济合理目标　B. 安全系数目标　C. 社会责任目标
   D. 维持生存目标　E. 实现持续增长目标

4. 风险管理的一般流程包括（　　）。

A. 风险识别　　B. 风险估计　　C. 风险评价

D. 风险决策　　E. 风险监控

三、判断题

1. 风险就是不确定性。（　　）
2. 风险一定带来损失。（　　）
3. 金融风险可能造成的损失可分为预期损失、非预期损失和灾难性损失。（　　）
4. 风险因素增加或产生风险事故，风险事故引起损失。（　　）
5. 损失频率是指一定时期内，某一风险事故一旦发生，可能造成的最大损失数值。（　　）

四、简述题

1. 什么是风险？它有哪些特征？
2. 简述风险管理的一般过程。

五、综合训练

训练项目：高校学生风险讲座。

训练目标：通过训练，提高学生对风险的理解和认识的能力。

背景资料：高校是学生的家园，通过讲座提高学生对自己所在校园的安全性进行了解，认识其中的风险要素和存在的风险隐患，加强对风险的理解和认识。

第2章 风险识别

知识目标

1. 了解风险识别的含义、特点，理解风险识别的原则
2. 熟悉风险识别的各种方法及优缺点
3. 掌握金融风险的识别方法

技能目标

1. 掌握风险清单法、流程图分析法、工作分解法、财务分析法等各种风险识别方法的具体运用
2. 把握金融风险识别的具体内容

能力目标

能够运用一定的风险识别方法对企业进行风险识别

导入案例

迪拜债务危机

阿拉伯联合酋长国是由七个酋长国组成的联邦国家，其中最大酋长国阿布扎比面积67340平方公里，占阿联酋总面积的87%，石油资源与经济实力均居阿联酋首位。迪拜是阿联酋第二大酋长国和经济中心，2008年GDP规模为824亿美元，产业以金融、石油贸易、货运、旅游等为主。由于阿联酋有7%左右的非石油贸易集中在迪拜，故迪拜被称为阿联酋的“贸易之都”，它也是整个中东地区的转口贸易中心。

迪拜政府持有的资产由财政部直接管理，其旗下主要有三大主权投资公司：迪拜世界公司、迪拜投资公司和迪拜控股公司。其中迪拜世界公司是迪拜各类重大项目的主导者，负责在全球进行投资，其各类资产总额约为99亿美元，分布于全球约100个城市，业务主要涉及交通物流、船坞海运、城市开发、投资及金融服务等四大领域及各领域下的诸多细分行业市场。正因如此，迪拜世界在其网站醒目位置标注了“日不落”的字样，并宣称该公司在迪拜酋长国的高速经济增长中扮演着重要角色。目前，迪拜世界拥有多家全球著名公司。比如，作为全球最大的港口运营商之一的迪拜环球港务集团，从事非洲大陆投资和开发的迪拜世界非洲分公司以及负责开发超大型人工岛度假胜地“棕榈岛”、“世界岛”

和 1100 米全球最高摩天大楼“迪拜塔”的房地产开发企业迪拜棕榈岛集团等。

在上述公司中，迪拜棕榈岛集团因财务困难而在 2009 年 1 月暂停了包括“迪拜塔”在内的多个大型项目的建设，目前可能无法及时偿还将于 12 月中旬到期的 35.2 亿美元债务。迪拜世界非洲分公司在 8 月就搁置了非洲的一些项目。受巨额债务困扰，阿拉伯联合酋长国迪拜当局于 11 月 25 日宣布，其主权投资实体迪拜世界公司将重组，公司所欠近 6 亿美元债务将至少延期 6 个月偿还。此举令投资者对迪拜的主权信用和未来偿债能力产生严重疑虑和担忧，进而引发全球金融市场的恐慌和动荡，多国股汇市相继暴跌。

资料来源：根据百度百科及网络资料整理。

思考：

1. 造成迪拜债务危机的主要原因是什么？
2. 迪拜危机带来什么样的金融风险警示？

风险识别是风险管理的第一步，也是最为关键的一步。企业在经营过程中面临的风险是错综复杂的，需要认真识别和分析。只有全面、准确地识别风险，才能衡量风险和选择对付风险的办法。风险识别是风险衡量的前提，是风险管理单位有针对性地处理风险的基础。掌握和运用风险识别的方法，可以预防风险事故的发生。

第一节 风险识别概述

一、风险识别的概念及特点

风险识别是指通过连续、系统、全面的判断与分析，确定风险管理对象的风险类型、受险部位、风险源、严重程度等，并且发掘风险因素引发风险事故导致风险损失的作用机制的动态行为或过程。风险识别具有如下特点：

(一) 系统性

风险识别是一项复杂的系统工程。对于一个企业来说，风险识别不能局限于某一部门或某一环节，而是对整个企业各个方面的风险进行识别和分析，比如包括企业的生产风险、运营风险、市场风险、人力资源风险等等。同时，风险识别不仅是风险管理部门的工作，还需要其他部门例如生产部门、财务部门、人事部门等的密切配合，否则难以准确、全面识别风险。

(二) 连续性

风险识别是一个连续、不间断的过程。企业的经营环境在不断地发生变化，会使企业面临各种新的风险。例如企业从其他渠道撤出进入新的渠道、企业被收购或破产等，都会使企业面临不断变化的经营风险。政府政策及法令的变化，也会使企业面临新的风险。总之，企业要发展，就必须不断地识别各种风险，并分析其对企业发展所带来的影响。

(三) 制度性

风险识别是一项制度性的工作。风险管理作为一项科学的管理活动，其本身就需要组织上的保障，否则就难以保证此项工作的连续性和稳定性。

（四）长期性

风险是客观存在的，风险事故的发生也是一个从量变到质变的过程。风险的发生是风险因素的增加、聚集并进行一系列演化的结果。在风险因素发展、变化的过程中，风险管理人员需要进行大量的跟踪、调查。

（五）目的性

风险识别是否全面、深刻，直接影响风险管理的质量，进而影响到风险管理的成果。风险识别的目的是为衡量风险和规避风险提供依据。例如，风险调查员的风险调查报告，是保险公司确定承保决策和保险费率的依据。

二、风险识别的原则

（一）实时性原则

经济主体的财务状况、市场环境等各种可能导致风险的驱动因素时常处于变化之中，随着风险环境的变化，经济主体面临的金融风险的类型、受险部位、严重程度等都可能发生改变。因此，风险识别的实时性原则要求风险管理部门应当根据实时信息随时关注金融风险的变化，连续地识别金融风险，并及时调整金融风险管理策略。否则，滞后的金融风险管理系统将难以适应风险环境的瞬息万变。

（二）系统性原则

系统性原则要求按照风险活动的内在流程、顺序、内在结构关系识别风险。经济主体经济活动的每一环节、每一项业务都可能带来一种或多种风险。有的风险容易识别，有的则不容易被察觉，对其中任何一个环节的忽视都可能导致风险管理的失败。除了对经济主体经济活动的每一环节、每一项业务进行独立分析外，还应特别注意各个环节、各项业务之间的紧密联系。经济主体面临的整体风险可能大于也可能小于其单个风险的总和。风险管理部门应根据实际情况及时调整资产结构，以充分分散风险，将整体风险控制在可接受的范围之内。

（三）重要性原则

重要性原则是指由于风险管理的投入产出以及资源的稀缺性，风险识别应有所侧重。侧重点应放在两个方面：一是风险属性，着力把一些重要的风险即期望风险损失较大的风险识别出来，对于影响较小的风险可以忽略，不必花费太多的时间和人力、物力进行风险分析，这样有利于节约成本，保证风险识别的效率。二是风险载体，那些对整个活动目标都有重要影响的工作结构单元，必然是风险识别的重点。例如，对民用房屋建筑结构来说，基础工程和主体工程是全部工程中的重要结构，若这些部分出现风险问题，将对整个项目造成很大影响，所以它们是风险识别的重要对象。

（四）经济性原则

风险的识别和分析需要花费人力、物力和时间等，风险管理收益的大小则取决于因风险管理而避免或减少的损失大小。一般来说，随着风险识别活动的进行，识别的边际成本会越来越大，而边际收益会越来越小，所以，风险识别要遵循经济性原则，要权衡成本和收益，从而选择和确定最佳的识别程度和识别方法。

三、风险识别的过程

风险识别的过程实际上就是收集有关风险事故、风险因素、损失暴露和危害（损失）等方面信息的过程。风险识别首先要获得企业风险管理的整体计划，确定风险识别的对象和范围，并制订风险识别计划，其次准备相应的风险识别工具和开展调查，最后提交识别成果。一般来说，风险识别工作包括感知风险和分析风险两个阶段，具体过程如下：

（一）发现或者调查风险源

在风险事故发生以前，发现引发风险事故的风险源，是风险识别的核心。因为只有发现风险源，才能有的放矢地改变风险因素存在的条件，才能防止风险因素的增加或聚集。所谓风险源是指那些可能导致风险后果的因素或条件的来源。风险的最终来源，一般有两个：一个是自然环境；另一个是人为环境。有的环境是由客观规律控制的，也有的环境出自风险管理者的主观认知。

1. 客观风险源

客观风险源主要包括自然环境和人为环境两大类。自然环境是最基本的风险源，地震、干旱、洪涝都可能导致损失，当然，它也有可能是机遇的来源。充分理解企业周围的物质环境和环境对企业的影响是分析这类风险源的核心内容。例如，土地可以为房地产投资提供场所、晴朗的天气有利于发展旅游业。但是，自然灾害的发生会使房地产投资面临风险、恶劣的天气会使旅游业的发展面临风险。

人为环境相比较自然环境而言，由于人的因素的存在，显得更加复杂多变。人为环境一般可以从社会环境、经济环境、政治环境、法律环境以及操作环境等方面进行分析。社会环境是指人们的道德信仰、价值观、行为方式、社会结构和制度。当人们的道德信仰和价值观受到冲击时，就可能发生一些意想不到的事件，而这些事件可能会影响到企业的生产和销售。此外，不同的国家和地区的社会环境可能存在很大差别。当一个公司要拓展国际业务时，就要考虑社会环境带来的风险。政治环境主要通过政府的政策对一个企业产生影响，如货币政策、财政政策等。在一些国家和地区，政治因素可能成为非常重要的风险源。例如，当国家领导人更换时，原来的很多政策就可能发生改变，从而对某些特定的企业产生重大影响。对于跨国公司而言，考虑东道国的政治环境是风险经理必须要了解的事情之一。随着经济全球化、金融一体化的发展，经济环境出现了很多新的变化，企业的很多风险尤其是市场价格风险和经济环境密切相关。从整个国际经济环境来看，各个国家不同的法律体系对企业造成了更大的挑战，对于跨国公司而言，法律风险问题越来越突出。操作环境是指企业的运作和程序。对雇员的不合适的提拔、雇佣和解雇制度，可能会给企业带来法律责任方面的风险。企业员工在生产操作过程中违规操作有可能使其他员工面临人身伤害的风险。

2. 主观风险源

风险是客观存在的，但是人类对风险的认识并不完全都是客观的。风险管理人员发现、理解、估算各种测定风险的能力，是风险管理理论和现实之间差距的重要原因。在风

险管理实践中对风险的认识往往掺杂了人为主观的判断。当主观判断和客观实际有差别时，就可能给面临风险的组织带来不确定性。人认知风险的能力、风险识别流程的不足和过失，是产生认知风险源的原因。

（二）减少风险因素增加的条件

在发现或者调查风险源以后，应该寻求引发风险因素减少的条件。针对风险因素并采取相应的措施，对引发重大事故的风险因素要及时处理。一般来说，按照风险事故发生后果的严重程度，可以将风险因素划分成四类，如表 2-1 所示：

表 2-1　风险因素的分类

类型	风险事故发生后果的严重程度	是否采取控制措施
第一类	可以忽略	否
第二类	较轻	可以不采取
第三类	严重	立即采取加以控制
第四类	灾难性后果	立即采取予以排除

风险因素分类提供了考察风险事故后果产生过程的方法，改变了风险因素产生的条件，可以减少风险事故发生的概率，降低风险事故造成的损失。

（三）预见危害

危害是造成风险损失的原因，危害不能用来指那些可能带来收益的原因，因为危害一词不仅具有损失的含义，而且也表示损失的程度比较大。因此风险识别的重要步骤就是能够遇见到危害，将产生危害的条件消灭在萌芽状态。

（四）重视风险暴露

风险暴露是风险识别的重要组成部分，那些可能面临损失的物体，都有风险暴露的可能，必须重视风险的暴露。例如，放在家具旁边的沾满汽油的破布是风险因素，这块破布有可能引发火灾的风险，这幢房子可能被烧毁，就是风险的暴露。所谓风险暴露是指处于一种什么样的风险状态之中。风险管理实务中，任何企业的所有部门都有可能暴露于风险的威胁之下。风险暴露一般分为以下几种：

（1）实物资产风险暴露。财产所有权的变化，可能导致实物资产和无形资产的损失。财产的价值往往通过多种途径被损，例如财产丢失或减少。资产所有者在某段时间内无法使用自己的财产，这是时间因素造成的实物资产的损失，而个人或企业往往忽略这种损失。

（2）金融资产风险暴露。金融资产代表着对未来权益的索取权，属于有价证券。金融资产的增值或损失常常与市场环境的变化相关，与这些资产所代表的资产权益的变化有关，因此例如债券，不仅持有者会面临风险，那些签发债券的企业也会面临金融资产的风险暴露。

（3）责任风险暴露。责任风险是指因个人或团体的疏忽或过失行为，造成他人的财产损失或人身伤亡，按照法律、契约应负法律责任或契约责任的风险。责任风险中的“责任”，少数属于合同责任，绝大部分是指法律责任。责任风险暴露包括侵权行为责任、合同责任等。

(4) 人力资本风险暴露。公司经理、一般雇员和其他重要的风险承担者（主要是各利益相关者如顾客、债权人、股东、供货商）可能发生的伤亡，都是人力资本风险的暴露。企业职工的安全和福利措施等，是人力资本风险暴露的重要组成部分。

综上所述，感知风险和分析风险构成风险识别的基本内容，两者相辅相成，相互联系。只有感知风险的存在，才能进一步有意识、有目的地分析风险，掌握风险存在及导致风险事故发生的原因和条件。同时，在了解了风险的存在后，也必须进一步明确风险存在的条件以及导致风险事故发生的原因。因为风险管理的根本目的在于对客观存在的风险采取行之有效的对应措施，消除不利因素，克服不利影响减少风险带来的损害。感知风险是风险识别的基础，分析风险是风险识别的关键。

第二节 风险识别的方法

风险识别的方法有很多，主要有风险清单法、财务报表分析法、流程图分析法、现场调查法、层次分析法等。这些方法各具特色，都有自身的优势和不足，因此，在具体的风险识别中，需要灵活运用各种风险识别方法，及时发现各种可能引发风险事故的风险因素。

一、风险清单法

为了能够全面识别一个企业所面临的风险，很容易想到能否可以构成一个规范的风险分析框架。最普遍的方法就是编制风险清单，列出各种可能的风险，并将这些风险与企业经营活动联系起来，以发现各种潜在的风险因素。然而，构造风险管理框架需要进行大量的工作，为此，人们编制出了许多风险损失清单，其中，大多数是针对纯粹风险和可保风险编制的。风险清单是指一些由专业人员设计好的标准的表格和问卷，上面所述非常全面地列出了一个企业可能面临的风险。该方法的优点是经济方便，适合新公司、首次想构建风险管理制度的公司或缺乏专业风险管理人员的公司使用，这些表格可以帮助他们系统地识别出最基本的风险，并降低忽略重要风险源的可能性。

但是，标准表格也有两个严重的局限：首先，由于这些清单都是标准化的，适合于所有企业，因此针对性就差，一个特殊企业所面临的特殊风险就可能没法包含进去。其次，这些清单都是在传统风险管理阶段设计出来的，传统的风险管理只考虑纯粹风险，不涉及投机风险，所以风险清单中也都没有关于投机风险的项目。风险经理在使用这些表格时，要认识到这些局限性，使用一些辅助手段来配合风险清单的应用，弥补风险清单的不足。

一个标准调查表少则几页，多则上百页，大部分标准调查表根据不同方法分成几个部分，常见的分法是根据损失暴露价值的大小来分。本书主要介绍一般美国企业普遍应用的识别风险的几种调查方法和对应的调查表：保险调查法与风险分析调查表、保单对照法与保单对照分析表、资产——损失分析法与资产—损失分析表。

（一）保险调查法与风险分析调查表

所谓保险调查法，是指通过保险公司的专业人员及有关的学会就企业可能遭遇的风险加以详尽的调查与分析，编制各种调查表供企业参考的一种方法。在美国，通常由保险公司、风险及保险管理协会以及美国管理学会设计出一种广为企业界应用的风险分析调查表，该表又称为“事实的发现者”。表 2-2 是美国管理学会编制的风险分析调查表样表的表头。

表 2-2　风险分析调查表

公司名称	
部门	
通讯地址	电话
所收到的信息来自	
信息接收者	
会见日期	报告日期
这份调查表包括：	
基本情况Ⅰ	忠诚度表
基本情况Ⅱ：金融机构	犯罪部分
基本情况Ⅲ：工厂管理	公司运营中断表
建筑物与位置管理	公司运营中断损失
财物内容表	确定所需额外保险花费指南
火灾与保险表	运输表
工厂玻璃	船只与飞行器暴露表
电梯	索赔与损失表
锅炉与机器设备	关键人员福利表

资料来源：刘新立，《风险管理》（第二版），北京大学出版社，2014 年 9 月第 2 版

（二）保单对照法与保单对照分析表

保单对照法是由保险公司将其现行出卖的保单种类与风险分析调查表相结合，以问卷的形式制成表，企业风险管理人员依据此表格与企业已拥有的保单，加以对照比较分析的一种识别风险的方法。这一方法纯以保险的立场由专家们设计出保单对照分析表供企业界应用。它有两个限制：其一为无法发现企业存在的不可保危险；其二为风险管理者如不具备丰富的保险专业知识及缺乏对保单性质和条款的认识则不宜胜任。

保单对照法重点突出了对企业可保风险的调查，而对一些不可保风险的识别则具有相当的局限性。保单对照法要求风险管理者具有丰富的保险专业知识，并对保单性质和条款有较深的了解。

（三）资产——损失分析法与资产—损失分析表

资产损失分析法是美国管理学会（AMA）在制成风险分析调查表后又设计了资产—损失分析表供企业界应用。该表的内容分为两部分：一为资产，另一为可能的潜在损失。资产包括有形实质财产、无形资产。这些资产的可能的潜在损失分为直接损失、间接损失和第三者责任损失。这种分析表的特点是：一是从企业的整体分析企业的风险而不仅包括

可保风险；二是资产与损失对照列出可使风险经理有一个简明整体的了解，有助于风险经理工作的功效。如能与风险分析调查表结合运用则更能发现企业所面临的所有风险。表2-3是一个资产—损失分析表的框架：

表 2-3 资产—损失分析表

资产
A. 实物资产
1. 不动产
2. 动产
3. 其他资产
B. 无形资产（不一定在企业资产负债表和损益表中出现的资产）
1. 外部资产
2. 内部资产
损失暴露
A. 直接暴露
1. 不可控制和不可预测的一般损失暴露
2. 可控制或可预测的一般损失暴露
3. 一般的财务风险
B. 间接的或引致的损失暴露
1. 所有直接损失暴露对各种人和物的影响
2. 额外费用：租金、通信、产品
3. 资产集中
4. 风格、味道和期望的变化
5. 破产—雇员、管理人员、供应商、消费者、顾问
6. 教育系统的破坏
7. 经济波动：通货膨胀、衰退、萧条
8. 流行病、疾病、瘟疫
9. 替代成本上升、折旧
10. 版权或专利权遭到侵犯
11. 成套、成双、成组部件的遗失
12. 档案受损造成的权力丧失
13. 管理上的失误
14. 产品取消
15. 废品
C. 第三方责任（补偿性和惩罚性损失）
1. 飞行责任
2. 运动责任
3. 广告商和出版商的责任
4. 机动车责任
5. 合同责任
6. 董事长和高级职员的责任
7. 水上交通责任等

二、现场调查法

现场调查法是指风险识别主体对有可能存在或遭遇风险的各个机构、部门和所有经营活动进行详尽的现场调查来识别风险的方法。现场调查法一般包括以下内容和步骤：

（一）调查前的准备工作

首先，应查阅、了解以往相关的各种背景、资料等，确定调查目标、调查地点、调查对象；其次，编制现场调查表，以确定调查内容，特别应明确需要重点调查的项目，以防在调查过程中遗漏或者忽视某些重要的项目；再次，根据前述内容确定调查的步骤和方法；最后，应视调查内容的复杂性和时效性等情况确定调查需要花费的时间以及调查开始的时间，这是因为现场调查需要花费时间，所以必须确保调查在使用数据之前完成，同时，现场调查的信息一般只反映调查时点左右的情况，因而具有一定的时效性。

调查前的准备工作是确保现场调查成功的前提和基础，其中关键是确定调查需要花费的时间以及调查的开始时间，而核心则是确定现场调查的内容，我们可以通过编制一个现场调查计划表来反映调查的内容、进度和人员安排，以组织整个调查活动。

（二）现场调查

在现场调查实施的过程中，风险管理人员可以通过座谈、访问、查阅相关文件档案、实地观察业务活动等方式完成先期编制的现场调查表中所列举的项目，同时又不应完全限于此，还需要根据在现场调查中发现的新信息来及时调整需要调查的项目和关注的重点，以期为尽可能成功地完成风险识别等后续工作获得准确、全面的第一手资料和信息。

（三）调查报告

现场调查后，风险管理人员应立即对现场调查而获得的资料和信息进行整理、研究和分析，并在此基础上根据现场调查的目的来撰写调查报告。调查报告主要包括以下三大部分：

（1）根据调查目的，对调查资料和信息去伪存真、进行梳理和总结后撰写的全面、系统、完整、规范的调查资料与信息处理报告。

（2）依据调查目的以及调查资料与信息处理报告所做出的初步结论、对策和建议。

（3）包括现场调查表在内的现场调查的原始资料附件。

现场调查法之所以能够在风险识别中得到广泛应用，除了该法简单、实用、经济以外，还具有其他优点：一是通过现场调查法可以直接获得进行风险识别的第一手资料，从而达到眼见为实的效果，在某种程度上可以确保所得资料和信息的可靠性；二是现场调查活动还能加深风险管理人员与基层人员之间的相互沟通、了解和联系，既可以使基层人员获得更多有关风险识别和风险处理的经验和知识，又可以使风险管理人员在现在和未来能够及时获得所需要的相关资料和信息；三是通过现场调查法容易发现潜在风险，有助于使风险在萌芽阶段得到控制。

当然，现场调查法也有一些缺陷，主要体现在：一是进行现场调查需要花费大量的人力和物力，过于频繁的调查活动还会使被调查人员疲于应付，甚至有可能影响其正常的生产、经营活动。二是现场调查一方面要求调查者必须深入了解被调查对象可能很复杂的运转机制和组织结构等，能准确地把握调查的重点和难点，另一方面，现场调查没有固定的方法可循，因而需要调查人员具有敏锐的观察力以及很强的创造力和灵活性等，这对调查人员来说都是很大的挑战。正由于存在上述缺陷，所以并不是所有业务活动的风险识别都适于采用现场调查法。

三、流程图分析法

流程图分析法是按照业务活动的内在逻辑关系将整个业务活动过程绘制成流程图，并借此识别风险的方法。根据业务活动的不同内容、不同特征及其复杂程度，可以将风险主体的业务活动绘制成不同类型的流程图。例如，按照业务内容可以绘成生产流程图、销售流程图、会计流程图、放贷流程图等。按流程的内容划分，可将其分为内部流程图和外部流程图。只包含生产制造过程的流程图称为内部流程图，包含供货与销售环节的流程图为外部流程图。外部流程图缩略了内部流程，突出了外部流程。按流程的表现形式划分，可将其分为实物流程图和价值流程图。实物流程图反映的是某种产品从原材料供应到成品完成的生产全过程。价值流程图和实物流程图非常相似，所不同的是，在实物流程图中，各环节中以及环节之间的连线上标出的是物品的名称和数量，而价值流程图标出的是物品的价值，一般用括号内的数字表示生产环节的新增价值，箭头连线上的数字表示转移到下一生产环节的迁移值，单位为某货币单位。一般来说，风险主体的规模越大、业务活动越复杂，流程图分析就越具有优势。概括地说，流程图分析法的应用步骤主要包括以下四个方面：

（1）分析业务活动之间的逻辑关系。

（2）绘制流程图。当分析对象涉及多个子流程时，可以先绘制各个子流程，再组成综合流程图。

（3）对流程图做出解释。流程图本身只能反映生产、经营过程的逻辑关系，在实际应用时还需要对流程图做进一步的解释、剖析，并编制流程图解释表。

（4）风险识别分析。风险管理部门通过察看流程图及其解释表，进行静态与动态分析并识别流程中各个环节可能发生的风险以及导致风险的原因和后果。静态分析就是对图中的每一个环节逐一调查，找出潜在的风险，并分析风险可能造成的损失后果。类似于这样的问题是针对单独某个生产销售环节的，而动态分析则着眼于各个环节之间的关系，以找出那些关键环节。

流程图分析法的优点在于清晰、形象、较全面地揭示出所有生产运营环节中的风险，而且对于营业中断和连带营业中断风险的识别极为有效。但流程图只强调事故的结果，并不关注损失的原因，因此，要想分析风险因素，就要和其他方法配合使用。

四、工作风险分解法

工作风险分解法（WBS－RBS）就是把工作分解形成 WBS 树，把风险分解形成 RBS 树，然后用工作分解树在最低层次上的子活动和风险分解树的在最低层次上的子事项交叉构成的 WBS－RBS 矩阵，对工作——风险事项组合逐一进行风险识别的方法。

运用 WBS－RBS 法进行风险识别主要分为三个步骤：一是工作分解；二是风险分解；

三是套用 WBS－RBA 矩阵逐项判断风险是否存在，如果存在，就分析其作用机制。

第一步是工作分解形成工作分解树，主要是根据风险主体与子部分以及子部分之间的结构关系和工作流程进行工作分解。工作分解树如图 2-1 所示。

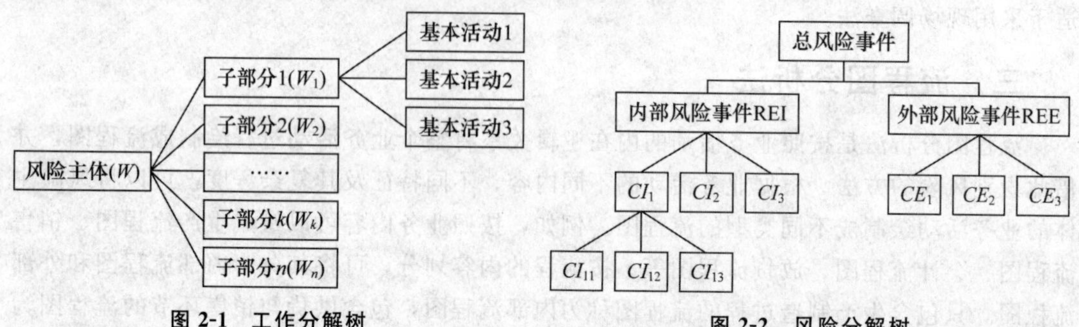

图 2-1　工作分解树

图 2-2　风险分解树

第二步是风险分解形成风险分解树。风险识别的主要任务是找到风险事件发生所依赖的风险因素，而风险事件与风险因素之间存在着因果关系。风险分解树建立了风险事件与风险因素之间的因果联系模型。风险分解的第一层次是把风险事件分为内、外两类，内部风险产生于项目内部，而外部风险源于项目环境因素。第二层次的风险事件分别按照内、外两类事件继续往下细分，每层风险都按照其影响因素的构成进行分解，最终分解到基本的风险事件，把各层风险分解组合形成风险分解树，如图 2-2 所示。

在完成工作分解（WBS）与风险分解（RBS）之后，将工作分解树与风险分解树交叉，构建风险识别矩阵，如图 2-3 所示。WBS－RBS 矩阵的行向量是工作分解到最底层形成的基本工作包，矩阵的列向量是风险分解到最底层形成的基本子因素。风险识别过程是按照矩阵元素逐一判断某一工作是否存在该矩阵元素横向所对应的风险。

基本工作包		基本子因素							
子部分	基本活动	内部风险事件				外部风险事件			
		CI_{11}	CI_{12}	……	$CI_{n,m}$	CE_{11}	CE_{12}	……	$CE_{n,m}$
W_1	W_{11}								
	W_{12}								
	W_{13}								
……									
W_n	$W_{n,m-1}$								
	$W_{n,m}$								

图 2-3　WBS-RBS 矩阵

从 WBS-RBS 风险识别的原理可以看出，同其他风险识别方法比较，其优势表现在三个方面：第一，该方法符合风险识别的系统性原则。在运用 WBS-RBS 法进行风险识别时，首先要按照各项工作在施工工艺和工程结构上的关系逐级进行分解，形成工作分解树，这样风险源逐级地呈现在工作分解树上，从而不容易漏掉某些重要的风险源，并且将风险进行了系统的分解，这样也避免了漏掉某些风险因素。总之，WBS-RBS 法用于风险识别完全符合系统性原则。第二，该方法满足风险识别的权衡原则。在工作分解形成决策树的过程中，可以估计出各层次工作的相对权重，从而根据工作的相对重要程度（相对权重）有所侧重地识别风险。因而 WBS-RBS 用于风险识别符合风险识别的权衡原则。第三，与其他风险识别方法相比，WBS-RBS 法能使定性分析过程更加细化，更加接近量化分析的模式。WBS-RBS 矩阵纵向（或横向）的工作分解树和横向（或纵向）的风险分解树经过分解把工作和风险的初始状态细化了，在一定程度上规避了其他方法笼统地凭借主观判断识别风险的弊端。迄今为止，WBS-RBS 法是既能把握风险主体的全局，又能深入到风险管理的具体细节的风险识别方法。WBS-RBS 法虽然是一种定性的风险识别方法，却以定量的思路将工作层层分解细化，使得风险识别变得非常简单，使我们比较容易地全面识别风险。该方法适用于比较复杂的风险识别系统。

五、事故树分析法

事故树分析法（ATA）起源于故障树分析法（FTA），主要是以树状图的形式表示所有可能引起主要事件发生的次要事件，揭示风险因素引发风险事项的作用机制以及个别风险事件组合可能形成的潜在风险事件。

编制故障树通常采用演绎分析的方法，首先把不希望发生的且需要研究的事件作为“顶上事件”放在第一层，然后找出造成“顶上事件”发生的所有直接原因事件并列为第二层，再找出造成第二层各事件发生的所有直接原因并列为第三层，如此层层向下，直至最基本的原因事件为止。在构造事故树时，被分析的风险事件在树的顶端，树的分支是被考虑到的所有可能的风险原因，同一层次的风险因素用“门”与上一层次的风险事件相连接。“门”存在“与门”和“或门”两种逻辑关系。“与门”表示同一层次的风险因素之间是“与”的关系，只有这一层次的所有风险因素都发生，它们的上一级的风险事件才能发生。“或门”表示同一层次的风险因素之间是“或”的关系，只要其中的一个风险因素发生，它们的上一级的风险事件就能发生。

在建立系统之前，故障树分析可以帮助选择安全可靠的方案。在系统建立以后，可以通过故障树分析掌握建筑施工事故的发生规律，针对最小割集分别采取预防措施。故障树有助于编制全面的安全技术措施方案和安全检查表，从而识别系统中的危险因素。

事故树是一种树状图，由节点和连线组成。与流程图相比，流程图关注的是风险的结果，而事故树所关注的是事故的原因。事故树是一种因果关系逻辑分析过程，遵循逻辑演绎的分析原则，从某一事故的结果开始，分析各种可能引起事故的原因。

事故树分析法既可以进行定量分析，也可以进行定性分析；既可以求出事故发生的概率，也可以识别系统的风险因素。因此，事故树简单、形象、逻辑性强，应用广泛。

六、情景分析法

情景分析法就是通过运用有关数字、图表和曲线等，对未来的某个状态进行详细的描绘和分析，从而识别引起系统风险的关键因素及其影响程度的一种风险识别方法。它注重说明出现风险的条件和因素以及因素有所变化时，连锁出现的风险和风险的后果等。

一般而言，情景有四个组成要素，即最终状态、故事情节、驱动力量和逻辑。最终状态是指情景最终阶段的战略状态或结果；故事情节则是为了达到最终状态需要采取的行动；驱动力量是指塑造或推动情节发展的力量，如目标、竞争力、文化等，而逻辑则提供了某一驱动力量或主体为什么如此行动的解释。这四个要素相互交织，构成了各种不同的情景。

情景分析法的主要功能表现在以下四个方面：

(1) 识别系统可能引起的风险。

(2) 确定项目风险的影响范围，是全局性还是局部性影响。

(3) 分析主要风险因素对项目的影响程度。

(4) 对各种情况进行比较分析，选择最佳结果。

通常情景分析法用于风险识别的过程如下：

(1) 情景过程的构建。识别组织知识的空白；创建情景推进团队；确定情景项目规划期的长短。

(2) 情景项目背景的探索。与团队成员进行访谈；整理和分析访谈结果；确定议题；邀请资深人士加入，以帮助情景团队质疑常规的方法和态度。

(3) 情景挖掘。通过结构性的思考发现各种驱动力量，检验其后果，并处理由此产生的复杂情况；确定影响和不确定性；通过绘制交叉影响矩阵得出具有最大影响和最不确定性的两个类别；展开情景并充实情景故事的情节。

(4) 情景分析。检验对经营问题的理解；检验情景故事的内部一致性。

(5) 系统检验。画出情景故事内在驱动力量的影响图，以此进行系统检验。

(6) 识别规划。激发组织的思想变革；识别早期的风险征兆信号；设计从现在到未来的行动计划。

从上述情景分析的过程中可以发现，情景开发的过程就是风险识别的过程，交叉影响矩阵中的事件既是情景开发的重点，也是识别出的主要风险。通过系统检验可以进一步确定所识别出的风险，风险识别过程的最后一步能够确定早期的风险征兆信号，从而确定风险监视的对象。

情景分析法包括以下三方面内容：

(1) 筛选。筛选是按一定的程序将具有潜在风险的事件、过程、现象和人员进行分类选择的风险识别过程，具体包括：仔细检查——征兆鉴别——疑因估计。

(2) 监测。监测是在风险出现后对事件、过程、现象、后果进行观测、记录和分析（其特征）的过程，具体包括：疑因估计——仔细检查——征兆鉴别。

(3) 诊断。诊断是对项目风险及损失的前兆、后果与各种起因进行评价和判断，找出主要原因并进行仔细检查的过程，具体包括：征兆鉴别——疑因估计——仔细检查。

情景分析法的工作步骤如图 2-4 所示：

情景分析法的实质是一种向前展望和倒后推理，正如著名的战略专家费伊所提出的“向未来学习”，即构造出多种不同的未来情景（向前展望），然后确定从未来可能出现的各种情景到现在之间必须经历哪些关键的事件（倒后推理）。之所以采用情景分析法进行风险识别，是因为企业面临的战略风险是错综复杂的，通过把可能性聚焦于几个有

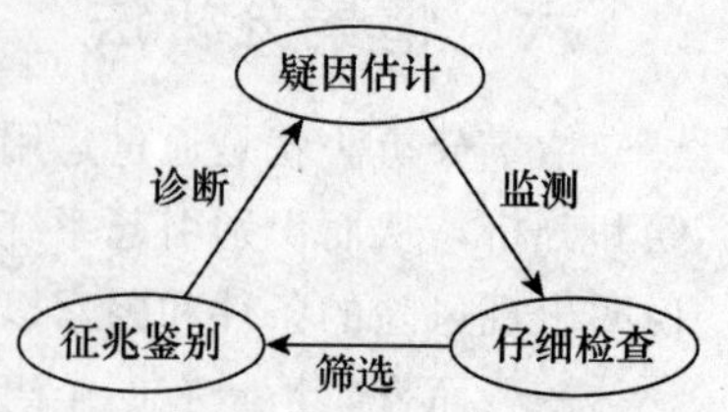

图 2-4 情景分析法的工作步骤

限的情景，可以缩小不确定性的范围，同时也有利于监视从现在到未来各种情景路径上的风险征兆和路标，设计出对情景的搜集战略，之后进行连续的监视，即可对风险做出早期预警。

七、财务分析法

财务分析法是指以企业的财务报表等会计资料为依据和起点，采用专门的方法，分析和评价企业的经营成果、财务状况及其变动情况，目的是了解过去、评价现在、预测未来，帮助利益关系集团改善决策。

财务分析的主要依据是财务报表，它包括资产负债表、利润及利润分配表和现金流量表，这三大财务报表包含了大量反映企业生产经营活动各方面情况的高度浓缩的会计信息。财务分析的最基本功能就是将大量的报表数据转变成对特定决策有用的信息，从而全面地了解和评价企业的偿债能力、赢利能力、资产管理能力和发展能力，减少决策的不确定性。

财务分析的方法有很多，主要方法包括以下几种：

第一，比率分析法，是指把某些彼此存在关联的项目加以对比，计算出比率，据以确定经济活动的变动程度的分析方法。常用的财务比率有相关比率、结构比率、动态比率。其中相关比率是同一时期财务报表及有关财会资料中两项相关数值的比率，包括反映偿债能力的比率、反映营运能力的比率和反映赢利能力的比率等。结构比率是财务报表中某项目的数值与各相关项目构成的总体合计值的比率，揭示了部分与整体的关系，通过不同时期结构比率的比较还可以揭示其变化趋势。如存货与流动资产的比率、流动资产与全部资产的比率等都属于这类比率。动态比率是财务报表及有关财会资料中某项目不同时期的两项数值的比率，又分为定基比率和环比比率，可分别从不同角度揭示某项财务指标的变化趋势和发展速度。

第二，趋势分析法，又称比较分析法，是指将连续数期的财务报表的金额并列起来，比较其相同项目的增减变动金额和幅度，据以判断企业财务状况和经营成果发展变化趋势的一种方法。财务报表的比较具体包括资产负债表比较、利润表比较、现金流量表比较等。比较时，既要计算出报表中有关项目增减变动的绝对额，又要计算出其增减变动的百分比。根据选择对比基期的不同，趋势分析法又可分为定比分析法和环比分析法两种。定比分析法是指以某一时期为固定的基期，其他各期均与该基期基数进行比较分析的方法。环比分析法是指每一期均以前一期为基数进行对比分析的方法。

第三，结构分析法，是指对财务报表主要项目的构成情况进行分析的方法。一般是以财务报表中的某个总体指标为100%，再计算出其各组成项目占该总体指标的百分比，并可进一步比较各个项目百分比的增减变动，以此来判断企业财务活动的变化趋势。

第四，综合分析法，是指对企业的各项财务数据和财务指标进行系统、综合的分析，以便对企业的财务状况和经营成果进行全面、合理的评价的方法。综合分析法主要有财务比率综合评分法、杜邦分析法等，其中杜邦分析法在企业财务分析中应用最多。

财务分析法在企业风险分析方面方便有效，但也存在局限性，主要是它不能反映以非货币形式存在的问题，如人员素质、创新能力、体制改革和其他经济因素的变化等。所以，财务报表分析法需要辅以其他识别方法和手段来进行分析。

第三节　金融风险的识别角度

金融风险识别的主体主要为金融企业、非金融企业（一般为工商企业）、政府和个人。本节只重点考察金融企业的情况，对于其他风险识别主体以及识别其他风险的情况可按照金融风险类似的程序分析。金融风险识别的客体主要是金融风险识别主体拟要识别的金融风险类型、受险部位、风险源等。对金融风险类型与受险部位的识别以及对金融风险诱因与严重程度的识别是金融风险识别的两大基本内容，下面作详细介绍。

一、金融风险类型和受险部位的识别角度

识别金融风险类型和受险部位是金融风险识别的主要内容之一，这里主要通过对金融企业的运营过程、业务流程、财务报表等方面的分析展开。

（一）从运营过程的角度识别

金融风险是伴随着企业的运营活动而产生的，相应地各类风险和受险部位也蕴藏在企业的运营过程之中，所以，我们可以从运营过程中的资金来源、资金运用、资金管理等方面进行考察。

1. 从资金来源的角度考察

金融企业的资金来源主要有存款负债、借入负债、发行证券、通过提供商品或服务获得资金等。与定期存款业务相比，支票存款和储蓄存款业务由于客户可以随时取款会给存款性企业带来较大的流动性风险，但支票存款支付的利息较低甚至不支付利息，因此，支票存款业务带来的利率风险较小。而固定利率存款业务可能因为市场利率下降使得机构融资成本高于以市场利率重新融资的成本，从而带来利率风险；在其他条件不变的情况下，期限越长，固定利率存款业务面临的利率风险越大。浮动利率存款业务则可能因为市场利率上升使机构融资成本上升，从而带来利率风险。另外，外币存款业务还可能带来汇率风险。

借入负债也会由于还本付息而给企业带来流动性风险和利率风险。具体而言，同业拆借大多为隔夜融资，因而利率风险较小；通过国际金融市场借款会带来汇率风险；回购协议在本质上也属于借入负债，由于在到期日作为担保的证券价格可能会上升，使证券购买商产生违约的可能性，因此，回购协议还具有信用风险。

金融企业在为了筹资而发行股票、债券等证券时，也将面临风险。其风险具体分为以下五种情况：

第一种情况，不同融资方式的融资成本不同，机构承担的义务也有所差异，而且不同的融资方式会带来不同的经营风险。通过比较发行附息债券与发行普通股票两种融资方式可以看出：一方面，附息债券要定期支付利息、到期要偿还本金，而普通股票则不需要偿还本金，股息的支付由股票发行主体视经营状况而定，并不固定；另一方面，股票的发行成本通常要高于债券，显然，两种融资方式都会带来经营风险，特别是财务风险，但风险的存在部位、特征、严重程度有所不同。需要指出的是，经营风险经常会诱发其他风险的

产生，如流动性风险、市场风险等。

第二种情况，为发行的股票和债券进行定价的行为有可能导致经营风险。

第三种情况，在销售股票、债券的过程中市场利率可能会上升，从而导致股票、债券的价格下跌，甚至无法实现融资的预期目标，因此，这一过程将面临利率风险，甚至还可能引致流动性风险。

第四种情况，由于市场利率上升会使已经销售出去的浮动利率债券的利息支付上升，而市场利率下降又会使已经销售出去的固定利率债券的利息支付高于重新按市场利率融资的利息支付，所以企业在外流通的债券会给机构带来利率风险。

第五种情况，如果涉及跨国融资，企业还会面临汇率风险和国家风险等。

提供商品或服务是金融企业获得资源的又一个渠道。金融企业的商品或服务主要包括为客户发行证券、证券承销、证券经纪、代收、结算业务（包括汇款、托收、信用证）、信托、租赁、信息咨询等。具体而言，企业为顾客发行证券的成败将会影响机构的声誉，进而影响机构吸收资金的能力，因此，为顾客提供发行证券的服务会给企业带来经营风险和流动性风险。在提供包销或备用包销业务时，可能有多种情形会使企业面临金融风险，例如，顾客信用等级下降或市场因子发生不利波动将会引起金融产品价值下降，导致企业的收益下降；金融产品交易不足将可能导致承销的证券无法及时按照当前市场价格进行交易并转换为现金；对该包销或备用包销业务的风险认识不足会导致对该项业务的错误选择；企业承销的债券到期时，可能出现发行人不按时将兑付资金拨入机构账户的情形，而投资者却要求机构还本付息，此时机构不得不代为垫付，等等。上述情形将使企业暴露在信用风险、市场风险、操作风险和流动性风险等各类风险之中。企业提供证券经纪业务时可能会面临操作风险和道德风险等经营风险。代收、汇款、托收、信息咨询是企业提供的可收取手续费但不承担风险的服务。信用证、租赁业务会带来信用风险和流动性风险。此外，具有国际结算功能的信用证还会带来汇率风险和国家风险。信托业务也可能使机构面临经营风险，例如，由于管理不善，企业可能会丢失顾客委托其保管的物品。金融企业还有一种称为资产管理业务或“打包”业务的融资方式。这类业务主要指将个别金融资产汇集在一起，将它们的现金流重新分解并组合成不同类型的新型金融产品。这种融资方式的最主要特点是可以改变原有资产的流动性，使得重新组合后的新型产品的流动性更好，但同样有可能给企业带来风险，我们以投资银行的资产证券化融资业务为例加以说明。投资银行的资产证券化融资业务是指投资银行把某一公司的一定资产作为担保发行新的金融工具。如果投资银行通过购买抵押资产进行证券化，那么就可能会因为证券不能以合理的价格及时变现而给企业带来流动性风险；抵押资产的选择活动本身可能会带来信用风险；另外，为新证券定价的活动则会使企业面临经营风险。

2. 从资金运用的角度考察

金融企业的资金运用主要是现金资产、证券投资和发放贷款，少数企业也会通过金融衍生工具投资进行风险套利。现金资产的多寡直接影响企业的流动性：若保留的现金资产过少，企业会面临流动性风险，过多则可能会因为市场利率上升而面临利率风险。

企业选择投资于何种证券的活动将面临操作风险。实施投资决策之后，若市场利率上升，则将导致金融工具市场价格下降、固定利率债券利息收入低于按市场利率重新投资的收入，从而遭受损失；若市场利率下降，可能使浮动利率债券利息收入的减少幅度大于债券价格的上升幅度，从而使企业面临利率风险。另外，如果金融资产发行者的信用等级下降，就可能引起资产价值下降，进而使得企业暴露在信用风险之中。

企业的贷款业务可能会由于借款人违约使企业面临信用风险，也可能由于利率波动而遭遇市场风险。此外，贷款还可能由于资产流动性较差带来流动性风险。

由于金融衍生工具的交易额一般都很大，价格的微小变化都可能造成重大损失，因此，投资于金融衍生工具可能会带来巨大的金融市场风险，巴林银行的倒闭就源于此。

3. 从风险暴露和业务特征的角度考察

具有不同风险暴露和不同特征的具体业务往往蕴涵着不同的风险类型和受险部位，所以我们还可以从风险暴露和业务特征的角度识别金融风险。

为清楚起见，以商业银行的存款负债业务为例给予说明。商业银行所有存款负债业务都会因为客户取款的不确定性而带来流动性风险，也会因为利率的不利波动而带来利率风险。但是不同种类的存款业务所带来的金融风险又会因业务的风险暴露和具体特征的差异而有所不同。如在其他因素不变的情况下，存款金额（暴露）越大，银行面临的流动性风险越大；顾客的取款请求所受限制越小，该存款给银行带来的流动性风险越大；存款的期限越短流动性风险越大；固定利率存款面临市场利率下降的利率风险，浮动利率存款会面临市场利率上升的利率风险；外汇存款还可能带来汇率风险；此外，由于不同的存款业务还会面临不同的法律管制，所以银行承担的融资成本也就有所差异，在这种情况下银行还会面临不同程度的流动性风险。

4. 从资金管理的角度考察

企业用于套期保值的远期、期货交易可能会由于未来金融市场因子的反向波动而面临金融市场风险，同时，远期合约还可能因价格的不利变动而给企业带来信用风险。另外，企业为了合理搭配资产负债、减少风险暴露而通过买进卖出调整金融资产头寸时，将可能产生流动性风险。

（二）从财务报表的角度识别

财务报表可以反映经营者在特定经营期间或时点上的资产状况、经营成果、现金流状况以及运营情况，因而我们可以从财务报表中观测、挖掘有关金融风险类型和受险部位的大量信息。下面我们以商业银行为例予以详细介绍。

商业银行的财务比率指标主要分为安全性指标、流动性指标和赢利性指标三大类。银行的安全性是指银行的资产、收入、信誉以及所有经营活动生存、发展并免遭损失的可靠性程度。银行的流动性是指银行在不损失资产价值的情况下的变现能力以及可满足各种支付的资金可用能力。银行的赢利性是指银行在正常状态下经营的赢利能力，而银行在非正常经营状态下经营的收益或损失一般不能准确反映银行的盈亏情况。此处我们将以中国人民银行制订的《商业银行资产负债比例管理监控、监测指标》中包含的安全性指标和流动性指标为例，通过观察银行的安全性、流动性来对商业银行所面临的各类金融风险进行识别，如表 4 所示：

表 2-4　流动性指标、安全性指标与金融风险识别

第一层指标	第二层指标	指标计算公式	指标含义
流动性指标	存贷款比率	各项贷款总额/各项存款总额	该比率越高，表明负债对应的贷款资产越多，银行的流动性就越低。
	中长期贷款比率	1. 人民币指标 期限一年以上（不含一年期）中长期贷款期末余额/期限一年以上（不含一年期）中长期存款期末余额≤120% 2. 外汇指标 期限一年以上（不含一年期）外汇中长期贷款期末余额/外汇贷款期末余额≤60%	该比率越高，流动性越差；反之，流动性越强。
	流动性比率	流动性资产/流动性负债≥25%	一般说来，流动性比率越高，银行偿还短期债务的能力越强，流动性风险越小，同时也意味着银行的流动性资产与流动性负债不匹配，面临较大的利率风险。
	备付金比率	备付金总额/存款总额	该指标值越高，说明银行流动性风险越小，但是过高的话，也意味着银行面临较大的利率风险。
安全性指标	单个贷款比率	同一借款客户的贷款余额/商业银行资本余额≤10%	最大10家贷款客户的贷款余额/商业银行资本余额≤50%该指标值过高，意味着银行放贷越集中，银行面临着较大的信用风险和流动性风险。
	贷款质量指标	逾期贷款期末平均余额/贷款期末平均余额呆账贷款期末平均余额/贷款期末平均余额 呆滞贷款期末平均余额/贷款期末平均余额	该指标值过高，银行面临着较大的信用风险和流动性风险

*2015年6月24日，国务院常务会议审议通过《商业银行法修正案（草案）》，删除贷存比不得超过75%的规定，将贷存比由法定监管指标转为流动性监测指标。

（三）从运作能力的角度识别

经济主体的运作能力可以为预防与抵御未来各类风险、保持经济主体稳健运营提供可持续的再生动力。经济主体的运作能力越强，其抵御未来内外风险的能力就越强，经营也就越具有稳健性和持续增长性，反之亦然。前文曾指出，各类风险和受险部位蕴藏在企业的运营过程之中，而运作能力可以从更深的层次上反映经济主体的运营状况，所以我们选择从运作能力的角度对运营过程中的各类金融风险和受险部位进行更深刻的识别。下面仍以商业银行为例进行阐述。

1. 从资本充足率的角度考察

经济主体自身所拥有的资本金是经营者承担日常经营风险、保持清偿能力、体现综合经济实力的基础性力量，在实际工作中，一些来源稳定的长期资金也被当作资本金的一部分。众所周知，衡量商业银行资本充足率的公式为：

资本充足率＝资本量/风险资产总额

一般来说，资本充足率太低，意味着银行的资本实力较差，银行承担损失和偿债能力弱，面临的流动性风险、经营风险较大。但是，资本充足率过高，则反映银行资本相对于资产来说过多，当利率上升时，银行可能无法立即按市场利率获利，从而丧失投资机会，并面临利率风险。

2. 从赢利能力的角度考察

赢利不仅可以直接弥补商业银行的经营损失，而且赢利能力的大小还可以反映商业银行的资产管理能力、经营能力以及利润分配和债务偿还能力，并可能对银行自身声誉和资金吸收能力产生深远影响。赢利能力越强，商业银行抵御各类风险的能力就越强；反之，商业银行就可能面临着较大的经营风险和流动性风险。为此，我们结合利润表计算出商业银行的赢利能力比率指标，如表 2-5 所示。通过这些指标，我们可以更深入，甚至有预见性地识别出商业银行所面临的潜在风险。

表 2-5　商业银行的主要赢利能力比率与分析

指标	计算公式	指标的经济含义
资产收益率	净利润/资产总额	该指标值越高，表明银行运用资产获取赢利的能力越强
资本收益率	净利润/资本总额	该指标值越高，表明银行运用资本获取赢利的能力越强。另外，该指标还反映了银行发行的股票的价值
银行利润率	净利润/营业收入总额	该指标值考虑了净利润在营业收入中所占的比重，更能反映银行赢利能力高低
银行利差率	净利息收入/赢利资产总额	该指标值越高，表明银行赢利能力越强
资产使用率	总收入/资产总额	该指标值越高，表明银行赢利能力越强

3. 从管理水平的角度考察

通过考察商业银行的管理水平，我们同样可以识别相关风险。首先，管理水平的高低直接决定了经营风险的大小；其次，管理水平高的商业银行可以树立良好的对外形象，从而有利于确保资金来源的稳定性，降低收益的不确定性，进而降低流动性风险。再次，管理水平高的上市商业银行的股票价值也较稳定，所以商业银行所面临的金融市场风险较小。用于衡量经营管理水平的主要定量指标有资产总额/职工人数、非利息支出/资产总额、占用费用支出和经营支出总额等。对管理水平的定性判断，则主要通过考察信息系统、计划系统、操作系统和控制系统等商业银行管理系统的构成和运转效率来进行。

二、金融风险诱因和严重程度的识别角度

对金融风险诱因和严重程度的识别，是在对金融风险类型和受险部位进行识别的基础

上更进一步的识别活动，而且也都是为下一步如何有效处理所识别出的各类金融风险服务的。对金融风险诱因的识别，是为了进一步分清楚已识别出的各类金融风险的诱因特性，为下一步采取有效的金融风险处置策略提供可靠依据。例如，由国家经济政策、经济周期等系统因素引起的金融风险只能规避，而无法通过分散化投资来降低，只有与某特定行业或经济主体相关的因素而引起的金融风险才可以通过分散化投资来缓解。又如，为降低或消除贷款的信用风险，企业可通过对贷款者的深入调查和分析对可能引发信用风险的诱因特性进行识别，以确定是否需要贷款抵押或贷款担保。另外，对金融风险诱因的识别，也有助于对金融风险严重程度的识别。而识别金融风险严重程度旨在对各类风险是否采取进一步的行动、采取行动的次序和方式等做出准确判定。下面我们分别予以介绍。

（一）金融风险诱因的识别角度

金融风险是由经济活动中的一些不确定性因素引起的，不同种类的金融风险的诱因可能不同，同一种金融风险可能有多个诱因。例如，商业银行经营活动的不确定性可以带来经营风险，利率或汇率变动的不确定性可以引起利率或汇率风险，贷款违约的不确定性则会带来信用风险。同时，商业银行经营活动、利率或汇率变动以及贷款违约等的不确定性都有可能导致流动性风险。但是，经营活动、利率或汇率变动以及贷款违约的不确定性引起的仅是相应风险，这些风险容易被观察到其表层诱因，在这些表层诱因背后，还可能隐藏着更深刻的、越来越不容易被观察到的第二层、第三层、第四层甚至更多层诱因。第二层诱因既是表层诱因的制造者，又是第三层诱因引发的结果，如此类推，我们就可以找到导致风险的最深层次的诱因和各个层次的诱因。

下面仅以企业中几类常见的金融风险为例作简要说明：金融产品价格风险源于产品价格变动的不确定性，产品价格变动的不确定性则源于产品供求关系变动的不确定性，而产品供求关系变动的不确定性又与国家的宏微观经济金融政策、国家的经济状况、企业的经营水平、金融投资模式与渠道、居民的收入水平和风险偏好等因素的变化有关。利率风险源于利率变动的不确定性，利率变动则取决于市场上资金供求关系的变动，而这又与货币政策、财政政策、通货膨胀率、经济周期、汇率水平、利润水平（技术革新和成本变化等）等因素有关。汇率风险源于汇率变动的不确定性，而汇率变动的直接原因是国际金融市场上货币供求关系变动的不确定性，这又与一国国际收支水平、利率水平、物价水平、汇率制度等因素有关。信用风险的大小则主要取决于授信对象的经营管理水平、赢利能力、管理人员的道德品行等因素。其他风险也可类似讨论。

（二）金融风险严重程度的识别角度

关于金融风险严重程度的识别，顾名思义，主要是对已经识别出的各类金融风险的严重程度即损失的可能性大小和潜在损失大小做出进一步分析和识别。以市场风险为例，对市场风险严重程度的识别，首先需要对金融风险的类型、受险部位、风险暴露、业务特征、风险诱因特性进行识别，然后再利用表 2-6 给出的市场风险严重程度判别矩阵，初步识别出各类风险可能造成的损失大小和发生的可能性大小。其中，“发生的可能性”是指市场风险造成损失的可能性大小，“影响程度”是指该市场风险可能造成的损失大小。

表 2-6 市场风险严重程度判别矩阵

发生可能性 \ 影响程度	不显著	较小	中等	较大	灾难性
基本上肯定	高	高	高	高	高
很有可能	中等	显著	显著	高	高
中等概率	低	中等	显著	高	高
可能性较小	低	低	中等	显著	高
极少发生	低	低	中等	显著	显著

复习思考题

一、单项选择题

1. （ ）是指通过连续、系统、全面的判断与分析，确定风险管理对象的风险类型、受限部位、风险源、严重程度等，并且发掘风险因素引发风险事故导致风险损失的作用机制的动态行为或过程。

A. 风险识别　B. 风险评估　C. 风险管理　D. 风险估计

2. 根据风险因素的来源，可以将其分为外部因素和内部因素，下列不属于内部因素的是（ ）。

A. 经济因素　B. 自然环境因素　C. 政治因素　D. 人员

3. （ ）就是通过运用有关数字、图表和曲线等，对未来的某个状态进行详细的描绘和分析，从而识别引起系统风险的关键因素及其影响程度的一种风险识别方法。

A. 德尔菲法　B. 流程图分析法　C. 情景分析法　D. 事故树分析法

4. 下列（ ）指标越高，说明商业银行面临的风险越大。

A. 流动性比率　B. 存贷款比率　C. 备付金比率　D. 资本充足率

二、多项选择题

1. 下列指标中能描述商业银行流动性状况的指标有（ ）。

A. 存贷款比率　B. 中长期贷款比率
C. 流动性比率　D. 备付金比率
E. 单个贷款比率

2. 风险识别需遵循的原则有（ ）。

A. 实时性原则　B. 系统性原则
C. 重要性原则　D. 经济性原则
E. 审慎性原则

3. 比较常用的财务分析法包括（ ）。

A. 比率分析法　B. 趋势分析法

C. 结构分析法　　　　D. 杜邦分析法
E. 财务比率综合评分法

4. 下列有关资本充足率的说法正确的有（　　）。
A. 资本充足率是资本量与风险资产总额之比
B. 一般来说，资本充足率低，意味着银行承担损失和偿债能力较弱
C. 资本充足率太高会使银行面临利率风险
D. 资本充足率是反映银行运作能力的一个指标
E. 资本充足率越高越好
F. 资本充足率过低会使商业银行面临流动性风险

三、判断题

1. 风险识别是风险管理的第一个环节。（　　）
2. 风险损失是指故意的、非预期的和非计划的经济价值的减少或消失。（　　）
3. 专家调查法是一种定量的风险识别方法。（　　）
4. 单个贷款比率过高，意味着商业银行面临较大的流动性风险和信用风险。（　　）

四、简述题

1. 什么是风险识别？说明其在风险管理中的作用与地位。
2. 风险识别的方法有哪些？
3. 说明情景分析在风险识别中应用。
4. 简述财务分析的主要方法。

五、综合训练

资料：英国北岩银行挤兑危机

英格兰银行行长默文·金（Mervyn King）近日在接受英国广播公司（BBC）采访时，首次公开披露了北岩银行危机决策的幕后进程。

2007年9月13日，受美国次贷危机的影响，英国第五大贷款机构北岩银行（Northem Rock，又称诺森福克银行）因过度依赖信贷市场的融资而爆发流动性危机，并向英格兰银行求援。消息公开后，该行储户蜂拥提款，酿成了英国140年来的首次银行挤兑事件。

危机爆发后，英格兰银行于2007年9月19日宣布，同意为北岩银行提供应急贷款。10月10日，英国财政部发表声明，宣布对9月19日之后存入北岩银行的全部存款予以全额担保。据英格兰银行最新披露的资产负债表显示，截至2007年10月底，对北岩银行的贷款已高达230亿英镑。

资料来源：网络版专稿，《财经》杂志特约研究员吴铮，发自伦敦

问题：

1. 英国银行出现挤兑危机的原因有哪些？
2. 北岩银行挤兑危矶对我们做好银行管理有哪些启示？

第3章 风险评估

知识目标

1. 理解风险评估的定义、流程、内容与技术
2. 掌握风险的描述技术
3. 了解隐含波动率的含义，历史波动率的含义、静态与动态的计算
4. 熟悉损失分布统计拟合检验的原理与软件应用
5. 了解损失分布的随机模拟
6. 理解损失评估
7. 掌握预期损失与非预期损失、风险价值、经济资本、预期亏空的含义

技能目标

1. 掌握一定的风险评估的流程
2. 能够运用相关软件进行损失分布统计拟合检验

能力目标

在实践中能进行初步的风险评估活动

导入案例

从次贷危机到全球金融危机

回顾次贷危机的过程，我们认为到目前为止，危机经历了四个阶段：

第一阶段：次级按揭贷款及证券化产品（次按贷款抵押债券）危机。此阶段由2007年2月HSBC美国附属机构报告105亿美元的次级按揭贷款亏损伊始，一直到2007年第三季度末。这其中包括2007年4月2日，美国当时最大的次级按揭贷款放款公司之一的New Century Financials破产；2007年5月，UBS关闭在美国的次按贷款业务机构Dillon Read Capital Management；2007年7月贝尔斯登停止客户赎回属下管理的两只次按类的对冲基金；2007年8月，另一个最大的美国按揭贷款机构之一的American Home Mortgage破产；以及接下来的众多的金融机构报告次按相关业务的亏损等等。这一时期的危机呈现两个特点：第一，问题的表现是局部性的，只局限于次按贷款业务机构及专业性的次按投资者。第二，人们不清楚，到底都有哪些机构，持有了多少次按相关产品，并希望从

陆续公布的各公司的业绩报告中，了解更多的相关信息。

第二阶段：流动性风险。这一阶段从2007年第四季度到2008年3月17日贝尔斯登被摩根大通收购。期间，越来越多的机构报告次按相关产品的亏损和拨备。包括：花旗集团（Citigroup）报亏407亿美元、瑞银集团（UBS）报亏380亿美元；美林证券（Merrill Lynch）报亏317亿元等等，另外一系列欧美银行也报告了一系列次按相关业务亏损。这时候市场觉察到次按的问题比原来预计的要更加严重。人们开始担心，相关的投资者如果抛出次按类相关的资产，会导致此类资产价格的大幅度下跌。正是基于这种担心，投资机构，特别是杠杆类的投资机构，纷纷在市场上抢先抛售相关低品质的资产变现，同时银行为修补资产负债而纷纷进行再融资。这两个行动导致了市场流动性的紧张。短期资产的流动性价差大幅度增加。这一阶段的市场也有三个特点：第一，投资者一般只是抛售低品质资产套现；第二，人们仍然期望美联储的降息能够很好地缓解流动性危机，从而不至于使流动性危机发展成信用危机；第三，央行减息政策和相关贴现窗口的措施在一定程度上缓解了流动性，似乎对市场有所帮助。

第三阶段：流动性危机合并信用危机。这一阶段由2008年3月17日摩根大通收购贝尔斯登开始，直到2008年9月15日雷曼兄弟申请破产保护。贝尔斯登的被收购，使得投资者对流动性的担心迅速转变成对流动性和信用危机的双重担心。这时，人们意识到，一些深陷次按问题的机构有可能因资产大幅度贬值和流动性问题而破产，因此，金融机构纷纷收紧信用放款，这促使面临基金赎回压力的投资机构及其他一些银行类投资者进一步抛售资产套现。这一时期的市场又呈现出以下三个特点：第一，在流动性价差继续攀高的同时，各类信用价差也普遍大幅度攀升至历史的高位。第二，投资者因流动性压力，不仅仅限于抛售低品质资产，也开始抛售一些通常被认为的一些高品质资产。第三，市场在与政府和央行政策措施权衡中产生了恐慌和担心，投资者在两方面期盼中摇摆，市场剧烈波动。

第四阶段：全球金融体系的危机。这一阶段从2008年9月15日雷曼兄弟申请破产保护一直到现在。雷曼兄弟的倒闭，美国政府拯救雷曼兄弟的失败使得市场的信心彻底崩溃。由于短期货币市场的瘫痪，危机由金融领域急速地扩展到实体经济领域（from Wall Street to Main Street），亏损的投资主体也迅速地由专业的投资者蔓延至普通的百姓。危机的范围也由美国及主要的金融中心迅速地蔓延到全球。这一时期的市场呈现出下列特点：第一，市场的功能被破坏，特别是价格发现机制失效，很多在通常情况下有较好流动性的资产也无法定价及交易。第二，美国普通的百姓，因货币市场瘫痪，货币市场基金无法定价和赎回而遭受损失。第三，货币市场的瘫痪使得美国非金融类企业无法再通过短期商业票据从货币市场筹措短期资金，实体经济遭重创。第四，金融的结算和支付系统受信用危机冲击，交易双方对抵押品要求激增。第五，危机对全球不同地区的冲击开始凸显，冰岛是一个典型的情况。

资料来源：根据网络资料综合整理

第一节 风险评估概述

风险评估（Risk Estimation）即风险度量（Risk Measurement）。它是将风险分析以后，依据损失发生的可能性与可能产生的幅度，予以数据化的统计过程。风险评估是重“未来”，但“未来”的依据是“过去”。本章侧重从未来的角度对企业可能的风险做出评估和度量，从衡量企业可能的损失开始，对企业如何应对未来可能面临的风险，以及对这些风险的分析方法。

风险评估在风险管理中占有重要地位，并且在生活中，风险无处不在，所以，对风险的评价与估计必不可少。风险评估是指在风险事件发生之前或之后，该事件给人们的生活、生命、财产等各个方面造成的影响和损失的可能性进行量化评估的工作。简而言之，风险评估就是量化测评某一事件或事物带来的影响或损失的可能程度。风险评估包括风险分析、风险估计（Risk Estimation）与风险评价（Risk Assessment）。

一、风险评估的流程

（一）风险估计的流程

风险估计是对识别出的风险因素进行量化分析和描述，探求各主要影响因素可能的变化范围以及对企业目标实现可能产生的有利或不利的影响。对于系统的某种风险，必须先弄清楚它将对系统产生的影响程度的相应发生及概率，才能据此进一步研究，选择正确处理这类风险的方法。风险估计的流程图如图3-1所示：

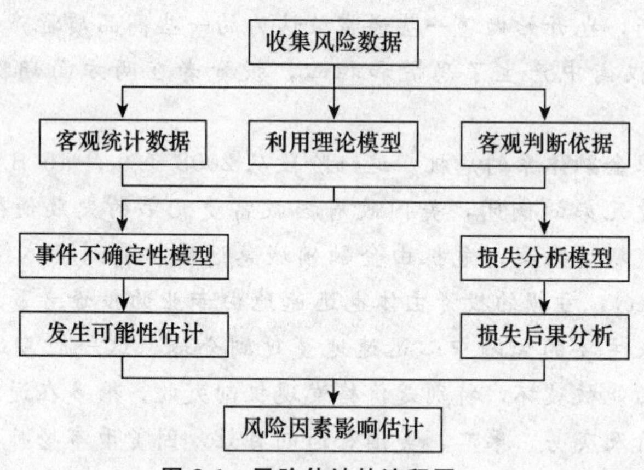

图 3-1 风险估计的流程图

1. 收集风险数据

风险估计的第一步是要收集与风险因素相关的数据和资料。风险管理人员除了收集自己的历史损失资料和近期损失资料外，还应注意收集同类系统的损失资料及外界所公布的有关的损失统计资料，并注意国际性动态资料。这些数据和资料可以从过去的类似风险管理项目的经验总结或记录中及相关研究或试验中取得，也可以在风险识别实施过程中取得，还可以从市场、社会发展的历史资料中取得。所收集的资料要求客观真实、准确完整、具有较好的统计性。

原始数据收集之后，必须对其进行整理。所谓资料整理是指根据研究任务的需要，按照自己设计的整理方案的要求，将收集来的所有资料进行加工、综合，使之条理化、系统化，从而成为能够反映事物总体特征的综合资料。资料经过整理，能以某种易读易懂的形式提供给使用这些资料的人。

2. 建立风险模型

以取得的有关风险因素的数据资料为基础，对风险事件发生的可能性和可能的结果给出明确的量化描述，称为风险模型：该模型分为事件不确定性模型和损失分析模型，分别用以表示不确定性因素与风险因素发生概率、风险损失之间的关系。

3. 风险发生可能性估计和损失后果估计

风险模型建立后，就可以用适当的方法去估计每一风险因素发生的概率和可能造成的损失。风险事件发生的可能性通常用概率表示，可能的后果则用费用的损失或工期的拖后表示。

4. 风险因素影响估计

风险发生可能性和损失后果这两个概念往往是有联系的，风险损失大小不同时，其相应发生的机会也不同。我们通常是将风险因素的发生概率和可能的结果综合起来进行评价。由于风险损失为连续变量，所以我们常用概率分布函数来描述损失与发生频率间的关系。

对风险因素进行概率估算的途径有两种。一是根据大量试验结果用数理统计的方法进行分析计算，这种方法所得的概率是客观存在的，即客观概率。但实际上由于有些风险不可能对其进行试验，且事件又都在将来发生，无法获取其准确信息，因而很难计算出客观概率。这时，我们需采用另外一种方法——主观概率算法，即由有关专家对事件的概率做出主观估计，所得的概率即为主观概率。

（二）风险评价的流程

风险估计是对单个风险分别进行估计和量化，没有考虑各单个风险综合起来的总体效果，也没有考虑这些风险是否能被风险主体所接受。与前者相比，风险评价要考虑公司的整体风险，也要考虑各风险之间的相互影响、相互作用以及对风险主体的影响，还要考虑风险主体对风险的承受能力。

1. 确定风险评价目标

在进行风险评价之前，首先要确定风险评价的目标，这对以后的分析评价有指导作用，而且它是评价工作的方向和基准。风险评价目标的确定要考虑全面，既要考虑项目因素，也要考虑企业因素，同时要进行目标的细分和结构化，做到目标明确，实事求是。

2. 建立风险评价指标体系

风险评价指标体系的确定至关重要，它要根据一定的原则，按照一定的要求来建立，要保证它的系统既全面又科学。其建立步骤具体包括资料的收集、确定指标体系的结构、指标体系的初步确定、指标体系的筛选与简化、指标体系的有效性分析、定性变量的数量化等环节。

3. 选择风险评价方法与模型

风险管理人员要根据事项特点及目标要求选择风险评价方法，且该评价方法要能反映实际。其具体步骤包括评价方法的选择、权数构造、评价指标体系的标准值与评价规则的确定。

4. 综合评价实施

综合评价实施程序如下：

第一，收集指标体系数据。

第二，确定风险评价基准。风险评价基准是风险主体针对每一种风险后果而确定的可接受水平，这个可接受水平可以是绝对的，也可以是相对的。单个风险和整体风险都要确定评价基准，可分别称为单个评价基准和整体评价基准。

第三，确定项目整体风险水平。项目整体风险水平是综合了所有个别风险之后确定的。

第四，进行风险等级判别。对比单个风险和单个评价基准、整体风险水平与整体评价基准，并据此进行风险等级的判别。

第五，评价结果的评估与检验。风险管理人员要对评价结果进行评估与检验，以判别所选评价模型、有关标准、有关权值，甚至指标体系的合理与否，若不符合要求，则需要进行一些修改，甚至返回到前述的某一环节。

第六，评价结果分析与报告。其步骤包括评价结果的书面分析、撰写评价报告、提供与发布评价结果、资料的储备与后续开发利用。

通过风险评价，风险管理者应完成以下四个任务：

(1) 对各个风险进行比较和评价，确定它们的等级和先后顺序。

(2) 从整体出发，弄清各风险事件之间确切的因果关系。因为表面看起来不相干的多个风险事件常常是由一个共同的风险来源造成的，例如工程中的技术难题会造成费用超支、进度拖延、产品质量不符合要求等多种后果。

(3) 考虑各种不同风险之间相互转化的条件，研究如何才能把威胁转化为机会。

(4) 进一步量化已识别风险的发生概率和后果，减少风险发生概率和后果估计中的不确定性。必要时，根据项目形势的变化，重新分析风险的发生概率和可能的后果。

二、风险评估的内容

风险评估体系说明了风险评估的主要任务。在风险管理的过程中，若要进行风险决策，风险管理人员必须从定性和定量两个方面弄清楚风险的属性，对于每一具体的风险来说，需要估计以下四个方面：

(一) 每一风险因素最终转化为风险事项的概率及其相应的损失分布

在风险发展过程中，并不是所有风险因素都能最终发展成导致损失的风险事故，因而通过判断其发生的概率，就可以对风险的影响程度和严重性做出判断，据此进行风险处理的决策。在估计风险分布规律时，可以采用专家调查法以及现场观察法、模糊综合评判法等适当的方法，通过现场观测或试验模拟工程风险来估计目标风险的概率分布。

(二) 单一风险的损失程度

如果某一风险因素导致事故损失的可能性很大，可能的损失却很小，对于这样的风险没必要采取复杂的处置措施。只有综合考虑了风险发生概率和损失程度，才能根据风险损失期望来制订风险处置策略：在估计目标风险的概率分布并了解其发生的可能性之后，还要估计单一风险可能造成的损失程度。风险损失可以依据风险载体的状况、风险的波及范围和可能造成的损坏程度来估计。

(三) 若干关联的风险导致同一风险单位损失的概率和损失程度

风险管理人员在制订风险计划时，一般会关心在特定的风险管理子系统中承担的风险损失期望值，因此有必要从某一风险单位整体的角度，分析多种风险可能造成的损失总和以及发生风险事故的概率。

(四) 所有风险单位的损失期望值和标准差

为了掌握风险管理系统总体的风险状况，风险管理人员还应估计总的风险管理系统中的所有风险单位的损失期望值和标准差，也就是将所有风险单位的风险因素叠加后的损失期望值，并且估计这个损失期望值与各种可能的损失值之间的偏差程度，这里用标准差来衡量这个偏差程度。

三、风险评估的技术

风险评估应将定性与定量方法相结合。定性方法可采用问卷调查、集体讨论、专家咨询、情景分析、政策分析、行业标杆比较、管理层访谈、由专人主持的工作访谈和调查研究等。定量方法可采用统计推论（如集中趋势法）、计算机模拟（如蒙特卡罗分析法）、失效模式与影响分析、事故树分析等。

根据风险管理人员掌握信息资料的不同，风险定量估计分为确定型、随机型和不确定型三种不同类型。确定型风险是指那些风险出现的概率为 1，其后果是完全可以预测的，且有精确、可靠的信息资料支持的风险。当风险环境仅有一个数值且可以确切预测某种风险后果时，这种情况下的风险估计称为确定型风险估计。其经常使用的方法是盈亏平衡分析和敏感性分析。

随机型风险是指那些不但出现的各种状态已知，而且这些状态发生的概率（可能性大小）也已知的风险，这种情况下的风险估计称为随机型风险估计。它一般采用概率评估技术指标度量风险大小，利用非概率分析技术作为补充。

不确定型风险是指那些出现的各种状态发生的概率未知，而且究竟会出现哪些状态也不能完全确定的风险，这种情况下的项目风险估计称为不确定型风险估计。在实际项目的管理活动中，我们一般需要通过信息的获取把不确定型决策转化为风险性决策。由于掌握的有关项目风险的情况极少，可供借鉴参考的数据资料又少，所以人们在长期的管理实践中总结归纳了一些公认的原则作为参考，如等概率原则、乐观原则（大中取大原则）、悲观原则（小中取大原则）、最小后悔值原则等。

定量风险评估技术如下：

(一) 设定基准

作为一组主体之间的协作过程，设定基准着眼于具体的事项或过程，采用共同的标准比较计量指标和结果，并且识别改善机会，建立有关事项、流程和计量指标的数据来比较业绩。一些公司可以通过设定基准，从而在整个行业中评估潜在事项的可能性和影响。

(二) 概率评估技术

概率评估技术的基本原理是根据特定的假设将一系列事项以及所造成的影响与这些事

项的可能性联系起来，在历史数据或反映未来行为模拟结果的基础上，对可能性和影响进行评估。利用概率分布提出的风险度量指标包括波动性指标（如方差、标准差、协方差、离散系数等）、敏感性指标、风险调整指标（如风险价值VaR、风险现金流量、风险收益）、损失分布、预期损失、非预期损失和事后检验等。概率评估技术可以采用不同的时间范围来估计不同时期金融工具的价值范围等结果。概率评估技术还可以用来评估期望的或平均的结果，以及极端的或非期望的影响。

（三）非概率分析技术

当估计无法量化相关可能性的事项的影响时，非概率评估技术可以利用主观的假设，根据历史或模拟数据和对未来行为的假设对潜在事项的影响进行评估。非概率评估技术要求管理当局单独确定其可能性。非概率评估技术主要包括盈亏平衡分析法、敏感性分析法、决策树分析法、蒙特卡罗随机模拟法、情景分析法和压力测试法，以及用于综合评价的层次分析法（Analysis Hierarchy Process，AHP）、模糊综合评价法（Fuzzy Comprehensive Evaluation）、网络层次分析法（Network Level Analysis）等。

1. 盈亏平衡分析法

盈亏平衡分析法（Profit and Loss Balance Analysis）是将成本划分为固定成本和变动成本，根据收益与成本之间的关系，进行预测分析的技术方法。盈亏平衡分析法广泛应用于预测成本、收入和利润，编制利润计划，估计售价、销量和成本水平变动对利润的影响，为各种决策提供必要的信息，并可用于安全性分析。

2. 敏感性分析法

敏感性分析法（Sensitivity Analysis）是指在其他条件保持不变的前提下，研究单个市场风险要素（如利率、汇率、股票价格和商品价格）的变化对金融工具或资产组合的收益或经济价值产生的影响的方法。例如，缺口分析可用于衡量银行当期收益对利率变动的敏感性；久期分析可用于衡量银行经济价值对利率变动的敏感性。敏感性分析法用来评价潜在事项的正常或日常变化的影响，由于计算相对容易，敏感性分析方法有时也用来补充概率方法。敏感性分析法还用于度量经营风险，如销售量的变化对呼叫中心响应时间或生产缺陷数的影响。

敏感性分析法用线性近似法来估计固定收益证券价值的变化。这种近似是通过使用一个固定收益敏感性的度量建立起来的，是度量利率小幅度变化引起的价值变化，并且利用这种方法估计利率大幅度变化引起的价值变化。由于曲线的凸度，实际价值和估计的价值之间存在着差异。

3. 决策树分析法

每个决策或事件（自然状态）都可能引出两个或多个事件，导致不同的结果，把这种决策分支画成图形很像一棵树的枝干，故称决策树。决策树有四个构成要素：决策结点、方案枝、状态结点、概率枝。方块结点表示决策结点，由决策结点引出若干条细枝，每条细枝代表一个方案，称为方案枝；圆形结点表示状态结点，由状态结点引出若干条细枝，表示不同的自然状态，称为概率枝。每条概率枝代表一种自然状态。我们在每条细枝上标明客观状态的内容和其出现概率，在概率枝的最末梢标明该方案在该自然状态下所达到的结果（收益值或损失值），这样树形图从左向右由简到繁地展开，组成一个树状网络图。

决策树分析法（Decision Tree Analysis）是指把某一风险决策问题的各种风险事项与

供选择方案，可能出现的状态、概率及其后果等一系列因素，按它们之间的相互关系用树形图表示出来，然后按网络决策的原则和程序进行选优和决策的方法。决策树分析法属于风险型决策方法，其程序如下：①绘制树状图，根据已知条件排列出各个方案和每一方案的各种自然状态；②将各状态概率及损益值标于概率枝上；③计算各个方案期望值并将其标于该方案对应的状态结点上；④进行剪枝，比较各个方案的期望值与风险度量指标，并标于方案枝上，将期望值小的（劣等方案剪掉）所剩的最后方案为最佳方案。

4. 蒙特卡罗随机模拟法

蒙特卡罗随机模拟法，是指通过构造描述数学模型与计算机仿真得到相对较精确的风险事项概率分布，再据此来评估风险指标的方法。该方法用来分析评估风险发生可能性、风险的成因、风险造成的损失或带来的机会等变量在未来变化的概率分布。其具体操作步骤如下。

（1）量化风险，即将需要分析评估的风险进行量化，明确其度量单位，得到风险变量，并收集历史相关数据。

（2）根据对历史数据的分析，借鉴常用建模方法，建立能描述该风险变量在未来变化的概率评估技术。建立概率评估技术的方法很多，如差分和微分方程方法，插值和拟合方法等。这些方法大致分为两类：一类是对风险变量之间的关系及其未来的情况做出假设，直接描述该风险变量在未来的分布类型（如正态分布），并确定其分布参数；另一类是对风险变量的变化过程做出假设，描述该风险变量在未来的分布类型。

（3）计算概率分布初步结果，即利用随机数发生器，将生成的随机数代入上述概率评估技术，生成风险变量的概率分布初步结果。

（4）修正完善概率评估技术，即通过对生成的概率分布初步结果进行分析，用实验数据验证模型的正确性，并在实践中不断修正和完善模型。

（5）利用该模型分析评估风险情况。由于蒙特卡罗随机模拟法依赖于模型的选择，因此，模型本身的选择对于蒙特卡罗方法计算结果的精度影响甚大。蒙特卡罗随机模拟法计算量很大，通常借助计算机完成。

5. 情景分析法

情景分析法是指通过假设、预测、模拟等手段生成未来情景，并分析其对目标产生影响的方法。情景分析包括历史情景重演法、预期法、因素分解法、随机模拟法等方法。与敏感性分析法对单一因素进行分析不同，情景分析法是一种多因素分析方法，结合设定的各种可能情景的发生概率，研究多种因素同时作用时可能产生的影响。在情景分析过程中要注意考虑各种头寸的相关关系和相互作用。情景分析中所用的情景通常包括基准情景、最好情景和最坏情景。情景可以人为设定（如直接使用历史上发生过的情景），也可以从对市场风险要素历史数据变动的统计分析中得到，或通过运行描述在特定情况下市场风险要素变动的随机过程得到。例如，银行可以分析利率、汇率同时发生变化时可能会对其市场风险水平产生的影响，也可以分析在历史上出现过的政治、经济事件或金融危机以及一些假设事件时，其市场风险状况可能发生的变化。

6. 压力测试

压力测试法（stress test）是指在极端情景下，分析评估风险管理模型或内部控制流程的有效性，发现问题，制订改进措施的方法，其目的是防止出现重大损失事件。压力测试法不同于情景分析法，因为前者集中关注的是单个事项或活动在极端情况下的一个变化产生的直接影响，这与情景分析法集中关注一个更常规的变化相反，具体操作步骤如下：

(1) 针对某一风险管理模型或内部控制流程，假设可能会发生哪些极端情景。极端情景是指在非正常情况下，发生概率很小，而一旦发生，后果十分严重的事情。假设极端情景时，不仅要考虑本企业或与本企业类似的其他企业出现过的历史教训，还要考虑历史上不曾出现，但将来可能会出现的事情。

(2) 评估极端情景发生时，该风险管理模型或内部控制流程是否有效，并分析对目标可能造成的损失。

(3) 制订相应措施，进一步修改和完善风险管理模型或内部控制流程。

以信用风险管理为例，一个企业已有一个信用很好的交易伙伴，该交易伙伴除发生极端情景外，一般不会违约。因此，在日常交易中，该企业只需有“常规的风险管理策略和内部控制流程”即可。采用压力测试方法，是假设该交易伙伴将来发生极端情景（如其财产毁于地震、火灾、被盗），被迫违约而对该企业造成了重大损失。而该企业“常规的风险管理策略和内部控制流程”在极端情景下不能有效防止重大损失事件，为此，该企业采取了购买保险或相应衍生产品、开发多个交易伙伴等措施。

进行风险定量评估时，应统一制订各风险的度量单位和风险度量模型，并通过返回测试、超样本检验等方法，确保评估系统的假设前提、参数、数据来源和定量评估程序的合理性和准确性；要根据环境的变化，定期对假设前提和参数进行复核和修改，并将定量评估系统的估算结果与实际效果对比，据此对有关参数进行调整和改进。

风险评估还应包括风险之间的关系分析，以便发现各风险之间的自然对冲、风险事件发生的正负相关性等组合效应，从风险策略上对风险进行统一集中管理。

四、风险描述

风险评估结果也可以用一个二维坐标系或风险矩阵来描述。风险坐标图是把风险发生可能性的高低和风险发生后对目标的影响程度作为两个维度绘制在同一个平面上，并绘制成直角坐标系。风险坐标系的坐标横轴表示可能性或其变化区间，纵轴表示影响或其变化区间，每一种风险都定位描述在这个坐标系中。风险矩阵是用行表示风险的可能性，用列表示风险的影响，用二维度量指标描述每一种风险的矩阵：这个风险矩阵提供了所有风险的可能性、影响及其变化区间的信息。

根据业务环境的不同，风险的定量度量可以采用货币数、百分比或风险指标表示，也可以用特定的置信区间表示，如95%或99%的置信度。

对风险发生可能性的高低、风险对目标影响程度的评估描述有定性、定量等方法。定性方法是直接用文字描述风险发生可能性的高低、风险对目标的影响程度，如“极低”、“低”、“中等”、“高”、“极高”等。定量方法是对风险发生可能性的高低、风险对目标影响程度用具有实际意义的数量描述，如对风险发生可能性的高低用概率来表示，对目标影响程度用损失金额来表示。

表3-1列出了某公司对风险发生可能性的定性、定量评估标准及其相互对应关系，供

实际操作中参考。

表 3-1　某公司对风险发生可能性的定性、定量评估标准及其相互对应关系

定量方法 1	评分	1	2	3	4	5
定量方法 2	一定时期发挥的概率	10%以下	10%—30%	30%—70%	70%—90%	90%以上
定性方法	文字描述一	极低	低	中等	高	极高
	文字描述二	一般情况下不会发生	极少情况下才发生	某些情况下发生	较多情况下发生	常常会发生
	文字描述三	未来 10 年发生的可能少于 1 次	未来 5—10 年内可能发生 1 次	未来 2—5 年内可能发生 1 次	未来 1 年内可能发生 1 次	未来 1 年内至少发生 1 次

资料来源：摘自《中央企业全面风险管理指引》

表 3-2 列出了某公司关于风险发生后对目标影响程度的定性、定量评估标准及其相互对应关系，供实际操作中参考。

表 3-2　某公司关于风险发生后对目标影响程度的定性、定量评估标准及其相互对应关系

适用于所有行业	定量方法一	评分		1	2	3	4	5
	定量方法二	企业财务损失占税前利润的百分比		1%以下	1%—5%	6%—10%	11%—20%	20%以上
	定性方法	文字描述一		极轻微的	轻微的	中等的	重大的	灾难性的
		文字描述二		极低	低	中等	高	极高
		文字描述三	企业日常运行	不受影响	轻度影响（造成轻微的人身伤害，情况立刻受到控制）	中度影响（造成一定人身伤害，需要医疗救援，情况需要外部支持才能得到控制）	严重影响（企业失去一些业务能力，造成严重人身伤害，情况失控，但无致命影响）	重大影响（重大业务失误，造成重大人身伤亡，情况失控，给企业带来致命影响）
			财务损失	较低的财务损失	轻微的财务损失	中等的财务损失	重大的财务损失	极大的财务损失
			企业声誉	负面消息仅在企业内部流传，企业声誉没有受损	负面消息在当地局部流传，对企业声誉造成轻微损害	负面消息在某区域流传，对企业声誉	负面消息在全国各地流传，对企业声誉造成重大损害	负面消息流传世界各地，政府或监管机构进行调查，引起公众关注，对企业声誉造成无法弥补的损害

续表

适用于开采业和制造业	定性与定量结合	安全	短暂影响职工或公民的健康	严重影响一位职工或公民健康	严重影响多位职工或公民健康	导致一位职工或公民死亡	引致多位职工或公民死亡
		营运	对营运影响微弱，在时间、人力或成本方面不超出预算1%	对营运影响轻微，受到监管者责难，在时间、人力或成本方面超出预算1%—5%	减慢营业运作，受到法规惩罚或被罚款等，在时间、人力或成本方面超出预算6%—10%	无法达到部分营运目标或关键业绩指标，受到监管者的限制，在时间、人力或成本方面超出预算11%—20%	无法达到所有的营运目标或关键业绩指标，违规操作使业务中止，时间、人力或成本方面超出预算20%
		环境	对环境或社会造成短暂的影响可不采取行动	对环境或社会造成一定的影响，应通知政府有关部门	对环境造成中等影响，需一定时间才能恢复，出现个别投诉事件，应执行一定程度的补救措施	造成主要环境损害，需要相应长的时间来恢复，大规模的公众投诉，应执行重大的补救措施	无法弥补的灾难性环境损害，激起公众的愤怒，潜在的大规模的公众法律投诉

对风险发生可能性的高低和风险对目标影响程度进行定性或定量评估后，依据评估结果绘制风险坐标图。如某公司对9项风险进行了定性评估，风险①发生的可能性为“低”，风险发生后对目标的影响程度为“极低”……风险⑨发生的可能性为“极低”，对目标的影响程度为“高”，绘制风险坐标图。

如某公司对7项风险进行定量评估，其中风险①发生的可能性为83%，发生后对企业造成的损失为0.21亿元；风险②发生的可能性为40%，发生后对企业造成的损失为0.38亿元……而风险⑦发生的可能性在55%～62%，发生后对企业造成的损失在0.75亿～0.91亿万元，在风险坐标图上用一个区域来表示，则绘制风险坐标图。绘制风险坐标图的目的在于对多项风险进行直观的比较，从而确定各风险管理的优先顺序和策略。

第二节 历史波动率的计算

风险是由于资产价格或其收益的不确定性波动而引起的。所谓波动率通常是指未来资产价格或收益偏离其预期值（反映集中趋势）的程度大小。偏离程度大，波动性大，风险就大；反之，风险则小。波动率可以采用数据离散程度指标来度量，主要有异众比率、四分位差、方差、标准差与离散系数等。其中最常用的是方差、标准差和离散系数。

根据计算原理与数据来源，波动率分为历史波动率（Historic Volatility）和隐含波动率（Implied Volatility）。历史波动率是使用历史数据计算得到的方差与标准差数值。隐含波动率是把期权的当前市场价格代入布莱克——斯科尔斯（Black-Scholes）期权定价模型中推算出来的、包含了投资者对标的资产的未来走势预期的波动率，它反映了投资者对未来标的资产波动率的预测。期权定价模型（如布莱克-斯科尔斯模型）给出了期权价格与五个基本参数（标的股价、执行价格、利率、到期时间、波动率）之间的定量关系，只要将其中前 4 个基本参数及期权的实际市场价格作为已知变量值代人布莱克-斯科尔斯模型定价公式，就可以从中解出唯一的未知量——波动率，其大小就是隐含波动率。

一、历史波动率的静态计算

（一）单项资产波动率的静态计算

度量一项投资的经济效果最常见的指标是持有期收益率，它是在核算期内投资该资产所带来的全部收益与其投入的资本金的比值。它分为简单收益率与对数收益率。

资产从 $t-1$ 期到 t 期的简单净收益率尺，定义为：

$$R_t=\frac{P_t-P_{t-1}+D_t}{P_{t-1}}=\frac{P_t}{P_{t-1}}+\frac{D_t}{P_{t-1}}-1$$

资产从 $t-1$ 期到 t 期的对数收益率为：

$$r_t=\ln\left(\frac{P_t+D_t}{P_{t-1}}\right)$$

其中，P 表示某时刻的资产价格，D 表示该投资期间所得红利。不同时期的简单收益率是乘法关系，而不同时期的对数收益率是加法关系。

通常情况下，收益率受许多不确定因素的影响，因而是一个随机变量。在简单预期假设下，n 种等概率的资产期望收益为：

$$E(r)=\frac{1}{n}\sum_{i=1}^{n}r_i$$

根据方差的定义式 $\sigma^2(r)=E[r_i-E(r)]^2=E(r_i)^2-[E(r)]^2$，可知等概率情况下单项资产的方差计算公式为：

$$\sigma^2(r)=E[r_i-E(r)]^2=\frac{1}{n}\sum_{i=1}^{n}[r_i-E(r)]^2$$

如果资产收益不是等概率的，可以根据已知每一收益率 r_i 出现的概率 p_i 计算期望收益率，如表 3-3 所示：

表 3-3 不同收益率对应的概率

收益率 r_i（%）	r_1	r_2	r_3	r_4	…	r_n
概率 P_i	p_1	p_2	p_3	p_4	…	p_n

则单项资产的期望收益率或收益率平均数的公式为：

$$E(r)=\sum_{i=1}^{n}r_ip_i$$

不等概率情况下单项资产的方差计算公式为：

$$\sigma^2(r)=\sum_{i=1}^{n}[r_i-E(r)]^2_{P_i}$$

一般地，波动率与时间长短的平方根成比例，即有：

$$\sigma_T=\sqrt{\frac{T}{t}}\sigma_t$$

这里的σ_T表示在T个时期内观察到的波动率。利用该公式就可以把在不同期间的波动率与年度化的波动率之间进行转换。

（二）资产组合波动率的静态计算

1. 两种资产组合的收益和风险

资产A_1的收益率为r_1，资产A_2的收益率为r_2，则由这两个资产组成的资产组合P的实际收益率为：

$$r_P=x_1r_1+x_2r_2$$

投资组合P的期望收益率和收益率方差为：

$$E(r_p)=x_1E(r_1)+x_2E(r_2)$$

$$\sigma_P^2=x_1^2\sigma_1^2+x_2^2\sigma_2^2+2x_1x_2\sigma_1 p_{1,2}=x_1^2\sigma_1^2+x_2^2\sigma_2^2+2x_1x_2\cdot Cov(r_1,r_2)$$

式中：x_1、x_2表示资产A_1、A_2的投资比重，$p_{1,2}$为相关系数；协方差Cov（r_1、r_2），$\sigma_1\sigma_2 p_{1,2}$。

2. 多种资产组合的收益和风险

设有N种资产，记作A_1、A_2，…，A_N，资产组合$P=$（x_1、x_2，…，x_N）表示把资金分别以权数x_1、x_2，…，x_N投资于资产A_1、A_2，…，A_N，A_i的收益率为r_i（$i=1$，2，…，N），则资产组合$P=$（x_1、x_2，…，x_N）的收益率为：

$$r_P=\sum_{i=1}^{N}x_ir_i$$

资产组合P的期望收益率和方差为：

$$E(r_p)=\sum_{i=1}^{N}x_iE(r_i)$$

$$\sigma_P^2=\sum_{i=1}^{N}\sum_{j=1}^{N}x_ix_jCov(r_i,r_j)=\sum_{i=1}^{N}\sum_{j=1}^{N}x_ix_j\sigma_i\sigma_j\rho_{ij}$$

式中：${\sigma_p}^2$表示资产组合收益率的方差；p_{ij}表示相关系数，其计算公式为：

$$\rho_{ij}=\frac{Cov(r_i,r_j)}{\sqrt{Dr_i\cdot Dr_j}}=\frac{E(r_ir_j)-E(r_i)E(r_j)}{\sigma_i\sigma_j}$$

资产组合的预期收益率和方差的计算也可以用矩阵来表示，并根据矩阵运算法则进行计算。

（三）离散系数

方差、标准差都是反映风险收益分散程度的绝对水平。对于平均水平或计量单位不同的不同组别的风险数据值，是不能用方差、标准差直接比较其离散程度的，这时需要使用离散系数。离散系数是测度风险数据离散程度的相对统计量，其作用主要是用于比较不同样本风险数据的离散程度。离散系数大，说明相对风险较大；反之，相对风险较小。

离散系数也称为变异系数，它是一组风险数据的标准差σ与其相应的预期值E（r）之比，其计算公式为：

$$v_s=\frac{\sigma}{E(r)}$$

二、历史波动率的动态计算

波动率的静态计算与趋势外推法只能概括历史数据的总体发展趋势，无法追踪序列的波动性或者周期性特征，而动态计算对此做出一定的改善，比较精准灵活。历史波动率的动态计算方法主要有序时简单平均法、移动平均法与 GARCH 类模型。对于时期总量指标（如收益率），主要采用简单序时移动平均法与一般加权移动平均法。根据权重定义的不同，一般加权移动平均法又分为普通加权移动平均法与指数加权移动平均法两种。

（一）简单加权移动平均法

简单加权移动平均法（simple moving average，SMA）是用过去 m 天收益率的样本方差估计当前的波动率，即：

$$\sigma_{t_1}^2 = \frac{1}{m-1}\sum_{i=1}^{m}\left[r_{t-i} - E_{t-1}^{m}(r_t)\right]^2 = \frac{1}{m-1}\sum_{i=1}^{m}\left(r_{t-i} - \frac{1}{m}\sum_{j=1}^{m} r_{i-j}\right)^2$$

式中：E_{t-1}^{m}（r_t）表示 $t-1$ 时刻的前 m 项收益率的移动平均值，且 $t-1>m$。

此方法简单易行，但也有一定的局限。其中最为严重的就是它忽略了观察值的动态顺序，给历史上所有的信息以同样权重。实际上，较旧的信息如 T 天前的信息对于当前的代表性远不如昨天的信息，因此从这个角度讲，越新的数据应该具有越高的相关性。此外，如果在 T 天前有一个较大的收益，那么当估计明天的波动率时会去掉这个收益，这也会影响波动率的估计。较长的时间长度增加了估计的精度，但是对于波动率变化的敏感性却下降了。因此，移动平均时间长度的选择也是一个问题。

（二）一般加权移动平均法

一般加权移动平均法是按照不同时期的收益率信息价值大小赋予不同的权重，再利用加权平均法原理计算过去 m 天的收益率样本方差，作为下一期（即预测期）波动率的估计值。计算公式为：

$$\sigma_t^2 = \sum_{i=1}^{m} w_i\left(r_{t-i} - \frac{1}{m}\sum_{j=1}^{m} r_{t-j}\right)^2$$

式中：w_i 表示第 $t-i$ 天的收益率权重，所有权重之和等于1。一般地，离预测期越近权重越大，这样一般加权移动平均法弥补了简单加权移动平均法最为严重的局限性。

（三）指数加权移动平均法

当移动平均间隔中出现非线性趋势时，给较近期的观察值以较大的权数，较远期观测值以较小的权数，然后加权平均，预测效果较好。但是，如果要对每一期都配上合适权数，那将花费大量的时间和精力。而指数平滑法通过对权数加以改进，使其在处理时非常经济有效，并能够提供良好的短期预测精度，因此应用广泛。常见的指数平滑有一次指数平滑模型、二次指数平滑模型和三次指数平滑模型等。

指数加权移动平均法（Exponentially Weighted Moving Average，EWMA）即指数平滑法，其基本原理是按照观测时间距离当前时刻从远到近，给历史数据（如收益率、利差等）以小于 1 的衰减因子指数赋予由小到大的不同权重，再进行加权平均计算预期收益率与波动率的时间序列。香港清算所（HKCC）自 2000 年 1 月 25 日开始，确定保证金水平方法由原来的基于变动率指标的简单移动平均法（SMA）改为现在的基于波动率指标的指数加权移动平均法（EWMA）。其计算步骤如下：

1. 利用 EWMA 方法计算收益率序列，其公式为：

$$u_t = \frac{\sum_{i=1}^{n} \lambda^{i-1} r_{t-i}}{\sum_{i=1}^{n} \lambda^{i-1}}$$

式中：λ 为衰减因子，该参数决定估计波动率时各观察数据的相对权重。注意，当 $\lambda=1$ 时，该方法就是简单移动平均（SMA）法。理论上，我们可以通过预测均方根误差最小化或运用极大似然法来确定指数加权移动平均中的衰减因子 λ 的估计值，λ 一般取值为 0.96。在实际操作中，在反复计算的基础上，JP 摩根的风险度量（Risk Metrics）系统给出了一个规范的值，对于日收益率数据，最优衰减因子 λ 为 0.94；对于月度收益率数据，最优衰减因子 λ 为 0.97。

2. 计算日收益率的加权波动率的公式为：

$$\sigma_t = \sqrt{\frac{\sum_{i=1}^{n} \lambda^{i-1} (r_{t-i} - u_t)^2}{\sum_{i=1}^{n} \lambda^{i-1}}}$$

指数加权移动平均法也为波动率的估计提供了一个较为实用的方法，该模型是利用指数预测方法建立的，经过变换可以得到对 t 期波动率的简单预测公式，即：

$$\sigma_t^2 = \lambda \sigma_{t-1}^2 + (1-\lambda)\left[r_{t-1} - E(r_{t-1})\right]^2$$

其中，一次指数平滑法是根据前期的实测数和预测数，以加权因子为权数，进行加权平均，来预测未来时间趋势的方法。

（四）GARCH 模型

GARCH（Generalized Auto Regressive Conditional Heteroskedasticity）模型的全称为广义自回归条件异方差模型，或广义 ARCH 模型，该模型假定收益的方差服从一个可预测的过程，它依赖于最新的收益，也依赖于先前的方差：标准的 GARCH（1，1）是这类模型中最常用的，表达式为：

$$r_t = a + b_1 x_1 + b_2 x_2 + \cdots + b_k x_k + \varepsilon_t$$

$$\sigma_t^2 = VaR(\varepsilon_i \mid \Omega_{t-1}) = c_0 + c_1 \varepsilon_{t-1}^2 + c_2 \sigma_{t-1}^2$$

式中：第一个回归方程是均值方程；第二个方程是条件方差方程，它是以前期信息为基础向前预测方差 σ_2^t；x_i 为解释变量；其他为待估计的参数，可以用历史数据估计出。

这个模型的优点在于简洁，参数较少，且对于数据的拟合相当好，所以 GARCH 模型已经成为金融市场时间序列分析的主要工具。时点总量指标（如价格类指标）大多数是间断统计，对于间隔相等的时点序时平均数计算要对样本离差的平方采用“首末折半法”，其公式为：

$$\sigma_t^2 = \frac{\frac{1}{2}\left[p_{t-1} - E_m(p_t)\right]^2 + \left[p_{t-2} - E_m(p_t)\right]^2 + \cdots + \left[p_{t-m+1} - E_m(p_t)\right]^2 + \frac{1}{2}\left[p_{t-m} - E_m(p_t)\right]^2}{m-1}$$

对于间隔不相等的序时平均要用时点间隔为权数来加权平均计算；而对于相对指标或平均指标时间序列要分别计算出相对数或平均数的分子和分母的平均数，再进行对比。

第三节　损失分布的检验与模拟

在进行数据收集、整理之后，就要估计损失的概率分布。估计方法通常有统计拟合方法、贝叶斯统计方法和随机模拟方法。

一、损失分布的统计拟合检验

统计拟合方法主要是利用具有独立性和代表性的样本数据信息，估计损失分布参数，从而获得概率分布。其基本过程为：

（1）对数据进行预处理或统计分组整理，计算出数据的概括性度量指标（如众数、中位数、平均数、标准差等），画出频率分布直方图及累积概率曲线，分析损失分布的大体轮廓及特征；

（2）从已知的理论概率分布中选择一种可以合理近似的概率分布类型，比如选择正态分布、伽马分布、韦伯分布等；

（3）运用矩阵估计法或最大似然法估计分布参数，确定概率分布函数；

（4）对分布拟合程度及参数进行卡方（x_2）拟合优度检验。设组数为 n，组内数据为 O_i，根据所选择的概率分布计算每一组的理论个数为 E_i，则有卡方检验统计量：

$$\chi^2 = \sum_{i=1}^{n} \frac{(O_i - E_i)^2}{E_i} \sim \chi^2(n-r-1)$$

在近似服从自由度为 $n-r-1$ 的卡方分布中，r 为所选择的概率分布中参数的个数。拟合优度卡方（x_2）检验步骤如下：

（1）提出假设（H0：服从选择的分布；H1：不服从所选择的分布）；

（2）计算总样本数即总次数、样本平均值和方差；

（3）合并分组，统计组内数据，即实际发生次数 O_i；

（4）计算所选择概率的理论概率或概率密度；

（5）计算所选择分布的理论次数 E_i；

（6）利用 excel 函数 CHIINV()，计算拟合优度卡方（χ^2）检验统计量的临界值 χ^2 $(1-\alpha, n-r-1)$ =CHINV（α，$n-r-1$），并计算卡方检验统计量

$$\chi_0^2 = \sum_{i=1}^{n} \frac{(O_i - E_i)^2}{E_i}$$

（7）比较卡方检验统计量与检验临界值的大小，并做出如下判断：如果 $\chi_0^2 < \chi^2$（$1-\alpha$，$n-r-1$），则接受原假设；相反则拒绝。

二、损失分布的 QQ 图与经验分布检验

（一）EViews 绘制 QQ 图

以选定序列的分位数为横轴，以某一理论分布或其他序列的分位数为纵轴，可绘制出

分位数——分位数图（Quantile-Quantile，简记为 QQ 图）。QQ 图可以用来比较两个分布的一致性。如果所比较的两个分布是相同的或非常接近，则 QQ 图中的散点将在同一直线上。绘制序列数据的 QQ 图主要步骤如下：

（1）单击序列 sales 窗口工具栏的 View 功能键，选择 Distribution/Quantile-Quantile 项，屏幕会弹出对话框。该对话框用于选择纵轴，可以是理论分布，也可以是用于对比的序列。

对话框上面的 Plot against quantiles of 选项需要用户选择某种理论分布或者某个序列进行比较，可供选择项有：正态分布（normal distribution）、均匀分布（uniform distribution）、指数分布（exponential distribution）、逻辑分布（logistic distribution）、极值分布（extreme-value）以及某个序列或序列组（series or group）。

对话框底部的 Add regression 选项用于选择是否在 QQ 图中绘制与理论分布比较的回归直线，为了进行两种分布比较，用户最好选择该选项：Options 选项是用于选择计算 CDF 的方法。

（2）在 Plot against quantiles of 选项中单击选择 Normal distribution，然后单击 OK 按钮，则屏幕会弹出绘制的 QQ 图。

（二）EViews 经验分布检验

用户可以使用经验分布检验来初步判断所选定序列的观测值大致服从哪种理论分布。对数据序列进行经验分布检验的主要过程如下：

（1）单击序列 sales 窗口工具栏的 View 功能键，选择 Distribution Empirieal Distribution Tests 项，会弹出对话框，该对话框需要用户输入待检验的理论分布。

对话框中的 Distribution 选项的下拉菜单提供可选择的九种分布，包括正态分布（normal）、卡方分布（chi-square）、指数分布（exponential）、极大值分布［extreme（max）］、极小值分布［extreme（min）］、伽马分布（gamma）、逻辑分布（logistic distribution）、帕累托分布（pareto）以及均匀分布（uniform）。下拉菜单正下方的文本框用于显示所选定的某种分布的概率密度函数表达式，如在下拉菜单中选择 normal 分布，则该文本框显示正态分布概率密度函数。

Parameters 选项用于输入所选定分布的参数或者参数的表达式，如选定正态分布时，可以输入均值（μ）和标准差（σ）。用户也可以不用输入参数，EViews 将自动估计分布中的参数。Estimation Options 选项卡中可以设置估计中一些选项，如迭代控制（iteration）、优化算法（optimization algorithm）以及迭代的起始值（starting values）。对于这些选项，用户一般不需要去修改。

（2）在 Distribution 选项的下拉菜单中，选择 normal 项，且不输入正态分布的参数值（μ 和 σ），然后单击 OK 按钮，屏幕会显示检验输出结果。

检验结果也主要有两个部分：第一部分显示序列经验分布检验所使用的检验方法、相应的统计量的值及其概率值。对于检验过程中没有在对话框设置分布的参数，因此第二部分显示参数估计结果，包括参数估计值、标准误差（std. error）、z 统计量（z-statistic）及其概率值（prob）。Method 显示参数估计所使用的方法，即最大似然法（Maximum Likelihood）和对数似然比。

三、损失分布的随机模拟

随机模拟（Stochastic Simulation）方法就是利用概率评估技术描述实际过程并进行模拟，在模拟结果的基础上对损失分布进行估算。它主要适用于以下几种情况：

（1）无论从费用上还是时间上均难以对风险系统进行大量实测

（2）由于实际风险系统的损失后果严重而不能进行实测

（3）难以对复杂的风险系统构造精确的解析模型

（4）用解析模型不易求解

（5）对解析模型进行验证

（一）随机模拟的基本步骤

损失分布的随机模拟法主要是指蒙特卡罗随机模拟法，其步骤如下：

（1）建立恰当模型。针对实际问题建立一个简单且便于实现的概率统计模型，使所求的解恰好是所建模型的概率分布或其某个数字的特征，如某个事件的概率或该模型的期望值。

（2）设计实验方法。对模型中的随机变量确定抽样方法，建立电子表格模型，特别注意输出结果的显示格式。

（3）按照其概率分布生成每个概率变量的随机结果，并将这些结果运用于适当的公式。

（4）以预定的次数重复进行步骤（3），以生成随机数的分布。

（5）计算主要描述统计量，并收集频数分布或直方图的输出数据进行分析。

（6）分析模拟结果，给出所求解的估计及其精度（方差）的估计。

（7）必要时，还应改进模型以提高估计精度和模拟计算的效率。

（二）随机数的产生

1. Excel 随机数发生器

Excel 中，可以利用 RAND 函数、RANDBETWEEN 函数及随机数发生器来产生随机数。Excel 工具菜单中的数据分析工具提供了随机数发生器。它可以产生服从均匀分布、正态分布、柏努利分布、二项式分布、泊松分布、模式分布、离散分布的随机数。

“随机数发生器”对话框中的“变量个数”框指定输出表中数值列的个数，如果没有输入数字，Excel 将在指定的输出区域中填充所有的列。“随机数个数”框需要输入要查看的数据点个数，每一个数据点出现在输出表的一行中，如果没有输入数字，Excel 将在指定的输出区域中填充所有的行。“分布”框用于创建随机数的分布方法。“参数”框输入用于表征选定分布的数值。“随机数基数”框输入用来构造随机数的可选数值。我们可在以后重新使用该数值来生成相同的随机数。“输出区域”框输入对输出表左上角单元格的引用。如果输出表将覆盖已有的数据，Excel 会自动确定输出区域的大小并显示一则消息。

2. 特殊分布的随机数产生

在上述分布随机数的基础上，可以对服从各种概率分布的随机变量进行模拟，进而模拟各种复杂的实际系统。这可表达为：已有来自某分布总体的随机数 u，对于随机变量

$X \sim F(x)$，试求来自于总体 X 的样本随机数 x。

常见的方法有四种：反函数法、取舍法、Box-Muller 方法和极方法，它们可分别用于产生各种分布的随机数。这里主要介绍反函数法。

反函数法：若 X 的分布函数 $F(x)$ 有反函数存在，记作 $F^{-1}(x)$，令

$$x=F^{-1}(u)$$

则 x 为所要求的随机数。

要证明 x 为所要求的随机数，只要证明所构造的随机变量 $F^{-1}(U)$ 具有分布函数 $F(x)$ 即可，事实上，$x=F^{-1}(U)$ 的分布函数为：

$$P(X \leqslant x)=P(F^{-1}(U) \leqslant x)=P(F(F^{-1}(U)) \leqslant F(x)=P(U \leqslant F(x))=F(x)$$

3. 连续性随机变量的模拟

第四节 损失评估

一、损失次数概率分布的估计

损失次数变量 N 是取值为非负整数的随机变量，它反映资产组合在给定的时间内的总损失次数。风险事故发生的次数是离散型随机变量。损失频率是指一定时期内某一风险事故发生的次数比重。在很多情况下，可以运用理论分布估算某种损失的频率。可以用来估计损失频率的理论分布，主要有二项分布、泊松分布、负二项分布等。

（一）损失次数概率的二项分布估计

对于资产总数为 n 的保单组合，若每个资产在给定的时间内发生损失的概率都是 p，则整个资产组合在给定的时间内发生损失的总数 N 将服从参数为 (n, p) 的二项分布。即

$$P\{N=k\}=C_n^k(1-p)^{n-k}, k=0,1,2,\cdots,n, 0<p<1$$

而且有 $E(N)=np>VaR(N)=np(1-p)$

显然，并不是很多的损失次数数据能够满足二项分布的性质，也就是说样本的方差小于均值，这也是二项分布不尽如人意的地方。

当每个风险单位在一定时期内最多发生一次风险事故时，可以运用二项分布来估算损失频率。

（二）损失次数概率的泊松分布估计

从概率论中知道，泊松分布无论对自然科学领域还是对社会管理活动中的随机现象描述都具有一定的普遍性。所以社会管理活动中各种类似等待服务的管理问题，通常都可以应用泊松分布或泊松过程来描述。例如，单位时间段内电话交换台接到的呼叫次数，来到车站、码头和机场的旅客人数等。对于保险公司来说，在给定的时间内，客户因发生保险事故而要求保险公司按合同进行赔付的损失申请件数也类似于这种等待服务的现象，因而也可以考虑用泊松分布来描述。

贝努利实验中的实验次数很多，但每次成功的概率很小，平均成功次数接近于常数情

况下的泊松分布，它是二项分布的一种极限结果。泊松分布的概率函数为：

$$P\{X=k\}=\frac{\lambda^k}{k!}e^{-\lambda},k=0,1,2,\cdots$$

数值特征为：$E(X)=\lambda,VaR(X)=\lambda$

当风险单位数 n 很大而每次实验中事故发生概率又较小时，可以采用泊松分布。

二、损失金额概率分布的估计

每次风险事故所致的损失金额是连续型随机变量。我们经常用正态分布作为每次事故所致损失金额的概率分布。对于分组损失数据，平均值与标准差的计算公式为：

$$E(X)=\frac{\sum_{i=1}^{m}x_if_i}{\sum_{i=1}^{m}f_i}$$

$$\sigma=\sqrt{\frac{\sum f_ix_i^2}{\sum f_i}-\left(\frac{\sum f_ix_i}{\sum f_i}\right)^2}$$

式中：x_i 表示组中值；f_i 表示频数。

三、总损失分布的估计

利用损失次数变量的分布和每次损失额变量的分布就可以计算聚合总损失。一定时期总损失金额分布是指在已知该时期内损失次数概率分布和每次损失金额概率分布的基础上所求的损失金额及其（联合）分布概率。

四、总损失的正态分布近似估计

从概率论的中心极限定理可知，在一定的条件下，当变量的个数趋向无穷时，独立随机变量和的分布将趋于正态分布。下面我们具体介绍中心极限定理。

设 X_1，X_2，$\cdots X_n$ 为独立同分布的随机变量序列，并且

$E(X_n)=\mu<\infty,VaR(X_n)=\sigma^2<\infty$。则 $S=X_1+X_2+X_3+\cdots X_n$ 的分布将趋向于正态分布，即：

$$Z_n=\frac{S-E(S)}{\sqrt{VaR(S)}}=\frac{1}{\sigma\sqrt{n}}\sum_{i=1}^{n}(X_i-\mu)$$

满足 $\lim\limits_{n\to\infty}P\{Z_n\leqslant x\}=\varphi(x)=\frac{1}{\sqrt{2\pi}}\int_{-\infty}^{x}e^{-\frac{t^2}{2}}dt$

中心极限定理中的同分布条件并不是必要条件。有了上面的定理，我们就可以很简便地计算资产数额巨大的资产组合的总损失分布。其基本的计算步骤如下：

（1）利用个体损失的分布计算总损失 S 的均值和方差；

（2）对 S 的分布进行标准化处理；

（3）利用中心极限定理近似计算。

五、预期损失与非预期损失

分析风险要素的目的是为了度量风险，计算风险事件造成的潜在损失。风险损失是一种由于风险而可能在未来分析期内发生的潜在损失。它可以分为三类，即预期损失 EL、非预期损失 UL 和极端损失。极端损失的度量指标主要为风险价值（value at risk，VaR）和经济资本（economic capital，EC）以及预期亏空（expected shortfall，ES）。其中，预期损失和非预期损失是最为基本的，这两个概念不仅是理解风险模型、银行风险管理和财务管理机制的关键，也是银行风险监管的核心。因此，《巴塞尔新资本协议》对计算预期损失和非预期损失的监管资本与风险加权资产均做出了具体规定。

预期损失是对未来分析期内风险损失平均值的统计估计。对风险而言，因为平均损失代表整个组合发生的各种可能损失的统计均值，所以经常计算风险的预期损失。根据大数定律，每一项贷款的实际损失或高或低，但平均地看会趋于预期损失。预期损失概念是组合的概念而不是单个交易的概念。对于单个交易，客户可能违约也可能不违约，实际损失不等于平均值；对一个组合而言，总存在等于违约分布均值的贷款违约。在预测潜在损失时，估计预期损失，表示对未来平均损失的预测，是向前看的。它不同于利用历史数据计算的统计平均值——平均损失，这个预期值是向后看的。

非预期损失是指风险损失偏离预期损失的波动性，一般用风险损失的标准差来表示。经济资本又称做风险资本，是指银行内部用以缓冲非预期损失的权益资本。它是一个管理会计的概念，既不同于账面资本，也不同于监管资本：用以缓释风险的经济资本，根据定义可以表示为：$EC=VaR-EL$。

预期亏空 ES 是对风险损失分布中尾部损失严重性的估计，是大于损失分布的某一上侧分位数 VaR 的极端风险损失的预期值，这个百分位数就是风险价值。如果设风险损失为 L，则预期亏空 ES 的定义表达式为：

$$ES_\alpha=E\ (L \mid L>VaR_\alpha)$$

由于 $ES_{(1-\alpha)}>VaR_{(1-\alpha)}$，所以 ES 比 VaR 更为保守谨慎些。

银行利用贷款准备金弥补预期损失，这与对偏离预期损失的非预期损失提供风险缓冲的经济资本是不同的。经济资本 EC 应该只对 VaR 中减去预期损失的差额部分提供保护，而预期损失 EL 则是直接从银行收益当中扣除的。

复习思考题

一、简述题

1. 简述风险评估的含义和内容。
2. 简述风险评估的技术。
3. 简述损失分布统计拟合方法的具体操作。

二、案例分析

中信泰富186亿巨亏内幕：掉入合约定价陷阱

2008年12月2日，中信泰富公开披露的股东通函显示，过去两年中，中信泰富分别与花旗银行香港分行、渣打银行、Rabobank、NATIXIS、瑞信国际、美国银行、巴克莱银行、法国巴黎银行香港分行、摩根士丹利资本服务、汇丰银行、Calyon、德意志银行等13家银行共签下24份外汇累计期权合约。

2008年10月20日中信泰富首告因澳元贬值跌破锁定汇价——澳元累计认购期权合约公允价值损失约147亿港元，至今，巨额亏损已扩大到186亿港元。在短短30多个交易日内，中信泰富正以每天1.1亿港元的惊人亏损快步下跌。

尽管实力雄厚的中信集团于近日紧急出手救援，计划以认购可转债形式向中信泰富注资约116亿港元并重组外汇衍生品合同，中信泰富或将因此迎来生还转机。但中信泰富外汇累计期权（accumulattor）高达186亿港元巨亏的沉重现实，让人无法释怀究竟是什么原因，导致一家拥有优质资产和丰富经验管理团队的优秀企业，遭受如此凶险致命的一击。

中投证券金融衍生产品部总经理张晓东向记者表示，“这些国际银行利用他们的定价优势，恶意欺诈。在合同签订之际，中信泰富就已经完全输了”。张晓东和他的团队在首席金融衍生品顾问、美国康奈尔大学金融教授黄明的帮助下，对中信泰富复杂的外汇衍生产品交易进行了深入分析和计算，发现了令人震惊的现实。

合约定价陷阱。2008年10月20日，中信泰富公告称，其与银行签订的澳元累计目标可赎回远期合约（AUD target redemption forward contracts），因澳元贬值而跌破锁定汇价，按公允价值计，损失约147亿港元。

“中信泰富外汇衍生品合约头寸主要有四类：澳元累计目标可赎回远期合约、澳元日累计合约（AUD daily accrual）、双货币累计目标可赎回远期合约（dual currency target redemption forward）和人民币累计目标可赎回远期合约（RMB target redemption forward）。其中澳元累计目标可赎回远期合约是亏损最严重的，也是我们重点研究的合约。”张晓东向记者表示。

上述研究合约规定，中信泰富须以固定汇率（加权汇率0.87美元/澳元），每月买入一定数额的澳元，到期日2010年10月，累计最大买入数额为90.5亿澳元；其中每一份合约都有最大收益终止（knock out）条款。

公开披露信息显示，中信泰富在2008年7月密集签署了16份每月累计外汇远期合约。合约杠杆倍数绝大多数为2.5倍。当价格对中信泰富有利时，每月的购买量为3 000万澳元到416万澳元不等。

黄明和张晓东的团队通过统计方法，将上述16份合约标准化为15个同样的合约。即，交易标的为澳元兑美元汇率；签署时间为2008年7月16日；合约开始结算时间为2008年10月15日；到期时间为2010年9月（24个月）。价格有利时买进1 000万澳元，价格不利时买入2 500万澳元，加权行权价为0.89元，按月支付。

中信泰富的这个外汇合约可以分解成两种障碍期权组合，一种是向上敲出的看涨期权（up-and-out call）；另一种是向上敲出的看跌期权（up-and-out put）。从障碍期权结构看，看涨期权和看跌期权的条款是一样的。通常这种合约在签订之时，双方没有现金支付，相当于在未来两年内的每一个月，中信泰富获得1个向上敲出的看涨期权，同时送给银行2.5个向上敲出的看跌期权作为对价。

据蒙特卡罗方法定价测算，按汇率历史波动率（约15%）模拟，上述研究者高达十几万次的运算结果表明，中信泰富在签订这单笔外汇合约当时就亏损了667万美元。

其原因就是中信泰富得到的1个看涨敲出期权的价值远远小于其送给交易对手的2.5个看跌敲出期权的价值。正常情况下，如果一个合约是“公平的”，签订时合约双方没有现金支付，那么在合约签署时，其价值应为零，即合约双方都没有占对方便宜。但这笔合约，投行却占了非常大的便宜。

按历史波动率测算，既然中信泰富一份合约的损失为667万美元，那么整个15份外汇合约在签订时就损失约1亿美元。倘若波动率变大，达到30%，亏损更将高达4.5亿美元。

资料来源：21世纪经济报道 http：// www.jrj.com，2008年12月11日09：15。

问题：

请结合上述材料，说明在该案例中的风险损失评估中用到了哪些风险评估基本方法，并说明其基本原理。

第4章 风险管理措施

知识目标

1. 了解风险管理措施的定义及分类
2. 掌握风险管理措施的流程和剩余风险组合观
3. 理解控制型风险管理措施的目标与定位
4. 掌握融资型风险管理措施
5. 熟悉内部风险抑制措施

技能目标

1. 分析风险管理措施的分类，能够解释剩余风险组合观
2. 熟练运用各种风险管理措施

能力目标

能够运用风险管理措施解决实际问题

导入案例

酒鬼酒塑化剂事件

酒鬼酒股份有限公司前身为始建于1956年的吉首酒厂，1997年7月在深圳证券交易所上市，股票简称“酒鬼酒”，股票代码为000799。自上市以来，酒鬼酒不断发展壮大，并成为“中国驰名商标”。2012年11月21日，国家质量监督检验检疫总局发布公告，确定50度酒鬼酒样品中含有塑化剂（DBP）成分，其中DBP最高检出值为“1.08mS/kg”。2011年6月卫生部在其签发的551号文件《卫生部办公厅官员通报食品及食品添加剂中邻苯二甲酸酯类物质最大残留量的函》中规定，DBP的最大残留量为，0.3rog/kg。酒鬼酒中的塑化剂DBP明显超标，超标达260%。

事件回顾

2012年11月19日酒鬼酒被曝光被上海天祥质量技术服务有限公司查出塑化剂超标2.6倍。

2012年11月19日酒鬼酒公司开始停牌。

2012年11月21日国家质量监督检验检疫总局发布公告，确定50度酒鬼酒样品中含

有塑化剂成分，其中DBP最高检出值为1.08mg/kg。2012年11月21日23点58分，酒鬼酒在微博上发出一则声明称，酒鬼酒股份有限公司衷心感谢广大消费者、投资人、新闻媒体及社会各界人士长期以来给予的关心和支持，并对近日发生的所谓酒鬼酒“塑化剂”超标事件给大家造成的困惑与误解表示诚挚的歉意。酒鬼酒在声明中强调“未发现人为添加‘塑化剂’、‘不存在所谓塑化剂超标’”等字眼。酒鬼酒同时还称，“可以放心饮用”。

2012年11月22日，酒鬼酒于晚间再发公告，表示就该事件向消费者及投资者道歉，称公司将整改，但仍强调不存在限制酒类塑化剂含量的国家标准。

2012年11月23日，酒鬼酒复牌跌停。

2012年11月25日，酒鬼酒受访时表示已找到塑化剂的三大来源，“包装线上嫌疑最大”。2012年11月27日，酒鬼酒否认全面停产，称不会召回问题酒。

2012年11月28日，酒鬼酒发布《股票异常波动公告》，表示公司未全面停产，正积极进行整改，将于11月30日前完成整改工作。酒鬼酒股票于当月的23日、26日、28日均跌停。

关于塑化剂

塑化剂，又称增塑剂，是工业上被广泛使用的高分子材料助剂，在塑料加工中添加这种物质，可以使塑料产品柔韧性增强，容易加工，可合法用于工业用途。而塑化剂加入白酒之中，会使酒类黏性更强，留香更久，看上去提升了白酒的档次和品质。长期食用塑化剂超标的食品，会损害男性生殖能力，促使女性性早熟，并且会对人体免疫系统和消化系统造成伤害，甚至会扰乱人类的基因。塑化剂对于健康的危害有相当广泛的动物实验数据，不过对于人体的健康风险，无法进行实验研究，只能根据动物实验数据来估计。食品添加剂专家表示，塑化剂的毒性就像汞具有毒害一样已经被业内人士广泛认可。

资料来源：百度百科

思考：

（1）根据上述材料，分析酒鬼酒股份有限公司经营中可能存在的风险有哪些？应怎样进行风险识别？

（2）试对酒鬼酒股份有限公司的风险应对措施做出评价，并给出你的建议。

第一节　风险管理措施概述

根据风险评估的结果，本着增加企业价值的目标，企业风险管理需要设计、选择恰当的风险管理措施组合。风险管理措施是指企业根据自身条件和外部环境，围绕企业发展战略，确定风险偏好、风险承受度、风险管理的有效性标准，选择风险承担、风险规避、风险转移、风险转换、风险对冲、风险补偿、风险控制等适当的风险管理工具的总体措施。在评估了相关的风险之后，风险管理者就要选择相应的应对方案措施，主要包括风险回避、降低、分担和承受。在考虑应对方案的过程中，管理者评估风险管理措施的实施效果以及成本效益，选择能够使剩余风险处于期望的风险容限以内的应对方案措施。

一、风险管理措施的分类

（一）控制型风险管理措施

控制型风险管理措施是通过避免、消除和减少意外事故发生的机会以及控制损失幅度来减少期望损失成本。控制型风险管理措施主要包括风险回避、损失控制（降低）和控制型风险转移（分担）。风险回避就是退出会产生风险的活动。风险回避可能包括退出一条产品线、拒绝向一个新的地区市场拓展，或者卖掉一个分部等。损失控制就是采取措施降低风险的可能性或影响，或者同时降低两者，它几乎涉及各种日常的经营决策。控制性风险转移就是通过转移来降低风险的可能性或影响，或者分担一部分风险。常见的技术包括购买保险产品、从事避险交易或外包一项业务活动。

（二）融资型风险管理措施

融资型风险管理措施的着眼点在于风险损失一旦发生后获得用于弥补损失的资金，其核心在于将消除和减少风险的成本分摊在一定时期内，以避免因随机的巨大损失发生而引起财务上的波动。其中，风险自留（承受）是指不采取任何措施去干预风险的可能性或影响，将风险的影响在公司内部的财务上分摊。而保险、套期保值和其他合约化风险转移手段更多的是将风险转移给他方。

（三）内部风险抑制

控制型措施和融资型措施都是从降低期望损失的角度来控制风险的，而内部风险抑制的作用在于降低未来结果的变动程度，即降低方差，这使得风险管理者对未来的判断更有把握。对于重大风险，公司通常要根据风险的类型和成因，从一系列应对方案中选择适当的风险管理策略组合，来控制和防范对应的风险。一般情况下，对战略、财务、运营和法律风险，可采取风险承担、风险规避、风险转换、风险控制等方法。对能够通过保险、期货、对冲等金融手段进行理财的风险，可以采用风险转移、风险对冲、风险补偿等方法。回避应对方案意味着所确定的应对方案都不能把风险的影响和可能性降低到一个可接受的水平，降低和分担应对方案把剩余风险降低到与期望的风险容限相协调的水平，而承受应对方案则表明固有风险已经在风险容限之内。

在实践中，风险管理者通常将各种风险管理措施进行一定的优化组合，使得在成本最小的情况下达到最佳的风险管理效果。对于许多风险而言，适当的应对方案是很明显的和很好接受的。例如，对于不能计算可利用性的风险，一个典型的应对方案就是实施一项业务持续性计划。对于其他的风险，可采用的方案可能不那么明显，且需要调查和分析。例如，与降低竞争者在品牌价值方面活动的影响有关的应对方案，可能需要管理当局进行市场调研和分析。

在确定风险管理的过程中，风险管理者应该考虑以下几个方面的问题：

（1）潜在应对方案措施对风险的可能性和影响的效果，以及哪个应对方案与主体的风险容限相协调。

（2）潜在应对方案措施的成本与效益。

（3）除了应付具体的风险之外，实现主体目标可能的机会。

（4）对于重大风险，主体通常从一系列应对方案中考虑潜在的应对方案，它使应对方案选择更具深度，并且对“现状”提出了挑战。

二、评价可能的应对方案

分析固有风险和评价应对方案的目的在于使剩余风险水平与主体的风险容限相协调。通常，任何一个应对方案都将带来与风险容限相一致的剩余风险，而有时应对方案的组合能带来最优效果。相反，有时一个应对方案能够影响多重风险，在这种情况下，风险管理者可以决定不需要再采取其他措施来处理相关的风险。

在评价应对方案的过程中，风险管理者要同时考虑其对固有风险及剩余风险的可能性和影响的效果，要认识到一个应对方案可能会对可能性和影响产生不同的效果。举例来说，某公司有一个位于经常遭遇强暴风雨袭击地区的计算机中心，它制订了一个经营持续性计划，这个计划尽管对暴风雨发生的可能性起不到任何效果，但是能够减轻建筑物损坏或人员不能上班的影响。另一方面，该公司把计算机中心迁移到另外一个地区的选择不能降低同等暴风雨的影响，但是能够降低暴风雨发生的可能性。

在分析应对方案的过程中，管理者可以考虑过去的事项和趋势，以及潜在的未来情景。在评价备选的应对方案时，管理者通常要利用与衡量相关目标相同的或适合的计量单位。对于某些风险，为了满足其风险容限，管理者可以优化组合多种风险管理措施来减少总体剩余风险。

企业应根据不同业务特点统一确定风险偏好和风险承受度，即企业愿意承担哪些风险，明确风险的最低限度和不能超过的最高限度，并据此确定风险的预警线及相应的对策。确定风险偏好和风险承受度要正确认识和把握风险与收益的平衡，防止和纠正忽视风险，片面追求收益而不讲条件、范围，认为风险越大收益越高的观念和做法；同时，也要防止单纯为规避风险而放弃发展机遇的做法。这样，在确定风险管理措施之后，企业管理者可以对单个风险和应对方案措施以及它们与相应容限的一致性有一个合理评价。根据风险与收益相平衡的原则以及各风险在风险坐标图上的位置，企业进一步确定风险管理的优选顺序，明确风险管理成本的资金预算和控制风险的组织体系、人力资源、应对方案措施等总体安排。

企业应定期总结和分析已制订的风险管理措施的有效性和合理性，并结合实际不断修订和完善。其中，企业应重点检查风险偏好、风险承受度和风险控制预警线实施的结果是否有效，并提出定性或定量的有效性标准。

三、评估实施成本与效益

资源总是有限的，因而主体必须考虑备选风险管理方案的相关实施成本与效益。这些成本要对照它们所创造的收益来衡量。设计和实施一个应对方案（过程、人和技术）的初始成本要考虑，维持持续应对方案的成本也要考虑。

成本和相应的收益可以定量或定性地度量，使用的度量单位通常与确定相关目标和风险容限所使用的一致。对实施风险管理所作的成本与效益计量的精确度水平各不相同。一般说来，处理方程式的成本计量比较容易，在很多情况下可以非常精确地予以量化。主体通常要考虑与开展一项应对方案相关的所有直接成本，以及可以实际计量的间接成本。一些主体还将与使用资源相关的机会成本也纳入考虑的范围。

主体在某些情况下很难量化风险管理的成本。量化的挑战来自估计与一个特定应对方案相关的时间和效果，如获取有关客户偏好的变化、竞争者的行动等市场信息或其他外部生成的信息就是这种情况。

效益通常涉及更多的主观评价。例如，有效培训计划的效益一般很明显，但是难以量化。然而在许多情况下，一项风险管理的效益可以在与实现相关目标有关的效益的背景下予以评价。

在考虑成本——效益关系时，把风险看作相互关联的，有助于管理者汇集主体的风险降低和风险分担应对方案。举例来说，在通过保险分担风险时，管理者把风险组合到一个险种之下可能是有利的，因为把组合后的风险投保到一个财务协议之下通常可以降低定价。

四、应对方案中的机会

事项识别的那一章讲述了风险管理者如何识别对主体目标的实现产生正面或负面影响的潜在事项。具有正面影响的事项代表机会，并被反馈到战略或目标制订的过程中。

同样，在考虑风险管理时也可以识别机会。风险管理所考虑的内容不应该仅仅限于降低已经识别出来的风险，而且还应该考虑给主体带来的新的机会。管理者可以识别创新的应对方案，尽管它们仍然适用于本章前面所讲述的类别，但是对于该主体乃至一个行业来说可能完全是新的。当现有的风险管理方案正处在到达其有效性的极限且进一步的改进可能只会对风险的影响或可能性带来一些细微的变化时，这种机会才可能会显现出来。例如，一家汽车保险公司针对在特定的道路交叉口所发生的大量事故的创造性应对方案，决定投资增加交通信号灯以降低事故投诉，进而提高毛利。

五、选定措施

在评价了备选风险管理的效果之后，管理者要决定如何管理风险，选择一个旨在使风险的可能性和影响处于风险容限之内的应对方案或者应对方案组合。应对方案并不是必须使剩余风险达到最低数量，但是如果风险管理导致剩余风险超过了风险容限，管理者就要对该应对方案进行相应的反思和修改，或者在特定的情形下，管理者重新考虑既定的风险容限。因此，平衡风险与风险容限可能涉及一个反复的过程。

针对固有风险的备选应对方案的评价，要求管理当局考虑应对方案可能带来的附加风险。这也会导致管理当局在完成决策之前，需要经过一个反复的过程，它要考虑这些附加的风险，包括一些可能不会立即显现出来的风险。

一旦管理者选择了一个应对方案，就可能需要制订一项实施计划来执行该应对方案。实施计划的一个关键部分是确定控制活动以确保风险管理得以实施。

虽然风险管理者可能采取了各种应对方案及其策略组合来进行风险控制与管理，但在管理过程中，总是会存在一定程度的剩余风险，这不仅是因为资源是有限的，还因为活动的未来具有不确定性和局限性。

六、剩余风险组合观

企业风险管理要求从整个主体范围或组合的角度去考虑风险。管理者通常所采取的方法是先从各个业务单元、部门或职能机构的角度去考虑风险，让负有责任的管理人员对本单元的风险进行复合评估，以反映该单元与其目标和风险容限相关的剩余风险。

通过对各个单元风险的了解，一个企业的高层管理者能够很好地采取组合观来确定主体的剩余风险和与其目标相关的总体风险容量是否相称。不同单元的个别风险可能处于各单元的风险容限之内，但是放到一起以后，风险可能会超过该主体整体的风险容限。在这种情况下，企业需要附加的或另外的风险管理措施，以便使风险处于主体的风险容量之内。相反，主体范围内的风险也可能会相互抵消。例如，一些单个单元的风险较高，而其他单位则对风险比较厌恶，这样整体风险就在主体的风险容量之内，从而不需要另外的风险管理。

风险组合观可以用多种方式来描述。组合观可以通过关注各个业务单元的主要风险或事项类别，或者该企业作为一个整体的风险，运用类似风险调整资本或风险资本等标准来获取。在计量通过赢利、增长以及有时与已配置的和可利用的资本相关的其他业绩指标表述的目标上的风险时，这种复合性指标尤其有用。这种组合观的指标能够为业务单元之间重新配置资本和修改战略方向提供有用的信息。

一个例子是一家制造业企业对于它的经营性赢利目标采取风险组合观。管理者采用通用的事项类别来获取各个业务单元的风险，接下来按照类别和业务单元编制了图表，该图表用一个时间范围内的频率来表示风险可能性以及对赢利的相对影响。其结果是对企业所面临风险的一个复合性的或组合的观点，管理当局和董事会可以据此考虑风险的性质、可能性和相对大小，以及它们可能对企业的赢利产生怎样的影响。

另一个例子是一家金融机构号召各个业务单元都从风险调整资本报酬的角度去制订目标、风险容限和业绩指标。这个一贯应用的尺度帮助管理当局把各个单元的组合风险评估结合起来，形成把该机构作为一个整体的风险组合观，从而使管理当局能够按照目标去考虑各个单元的风险，并确定主体是否处于其风险容量之内。

如果从剩余组合观的角度看待风险，管理者就可以判断它是否处于既定的风险容量之内，也可以重新评价所愿意承担风险的性质和类型。在组合观显示风险显著低于主体的风险容量的情况下，管理者可以鼓励各个业务单元的管理人员去承受目标领域更大的风险，从而增进主体的整体增长和报酬增加。

第二节　控制型风险管理措施

一、控制型风险管理措施的目标与定位

（一）控制型风险管理措施的目标

控制型风险管理措施是指在风险分析的基础上，针对企业存在的风险因素，积极采取控制措施以消除风险因素或减少风险因素的危险性的措施，它主要包括风险回避、风险控

制及控制型风险转移。

在风险成本最低的前提下，控制型风险管理措施的目标分为两种：一是防止损失，降低损失频率或完全防止损失（损失回避）；二是降低损失，减少损失幅度，进行损失前控制或损失后控制。

这两个目标都是为了改变组织的风险暴露状况，从而帮助组织回避风险，减少损失，在风险发生时努力降低风险对组织的负面影响。

图 4-1　风险控制措施的实施目标

图 4-1 说明了风险控制措施目标的实施过程，这个链式过程遵循了“发生”、“发展”、“结果”的顺序。首先，控制损失根源着眼于损失发生的最根本原因，意在从损失的源头入手进行控制，如在建筑物建设时就增加其防火性能，在汽车设计时就考虑其必要的减震系统等。其次，我们还可以减少已有的风险因素，如强调对可能受损的标的物进行持续检查，监督员工遵守安全规章制度等。最后，如果损失根源和风险因素都没有控制住，风险事故发生了，那么我们还可以做一项工作，即减轻损失，如准备必要的器械、设备，现场快速有序的反应等。

（二）控制型措施与风险管理

从实践顺序看，控制型措施位于风险识别及评估之后，融资型措施之前，如图 4-2 所示。

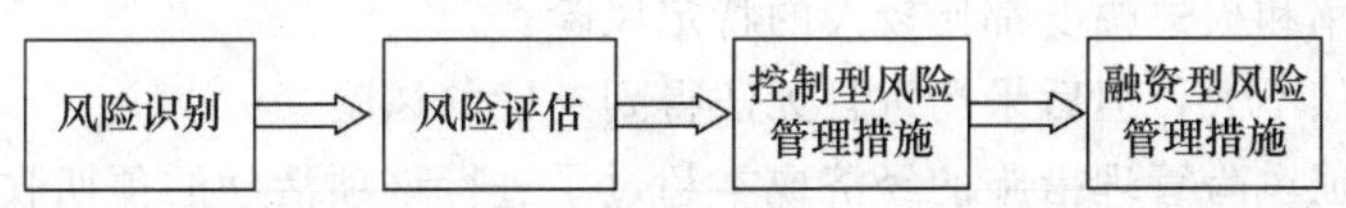

图 4-2　风险控制在风险管理流程中的位置

1. 控制型措施与风险识别及评估

一方面，之前的风险识别及评估说明了何处存在风险，这些风险是怎样形成的，这些风险有多大；我们可能还会根据风险的大小对风险排序，指出哪些风险是需要重点关注的。控制型风险管理措施所做的工作就基于上述结果。例如，对火灾风险进行控制，从何处入手？是否严重到需要安装自动喷淋系统？有了风险识别及评估的结果，这些问题才能得出答案。风险识别及评估的水平直接影响到控制型措施的效果；如果风险管理者能够敏锐地意识到风险的真正根源，他就可能选择那些切中要害的控制型措施；如果风险识别的结果准确而全面，在此基础上所做的控制型措施也就能够有的放矢，比较严密。

另一方面，已有或将要采取的控制型措施也会在风险识别及评估中得到体现。例如，某栋房屋面临火灾风险，但房内安装了自动喷淋系统，火灾风险就大大降低了，原有的火灾风险转变为自动喷淋系统失效的风险。

2. 控制型措施与融资型措施

控制型措施安排好之后，剩余风险就成为公司潜在的负面影响，负面影响可能会变为负面的财务后果，需要采取融资型措施来应对。从这个角度来说，控制型措施和融资型措施又联系在一起，这种联系是理解风险管理思考过程的关键。

控制型措施与融资型风险自留措施之间的关系比较简单一些，此消彼长，选择时要重点关注风险大小以及公司的风险承受能力。而控制型措施与融资型风险转移措施的关系就较为复杂了，表面上看，很少的成本就能够将风险转移出去是非常合算的事情，但从长远来看，实际上公司会支付自己遭受损失的全部费用，并且还要多承担一部分风险转移的成本。例如，如果时间足够长，购买财产保险而缴纳的保费中就包括了一旦风险事故发生，我们所承担的损失，还包括手续费等附加保费。因此，即便是对于转移性质的融资型措施，控制型措施也还是有降低其成本的作用。

二、风险回避

风险回避就是有意识地回避某种特定风险的行为。它把风险降低为零，是最彻底的风险管理措施。其方法主要有两种：一是放弃或终止某项活动的实施；二是继续执行但改变活动的性质。

风险规避虽然去除了后顾之忧，但这种措施的实施有许多局限性。首先，有些风险是无法回避的，如公司所面临的财产损毁风险。其次，如果是投机风险，那么回避了风险，也就会失去这些风险可能带来的收益。例如，要规避股票投资损失的风险，只能不投资股票，这样也就失去了可能获利的机会。最后，回避一种风险，可能产生另一种新风险或加强已有的其他风险，如不乘坐飞机以回避飞机坠毁风险，但选择其他交通工具就会面临其他交通工具的风险。由此可见，风险规避并不总是可行的，有时即使可行，人们也不会选用。风险规避适用的情况主要包括以下几种：

（1）损失频率和损失幅度都比较大的特定风险。

（2）频率虽然不大，但后果严重且无法得到补偿的风险。

（3）采用其他风险管理措施的经济成本超过了进行该项活动的预期收益。

三、损失控制

损失控制是指通过降低损失频率或者减少损失程度来减少期望损失成本的各种行为。一般来说，降低损失频率称为损失预防，减少损失程度称为损失减少，也有的措施同时具有损失预防和损失减少的作用。

（一）损失预防

损失预防在实践中广泛应用，相当于对前文所述的风险链的前三个环节进行干扰，包括：改变风险因素；改变风险因素所处环境；改变风险因素和其所处环境的相互作用。

例如，定期对飞机进行检修是一种损失预防措施。它通过改变风险因素——飞机的一些安全隐患来降低飞机失事的概率，但飞机一旦失事，几乎都是机毁人亡，损失不会因检修而减少。又如，在某工厂的车间里，储油罐渗漏出来的油使得地面非常滑，工人容易摔倒。这里，风险因素是油，我们可以在地面铺上吸油垫和防滑垫，通过改变风险因素所处的环境来控制风险。再如，对某个设备的加热可能使得周围设备过热，对此，可以采取改变风险因素和其所处环境的相互作用的方法，如加设水降温系统，隔断热量向周围的传递等来防止设备过热带来的风险。

（二）损失减少

损失减少的目的是减少损失的潜在严重程度。在汽车上安装安全气囊，就是一种损失减少措施，气囊不能阻止损失发生，但如果事故真的发生了，它能减少驾驶员可能遭受的伤害。损失减少是一种事后措施。所谓“事后”，是指虽然很多措施是我们事先设计好的，但这些措施的作用和实施都是在损失发生之后。对于一个公司来说，损失减少非常重要。一方面，损失预防不可能万无一失；另一方面，融资型的风险管理措施只能弥补事故发生后的经济损失，有些结果却是无法挽回的，如人的生命。而且即便是经济损失，有时我们还是更希望保留原有物品，而不是得到经济赔偿。因此，损失减少在风险管理中的位置不言而喻。常用的损失减少措施包括：抢救和灾难计划和紧急事件计划。

这类计划也称为预案，即事先把事故发生后的情况想象出来，然后对所有的行动进行部署。一般来说，预案在事先都要进行培训或演练，以便在真正实施时能够迅速到位。一些措施同时具有损失预防和损失减少两种功能，如对员工进行安全与救助的培训，既从人为因素方面减少事故发生的频率，事故发生时，又能使员工凭借一些救助的方法有效地降低损失程度。损失控制在应用的时候需要注意以下几个方面。

（1）在成本与效益分析的基础上进行措施选择。是否选择损失控制来降低风险，以及选择什么样的损失控制措施，要在成本效益分析的基础上来决定。任何损失控制措施都是有成本的，而风险管理的目标是风险成本最小化，某项损失控制的预期收益至少应等于预期成本，如果某种风险控制的成本过高，就可以考虑是否用其他方法代替，如风险转移等。由于要进行比较，因此风险管理者必须对损失控制方法的成本与收益有一个清晰的认识。

（2）不能过分相信和依赖损失控制。损失控制措施要么基于机械或工程，要么基于人，无论是哪一方面，都不是万无一失的，机械可能发生故障，人可能有道德风险。因此，对某些影响较大的风险，尤其是巨灾风险，要考虑是否需要融资型措施相配合。

（3）某些措施一方面能抑制风险因素，另一方面也会带来新的风险因素。

四、控制型风险转移

控制型风险转移是指借助合同或协议，将损失的法律责任转移给其他个人或组织（非保险人）承担。控制型风险转移主要有以下几种方式：

（一）出售

出售是通过将带有风险的财产转移出去来转移风险的。将风险单位出售给其他人或组织，也就将与之有关的风险转移给对方。例如，公司将其拥有的一幢建筑物出售，公司原来面临的该建筑物的火灾风险也就随着出售行为的完成而转移给新的所有者。

很多情况下，出售类似于彻底的风险规避，风险单位将财产出售出去了，相关风险也随之摆脱。但也有一些情况，出售并不意味着完全摆脱风险，如家用电器出售给消费者后，制造商和销售商还是要承担一定的产品责任风险。

（二）分包

分包是通过将带有风险的活动转移出去来转移风险的。分包多用于建筑工程中，工程的承包商利用分包合同将其认为风险较大的工程转移给其他人。例如，高空作业的工程风险较大，承包商可以将这部分工程分包给专业的高空作业工程队，从而将与高空作业相关的人身意外伤害风险和第三者责任风险转移出去。一般来说，分包合同中的受让方在对某种风险的处理能力上会高于出让方，这样分包才能实现。

（三）签订免除责任协议

虽然将带有风险的财产或活动转移出去是一种很好的摆脱风险的方式，但并不是在所有情况下都可以使用这类措施，这种方法可能是不允许或不经济的。例如，很多外科手术都存在失败的风险，一些风险虽然发生概率很低，但一旦失败，后果严重，医生一般不能因害怕这种手术失败而拒绝手术，但可以与患者家属签订免除责任协议，由患者及家属承担风险。这时，带有风险的活动并没有转移，但与之相关的责任风险却转移出去了。

第三节　融资型风险管理措施

控制型措施都属于“防患于未然”的方法，目的是避免损失的发生。但由于现实性和经济性等原因，很多情况下，人们对风险的预测不可能绝对准确，而损失控制措施也无法解决所有的风险问题，因此，某些风险事故的损失后果仍不可避免，这就需要融资型措施来处理。与控制型措施的事前防范不同，融资型风险管理措施的目的在于通过事故发生前所做的财务安排，使得在损失一旦发生后能够及时获取资金以弥补损失，从而为恢复正常经济活动和经济发展提供财务基础。融资型措施的着眼点在于事后的补偿。融资型风险转移与控制型风险转移最大的区别在于，控制型风险转移将承担损失的法律责任转移了出去，而融资型风险转移只是将损失的经济后果转移给他人承担，法律责任并没有转移，一旦接受方没有能力支付损失，损失最终还要由转移方支付。

根据资金的来源不同，融资型措施可以分为风险自留措施和风险转移措施两类，风险自留措施的资金来自于公司内部，风险转移措施的资金来自于公司外部。保险和套期保值是两类重要的融资型风险转移措施，分别应对可保的纯粹风险和投机风险。

一、风险自留

风险自留是由经历风险的单位自己承担风险事故损失的一种方法，它通过资金融通来弥补损失。一些发生频率高但损失幅度很小的风险，经常自留于公司内部，如果有一个正式的计划，则通常称为自我保险计划。

风险自留也被视为一种残余技术。一般来说，在指定风险管理决策的时候，总是先考虑控制型措施和融资型措施，其他的风险，适合于自留的，就进行自留安排；另外，还有一些风险事先没有考虑到，也被动地自留下来。

（一）风险自留的资金来源

风险自留用于弥补损失的资金一般来源于下列几个方面：

1. 将损失摊入营业成本

对较频繁的小额损失，可将其在一个较短时期内摊入生产和营业成本，用现有的收入弥补损失，而不做专门的资金准备。那些不熟悉风险管理的个人或组织经常会用这种方法，也称为同期风险财务。相对来说，这种做法的好处是不用耗费太多精力，然而，当发生较大金额的意外损失时，公司是否有足够的资金来弥补损失，这是此方法的局限性。这种局限带来的后果具体体现在两个方面：第一，如果损失在不同年度里波动很大，公司就可能为了获得现金补偿损失，而在不利情况下变卖资产或以较高利率贷款。第二，公司自身的损益状况也有可能发生剧烈波动，如果损失发生时，公司恰好财务状况不佳，损失的补偿势必会面临一定困难。

2. 专用基金

如果选择自留风险，对那些损失大且无法准确预料的风险，则不宜用摊入成本的方法处理，而应使损失代价分散在一年或数年的较长时期中。出于此目的，公司可以以各种可能的方式，从每年的现金流量中提取一定金额，逐年积累，或者一次性地提取一笔巨额资金，以作为损失发生时的补偿基金，即专用基金，也称为自保基金。最优专用基金数额的大小取决于公司现有的准备金弥补损失所减少的损失或增加的收益，以及这笔钱用于其他投资活动中所获取的预期机会成本。

专用基金的好处是，首先，这种方式能够积聚较多的资金储备；其次，在公司利润的“丰收年”，可以提存较多的专用基金，以平稳度过损失较高的利润“歉收年”。专用基金的主要不足是：第一，在许多国家，基金需要纳税，也就是说，基金的来源一般是税后净收入。从支出的角度来说，这非常类似于保险费，但通过购买保险可以得到一定的税收优惠，因此很多大公司都开始考虑，能否通过某种形式使得这笔“基金”可以避税。第二，如果在基金还没有积累到一定程度时就发生了巨灾，基金的能力就会非常有限。

3. 自保公司

自保公司是公司自己设立的保险公司，主要为母公司及其子公司提供保险，并办理再保险，有的自保公司也可以承保外界风险和接受分人业务。

自保公司从20世纪60年代初开始兴起，大部分成立于20世纪70年代末和80年代初，现在世界上千余家自保公司大多数是在这一阶段在美国建立的。成立自保公司的公司或财团规模都比较大，并且集中在能源、石化、采矿及建筑材料等行业。如英国石油公司(British Petroleum）和帝国化学公司（Imperial Chemical Industries）等为承保它们自己业务范围内的风险均在英国开设了保险公司。

自保公司大体有三种类型，即只为单一母公司保险的自保公司、为单一母公司和姊妹子公司保险的自保公司以及以利润为中心的自保公司。自保公司的主要业务集中于建筑物及其内部财产的火险、营业中断险、运输险、责任险、犯罪和保证保险上。很多自保公司为享受免税优惠，均在百慕大等地注册。目前，自保公司主要集中在百慕大、开曼群岛(Cayman Island)，以及欧洲的格恩西岛（Guernsey)、卢森堡、曼恩岛（the Island of Man）和都柏林等地。自保公司的经营通常是雇用自保管理公司或由母公司的风险管理部来进行。

如果母公司是跨国公司，则自保公司会委托在东道国的许可保险公司作为前卫公司(fronting company）签发保单并提供当地的服务。前卫公司收取签单费用或代办费用，然后将收取的保险费自留一小部分，其余以再保险的方式缴予自保公司。

自保公司的优点在于，通过自保公司的交易可以降低期望纳税，可以增加承保弹性，可以加强损失控制，还可以与再保险结合。自保公司也有其自身难以摆脱的限制，如自保公司的业务量有限、风险过于集中、规模小和财务基础薄弱等。

4. 信用限额

当意外损失发生，公司一时无法从内部筹措到足够的资金以度过财务危机时，可以采用借入资金的方式，信用限额就是其中的一种。

利用这种方法时，公司在损失发生前，可与银行进行谈判，约定在一段特定时间内按预先协商好的利率和数额借支贷款，即信用限额。如果发生了意外损失，公司就可以用信用限额来弥补损失，这笔贷款也称为应急贷款。

当某些风险投保的费率较高而事故发生的可能性极小时，应急贷款较保险有更多的优点。当然，应急贷款的利率相对于传统贷款的期望利率来说可能要高一些，公司也要花费一定的时间和银行协商安排。

5. 特别贷款与发行新证券

当特大损失发生时，如果公司事先安排的财务工具效力不足或根本没有安排财务工具，就需要寻求特别贷款或发行新证券。与应急贷款相比，特别贷款是没有计划的行为，且受损后的公司信誉降低，因此特别贷款的利率可能更高，条件也可能较苛刻。

从表面上看，信用限额、特别贷款及发行新证券都是利用外部资金来弥补风险所致的损失，但是贷款总需要归还，发行新证券的过程中原有股东也会受到影响，因此，支付损失的负担最终还是落在公司的股东身上。

6. 部分保险

部分保险是风险自留的一种常用方式，这种保险合同的设计使得被保险人自留的风险较多，因而转移的风险较少，被保险人缴付的保费也较少。通过改变免赔额、保单限额、共同保险比例和保险责任范围与除外责任，可达到部分保险目的。

(1) 免赔额。免赔额越高，自留风险越大。保险人通常不喜欢使用高免赔额的保单，这是因为其保险定价困难，还损失了减少保费的投资收入。

(2) 保单限额。保单限额越低，自留风险越大。与免赔额相同，保单限额也可以以每次事故或累计为基础。

(3) 共同保险。共同保险指保险人和被保险人共同分摊损失金额。被保险人分摊的比例越高，自留风险越大。

(4) 保险责任范围与除外责任。保单包含的除外责任愈多，自留风险也愈多。保险人会把一些不可保风险除外，这迫使被保险人自留，并寻找其他方案。被保险人要识别那些愿意自留的风险，并将其列为除外责任。

总之，部分保险是公司自留一定数量和类别风险的有效途径，它是风险自留和风险转移的混合方案。

7. 损失敏感型合同

损失敏感型合同的保费一般取决于损失经验，它包括经验费率保单、高免赔额保单、追溯费率保单和投资信用计划。损失敏感型保单有别于常规的固定保费合同，其保费取决于一定时期的损失，要经过一段时期后才能确定保费支出，允许被保险人自留较多风险。在损失敏感型合同中，通常保险人在确定和收到保费之前赔付全部损失，因而具有较多的风险筹资因素。事实上保险人是向被保险人发放一笔贷款，因此保险人经常要求被保险人提供抵押品，以便减少或消除信用风险。

(1) 经验费率保单。保险人收取的保费直接与被保险人过去的损失经验挂钩，过去的损失大，收取的保费就多。这可以减少道德危险因素和预期将来损失的失误。虽然经验费率保单较之下列其他合同具有较少风险自留和筹资色彩，但由于其将来的保费取决于其过去的损失经验，所以仍把它视作一种损失敏感型合同。

(2) 高免赔额保单。顾名思义，它是以比一般固定保费合同高得多的免赔额为特征，被保险人自留很大金额的风险，因此缴付保险人较少的保费。使用这种保单的基本目的是自留风险和风险筹资，而不是转移风险。

(3) 追溯费率保单。它要求被保险人缴付初始保费，在将来某时根据已发生的损失，补缴保费或者返还保费，也就是通过"追溯"损失经验来调整实际保费支出；另设最高保费上限和最低保费下限。因为追溯保费在损失发生之前不能确定，因而它具有风险自留和风险筹资特征。追溯费率保单分为两种形式：一种是已付赔款追溯保单，当保险人做出实际赔付后才调整保费；另一种是已发生损失追溯保单，根据保险人的估计损失（实际损失加上对将来损失的估计）调整保费。相比之下，已付赔款追溯保单具有较明显的风险筹资性质，它不要求先调整保费，这一性质使保险人经常要求被保险人提供抵押品。

(4) 投资信用计划。根据该种计划，被保险人支付保险人一笔相当于合理免赔额的金额，旨在赔付预期损失，保险人把这些资金存放于一种信托账户，只有当损失发生时才用来赔付。假如信托账户发生赤字，被保险人缴付附加保费；假如信托账户出现盈余，则全部返还给被保险人。由于资金存放在信托账户，所以不要求提供抵押品，其投资收益也可以免税。

(二) 最优风险自留水平的确定

最优风险自留决策的基本原则是把相对较小、可以合理预期的损失自留，把那些可能很严重、破坏性大即可能导致财务困境或迫使公司高成本筹集外部资金的大额损失进行保险。最优风险自留水平就是边际收益与边际成本相等的风险自留水平。

增加风险自留的好处主要有：节约附加保费；减少保险市场波动引起的风险；减少道德风险；避免可能由于信息不对称而造成的过高的保费；避免由于保险价格监管而带来的隐性税金；资金的持续使用。

增加风险自留的成本主要有：增大公司陷入财务困境的可能性；对公司相关利益人及其供应链造成负面影响；提高财务成本；减少期望税金；丧失保险的保障好处。

二、合同融资型风险转移措施

除了保险、套期保值这些比较常用的风险转移措施之外，还有一些基于合同的融资型风险转移形式。

财务租赁合同就是一种合同融资型风险转移措施。在财产租赁合同中，出租人和承租人经常会就出租物的质量责任、维修保养责任和损坏责任等问题发生纠纷。为了转移此类责任风险，出租人可以根据承租人的租赁要求和选择，出资向供货商购买租赁物，并租给承租人使用，承租人支付租金，并可在租赁期届满时，取得租赁物的所有权、续租或退租，这就是财务租赁合同。在这种情况下，出租人最主要的义务是为承租人融通资金，购买租赁物，对他而言，既取得了租赁财产的租金收入，又转移了租赁财产的损失责任风险。对承租人来说，虽然承担了风险，但可以从其他渠道取得资金以保证正常经营。

第四节 内部风险抑制

评价风险大小最主要的两个方面，一个是损失期望值，一个是损失方差。前面所述的控制型风险管理措施和融资型风险管理措施都在从不同角度影响损失期望值，而内部风险抑制的目的在于降低损失方差。内部风险抑制措施主要包括分散、复制、信息管理和风险交流等。

一、分散

分散是指公司把经营活动分散以降低整个公司损失的方差，这类似于不把鸡蛋放在同一个篮子里的道理。例如，一家公司可能会让雇员分散在不同地方工作，使一场爆炸或其他灾难所伤害的人数不会超过一定限度。

分散可以体现在公司的跨行业或跨地区经营、将风险在各风险单元间转移或将具有不同相关性的风险集中起来。其理论基础就是马科维茨的资产组合理论。

资产组合理论告诉我们，资产组合的风险不仅取决于组合中单一资产的风险和投资比重，还取决于组合中任意两个资产收益之间的协方差或相关系数。规避风险的一种好方法就是不要把所有的鸡蛋放在一个篮子里，那就是投资分散化以降低组合风险。现实生活中，人们经常会自觉不自觉地应用投资分散化的原理，如将个人积蓄的一部分存在银行，一部分购买股票、债券，一部分购买保险，一部分买房，等等。

二、复制

复制主要指备用财产、备用人力、备用计划的准备以及重要文件档案的复制。当原有财产、人员、资料及计划失效时，这些备用措施就会派上用场。例如在美国“9·11”事件中，位于世贸大楼内的一家公司由于在其他地方设有数据备份站，可以实时备份数据，所以，当大楼倒塌，楼内办公室里所有电脑设备和文字材料都遭到损毁后，公司的信息资料并未遭到太大损失。

三、信息管理

在现有的技术条件下，怎样才能对风险进行有效的管理？信息在其中起着举足轻重的作用。我们反复强调，风险是未来的一种状态，而且不止一种结果，但我们所做的决策只有一个，只有对未来的这些不确定结果有正确的认识与合理的判断，才能保证决策确实达到了我们所要达到的目的。否则，按照错误的预测进行风险管理决策，所采取的措施再高明，也是“无的放矢”。信息就是有效管理风险的保证。

信息管理包括对纯粹风险的损失频率和损失幅度进行估计，对潜在的价格风险进行市场调研，对未来的商品价格进行预测，对数据进行专业化的分析等。

在美国，有许多公司专门从事为其他公司提供信息和预测服务的业务，如数据库的经营者和风险咨询公司。

四、风险交流

在风险管理领域，风险交流是新近被认识到的，它是指公司内部传递风险和不确定结果及处理方式等方面信息的过程。风险交流一般具有五个特征：

(1) 一般的“听众”不了解风险管理的基本概念和基本原则。

(2) 即使向一般的员工介绍风险管理，仍然有很多方面过于复杂，难以理解。

(3) 理解风险经理提出的问题往往需要一定的专业知识，这对其他经理来说是一个挑战。

(4) 人们对风险管理的态度非常主观。

(5) 很多人常常低估风险管理的重要性。

风险经理进行交流的内容和结构应当反映以上这些特征。

五、全面风险抑制

分解式抑制会增加风险抑制成本。企业应该围绕具有总体性的财务变量开展全面风险抑制活动，如收益、现金流或应税收入等。总体性财务变量的风险可以通过两种方式来降低：一是针对总体性变量开展风险抑制活动；二是针对构成总体财务变量的各个要素的风险开展针对性风险抑制活动。

复习思考题

一、简述题

1. 风险管理措施可以分为哪几种类型？每种类型的风险管理措施又包含哪些内容？
2. 控制型风险管理措施是什么？如何理解控制型风险管理措施的目标？
3. 简述控制型风险管理措施与融资型风险管理措施的区别。
4. 内部风险抑制的主要措施包括哪些？

二、综合训练题

资料：

中航油事件

中航油是中国航空油料集团公司（简称“中航油集团”）的海外控股子公司，2001 年中航油在新加坡交易所主板上市，净资产增加到 1.5 亿美元，成为新加坡股市的耀眼明星，被称为中国国企“走出去”的模范。

2003 年 3 月底，中航油开始从事投机性场外石油期权交易，基本上是购买“看涨期权”，出售“看跌期权”。2003 年第 4 季度，中航油错估石油价格趋势，调整期权策略，卖出买权并买入卖权。这种组合策略是基于未来价格走势下跌的判断，一旦价格上升，会产生巨额亏损，风险极大。

2004年第1季度，国际油价飙升，中航油潜亏580万美元，进行了第一次挪盘。随着油价的持续升高，潜亏继续增加。2004年6月、9月，中航油进行了第二、三次挪盘。到10月，公司账面亏损已达1.8亿美元，公司现金全部耗尽，也无银行愿为其提供备用信用证。处于困境的中航油只得于10月8日向中航油集团告知从事期权交易和发生亏损情况，并于10月9日书面请求母公司提供1.3亿美元的支持。10月20日，中航油获贷款1.08亿美元，进行补仓。截至2004年11月29日，中航油亏损总额高达5.54亿美元，只得于次日向新加坡最高法院申请破产保护。

资料来源：根据 http：//finance. sina. com. cn/nz/zhyjk/网站资料整理

讨论题：

1. 中航油事件反映了交易主体内部管理失控表现在哪些方面？
2. 中航油事件反映了外部监管存有哪些方面的漏洞？

第5章 内部控制与评价

知识目标

1. 掌握内部控制的含义及基本原则，明确内部控制的作用、目标及基本要素
2. 了解内部控制的理论及其发展脉络
3. 掌握内部控制设计框架的要点
4. 掌握内部控制评价的含义、方法、内容及程序，了解内部控制评价的模型，
5. 理解金融机构内部控制及评价

技能目标

1. 掌握内部控制的相关原理
2. 能通过一些方法对企业的内部控制进行评价
3. 认识到企业内部控制的重要性

能力目标

1. 具备初步对企业进行内部控制方案设计的能力
2. 能对企业的内部控制方案进行评价

导入案例

北大荒违规金额近7.4亿　内控存重大缺陷被财政部点名

近日，财政部官方网站披露《我国上市公司2012年实施企业内部控制规范体系情况分析报告》，该报告称，在2244家已披露2012年内部控制评价报告的上市公司中，有8家上市公司披露存在内部控制重大缺陷，3家上市公司的内部控制评价结论为无效。而《存在内部控制重大缺陷》和《内部控制评价结论为无效》的两份名单中，北大荒都赫然在列。

按照《企业内部控制基本规范》、《企业内部控制评价指引》等相关规定，“重大缺陷是内部控制中存在的、可能导致不能及时防止或发现并纠正财务报表出现重大错报的一项控制缺陷或多项控制缺陷的组合”。有会计师向《证券日报》记者称，上市公司作为公众公司，内部控制存在重大缺陷，还存在信披违规，这不仅会给投资者造成重大投资风险，也可能遭到证监会的处罚；从会计师事务所的审计工作看，主要看该公司提出的整改措施能否弥补内控存在的缺陷。

内控存在重大缺陷 违规金额近 7.4 亿元

中瑞岳华会计师事务所出具的《北大荒内部控制审计报告》显示，报告期内，北大荒及其子公司管理层存在逾越管理权限审批使用资金的行为，按照相关规定，拆借资金、对外提供财务资助超过总经理的审批权限，应提交董事会审批，但管理层未将该事项提交董事会审议。存在人为拆分同类交易，逾越内部控制的行为；借款金额大，应履行而未履行总经理办公会集体决策程序。

其中，北大荒子公司黑龙江黛D投资管理有限公司向哈尔滨乔仕房地产开发有限公司提供拆借款 5 亿元，其中 1.9 亿元被该公司挪用，按合同约定有 1.6 亿元逾期未收回；子公司北大荒龙垦麦芽有限公司向哈尔滨中青房地产开发有限公司等四家房地产公司提供借款 1.94 亿元，其中 1.48 亿元逾期未收回；子公司北大荒鑫亚经贸有限公司被黑龙江省鸡东县忠旺粮库占用资金 2394 万元未收回；子公司北大荒龙垦麦芽有限公司通过关联方黑龙江省二九一农场向秦皇岛弘企房地产开发有限公司拆借资金 2000 万元。共涉及违反相关规定使用的金额近 7.4 亿元，其中有超过 3.3 亿元逾期未收回。

业内人士称，相对于该公司去年取得的业绩而言，违规审批金额达到令人咋舌。北大荒 2012 年年报披露，报告期内归属上市公司股东净利润为－1.88 亿元，同比下降 143%；实现营业收入 13.56 亿元，同比增长 2%。而年报称，北大荒报告期内资产减值损失同比增加 5.05 亿元，主要原因系本公司对收回有困难房地产拆借资金作了大额的减值计提及鑫亚公司压缩贸易规模对往来款项及存货进行清查而计提了大额减值准备所致。

另外，2013 年半年报显示，上半年，公司累计实现营业总收入 49.46 亿元，同比减少 34.63 亿元，下降 41.19%；实现归属上市公司股东净利润只有 0.47 亿元，同比大幅减少 2.38 亿元。

事实上，对于北大荒的 2012 年度财务报告，信永中和会计师事务所也出具了非标准——保留意见的审计报告。

北大荒在今年 4 月 25 日披露的《2012 年内部控制自我评价报告》中称，虽然公司已经建立了内部控制体系，但鉴于此次评价过程发现的缺陷，董事会认为，2012 年公司内部控制执行的有效性不足，未能按照《企业内部控制基本规范》和相关规定在所有方面保持有效的内部控制，未能完全实现内部控制的目标。针对此次评价过程中发现的内部控制缺陷，公司董事会督促管理层采取切实有效的措施，逐一整改落实，防止或减少内部控制缺陷造成的损失，推动内部控制有效运行。

信披严重违规 计提减值准备超 3.3 亿元

北大荒在公告中称，该公司在内控评价过程发现，分、子公司发生的对外借款、关联交易、对外担保、重大经营变化、计提大额资产减值准备、委托理财等按照制度规定应予报告的重大事项未及时向公司董事会秘书和董事会工作部报告。

北大荒承认，公司不能确保分、子公司的重要信息能够及时、准确传递到总部，分、子公司重大信息上报不及时，存在瞒报、漏报的情况。重大信息均未及时由知情人上报给公司董事会工作部及董事会秘书，导致相关工作人员无法判断事件是否属于披露事项，因此公司未能及时、准确、完整地履行信息披露义务，违反市场监管规定。

北大荒在公告中称，由于当时 2012 年年报公告日期临近，公司没有足够的时间明确其对年报的影响程度，在遵循会计谨慎性原则的基础上，根据会计职业判断，结合事项的性质和预估的风险程度，鑫亚经贸公司计提各项减值准备 2.6 亿元、北大荒龙垦麦芽公司计提各项减值准备 7123 万元，总计超过 3.3 亿元。

该公司称，鉴于两公司上述事项对公司影响重大，对于已经计提的减值准备，2013 年公司将通过内部审计和履行相关的法律程序进一步查清事实真相，将损失减少到最低限度；对于未能及时取得增值税专用发票的 2981 万元，为尽快消除由此给公司带来的抵扣的不确定性，公司将在 2013 年 5 月末前向对方索取增值税专用发票，避免给公司造成损失。

北大荒在上述公告中承诺，2013 年公司将加强公司治理，完善企业内部控制，强化内部控制的实施与监督，防范企业风险，促进企业持续健康发展。

资料来源：证券日报（2013 年 09 月 03 日）

思考：内部控制对于公司防范风险有什么样的作用?

第一节　内部控制概述

一、内部控制的含义

内部控制（Internal Control）是指企业为了保证公司战略目标的实现，而对公司战略制订和经营活动中存在的风险予以管理的相关制度安排。它是由公司董事会、管理层及全体员工共同参与的一项活动。我们可以从四个层面理解内部控制的含义：

（一）内部控制的主体

内部控制的主体不是财务部或审计部这样的单个营运部门，而是企业部门的集合。主体是从上而下，是决策层、执行层和管理层需要共同面对的问题。它不单是一个层面的问题，也不是单指一个员工操作的层面，而是内部整体的共同层面的问题。所以，它的主体是由企业所有人员从各个层次上参与进来的集合。

（二）内部控制的目标和边界

内部控制的目标是比较大的系统战略，涉及企业整体发展方向和思路，而边界的划定涉及各部门、各层次的协调活动：例如企业要提高效率，使内部血液更新循环，一是需要开源，二是需要节流。开源是外延型，从扩大企业自身的市场道路、增强实力方面进行管理控制．例如销售部门去开拓市场、努力增加企业收入等；节流是内涵型，需要对内部现有的运行模式进行调整改进，使各部门工作更有效率，更节约企业成本。在这种情况下各部门要进行各层次的相互协调，把不同的思想融合在一起。

（三）内部控制的风险性

内部控制源于风险管理，服务于风险管理。风险管理就是对风险来源与发展机遇要有所认识，同时做好两手准备，一是达到企业的目标并实现赢利，二是防范潜在的威胁转变成现实的威胁，给企业造成重大损失。

所以，在面对风险和威胁的时候，在利益得失之间，企业要进行权衡，才能做出正确的判断：这个判断依靠两点：一是偏好，二是忍受或可接受程度。偏好的意思是企业适合干什么，例如有的企业愿意通过兼并收购拓展市场地盘，以最快的速度扩张，而有的企业担心兼并收购带来的烂摊子不好收拾，有可能对内部组织的效率产生不良的影响，更倾向于自我慢慢地良性发展。这就是两种不同思路对风险的态度所呈现出来的不一样的局面。前面一种属于风险偏好，后面一种属于风险厌恶。另外是容忍度的问题。企业可以去收购，前提是要对收购对象的资产总量、净资产和信用度等有充分的了解和掌握，收购之后会出现多大的危机，有哪些困难是企业无法承受的，这些都要弄清楚。如果进行了资产收购，本公司的资产负债率也不会超过70%，那么在可接受的范围之内就可以进行收购。如果收购之后，通过各种资金杠杆的运用，资产负债率达到80%～90%，企业认为这种情况是无法接受的，就要放弃收购行为。

内部控制就是要对风险进行科学的认识，既要对企业的偏好进行科学的认识，同时又要对企业的容忍度进行科学的衡量。

（四）内部控制是一个过程

内部控制是一个过程，意思是它不是一个点，也不是一个面，而是一条线，由多个点串联而成，就像一条珍珠项链，串在一起这条珍珠项链的价值才会更高，而把这个过程串联起来的主线就是内部控制。

企业所面临的风险不是静止不动的，而是随着企业的发展和内外部环境的变化呈现动态特征。因此，企业在做内部控制的时候需要明确的一点就是，从一个动态管理的过程对内部控制进行全局性把握，把控制的各个因素要点进行系统性链接，这样才能应对不断变化的风险。

二、内部控制的作用

内部控制的作用指内部控制的固有功能在实际工作中对企业的生产经营活动及外部社会经济活动所产生的影响和效果：在社会化大生产中，内部控制作为企业生产经营活动的自我调节和自我制约的内在机制，处于企业中枢神经系统的重要位置。企业规模越大，其重要性越显著。可以说，内部控制的健全、实施与否，是单位经营成败的关键。因此，正确认识内部控制的作用，对于加强企业经营的风险管理，维护财产安全，提高经济效益，具有十分重要的现实意义。具体地讲，企业内部控制主要有以下几方面的作用：

（一）保证国家的方针、政策和法规在企业内部贯彻实施

贯彻执行国家的方针、政策和法规，是企业进行合法经营的先决条件。健全完善的内部控制，可以对企业内部的任何部门、任何流转环节进行有效的监督和控制，对所发生的各类问题都能及时反映、及时纠正，从而有利于保证国家方针政策和法规得到有效的执行。

（二）保证会计信息的真实性和准确性

健全的内部控制，可以保证会计信息的采集、归类、记录和汇总过程真实可信，从而真实地反映企业生产经营活动的实际情况，并及时发现和纠正各种错误和弊端，进而保证会计信息的真实性和准确性。

（三）有效地防范企业经营风险

在企业的生产经营活动中，企业要达到生存发展的目标，就必须对各类风险进行有效的预防和控制，内部控制作为企业管理的中枢环节，是防范企业风险最为行之有效的一种手段。它通过对企业风险的有效评估，不断加强对企业经营风险薄弱环节的控制，把企业的各种风险消灭在萌芽之中，是企业风险防范的一种最佳方法。

（四）维护企业财产和资源的安全完整

健全完善的内部控制能够科学有效地监督和制约财产物资的采购、计量、验收等各个环节，从而确保财产物资的安全完整，并能有效地纠正各种损失、浪费现象的发生。

（五）促进企业的有效经营

健全有效的内部控制，可以利用会计、统计、业务等各部门的制度规划及有关报告，把企业的生产、营销、财务等各部门及其工作结合在一起，从而使各部门密切配合，充分发挥整体的作用，以顺利达到企业的经营目标。同时，严密的监督与考核能真实地反映工作实绩，再配合合理的奖惩制度，便能激发员工的工作热情及潜能，提高工作效率，从而促进整个企业经营效率的提高。

三、内部控制的基本原则

公司内部控制的设计需要有一定的指导原则，保证内部控制内容的逻辑性、条理性和有效性。它主要包括以下七项原则：

（1）合法性原则。内部控制应当符合法律、行政法规的规定和有关政府监管部门的监管要求。合法性是内部控制的首要选择，如果内部控制内容与法律、法规和政府主管或监管部门的监管要求不符，则在风险发生后主张权益时就得不到法律、法规的保护，甚至由于有违法律、法规而受到制裁。

（2）全面性原则。内部控制在层次上应当涵盖企业董事会、管理层和全体员工，在对象上应当覆盖企业各项业务和管理活动，在流程上应当渗透到决策、执行、监督、反馈等各个环节，避免内部控制出现空白和漏洞。

（3）重要性原则。内部控制应当在兼顾全面的基础上突出重点，针对重要业务与事项、高风险领域与环节采取更为严格的控制措施，确保不存在重大缺陷。

（4）有效性原则。内部控制应当能够为内部控制目标的实现提供合理保证。企业全体员工应当自觉维护内部控制的有效执行。内部控制建立和实施过程中存在的问题应当能够得到及时的纠正和处理。

（5）制衡性原则。企业的机构、岗位设置和权责分配应当科学合理并符合内部控制的基本要求，确保不同部门、岗位之间权责分明和有利于相互制约、相互监督。履行内部控制监督检查职责的部门应当具有良好的独立性。任何人不得拥有凌驾于内部控制之上的特殊权力。

（6）适应性原则。内部控制应当合理体现企业经营规模、业务范围、业务特点、风险状况以及所处具体环境等方面的要求，并随着企业外部环境的变化、经营业务的调整、管理要求的提高等不断改进和完善。

（7）成本效益原则。内部控制应当在保证内部控制有效性的前提下，合理权衡成本与效益的关系，争取以合理的成本实现更为有效的控制。

四、内部控制的基本目标

内部控制是由企业治理层、管理层及其员工共同实施的，旨在实现控制目标的过程。其最终目标是促进企业实现发展战略。如果进行具体细分，内部控制的目标还可以分解为以下三个维度：

1. 操作性目标：经营的效果和效率

操作性目标旨在衡量经营的效果和效率。促进企业提高经营效率和效果的目标，是要求企业结合自身所处的经营、行业和经济环境，通过健全有效的内部控制，不断提高营运活动的赢利能力和管理效率。

2. 信息性目标：财务报告的可靠性

信息性目标旨在衡量财务报告的可靠性。促进企业提高信息报告质量的目标，是指为企业管理层提供适合其既定目的的准确而完整的信息，以支持管理层的决策和对营运活动及业绩进行监控；促进企业维护资产安全的目标，是指为资产安全提供扎实的制度保障。

3. 遵从性目标：符合适用的法律和法规

遵从性目标旨在衡量企业经营管理合法、合规程度。促进企业经营管理合法、合规的目标，是将发展置于国家法律法规允许的框架之下，在守法的基础上实现企业自身的发展。

五、内部控制的基本要素

内部控制的内容归根结底是由基本要素组成的。这些要素及其构成方式，决定着内部控制的内容与形式。

（一）控制环境

控制环境（Control Environment）提供企业纪律与架构，塑造企业文化，并影响企业员工的控制意识，是所有其他内部控制组成要素的基础。控制环境的因素具体包括：诚信的原则和道德价值观、评定员工的能力、董事会和审计委员会、管理哲学和经营风格、组织结构、责任的分配与授权、人力资源政策及实务。

（二）风险评估

每个企业都面临来自内部和外部的不同风险，这些风险都必须加以评估。评估风险的先决条件是制订目标。风险评估就是分析和辨认实现所定目标可能发生的风险。其具体包括目标、风险、环境变化后的管理等。

（三）控制活动

企业管理阶层辨识风险，继而应针对这种风险发出必要的指令。控制活动（Control Activities），是确保管理阶层的指令得以执行的政策及程序，如核准、授权、验证、调节、复核营业绩效、保障资产安全及职务分工等。控制活动在企业内的各个阶层和职能之间都会出现，这主要包括高层经理人员对企业绩效进行分析、直接部门管理、对信息处理的控制、实体控制、绩效指标的比较和分工。

(四) 信息与沟通

信息与沟通(Information and Communication)是指企业在其经营过程中,需按某种形式辨识、取得确切的信息,并进行沟通,以使员工能够履行其责任。信息系统不仅处理企业内部所产生的信息,同时也处理与企业外部的事项、活动及环境等有关的信息。企业所有员工必须从最高管理阶层处清楚地获取承担控制责任的信息,而且必须有向上级部门沟通重要信息的方法,并能与外界顾客、供应商、政府主管机关和股东等进行有效的沟通。其主要包括信息系统和沟通。

(五) 监控

内部控制系统需要被监控。监控(monitoring)是由适当的人员,在适当及时的基础下,评估控制的设计和运作情况的过程。监控活动由持续监控、个别评估所组成,可确保企业内部控制能持续有效地运作。其具体包括持续的监控活动、个别评估和报告缺陷。

六、内部控制理论的发展

内部控制理论发源于西方企业制度之中,内部控制作为一个完整的理论体系,从它的出现到后来的广泛应用,都体现了它作为企业内部控制机制的重要性。内部控制的建设在企业防范风险和保证企业运行效率中成效显著,是现代企业制度构架不可或缺的部分。而内部控制理论就是在对内部控制方法的理论研究和实践操作中不断完善和发展,逐步形成的体系。

任何事物都是在一定条件下根据某种需求产生的,内部控制理论也是在社会经济不断发展的情况下出现并获得发展的。内部控制理论的发展历程大致有以下几种阶段。

(一) 内部牵制阶段

在 20 世纪初,对企业内部控制的认识,仅限于按照审计学和内部审计的一般原理,所谓的内部控制仅停留在内部牵制的思想上。最通行的就是分工协作理论,即把一件事情划分为多个阶段、多个层次,让多个人去共同完成。在分工协作的过程中大家可以相互检查、相互监督,减少前一阶段舞弊的发生概率,或者对其造成一种威慑作用,前一道工序的质量就可以得到提升。通过这种分工协作可以提高操作流程的专业化程度。后来人们把这种社会化大生产的思想运用到企业的财务和会计当中,就形成了最初的相互牵制体系。

(二) 内部控制制度阶段

经过六七十年的发展,到了 20 世纪 70 年代,随着企业发展和企业管理理论体系的丰富和完善,内部牵制体系逐步演变成内部控制制度,并且被划分为管理控制和会计控制。通过会计的发展和财务管理理念的变革,企业逐渐意识到,要提高业务活动的效率,就需要用计量对企业经营活动进行核算,这就是会计控制,再通过会计信息反馈出经营成果,这两个活动相互牵制和印证,就形成了管理控制。

(三) 内部控制结构阶段

在 20 世纪 70 年代到 80 年代这 10 年的变化过程中,美国的学术界和实务界认识到,在企业的管理控制过程中,对人的管理尤为重要。要对人的思想、品行和道德价值观有正确的认识，才能采取相关的管理行动。这样对人的管理构成了控制的环境之一，由此形成了对程序、环境和会计的控制，这三大要素构成了内部控制结构理论。

控制结构理论形成之后，人们发现一个问题，如果在控制之前没有充分的思想准备和理论准备，没有对风险形成非常准确和科学全面的认识，那么内部控制肯定没有效率和效果。所以进行内部控制之前，要对风险评估有充分的认识。

在控制活动过程中，主要有两个方面影响效率和效果，一个是部门的配合，另一个是它的有效性，这些因素加起来进一步构成了内部控制的五大要素，即控制环境、风险评估、控制活动、信息与沟通以及监控。

（四）内部控制结构整体框架阶段

21 世纪初，在美国 COSO 报告总结 20 世纪 90 年代内部控制整体框架的时候，各管理部门、经营部门、生产体系和会计界的专家把各种思想体系进行融合之后发现一个新的问题，那就是企业在进行内部控制的时候，需要在更高层次、更远角度上结合实际情况来展开这项工作，于是总结出包含四大目标、八大要素在内的风险管理框架：

四大目标就是在控制目标中，除了营运目标、合法目标、报告目标之外，还要有企业更高层次的战略目标，也即总体目标。八大要素是指在以前控制环境、控制活动、信息与沟通、监控和风险评估五大要素的基础上，对风险评估这项要素进行了细化，进一步划分为目标设定、事项识别、风险评估和风险对策四个要素，共同构成了目前的八大要素。

相较 20 世纪 90 年代关于内部控制体系框架所列出的三大目标和五大要素，新的内部控制分为四大目标和八大要素，是在以前内容的基础上进行的完善，不管使用的是哪一种，目的一样，都是为了建立完善的内部控制体系，从这个层面上来说两者是殊途同归。四大目标和三大目标，八大要素和五大要素之间有必然的联系，它们之间不是否定关系，而是对前面内容的传承和深入，是更为全面和深层次的过程。

第二节　内部控制机制的设计

一、内部控制框架

公司内部控制制度应力求全面、完整，至少在以下层面做出安排：一是公司层面；二是公司下属部门及附属公司层面；三是公司各业务环节层面。公司建立和实施内部控制制度时，通常需要建立包括职责分工控制、授权控制、审核批准控制、预算控制、财产保护控制、会计系统控制、内部报告控制、经济活动分析控制、绩效考评控制以及信息系统控制这十个方面控制内容的框架体系。

（一）职责分工控制

职责分工控制要求根据企业目标和职能任务，按照科学、精简、高效的原则，合理设置职能部门和工作岗位，明确各部门、各岗位的职责权限，形成各司其职、各负其责、便于考核、相互制约的工作机制。

企业在确定职责分工的过程中，应当充分考虑不相容职务相互分离的制衡要求。不相容职务通常包括授权、批准、业务经办、会计记录、财产保管、稽核检查等。

企业应当根据各项经济业务与事项的流程和特点，系统、完整地分析、梳理执行该经济业务与事项涉及的不相容职务，并结合岗位职责分工采取分离措施。有条件的企业，可以借助计算机信息技术系统，通过权限设定等方式自动实现不相容职务的相互分离。

企业应当结合岗位特点和重要程度，明确财会等关键岗位员工轮岗的期限和有关要求，建立规范的岗位轮换制度。对关键岗位的员工，可以实行强制休假制度，并确保在最长不超过五年的时间内进行岗位轮换，防范并及时发现岗位职责履行过程中可能存在的重要风险，以强化职责分工控制的有效性。

（二）授权控制

授权控制要求企业根据职责分工，明确各部门、各岗位办理经济业务与事项的权限范围、审批程序和相应责任等内容。企业内部各级管理人员必须在授权范围内行使职权和承担责任，业务经办人员必须在授权范围内办理业务。

授权一般包括常规性授权和临时性授权。常规性授权是指企业在日常经营管理活动中按照既定的职责和程序进行的授权，临时性授权是指企业在特殊情况、特定条件下进行的应急性授权。

企业可以根据常规性授权编制权限指引并以适当形式予以公布，提高权限的透明度，加强权限行使过程中的监督和管理。

企业应当加强对临时性授权的管理，规范临时性授权的范围、权限、程序、责任和相关的记录措施。有条件的企业，可以采用远程办公等方式逐步减少临时性授权。

企业对于金额重大、重要性高、技术性强、影响范围广的经济业务与事项，应当实行集体决策审批或者联签制度，任何个人不得单独进行决策或者擅自改变集体决策意见。

未经授权的部门和人员，不得办理企业各类经济业务与事项。

（三）审核批准控制

审核批准控制要求企业各部门、各岗位按照规定的授权和程序，对相关经济业务和事项的真实性、合规性、合理性以及有关资料的完整性进行复核与审查，通过签署意见并签字或者签章，做出批准、不予批准或者其他处理的决定。

（四）预算控制

预算控制要求企业加强预算编制、执行、分析、考核等各环节的管理，明确预算项目，建立预算标准，规范预算的编制、审定、下达和执行程序，及时分析和控制预算差异，采取改进措施，确保预算的执行。

（五）财产保护控制

财产保护控制要求企业限制未经授权的人员对财产的直接接触和处置，采取财产记录、实物保管、定期盘点、账实核对、财产保险等措施，确保财产的安全完整。

（六）会计系统控制

会计系统控制要求企业依据《中华人民共和国会计法》及国家统一的会计制度，制订适合本企业的会计制度，明确会计凭证、会计账簿和财务报告以及相关信息披露的处理程序，规范会计政策的选用标准和审批程序，建立、完善会计档案保管和会计工作交接办法，实行会计人员岗位责任制，充分发挥会计的监督职能，确保企业财务报告真实、可靠和完整。

（七）内部报告控制

内部报告控制要求企业建立和完善内部报告制度，明确相关信息的收集、分析、报告和处理程序，及时提供业务活动中的重要信息，全面反映经济活动情况，增强内部管理的时效性和针对性。内部报告方式通常包括例行报告、实时报告、专题报告、综合报告等。

（八）经济活动分析控制

经济活动分析控制要求企业综合运用生产、购销、投资、财务等方面的信息，利用比较分析、比率分析、因素分析、趋势分析等方法，定期对企业经营管理活动进行分析，发现存在的问题，查找原因，并提出改进意见和应对措施。

（九）绩效考评控制

绩效考评控制要求企业科学设置业绩考核指标体系，对照预算指标、赢利水平、投资回报率、安全生产目标等方面的业绩指标，对各部门和员工当期业绩进行考核和评价，兑现奖惩，强化对各部门和员工的激励与约束。

（十）信息系统控制

信息系统控制要求企业结合实际情况和计算机信息技术应用程度，建立与本企业经营管理业务相适应的信息化控制流程，提高业务处理效率，减少和消除人为操纵因素，同时加强对计算机信息系统开发与维护、访问与变更、数据输入与输出、文件储存与保管、网络安全等方面的控制，保证信息系统安全及有效运用。

企业应当以书面形式或者其他适当的形式，记录企业制订的控制措施，促进控制措施的有效执行。企业应当完整收集、妥善保存控制措施实施过程中的相关记录或者资料，确保控制措施实施过程的可验证性。

二、专项风险的内部控制

（一）对附属公司的管理控制

公司应对控股子公司实行管理控制，主要包括：

（1）依法建立对控股子公司的控制架构，确定控股子公司章程的主要条款，选任董事、监事、经理及财务负责人。

（2）根据公司的战略规划，协调控股子公司的经营策略和风险管理策略，督促控股子公司据以制订相关业务经营计划、风险管理程序。

（3）制订控股子公司的业绩考核与激励约束制度。

（4）制订母子公司业务竞争、关联交易等方面的政策及程序。

（5）制订控股子公司重大事项的内部报告制度。重大事项包括但不限于发展计划及预算、重大投资、收购出售资产、提供财务资助、为他人提供担保、从事证券及金融衍生品投资、签订重大合同、海外控股子公司的外汇风险管理等。

（6）定期取得控股子公司月度财务报告和管理报告，并根据相关规定，委托会计师事务所审计控股子公司的财务报告。

公司应对控股子公司内部控制制度的实施及其检查监督工作进行评价。公司应比照上述要求，对分公司和具有重大影响的参股公司的内部控制制度做出安排。

（二）金融衍生品交易的内部控制

参与金融衍生品交易的公司，应评估自身风险控制能力，制订相应的内部控制制度。金融衍生品交易包括但不限于以商品或证券为基础的期货、期权、远期、调期等交易。公司董事会应充分认识金融衍生品交易的性质和风险，根据公司的风险承受能力，合理确定金融衍生品交易的风险限额和相关交易参数。公司应按照下列要求，对金融衍生品交易实行内部控制：

（1）合理制订金融衍生品交易的目标、套期保值的策略。

（2）制订金融衍生品交易的执行制度，包括交易员的资质、考核、风险隔离、执行、止损、记录和报告等的政策和程序。

（3）制订金融衍生品交易的风险报告制度，包括授权、执行、或有资产、隐含风险、对冲策略及其他交易细节。

（4）制订金融衍生品交易风险管理制度，包括机构设置、职责、记录和报告的政策和程序。

对于其他风险的内部控制，公司应根据行业特点、战略目标和风险管理策略的不同，就特有风险做出相关内部控制制度安排，制订危机管理控制制度。

三、内部控制的监督检查

监督检查是指企业对其内部控制的健全性、合理性和有效性进行监督检查与评估，形成书面检查报告并做出相应处理的过程。企业应当利用信息与沟通情况，提高监督检查工作的针对性和时效性。同时，通过实施监督检查，不断提高信息与沟通的质量和效率。

（一）监督检查的方式

企业应当加强对内部控制及其实施情况的监督检查。监督检查的方式主要包括持续性监督检查和专项监督检查。持续性监督检查是指企业对建立和实施内部控制的整体情况所进行的连续的、全面的、系统的、动态的监督检查。专项监督检查是指企业对内部控制建立与实施的某一方面或者某些方面的情况所进行的不定期的、有针对性的监督检查。持续性监督检查和专项监督检查应当有机结合。

（二）监督检查的职能部门

企业董事会所属审计委员会、内部审计机构或者实际履行内部控制监督职责的其他有关机构应当根据国家法律法规要求和企业授权，采取适当的程序和方法，对内部控制的建立与实施情况进行监督检查，形成检查结论并出具书面检查报告。履行内部控制监督检查职责的机构，应当加强队伍职业道德建设和业务能力建设，不断提高监督检查工作的质量和效率，树立并增强监督检查的权威性。

（三）内部控制自我评估报告

企业应当结合内部控制监督检查工作，定期对内部控制的健全性、合理性与有效性进行自我评估，形成书面评估报告。评估报告应当全面反映企业一定时期内建立与实施内部控制的总体情况。内部控制自我评估的方式、范围、程序和频率，由企业根据经营业务调整、经营环境变化、业务发展状况、实际风险水平等多种因素合理确定，但是至少应当每三年进行一次，法律、行政法规和有关监管规则另有规定的除外。

企业根据国家有关法律、行政法规或者有关监管规则的规定提交并披露（以财务报告为主的）内部控制自我评估报告时，至少应当在内部控制自我评估报告中披露以下内容：

（1）企业董事会是否已经对建立健全和有效实施内部控制负责，并履行了指导和监督职责，能够保证财务报告的真实可靠和资产的安全完整。

（2）是否已经遵循有关标准和程序对内部控制设计与运行的健全性、合理性和有效性进行了自我评估。

（3）对开展内部控制自我评估所涉及的范围和内容进行简要描述。

（4）通过内部控制自我评估，是否可以合理保证本企业的内部控制不存在重大缺陷。

（5）如果在自我评估过程中发现内部控制存在重大缺陷，应当披露有关重大缺陷及其影响，并专项说明拟采取的改进措施。

（6）除了已披露的内部控制重大缺陷之外，不存在其他重大缺陷。

（7）自资产负债表日至内部控制自我评估报告报出日之间（以下简称报告期内），如果内部控制的设计与运行发生重大变化的，应当说明重大变化情况及其影响。

（四）内部控制缺陷和违规问题的处理

企业对在监督检查过程中发现的内部控制缺陷，应当采取适当的形式及时进行报告。对于监督检查中发现的重大缺陷或者重大风险，应当及时向董事长、审计委员会和经理汇报。内部控制缺陷是指内部控制的设计存在漏洞、不能有效防范错误与舞弊，或者内部控制的运行存在弱点和偏差、不能及时发现并纠正错误与舞弊的情形。重大缺陷是指业已发现的内部控制缺陷可能严重影响财务报告的真实可靠和资产的安全完整。

企业应当分析内部控制缺陷产生的原因，并有针对性地提出和实施改进方案，不断健全和完善企业内部控制。企业应当结合其内部控制，对在监督检查中发现的违反内部控制规定的行为，及时通报情况和反馈信息，并严格追究相关责任人的责任，维护内部控制的严肃性和权威性。

第三节　内部控制评价

一、内部控制评价的含义

企业内部控制评价是指每个企业不定期或定期地对自己的内部控制系统进行评估，评估内部控制的有效性及其实施的效率、效果，以期能更好地达成内部控制的目标。企业内部控制评价的目标是通过对企业内部控制体系的健全性、合理性和有效性的评价，促使企业切实加强内部控制体系的建设并认真执行，保证内部控制体系得以持续、有效地改进。

企业实施内部控制评价至少应当遵循下列原则：

（1）全面性原则。评价工作应当包括内部控制的设计与运行，涵盖企业及其所属单位的各种业务和事项。

(2) 重要性原则。评价工作应当在全面评价的基础上，关注重要业务单位、重大业务事项和高风险领域。

(3) 客观性原则。评价工作应当准确地揭示经营管理的风险状况，如实反映内部控制设计与运行的有效性。

二、内部控制评价的模型

企业内部控制是一个复杂的控制系统，牵涉企业不同的业务内容以及不同的职能部门。因此要实现对企业内部控制有效性进行合理评价，首先需要建立科学的评价思路和有效的评价模型。就目前的企业内部控制评价实践来看，内部控制评价模型主要有两类：详细评价模型和风险基础评价模型。

(一) 详细评价模型

详细评价模型通过评估企业内部控制要素是否存在以及是否有效发挥作用，对企业内部控制系统的有效性做出判断。由于内部控制要素是构成内部控制制度的主要内容，在详细评价模型中这些要素也就构成了有效内部控制的标准。详细评价模型的基本思路是：以内部控制框架或标准为参照物，根据内部控制框架的构成要素评价内部控制的设计有效性，通过测试评价内部控制的运行有效性，最后综合设计和运行的评价，对内部控制的有效性做出总体评价，即评估内部控制目标实现的风险，判断是否存在重大漏洞，确定内部控制是否有效。

详细评价模型的特点是从控制到风险，即从内部控制到相关目标实现的风险。这种评价模型的思路是首先根据现有的内部控制框架评价企业内部控制的设计和运行，识别出控制缺陷，然后判断是否为实质性漏洞，进而判断内部控制的有效性。

评价设计的有效性是对照内部控制框架或标准，分析内部控制设计中对应的内容是否存在来实施的，而评价运行的有效性则通常采用测试的方法确定相关的内部控制是否得到了有效实施。

在详细评价模型中最关键的问题是如何对照企业内部控制框架或标准确定内部控制设计的有效性。这种对照内部控制框架或标准判断设计有效性的思路来自于COSO的《企业内部控制——整合框架》等报告中提出的控制的完整性概念。COSO在这个报告中明确指出，内部控制框架的这些组成要素和标准适用于整个内部控制系统，或者是一类或多类目标。当考虑任何一类目标的控制时，例如有关财务报告的控制，所有五个要素都应该满足才能得出有关财务报告的控制是有效的结论。但是，内部控制的组成要素之间具有相互补充、相互渗透的关系，尽管五个组成要素都应该被满足，但是这并不意味着在不同的企业中每个组成要素都得到同样的执行。不同组成要素之间存在某种平衡，因为内部控制的有效实施能够满足多个目标的实现要求，一个组成要素中的控制可能会满足另外一个组成要素范畴内的控制需要实现的目标。而且，控制降低风险的程度是不同的，所以，效果有限的多个控制一起实施可以达到最终满意的效果。

尽管内部控制的框架或标准描述了一个有效的内部控制系统所应当具备的构成要素，但如果采用简单的一一对应的方法对照内部控制框架来评价内部控制设计的有效性，就有可能产生两个问题：一个是成本高，效率低；另一个是评价结论的不可靠性。

首先，内部控制框架或标准描述这些构成要素时，是把企业抽象成一个主体，并没有考虑企业所处的国家、所处的行业、企业的规模等特定因素，其目的是构建一个通用的内部控制标准和参照物。但是，并不是所有的企业（如不同规模的企业、不同行业的企业）都必须具备与内部控制框架或标准完全一样的内部控制才算是有效，而且，这个框架中的所有要素涉及的控制与内部控制目标的相关性和对内部控制目标的重要性是不同的。因此，一一对应地对照内部控制框架或标准评价内部控制设计的有效性必定会评价了过多的、不必要的控制，导致成本高而效率低。

其次，有效的内部控制并不要求所有要素同等程度地存在。因为内部控制要素本身具有一定的相互补充性和相互替代性，存在某种程度的平衡，并且这种替代或平衡在很多情况下并不能被确切地衡量，也不能准确地体现在内部控制的框架或标准中。所以，一一对应地对照内部控制框架或标准进行评价，内部控制设计的有效性必定会出现评价结论的偏差。

因此，利用详细评价模型分析内部控制模型的有效性，要结合企业、行业的特性，对内部控制标准的权重进行调整，从而提高评价过程的效率以及评价结论的可靠性。

（二）风险基础评价模型

企业内部控制的另一种思路不是从控制到风险，而是从风险到控制，即从内部控制相关目标实现的风险到内部控制。风险基础评价模型就是依据这一思路构造内部控制评价框架的。首先，要评估相关目标实现的风险；其次，识别和确定企业充分应对这些风险的内部控制是否存在，即评价内部控制的设计应对相关目标实现风险的有效性；再次，识别和确定内部控制运行有效性的证据，评价现有的控制是否得到了有效的运行；最后，对控制缺陷进行评估，判定它是否构成实质性漏洞，确定内部控制是否有效。对于不同的目标来说，目标风险的含义、内部控制重大漏洞的含义是不相同的，在评价每一类目标时都需要做具体设定。

“自上而下”和“风险基础”的理念在这种方法中得到了充分的体现。“风险基础”主要体现在：以评估控制目标实现的风险为起点；关注重要的财务报告和披露风险与问题；仅评价充分应对风险的控制；证据的获取和场所的选择根据风险评估的结果；评价结论（内部控制是否有效）是以风险评估为基础的，判断内部控制是否有效也是以内部控制是否很可能防止或发现财务报表中的重要错报为依据的。“自上而下”主要体现在：从财务报表整体开始，然后到账户、披露；从公司层面的控制开始，然后到活动层面的控制。

风险基础评价模型首先评估实现内部控制相关目标的风险，根据风险评估的结果对照企业的内部控制，参考内部控制框架来判断企业内部控制设计的有效性。这样做的好处是：一方面，可以充分考虑企业特定的情况，避免与内部控制框架的简单核对，具有更好的成本效益性以及更广泛的适用性和灵活性；另一方面，关注最重要的风险，可以提高评价的成本效益和效率。

其次，风险基础评价模型在确定内部控制的测试范围和搜集证据时也是以风险评估为基础的，这样同样可以提高评价的成本效益和效率。

最后，风险基础评价模型需要更高程度的专业判断。无论是评价内部控制设计的有效性，还是测试内部控制运行的有效性都是根据最初风险评估和后续风险评估进行的，这与详细评价模型根据一个确定的框架来评价相比需要更高程度的专业判断。

三、内部控制评价的方法

详细评价模型和风险基础评价模型为内部控制评价建立了评估的结构框架，保证了评估结果的科学有效。实施内部控制评价，我们需要收集大量评估信息，评估信息的收集则需要借助企业内部控制评价方法实现。实践操作中，企业内部控制评价的方法有许多，下面主要介绍几种常用的方法。

（一）个别访谈法

个别访谈法是指企业根据检查评价需要，对被检查单位员工进行单独访谈，以获取有关信息。通过找有关人员谈话，可以调查了解内部控制制度，还可以针对可疑账项或异常情况等向有关人员提出询问。其具体的运用流程是：

（1）设计访谈提纲。

（2）恰当进行提问。要想通过访谈获取所需资料，对提问有特殊的要求。在表述上要求简单、清楚、明了、准确，并尽可能地适合受访者；在类型上可以有开放型与封闭型、具体型与抽象型、清晰型与含混型之分。另外，适时、适度的追问也十分重要。

（3）准确捕捉信息，及时收集有关资料。访谈法收集资料的主要形式是“倾听”。“倾听”可以在不同的层面上进行：在态度上，访谈者应该是“积极关注的倾听”，而不应该是“表面的或消极的倾听”；在情感层面上，访谈者要“有感情的倾听”和“共情的倾听”，避免“无感情的倾听”；在认知层面上，要随时将受访者所说的话或信息迅速地纳入自己的认知结构中加以理解和同化，必要时还要与对方进行对话，与对方进行平等的交流，共同建构新的认识和意义。另外“倾听”还需要特别遵循两个原则：不要轻易地打断对方和容忍沉默。

（4）适当做出回应。访谈者不只是提问和倾听，还需要将自己的态度、意向和想法及时地传递给对方。回应的方式多种多样，可以是诸如“对”、“是吗”、“很好”等言语行为，也可以是点头、微笑等非言语行为，还可以是重复、重组和总结。

（5）及时做好访谈记录，一般还要录音或录像。

（二）调查问卷法

调查问卷法是指企业设计问卷调查表，分别对不同层次的员工进行问卷调查，根据调查结果对相关项目做出评价。问卷调查的一般程序是：设计调查问卷、选择调查对象、分发问卷、回收和审查问卷。然后，再对问卷调查结果进行统计分析和理论研究。

（三）专题讨论会法

专题讨论会法是指通过召集与业务流程相关的管理人员就业务流程的特定项目或具体问题进行讨论及评估的一种方法。

（四）穿行测试和重新执行法

穿行测试是指通过抽取一份全过程的文件，来了解整个业务流程执行情况的评估评价方法；重新执行是指通过对某一控制活动全过程的重新执行来评估控制执行情况的方法。

（五）抽样法

抽样法是指企业针对具体的内部控制业务流程，按照业务发生频率及固有风险的高低，从确定的抽样总体中抽取一定比例的业务样本，对业务样本的符合性进行判断，进而对业务流程控制运行的有效性做出评价。

（六）比较分析法

比较分析法是指通过分析、比较数据间的关系、趋势或比率来取得评价证据的方法。常用的计算及比较方法包括下列各种：

（1）绝对额比较。例如，将本期金额（如某账户余额）和预期金额进行简单比较等。

（2）共同比分析，也称垂直分析，是指先计算出某财务报表的各组成要素占有关总额的百分比（例如，现金占总资产的百分比、毛利占销售收入的百分比），再将此比例与预期数比较。

（3）比率分析。比率分析是注册会计师和财务分析人员常用的分析方法。此方法要求先计算出各种比率，再将其与预期比率进行比较。对计算出来的比率可单独分析，也可归类（如偿债能力、效率及获利比率等）分析。

（4）趋势分析。趋势分析是指比较两个以上会计期间的特定数据（绝对值、共同比或比率）以确定难以由本期和前期比较看出的重大变动。

（七）标杆法

标杆法是指通过与组织内外部相同或相似经营活动的最佳实务进行比较而对控制设计有效性进行评价的方法。

标杆法是将本企业经营的各方面状况和环节与竞争对手或行业内外一流的企业进行对照分析的过程，是一种评价自身企业和研究其他组织的手段，是将外部企业的持久业绩作为自身企业的内部发展目标并将外界的最佳做法移植到本企业的经营环节中去的一种方法。实施标杆法的公司必须不断对竞争对手或一流企业的产品、服务、经营业绩等进行评价来发现优势和不足。

四、内部控制评价的主要内容

《企业内部控制基本规范》颁布后，企业内部控制评价有了统一的标准，企业应当针对与实现整体控制目标相关的内部环境、风险评估、控制活动、信息与沟通以及内部监督等内部控制要素，确定内部控制评价的具体内容，对内部控制设计与运行情况进行全面系统、有针对性的评价。

（一）内部环境的评价

对企业内部环境的评价，应当以组织架构、发展战略、人力资源、企业文化、社会责任五方面为依据，结合本企业的内部控制制度，对内部环境的设计及实际运行情况进行认定和评价。它具体评价的重点包括经营活动的复杂程度、管理权限的集中程度、管理行为守则的健全性和有效性、管理层对逾越既定控制程度的态度、组织文化的内容及组织成员对此的理解与认同、法人治理结构的健全性和有效性、组织各阶层人员的知识与技能、组织结构和职责划分的合理性、重要岗位人员的权责相称程度及其胜任能力、员工聘用程序及培训制度、员工业绩考核与激励机制。

(二) 风险评估的评价

对企业风险评估的评价，应当以《企业内部控制基本规范》有关风险评估的要求，以及各项应用指引中所列主要风险为依据，结合本企业的内部控制制度，对日常经营管理过程中的风险识别、风险分析、应对策略等进行认定和评价。其中特别需要注意的是风险评估整体目标的制订、作业层级目标的制订、风险分析和对变化的管理等内容。它具体评价的重点是被评价企业对抗风险的能力和风险管理的具体办法及效果。

(三) 控制活动的评价

企业组织开展控制活动的评价，应当以《企业内部控制基本规范》和各项应用指引中的控制措施为依据，结合本企业的内部控制制度，对相关控制措施的设计和运行情况进行认定和评价。特别需要关注企业的每个作业环节是否都定有适当的政策和程序，现有的已确认的控制活动是否均被适当执行。

(四) 信息与沟通的评价

企业组织开展信息与沟通的评价，应当以内部信息传递、财务报告、信息系统等相关应用指引为依据，结合本企业的内部控制制度，对信息收集、处理和传递的及时性、反舞弊机制的健全性、财务报告的真实性、信息系统的安全性，以及利用信息系统实施内部控制的有效性等进行认定和评价。其中评价的重点为：获取财务信息、非财务信息的能力、信息处理的及时性和适当性、信息传递渠道的便捷与畅通、管理信息系统的安全可靠性。

(五) 内部监督的评价

企业组织开展内部监督的评价，应当以《企业内部控制基本规范》有关内部监督的要求，以及各项应用指引中有关日常管控的规定为依据，结合本企业的内部控制制度，对内部监督机制的有效性进行认定和评价，重点关注监事会、审计委员会、内部审计机构等是否在内部控制设计和运行中有效发挥监督作用。对内部监督的评价包括日常监督评价、专项监督评价和缺陷报告评价。内部控制评价工作应当形成工作底稿，详细记录企业执行评价工作的内容，包括评价要素、主要风险点、采取的控制措施、有关证据资料以及认定结果等。评价工作底稿应当设计合理、证据充分、简便易行并便于操作。

五、内部控制评价的程序

企业应当按照内部控制评价办法规定的程序，有序开展内部控制评价工作。内部控制评价程序一般包括制订评价工作方案，组成评价工作组，实施现场测试，认定控制缺陷，汇总评价结果，编报评价报告等环节。企业可以授权内部审计部门或专门机构（以下简称内部控制评价部门）负责内部控制评价的具体组织实施工作。

(一) 制订评价工作方案

企业内部控制评价部门应当制订评价工作方案，明确评价范围、工作任务、人员组织、进度安排和费用预算等相关内容，报经董事会或其授权机构审批后实施。

(二) 组建评价工作组

企业内部控制评价部门应当根据经批准的评价方案，组成内部控制评价工作组，具体实施内部控制评价工作。评价工作组应当吸收企业内部相关机构熟悉情况的业务骨干参加。评价工作组成员对本部门的内部控制评价工作应当实行回避制度。企业可以委托中介机构实施内部控制评价。为企业提供内部控制审计服务的会计师事务所，不得同时为同一企业提供内部控制评价服务。

（三）实施现场测试

内部控制评价工作组应当对被评价单位进行现场测试，综合运用个别访谈、调查问卷、专题讨论、穿行测试、重新执行、抽样和比较分析等方法，充分收集被评价单位内部控制设计和运行是否有效的证据，按照评价的具体内容，如实填写评价工作底稿，研究分析内部控制缺陷。

（四）认定内部控制缺陷

内部控制缺陷包括设计缺陷和运行缺陷。企业对内部控制缺陷的认定，应当以持续性监督和专项监督为基础，结合年度内部控制评价，由内部控制评价部门进行综合分析后提出认定意见，按照规定的权限和程序进行审核后予以最终认定。

企业在持续性监督、专项监督和年度评价工作中，应当充分发挥内部控制评价工作组的作用。内部控制评价工作组应当根据现场测试获取的证据，对内部控制缺陷进行初步认定，并按其影响程度分为重大缺陷、重要缺陷和一般缺陷。重大缺陷是指一个或多个控制缺陷的组合，可能导致企业严重偏离控制目标；重要缺陷是指一个或多个控制缺陷的组合，其严重程度和经济后果低于重大缺陷，但仍有可能导致企业偏离控制目标；一般缺陷是指除重大缺陷，重要缺陷之外的其他缺陷。重大缺陷、重要缺陷和一般缺陷的具体认定标准，由企业根据上述要求自行确定。

（五）汇总评价结果

企业内部控制评价工作组应当建立评价质量交叉复核制度，评价工作组负责人应当对评价工作底稿进行严格审核，并对所认定的评价结果签字确认后，提交企业内部控制评价部门。

企业内部控制评价部门应当编制内部控制缺陷认定汇总表，结合持续性监督和专项监督发现的内部控制缺陷及其持续改进情况，对内部控制缺陷及其成因、表现形式和影响程度进行综合分析和全面复核，提出认定意见，并以适当的形式向董事会、监事会或者经理层报告。重大缺陷应当由董事会予以最终认定。企业对于认定的重大缺陷，应当及时采取应对措施，切实将风险控制在可承受度之内，并追究有关部门或相关人员的责任。

（六）编制评价报告

企业应当根据内部控制评价结果和整改情况，编制内部控制评价报告。内部控制评价报告应当分别对内部环境、风险评估、控制活动、信息与沟通、内部监督等要素进行设计，对内部控制评价过程、内部控制缺陷认定及整改情况、内部控制有效性的结论等相关内容做出披露。内部控制评价报告至少应当包括下列内容：董事会对内部控制报告真实性的声明；内部控制评价工作的总体情况；内部控制评价的依据；内部控制评价的范围；内部控制评价的程序和方法；内部控制缺陷及其认定情况；内部控制缺陷的整改情况及重大缺陷拟采取的整改措施；内部控制有效性的结论。

内部控制评价报告应当报经董事会或类似权力机构批准后对外披露或报送相关部门。企业内部控制评价部门应当关注自内部控制评价报告基准日至内部控制评价报告发出日之间是否发生影响内部控制有效性的因素，并根据其性质和影响程度对评价结论进行相应调整。

企业内部控制审计报告应当与内部控制评价报告同时对外披露或报送。内部控制评价报告应于基准日后 4 个月内报出。企业应当建立内部控制评价工作档案管理制度。企业应当以 12 月 31 日作为年度内部控制评价报告日期，内部控制评价的有关文件资料、工作底稿和证明材料等应当妥善保管。

第四节　金融机构内部控制及其评价

有效的内部控制体系是安全稳健地管理金融机构的基础。有效的内部控制有助于金融机构保护和增加股东价值，降低未预期损失和声誉受损的可能性。金融机构内部控制是金融机构的一种自律行为，是金融机构为完成既定的工作目标和防范风险，对内部各职能部门及其工作人员从事的业务活动进行风险控制、制度管理和相互制约的方法、措施和程序的总称。完善金融机构内部控制是金融监管工作的重要组成部分，是规范金融机构经营行为、有效防范风险的关键，也是衡量金融机构经营管理水平高低的重要标志。

一、金融机构内部控制的目标及原则

金融机构内部控制要达到以下目标：一是确保国家法律法规和中央银行监管规章的贯彻执行；二是确保将各种风险控制在规定的范围之内；三是确保自身发展战略和经营目标的全面实施；四是有利于查错防弊，堵塞漏洞，消除隐患，保证业务稳健运行。

金融机构要按照合法、合规、稳健的要求，确定明确的经营方针，建立“自主经营、自担风险、自负盈亏、自我约束”的经营机制，坚持资金营运“安全性、流动性、效益性”相统一的经营原则。在内部控制建设方面要遵循以下原则：

（1）有效性原则。各种内部控制制度包括最高决策层所制订的业务规章和发布的指令，必须符合国家和监管部门的规章，必须具有高度的权威性，必须真正落到实处，成为所有员工严格遵守的行动指南；执行内控制度不能存在任何例外，任何人（包括董事长、总经理）不得拥有超越制度或违反规章的权力。

（2）审慎性原则。内部控制的核心是有效防范各种风险，任何制度的建立都要以防范风险、审慎经营为出发点。

（3）全面性原则。内部控制必须渗透到金融机构的各项业务过程和各个操作环境，覆盖所有的部门和岗位，不能留有任何死角。

（4）及时性原则。新设立的金融机构或开办新的业务种类，必须树立“内控优先”的思想，首先建章立制，采取有效的控制措施。

（5）独立性原则。内部控制的检查、评价部门必须独立于内部控制的建立和执行部门，直接的操作人员和直接的控制人员必须适当分开，并向不同的管理人员报告工作；在存在管理人员职责交叉的情况下，要为负责控制的人员提供可以直接向最高管理层报告的渠道。

二、金融机构内部控制的要素及内容

金融机构内部控制包括：金融机构内部组织结构的控制、资金交易风险的控制、衍生工具交易的控制、信贷资金风险的控制、保险基金的风险控制、会计系统的控制、授权授信的控制、计算机业务系统的控制等。

（一）金融机构内部组织结构的控制

金融机构组织结构的控制要按照决策系统、执行系统、监督反馈系统互相制衡的原则来设置。

（1）金融机构要制订明确、成文的决策程序，全部经营管理决策要按照规定程序并保留可核实的记录，防止个人独断专行，超越或违反决策程序。

（2）金融机构的各级经营管理机构要严格执行上级的决策，并在各自职责和权限范围内办理业务、行使职权。

（3）金融机构要建立有效的内部监督系统，建立各项业务风险评价、内部控制的检查评价机制和对内部违规违章行为的处罚机制，及时发现问题，堵塞漏洞，有效防止内部的侵吞、挪用和外部的盗窃、诈骗。

（二）资金交易风险的控制及衍生工具交易的控制

金融机构对资金交易、证券交易、衍生金融产品交易，要建立完善的内部监督和风险防范制度。资金交易必须遵从管理层制订的操作规程，资金的交易额、交易策略、交易品种、市场范围要严格按授权办理。

建立资金交易、证券交易、衍生工具交易业务的会计和统计记录制度以及头寸核查和交易损益的核算制度。建立用于测量和监控风险头寸及分析潜在亏损、风险大小并对其进行控制和管理的系统，包括风险定量分析方法，信用、市场、法律、操作风险管理等。

（三）信贷资金风险的控制

金融机构要围绕防止和降低信贷风险、提高信贷资产质量、优化信贷资产结构，建立有效的内部控制制度。

（1）对各类贷款的发放和使用必须实行严格控制，并符合国家的法律、行政法规和监管部门发布的行政规章。金融机构应遵循贷款的“效益性、安全性和流动性”原则，建立管理与操作人员行为控制的信贷管理制度。

（2）建立以风险评估和控制为核心的信贷风险管理制度。对贷款必须遵循“贷前调查，贷时审查，贷后检查”的原则。

（3）建立以贷款立项、调查、贷款审核认定、贷款决策、贷款检查监督为内容的信贷资产管理责任制，做到明确责任，逐级负责。任何人不得超越职权和违反程序发放贷款。

（4）建立监测信贷风险的预警系统、监测借款企业经营风险的预警系统、监测信贷风险的考核指标体系。

（四）保险基金的风险控制

保险公司要建立内控机制，增强自控能力。

一是建立健全以核保、核赔、投资风险控制为主要内容的内部控制制度，严格防范各种保单、批单、保险协议等可能带来的风险；坚持“双人勘查、交叉复核、分级核损、终审归案”的原则，防止假赔、骗赔案的发生；严格控制高风险、低流动性资产比例，加强资产负债匹配和现金流量管理。

二是建立各项准备金提取与管理制度，以提高偿付能力。各保险机构要按规定及时、足额提取未到期责任准备金，未决赔款准备金以及公积金、保险保障基金，并加强集中管理，资金运用限存入商业银行或购买政府、金融债券。

三是加强保险条款管理。各公司对寿险条款要实行高度集中管理，所有寿险条款均由总公司统一制订；建立寿险精算部门，并逐步建立产险精算制度，提高精算水平，控制经营风险。

四是保险公司要设立再保险管理部门，制订再保险规章制度，严格执行法定分保规定，合理确定每一风险单位的计算方法和分保办法，制订巨灾风险的计划安排和管理措施，严格控制巨灾风险。

（五）会计系统的控制

金融机构要建立严密的会计控制系统。会计记录、账务处理和经营成果核算要完全独立，会计部门只接受其主管的领导；会计主管不得参与具体经营业务的经办。会计制度制订的唯一依据只能是国家颁布的会计准则和财务通则。会计制度必须明确规定有效会计凭证的要素。会计人员进行账务记录必须是经严格审定的有效会计凭证，除此以外，会计人员不得接受任何指令。会计人员进行的任何账务记录如果没有有效的会计凭证，其主管人员和会计人员应受到严厉的处罚。会计记录必须能够确定业务活动发生的时间，并在适当的会计期间得到反映。通过电子数据处理系统录入会计数据时，必须保证只有在识别特殊密码状态下才能进入该系统。修改会计记录必须履行必要的手续，得到适当的授权，并详细记录在案，在电子数据处理系统中修改会计记录，处理系统要能够自动识别授权密码并自动记录在案。

会计控制系统的建立应遵循以下基本原则：

（1）规范化原则。会计账务处理须按照会计制度的要求，建立并执行规范化的操作程序。

（2）授权分责原则。对会计账务处理实行分级授权。会计人员不得超越权限范围处理会计账务和增删改会计账务事项或参数；上级授权处理的事项须履行必要的手续；建立并执行财务收支审批制度。会计账务处理必须实行岗位分工，明确岗位职责，严禁一人兼岗或独自操作全过程。会计岗位实行定期或不定期轮换。

（3）监督制约原则。对会计账务处理的有效依据如业务用章、密押、空白凭证实行专人分管；资金与实物分别核算与管理，会计部门对重要空白凭证和有价单证要进行表外登记，应有独立于会计部门之外的部门管理现金、有价证券及其他实物形态的资产。对会计账务处理的全过程要实行监督，即事前监督，受理业务时，临柜人员对业务的合法性、真实性，手续的完整性及数据的准确性进行审核；事中监督，对会计处理的凭证、账表内容和数据均须复核，重大事项须由会计主管复核；事后监督，对已经处理过的会计账务实行再核对，重点监督重要业务的处理。会计部门须设置相应岗位，配备岗位所需人员，落实监督事项。

（4）账务核对原则。对会计账务，须坚持“六个核对相符”，即账账、账据、账款、账实、账表及内外账务核对相符；根据制度要求对不同账务采取每日核对或定期核对的办法。要建立和完善外部对账制度，定期按户对账。

（5）安全谨慎原则。会计部门须妥善保密密押、重要空白凭证和业务用章，防止遗失或被盗；妥善保管会计档案，严格会计资料的调阅手续，防止会计数据的散失和流弊。会计人员调离须办理交接手续。

（六）授权授信的控制

金融机构要建立合理的授权分责制度，要按照业务工作程序和授权，健全完善各种审批手续。按照各自经营活动的性质和功能，建立以局部风险控制为内涵的内部授权、授信管理制度。对各分支机构授权、授信要定期检查、确保授权、授信范围适当，有据可查，所授权限和信用额度不得超越和突破。针对部门的工作性质、人员的岗位职责，赋予相应的工作任务和职责权限。各种授权都要以书面形式确认，逐级下达。辖属分支机构、各职能部门及各级管理操作人员，要在各自岗位上按所授予的权限开展工作，并对职责范围的工作负责。凡对外开办的每一笔业务都要按业务授权进行审核批准，对特别授权的业务要经过特别批准。

（七）计算机业务系统的控制

金融机构要建立科学的金融计算机系统风险控制制度。要对计算机系统的项目立项、设计、开发、测试、运行和维护整个过程实施严格管理，明确业务主管部门和稽核监督部门的职责，严格划分软件设计、业务操作和技术维护诸方面的责任。

系统的业务需求由主管业务部门提出，应符合金融相关法律、法规的规定，明确防范风险控制的要求，并经过稽核监督等部门的确认。系统的设计开发由科技部门负责，应该符合国家、金融行业软件工程标准的要求，编写完整的技术资料；在实现金融业务电子化时，应设置保密系统和相应控制机制，并保证计算机系统的可稽核性。系统投入运行前，必须经过业务、科技、稽核等部门的试验运行，提供必备的测试资料，正式投入运行应经过业务、科技和稽核部门的联合验收，由金融机构法人（或法人代表）批准。系统投入运行后，应按照操作管理制度进行经常性和定期相结合的稽核检查，完善业务数据保管等安全措施，进行排除故障、灾难恢复的演习，确保系统可靠、稳定、安全地运行。采用商品软件应经过金融电子化设计人员和稽核监督部门的测试确认，购买计算机系统设备合同中应明确厂商承担的责任，租用公共网络时应确定经营机构承担的责任。严禁系统设计、软件开发等技术人员介入业务的实际操作当中。用户使用的密码口令要定期更换，不得向他人随意泄露。对系统的数据资料必须建立备份，异地存放。系统应具备严密的数据存取控制措施，数据录入应依照合法、完整的业务凭证照实输入，数据的修改要经过适当的批准。

三、金融机构内部控制建立的基本要求

（一）金融机构要设立顺序递进的三道监控防线，建立完善内部控制制度

（1）各金融机构对涉及信贷的立项审查和发放、资金拆借、证券买卖、外汇交易、衍生工具交易等重要交易的办理与管理必须由两个系统或两个以上职能部门共同执掌；会计业务和使用自动数据处理系统时，要有适当的程序和措施，保证职能分工，实行相互监督

约束，共同负责。

（2）建立一线岗位双人、双职、双责为基础的第一道监控防线。属于单人单岗处理业务的，必须有相应的后续监督机制。

（3）建立相关部门、相关岗位之间相互监督制约的工作程序作为第二道监控防线。要建立业务文件在相关部门和相关岗位之间传递的标准，明确文件签字的授权。

（4）建立以内部监督部门对各岗位、各部门各项业务全面实施监督反馈的第三道防线。内部监督部门作为对业务的事后监督机构，必须独立地监督各项业务活动，同时及时将检查评价的结果反馈给最高管理层。

（二）金融机构在业务运营过程中要实行恰当的责任分离制度

金融机构在业务运营过程中要实行对货币、有价证券的保管与账务记录相分离；重要空白凭证的保管与使用相分离；资金交易业务的授权审批与具体经办相分离，前台交易与后台结算相分离；信用的受理发放与审查相分离；损失的确认与核销相分离；电子数据处理系统的技术人员与业务经办人员及会计人员相分离等；风险评定人员与业务办理岗位相分离；对直接接触客户的业务，必须复核或事后监督把关，重要业务必须实行双签有效的“四眼原则”。

（三）金融机构在操作层要建立完善的岗位责任制度和规范的岗位管理措施

具体而言可以从以下几个方面展开：一是要推行内部工作的目标管理，制订规范的岗位责任制度、严格的操作程序和合理的工作标准；二是按照不同的岗位，明确工作任务，赋予各岗位相应的责任和职权，建立相互配合、相互督促、相互制约的工作关系；三是对重点岗位、重点业务、重要空白凭证、重要财务等要特别加强监控和管理；四是对资金交易、信贷管理和会计财务等重要岗位实行定期或不定期轮换和强制休假制度。

（四）金融机构要建立有效的预警预报系统

金融机构要建立有效的预警预报系统，具体有：一是围绕经营行为、业务管理、风险防范、资产安全，建立定期业务分析、信贷资产质量评价、保险标的风险评估、资金运用风险评估制度；二是建立定期实物盘点、各种账证、账表的核对制度以及业务活动的事前、事中和事后监督制度；三是健全完善内部控制系统的评审和反馈，以及对带有苗头性、倾向性问题的预测预报系统；四是建立保险风险考核指标系统。

除了上述几个方面，金融机构还要建立完整的信息资料保全系统，必须真实、全面、及时地记载每一笔业务，正确进行会计核算和业务核算，建立完整的会计、统计和各种业务资料的档案，并妥善保管，确保原始记录、合同契约、各种信息资料数据的真实完整。

金融机构还需建立有效的应急应变措施。尤其是各个重要部门、营业网点等遇到断电、失火、火灾、抢劫等紧急情况时，要确保应急应变措施及时到位，真正发挥作用。应急应变措施要考虑各种可能因素，分别依次设定具体的应急应变步骤。金融机构要进一步加强和完善检查监督手段。

四、金融机构内部控制评价

金融机构内部控制评价是对金融机构内部控制体系建设、实施和运行结果开展的调查、测试、分析和评估等系统性活动。金融机构应当建立内部控制评价制度，规定内部控制评价的实施主体、频率、内容、程序、方法和标准等，确保内部控制评价工作规范进行。金融机构内部控制评价应当由董事会指定的部门组织实施。

专栏 5-1

中国银行股份有限公司年度内部控制评价报告 2015

中国银行股份有限公司全体股东：

根据《企业内部控制基本规范》及其配套指引的规定和其他内部控制监管要求（以下简称企业内部控制规范体系），结合本公司（以下简称公司）内部控制制度和评价办法，在内部控制日常监督和专项监督的基础上，我们对公司 2015 年 12 月 31 日（内部控制评价报告基准日）的内部控制有效性进行了评价。

一、重要声明

按照企业内部控制规范体系的规定，建立健全和有效实施内部控制，评价其有效性，并如实披露内部控制评价报告是公司董事会的责任。监事会对董事会建立和实施内部控制进行监督。经理层负责组织领导企业内部控制的日常运行。公司董事会、监事会及董事、监事、高级管理人员保证本报告内容不存在任何虚假记载、误导性陈述或重大遗漏，并对报告内容的真实性、准确性和完整性承担个别及连带法律责任。

公司内部控制的目标是合理保证经营管理合法合规、资产安全、财务报告及相关信息真实完整，提高经营效率和效果，促进实现发展战略。由于内部控制存在的固有局限性，故仅能为实现上述目标提供合理保证。此外，由于情况的变化可能导致内部控制变得不恰当，或对控制政策和程序遵循的程度降低，根据内部控制评价结果推测未来内部控制的有效性具有一定的风险。

二、内部控制评价结论

1. 公司于内部控制评价报告基准日，是否存在财务报告内部控制重大缺陷：√否　□是

2. 财务报告内部控制评价结论：□无效　√有效

根据公司财务报告内部控制重大缺陷的认定情况，于内部控制评价报告基准日，不存在财务报告内部控制重大缺陷，董事会认为，公司已按照企业内部控制规范体系和相关规定的要求在所有重大方面保持了有效的财务报告内部控制。

3. 是否发现非财务报告内部控制重大缺陷：√否　□是

根据公司非财务报告内部控制重大缺陷认定情况，于内部控制评价报告基准日，公司未发现非财务报告内部控制重大缺陷。

4. 自内部控制评价报告基准日至内部控制评价报告发出日之间影响内部控制有效性评价结论的因素：√不适用　□适用

自内部控制评价报告基准日至内部控制评价报告发出日之间未发生影响内部控制有效性评价结论的因素。

5. 内部控制审计意见是否与公司对财务报告内部控制有效性的评价结论一致：□否　√是

6. 内部控制审计报告对非财务报告内部控制重大缺陷的披露是否与公司内部控制评

价报告披露一致：□否　√是

三、内部控制评价工作情况

（一）内部控制评价范围

公司按照风险导向原则确定纳入评价范围的主要单位、业务和事项以及高风险领域。

1. 纳入评价范围的主要单位包括：集团境内外机构，境内机构包括总行、各一级分行（含直属分行）、二级分行及以下经营机构、附属公司，境外机构包括海外分行、附属行及附属公司。

2. 纳入评价范围的单位占比：

指标占比（%）

纳入评价范围单位的资产总额占公司合并财务报表资产总额之比 100%

纳入评价范围单位的营业收入合计占公司合并财务报表营业收入总额之比 100%

3. 纳入评价范围的主要业务和事项包括：

公司治理、发展战略、人力资源、社会责任、企业文化、全面风险管理与评估、业务经营、资本管理、绩效管理、关联交易、反洗钱、财务系统、信息科技、安全保卫、财务报告、信息披露、内控检查、案件防控。

4. 重点关注的高风险领域主要包括：信用风险管理、授权管理、信息科技、反洗钱、基层管控。

5. 上述纳入评价范围的单位、业务和事项以及高风险领域涵盖了公司经营管理的主要方面，是否存在重大遗漏：√否　□是

6. 是否存在法定豁免：√否　□是

7. 其他说明事项：无

（二）内部控制评价工作依据及内部控制缺陷认定标准

公司依据企业内部控制规范体系及本公司内部控制缺陷认定标准，组织开展内部控制评价工作。

1. 内部控制缺陷具体认定标准是否与以前年度存在调整：√否　□是

公司董事会根据企业内部控制规范体系对重大缺陷、重要缺陷和一般缺陷的认定要求，结合公司规模、行业特征、风险偏好和风险承受度等因素，区分财务报告内部控制和非财务报告内部控制，研究确定了适用于本公司的内部控制缺陷具体认定标准，并与以前年度保持一致。

2. 财务报告内部控制缺陷认定标准□

公司确定的财务报告内部控制缺陷评价的定量标准如下：

指标名称	一般缺陷定量标准	重要缺陷定量标准	重大缺陷定量标准
内部控制缺陷可能导致的损失或错报	内部控制缺陷可能导致的损失或错报金额小于最近一个会计年度经审计净利润的1%，为一般缺陷	内部控制缺陷可能导致的损失或错报金额超过或等于最近一个会计年度经审计净利润的1%但小于5%，为重要缺陷	内部控制缺陷可能导致的损失或错报金额超过或等于最近一个会计年度经审计净利润的5%，则认定为重大缺陷

说明：无

公司确定的财务报告内部控制缺陷评价的定性标准如下：

缺陷性质	定性标准
重大缺陷	本行董事、监事和高级管理人员的舞弊行为；本行更正已公布的财务报告；注册会计师发现的却未被本行内部控制识别的当期财务报告中的重大错报；对本行的报告内部控制监督无效
重要缺陷	未依照公认会计准则选择和应用会计政策；未建立反舞弊程序和控制措施；对于非常规或特殊交易的账务处理没有建立相应的控制机制或没有实施且没有相应的补偿性控制；对于期末财务报告过程的控制存在一项或多项缺陷且不能合理保证编制的财务报表达到真实、准确、完整的目标
一般缺陷	一般缺陷是指除上述重大缺陷、重要缺陷之外的其他控制缺陷

说明：无

3. 非财务报告内部控制缺陷认定标准

公司确定的非财务报告内部控制缺陷评价的定量标准如下：

指标名称	一般缺陷定量标准	重要缺陷定量标准	重大缺陷定量标准
内部控制缺陷可能导致的负面影响	内部控制缺陷可能导致的负面影响小于最近一个会计年度经审计净利润的1%，为一般缺陷	内部控制缺陷可能导致的负面影响超过或等于最近一个会计年度经审计净利润的1%但小于5%，为重要缺陷	内部控制缺陷可能导致的负面影响超过或等于最近一个会计年度经审计净利润的5%，则认定为重大缺陷

说明：无

4. 公司确定的非财务报告内部控制缺陷评价的定性标准如下：

缺陷性质	定性标准
重大缺陷	1. 战略发展方面，缺乏民主决策程序，决策失误，造成重大项目失败；重要新产品或新业务推出失败、重要业务/产品领域的市场份额大幅降低、集团信用评级降低1个级别以上等对市场地位产生持续的严重影响；战略规划或重要计划无法推进、多项核心业务指标无法实现。 2. 业务经营方面，重要业务缺乏制度控制或制度体系失效；对超过30%的客户产生负面影响及重要客户流失；内部控制评价重大缺陷未得到整改。 3. 合规方面，触犯国家法律；违反监管要求；发生涉及内幕交易、洗钱、恐怖融资或舞弊事件等受到严重的财务处罚或行政处罚，造成严重影响或经济损失。 4. 声誉方面，在国家或国际媒体出现长期负面新闻或负面评价（1周以上），波及面广；对股价产生长期负面影响（1周以上）；客户投诉数量较多，造成严重负面；影响或大额赔偿。 5. 信息系统方面，重要信息系统服务中断或重要数据损毁、丢失、泄露，对银行和客户利益造成严重损害；重要信息系统服务异常，在业务服务时段导致两个（含）以上省（自治区、直辖市）业务无法正常开展达半个小时（含）以上，或一个省（自治区、直辖市）业务无法正常开展达3个小时（含）以上；业务服务时段以外，出现的重要信息系统故障或事件救治未果，可能产生上述事件。

续表

缺陷性质	定性标准
重要缺陷	1. 战略发展方面，民主决策程序存在但不完善，决策程序不科学，造成一般项目的失败或推迟；重要新业务/新产品推出延迟、重要业务/产品领域市场份额有一定程度降低、对集团信用评级有负面影响尚未导致信用评级降低等对市场地位产生一定的影响；一般战略计划无法推进，几项或多项业务指标无法实现。 2. 业务经营方面，重要业务制度存在缺陷；对全行5%至30%的客户有负面影响；内部控制评价重要缺陷未得到整改。 3. 合规方面，违反外部监管要求，引发有针对性的监管审查，并受到一定程度的财务处罚或行政处罚；违反本行内部规章制度，形成较大金额损失。 4. 声誉方面，在国家或地方媒体出现中期负面新闻或负面评价（1周以内），波及局部区域；对股价产生中期负面影响（1周以内）；客户投诉数量较多但无严重影响和赔偿损失。 5. 信息系统方面，重要信息系统服务中断或重要数据损毁、丢失、泄露，对银行和客户利益造成较大损害的突发事件；重要信息系统服务异常，在业务服务时段导致一个省（自治区、直辖市）业务无法正常开展达半个小时（含）以上的突发事件；业务服务时段以外，出现的重要信息系统故障或事件救治未果，可能产生上述事件。
一般缺陷	一般缺陷是指除上述重大缺陷、重要缺陷之外的其他控制缺陷

说明：无

（三）内部控制缺陷认定及整改情况

1. 财务报告内部控制缺陷认定及整改情况

1.1 重大缺陷

报告期内公司是否存在财务报告内部控制重大缺陷：√否　□是

1.2 重要缺陷

报告期内公司是否存在财务报告内部控制重要缺陷：√否　□是

1.3 一般缺陷

对于内部控制一般性缺陷，公司已及时制订整改计划、落实整改措施，以进一步提升内部控制的充分性和有效性。

1.4 经过上述整改，于内部控制评价报告基准日，公司是否存在未完成整改的财务报告内部控制重大缺陷：√否　□是

1.5 经过上述整改，于内部控制评价报告基准日，公司是否存在未完成整改的财务报告内部控制重要缺陷：√否　□是

2. 非财务报告内部控制缺陷认定及整改情况

2.1 重大缺陷

报告期内公司是否发现非财务报告内部控制重大缺陷：√否　□是

2.2 重要缺陷

报告期内公司是否发现非财务报告内部控制重要缺陷：√否　□是

2.3 一般缺陷

对于内部控制一般性缺陷，公司已及时制订整改计划、落实整改措施，以进一步提升

内部控制的充分性和有效性。

2.4 经过上述整改，于内部控制评价报告基准日，公司是否发现未完成整改的非财务报告内部控制重大缺陷：√否 □是

2.5 经过上述整改，于内部控制评价报告基准日，公司是否发现未完成整改的非财务报告内部控制重要缺陷：√否 □是

四、其他内部控制相关重大事项说明

1. 上一年度内部控制缺陷整改情况：√不适用 □适用

2. 本年度内部控制运行情况及下一年度改进方向：√不适用 □适用

3. 其他重大事项说明：√不适用 □适用

董事长（已经董事会授权）：田国立

中国银行股份有限公司

2016 年 3 月 30 日

专栏 5-2

内部控制良好做法对照表

（该对照表概括了内部控制的重要良好做法，但并不包括所有做法。）

代称	良好做法	是/否
	内控指引	
	控制环境	
	政策和程序	
	是否有经董事会批准的一套全面政策？	
	是否有适宜的程序和流程来实施这次政策？	
	行为准则	
	是否有针对员工的全面行为准则？此准则是否定期重审？	
	授权	
	各类经营活动和风险暴露所要求的授权责任和级别是否有清晰的定义？	
	职责分离	
	是否有适宜且充分的职责分离？	
	全面审计	
	是否有独立的审计委员会来全面监控内部审计职能以及评估外部审计职能？	
	审计员是否独立及客观？	
	审计员是否有足够的经验和专业知识来审计金融机构的经营业务？	
	审计报告是否定期分送给一定的高级管理层？	
	审计委员会是否监控和跟踪针对审计发现而采取的措施？	
	审计人员是否进行后续跟踪来保证审计发现得到令人满意的处理？	
	合规	
	是否有一个自身人员或者一个适宜的部门受命全面负责合规事宜？	
	合规管理人员是否拥有必需的技能和专业知识？	
	强制休假	
	是否对风险承担、风险管理和风险控制岗位的员工规定了强制休假政策？	

续表

代称	良好做法	是/否
	处理投诉 是否有完善的记录、调查、监控和报告客户投诉的程序？ **员工薪酬** 薪酬和补偿政策，特别是针对风险管理、风险控制和高级管理职能部门的，是否完全与交易业务业绩或赢利目标无关？ **聘用** 是否已有完备的筛选程序以录用到有必需的经验和专业能力的员工？ **员工培训和教育** 是否给员工提供了足够的培训？员工是否具有必需的经验和专业知识？ **业务流程控制** **客户交易** 是否有针对客户产品的适用性和风险暴露政策？ **账户/保障政策的实施** 是否有良好的客户尽职调查政策和程序？ 是否对不活跃账户、休眠账户、开户、销户、新保障政策和最终政策都有妥善的控制？ **法律文档** 董事会和高级管理层是否制订了政策和合适及足够的控制手段来保证法律文档被妥善地执行、确认、保管和维护？ **会计核算和记录保存** 是否有针对会计核算和记录保存的足够的控制手段？ **管理信息系统** 是否有完整的管理信息系统（MIS）以支持高效管理和对运营各方面的控制？ 董事会和高级管理层是否保证了系统支持和运营能力足够与机构参与的各种不同类型的业务相匹配？ **人员控制** 进入敏感区域，比如交易室、电脑机房和资金转运区域是否按需要严格控制？ 测试键、MEPS智能卡、SWIFT管理员用户名、现金和证券等物品是否实行双人控制？取得上述物品是否严格控制在授权人范围内？ **非营业场所和非营业时段交易** 对非营业场所和非营业时段交易是否有足够的控制手段？ **新产品、业务条线和业务活动** 董事会和高级管理层是否审批同意新产品、新业务条线或新业务活动计划？ 用于控制产品的参数是否持续更新？ **资产估值** 用于再估值的价格、利率、汇率和波动性因子是否从独立来源获取或被独立验证？ 对无流动性头寸是否有损失准备政策和控制手段？ **查证和再核实** 查证和再核实程序是否充分？ **确认** 和客户确认交易的操作是否独立于交易部门？ 针对用妥善保管或保留邮件的方式来保存的客户持仓和交易的状况及记录，是否建立并施行了强化程序？	

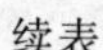

续表

代称	良好做法	是/否
	清算 是否有完成资金转移要求的操作流程？ 机构是否定期对照账户行账单，重新确认资金转移记录？是否对任何未完成项目立即进行调查和审查？	

资料来源：《新加坡金管局风险管理做法指引——内部控制》(2006)

复习思考题

一、简述题

1. 什么是内部控制？内部控制的原则有哪些？
2. 如何进行内部控制制度的设计？
3. 如何进行内部控制的评价？
4. 简述金融机构建立内部控制的目标及原则。

二、综合训练

资料：

盈方微电子股份有限公司内部控制被出具否定意见

盈方微电子股份有限公司的主营业务是SoC芯片，主要涉及移动互联终端、智能家居、视频监控、运动相机等相关的处理器，同时提供硬件设计和软件应用的整体解决方案。2014年6月借S舜元股改之机成功实现借壳上市。我国的集成电路虽然发展迅速，但是目前仍然缺乏影响较大的龙头企业。为促进国内的集成电路企业的快速成长，国家出台了一系列的优惠政策。行业前景一片大好，盈方微又成功借壳上市，公司发展本该一路高歌，可是在2015年财务报告被出具无法表示意见，同时内部控制却被出具否定意见的报告，这其中究竟有何曲折？

盈方微电子股份有限公司内部控制存在如下缺陷：一是盈方微对美国子公司内控管理存在重大缺陷；二是合同未按授权审批程序执行；三是应收账款管理和无形资产内部控制存在缺陷；四是对客户授信额度管理方面的内部控制在执行层面存在重大缺陷；信息披露及透明度内部控制存在重大缺陷。

资料来源：李少帅、李慧，《盈方微电子股份有限公司内部控制案例分析》，《山东纺织经济》2017年第2期。

思考：

请根据上述资料分析盈方微电子股份有限公司如何加强内部控制建设？

第6章 风险管理决策

知识目标

1. 理解风险管理决策的概念、熟悉风险管理决策的内容及特点
2. 掌握风险管理决策的原则
3. 掌握风险管理决策的方法
4. 了解风险管理决策的流程及风险管理决策方案的执行

技能目标

1. 掌握风险过程决策顺序图法、决策树图法、期望决策法、净现值决策法的应用
2. 明确风险管理决策的流程
3. 把握风险管理方案的执行

能力目标

1. 能对项目进行风险管理决策
2. 具备一定的风险管理方案的执行能力

导入案例

索尼宣布召回10万个笔记本电脑电池

美国消费品委员会指出，惠普、东芝、戴尔等电脑生产商迄今已收到40份投诉报告，报告中有“4起事故导致轻微灼伤，21起导致轻微财产损失”。根据部分报告，一些问题电池的笔记本电脑会冒烟，甚至出现火苗。索尼表示，此次召回的电池与两年前的问题电池来源于同一工厂——位于日本的索尼能源设备公司。索尼表示，公司确信以上提及的大多数故障源于2004年10月到2005年6月生产线上设备过于频繁的调整，该行为可能使该期间生产的电池芯质量受到影响。另有几起故障可能有瑕疵的笔记本电池负责任。比起两年前那场960万块不同型号笔记本电脑电池召回事件，这次实在算不了什么。无独有偶，此次电池问题与两年前那次都是出自日本的索尼能源设备公司。对于索尼这次的召回事件，我们是否可以这样理解，同样的错误发生在同一家工厂，是偶然还是必然？同一家生产公司，居然连续发生两起大事件，且仅仅相隔两年。这让我不由得想起近年来三星手机频频爆炸的新闻，难道在质量问题出现的时候，各企业并没有第一时间反思自己的错误

吗？这是企业长远发展的必经阶段吗？

这次的事件追根溯源，是因为盲目扩产而导致电池质量下降。据悉，2010年8月，索尼的锂电池产能再次扩张，估计到2011年3月的电池月产能达到7400万块，比目前的2100万块有大幅的提升。可是，在企业扩产的同时，有没有想过广大消费者的安危呢？难道要用血的教训才能教会企业以人为本，诚信立业吗？

由以上案例可得知，风险无处不在，企业应当正确的运用风险管理决策的方法避免一系列损失的发生。

第一节　风险管理决策概述

一、风险管理决策的概念和内容

风险管理决策是指根据风险管理的目标和宗旨，在科学的风险分析基础之上，合理地选择与组合风险管理技术和手段，进而制订风险管理总体方案和行动措施的活动或过程。通俗地讲，也就是从多个备选风险管理方案中进行比较筛选，选择一个最佳方案的过程。

从宏观的角度来讲，风险管理决策是对整个风险管理的计划与安排，但在微观的层面上，即对具体的实施过程而言是指运用科学的决策理论和方法来选择风险处理的最佳技术和手段。一般来说，风险管理决策应包括以下四个基本内容：

（1）信息决策过程。即了解和识别各种风险的存在、风险的性质，估计风险的大小。

（2）方案计划过程。即针对某一具体的客观存在的风险，拟定各种可能的风险处理方案。

（3）方案选择过程。即根据决策的目标和原则，运用一定的决策手段选择某一最佳处理方案或某几个风险处理方案的最佳组合。

（4）风险管理方案评价过程。由于风险具有随机性和不确定性，因此必须对方案的实施进行跟踪、评价和修正。

二、风险管理决策的特点

风险管理决策是根据风险管理总目标进行的决策，而风险管理总目标与经营管理目标是一致的，从这个意义上讲，风险管理决策与其他一般管理决策没有什么不同。但由于其具有的特殊性，风险管理决策又具有以下特点：

（1）风险管理决策是以风险可能造成的损失结果为对象，根据成本与效益的比较原则，选择成本最低且安全保障效益最大的风险处理方案。

（2）风险管理决策属于不确定情况下的决策，因此，概率分布成为风险管理决策的客观依据，同时，决策者对风险的主观态度构成了风险管理决策的主观依据。

（3）由于风险具有随机性和多变性，在决策过程中，随时可能出现新的情况和新的问题。因此，必须定期评价决策效果并适时进行修正与调整。

（4）风险管理决策的绩效在短期内难以实现。由于风险较为抽象和隐蔽，其严重性只有在事件发生后才能清楚地反映出来。所以，整个风险管理决策比较复杂，并且在短时间内效果不一定会非常明显。

三、风险管理决策的原则

为了保证风险管理目标的实现，风险管理决策应该坚持以下原则：

（一）战略目标原则

风险管理决策应与组织的战略目标相一致并制订其决策目标，而且目标必须是积极、适当的。如若目标过低，则失去激励作用，组织也达不到战略目标；如若目标过高，则会使人丧失信心，达不到应有的效果。当然，在客观情况发生了大的变化时，目标要随之进行适当调整。

（二）经济性原则

任何管理决策必须以经济效益为中心，要以较小的成本代价取得最大可能的经济效益，风险管理决策也不例外。风险管理提供了一种与损失风险做斗争的科学武器，但这个武器的应用是需要付出一定成本的。风险管理决策应讲究效益与代价的关系，也就是说要讲究决策的收益和所花的代价问题。如果所花的代价很大，但收效甚微，则应重新考虑进行该项决策的必要性。风险管理的总体目标是以最少的经济投入获取最大的安全保障。在决策过程中，应该以成本与效益相比较这一原则作为权衡决策方案的依据。在实际运作中，比较可行的办法是在获取同样安全保障的前提下，选择成本最小的决策方案。

（三）客观性原则

风险管理决策属于不确定情况下的决策，在决策过程中，会遇到很多不确定的风险变量，这就要求决策者要客观、实事求是地对决策变量进行分析，切忌主观臆断，这样才能做出合理的决策。

（四）满意性原则

在很多情况下，并不能找到获得风险收益的“最优”决策，这时只能选择一个令各利益相关者都感到“满意”但不是“最优”的决策方案。例如，如果一种风险管理决策方案就其所有特性而言在其他风险管理决策方案之上，就选择这种更让人“满意”的决策方案。

（五）重要性原则

所谓重要性原则，是指先给各风险管理决策方案的各个评价特性编号，再根据重要性依次对各方案的评价特性进行评价，以此决定方案的选择。假设 A 与 B 是等同的，则比较次一级重要的评价特性，以此类推得到满意方案。

案例 6-1

巧理债务规避风险

据重庆市财政局副局长陈元春披露，截至 2007 年底，重庆全市外债协议贷款金额约 29 亿美元，债务余额约 12 亿美元。鉴于借用外债周期长、金额较大的特点，面对国际金融市场汇率和利率变化可能增大的债务负担，重庆市财政局从单纯注重举债使用向积极争取与债务管理并重转变，率先尝试运用金融衍生工具规避风险，采取外汇掉期交易，锁定汇率利率，固定债务成本，收到了较好的成效。

自2005年启动第一笔外汇掉期交易以来，重庆市财政局共签订实施12笔债务掉期交易，由外债逐步扩大到内债，涉及政府外债近1 000亿日元，内债57亿元人民币。截至2007年年底，重庆市已实现债务风险管理收益8 000多万元人民币，其中外债风险管理实现收益4 300多万元人民币，人民币利率风险管理实现收益3 800多万元人民币。当年收益6 800多万元人民币，占累计收益84.6%。债务风险管理工作达到了预期效果，目前暂无一笔交易发生损失。

2005年7月19日，重庆市择机选择了瑞士银行，率先启动轨道交通较新线日元债务外汇掉期第一笔入市交易并取得成功，目前已实现收益1700多万元人民币。此后，在把握国际金融动态和我国经济社会发展持续向好的大背景下，重庆市于2005年11月对高速公路项目近440亿日元债务实行外汇掉期；2006年6月对污水处理120亿日元债务实行掉期保值；2007年对“黑字还流”、日元再转贷、人才培养项目及轻轨二号线新提款共计190亿日元的债务实行掉期保值。同时，对轻轨二号线167亿日元掉期协议平盘，并重新调整方案入市，对高速公路440亿日元债务掉期协议进行了优化。为减轻人民币加息带来的贷款偿还压力，合理利用金融衍生工具降低财务成本，2007年重庆市财政局尝试启动人民币掉期交易，对重庆市国有投资集团57亿元人民币长期债务进行了掉期保值，目前已实现收益3 800多万元人民币。

以上每笔掉期交易方式各有不同，但大体采用了三种方式：锁定汇率区间保护；交换利率不高于原贷款币种利率；惩罚性条款与利率或长短期利差挂钩。每个方案的设计都把降低风险放在首位，以承担小概率风险、享受大概率利益为目标，反复优化，协同债务项目管理单位共同研究，集思广益。

资料来源：陈元春．巧理债务规避风险，中国证券报，2008年1月14日

第二节　风险管理决策的方法

风险管理决策是贯彻和执行风险管理目标的重要步骤，风险管理决策技术是风险管理决策所运用的技巧和方法。这些方法的使用可以使管决策建立在科学分析、论证的基础上，可以提高风险管理决策的效率，防止风险管理决策中的偏差和失误，下面介绍一些风险管理决策的方法。

一、风险过程决策顺序图法

风险过程决策顺序图法是指为了完成某项任务或达成某个目标，在制订行动计划或进行方案设计时，预测可能出现的障碍和结果，相应地提出多种应变计划的方法。在计划执行的过程中，遇到不利的情况时，仍然可以按照第二、第三方案进行，以便达到预期的风险管理目标。

在确定风险管理措施时，风险管理单位可能未将所有可能发生的风险事故全部考虑进

去，但是，随着风险管理决策的实施，原来没有考虑到的风险可能会逐步的暴露出来，或者原来没有想到的方法、方案已经逐步形成。因此，必须根据新情况、新问题，再重新考虑风险管理方案，增加新的方案和措施，修改已经做出的决策。图 6-1 给出了风险过程决策顺序。

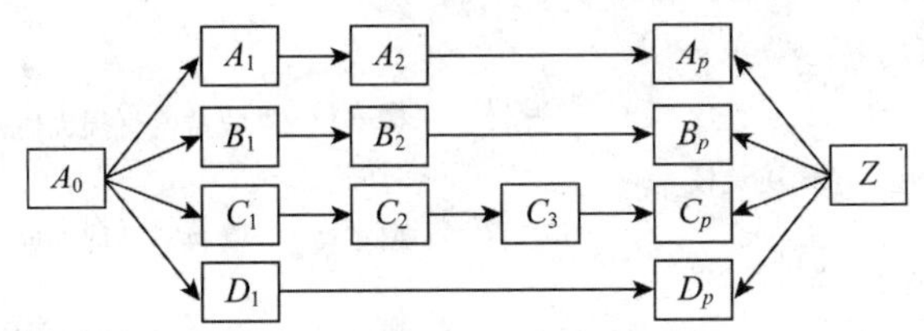

图 6-1 风险过程决策顺序图

将图 6-1 进一步具体化，可以得到具体的风险过程决策顺序图。下面以保险资金保值增值的投资风险管理决策为例，如图 6-2 所示，说明风险过程决策顺序图法的使用。

从图 6-2 可以看出，保险资金获得投资者收益的情形较多，保险资金在投资过程中面临的风险也各不相同，需要有关决策者综合考虑风险管理过程中可能面临的各种风险，并提供风险过程决策管理技术的支持。风险过程决策管理图法的优点在于以下几个方面：

1. 可以从全局而不是局部掌握风险决策系统的状态，可以做出全局性的决策，避免某一过程的决策与整个系统的决策相矛盾。

2. 可以按照时间的先后顺序掌握风险系统的进展情况，观察风险系统的变化，预测整个系统可能发生的重大变化，以便及时选择适当的风险管理对策。

3. 可以发现风险管理决策的问题。在密切注意风险系统进展的同时，风险决策顺序图法能够发现产生风险的状态和原因，以便选取合适的风险管理决策方案。

4. 可以发现未曾注意到的风险因素，可以不断地补充、修改以往的风险管理决策方案，使风险管理决策更适应风险管理实务发展的需要。

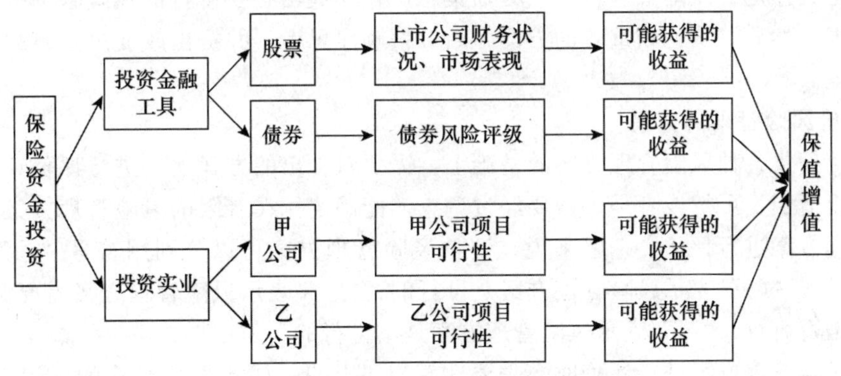

图 6-2 保险资金投资风险过程决策顺序图

二、决策树图法

决策树图法是风险管理决策的重要分析方法之一。决策树图法就是将风险管理的目的与各种可供采取的措施、手段和可能出现的风险事故概率，以及可能产生的效果系统的展开，绘制成决策树图，寻求最佳的风险管理措施和手段。应用决策树图法分析多级决策，可以达到层次分明、直观易懂、计算手续简便的目的。

（一）决策树的结构

决策数是以方块和圆圈为节点，通过直线连接而成的形状像树枝的结构。如图 6-3 所示。

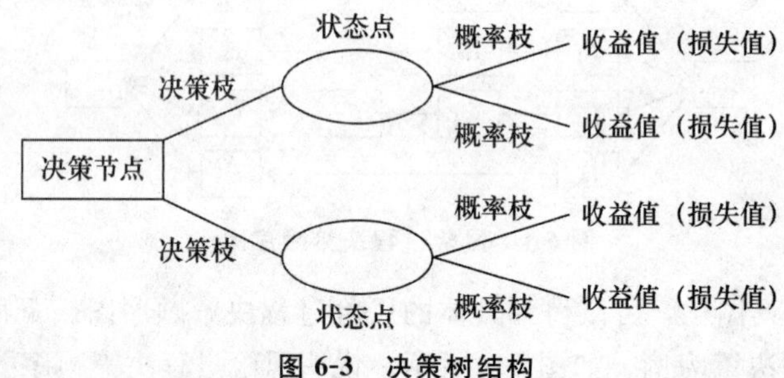

图 6-3　决策树结构

图 6-3 中的方块节点被称为决策点，由决策点画出若干条直线，每条直线代表一个方案，又称为决策枝。圆圈节点代表自然状态的节点，从这个节点引出若干条直线，表示不同的自然状态，这些直线又称为概率枝。在概率枝的末端，列出在不同的自然状态下的收益值或损失值。决策树一般用于问题比较多，而且具有多种方案和多种自然状态的风险情况下的决策。因此，决策树图形由左向右、由简而繁的组成一个树状的图形。决策树不仅能够表示出不同的决策方案在各种自然状态下的结果，而且显示出决策的全过程，结构形象、思路清晰，是帮助决策者进行决策分析的有力工具。

（二）绘制决策树的步骤

绘制决策树有以下步骤：

1. 搜集各种风险管理方案

为了达到预定的风险管理目标，必须集思广益，提出必要可行的风险管理方案，并依次记录下来。然后，从比较重要的方案开始，按顺序思考，并提出改变风险事故发生条件的有效方案。

2. 评价风险管理的方案

在广泛搜集各种风险管理方案的基础上，需要对提出的方案逐一进行评价，即评价每项方案是否适当、可行或者是否需要经过调查才能确定。在有限的风险管理方案中，也要对风险管理方案进行评价。一般来说，评价风险管理方案可以分别用符号“○”、“△”、“×”来表示。“○”表示风险管理方案是可行的；“△”表示风险管理方案需要调查以后，才能确定是否可行；“×”表示风险管理方案是不可行的。

在对风险管理方案进行评价时，需要注意以下几点：①不要用粗浅的认识进行评价，不要轻易否定别人提出的管理方案，对这些管理方案要反复推敲、思考和调查。有些风险管理方案，初次提出时看似不行，而实践会证明其是可行的。②越是新的、别人不曾使用过的风险管理方案，越容易被否定，而实践会证明这些管理方案被实施后，其管理效果往往会更好。因此，需要慎重对待一些新的、不曾使用过的风险管理方案。③在进行风险管理方案的评价过程中，往往又会出现新的设想和方案，需要不断地补充和完善已有的方案。

3. 决策树的绘制

为了实现风险管理目标，在绘制决策树时，应该将要达到的风险目标与相应的管理方案结合起来。如果这些管理手段、方案还不能被变为具体的措施，则必须对下一步骤的手段和方案展开分析，直到风险管理方案可行为止。

4. 选择风险管理方案

每种风险管理决策方案后面，都有风险管理方案的可行性评价。运用决策树和相关的评价，可以选择具体的风险管理方案，并逐一实施。

（三）决策树的种类

按照决策树活动的阶段划分，决策树有单阶段决策树和多阶段决策树，下面逐一介绍这两种决策树。

1. 单阶段决策树

单阶段决策树是指需要进行决策的风险管理方案只需要进行一次决策活动，就可以选出理想的决策方案，从而达到风险管理决策的目的。

例如，某公司为投资某一项目设计了两套建设方案：一套方案是投资建立一个大厂，预计需要投资 300 万元人民币；另一套方案是投资建立一个小厂，预计需要投资 140 万元人民币。两个建设方案的使用期限约为 10 年，估计在使用期间，产品销路好的可能性是 0.8，销路差的可能性是 0.2，两个方案的年利润值见表 6-1。

表 6-1 两种投资方案的年利润值

投资方案	销路好	销路差
	0.8	0.2
建大厂的年利润	100	−10
建小厂的年利润	40	20

根据表 6-1，可以确定不同投资方案可能获得的年利润值，其结果如下：

建大厂预期的年利润值：

$$[0.8\times100+0.2\times(-10)]\times10-300=480\text{（万元）}$$

建小厂预期的年利润值：

$$(0.8\times40+0.2\times20)\times10-140=220\text{（万元）}$$

根据以上投资方案，可以绘制决策树图，如图 6-4 所示：

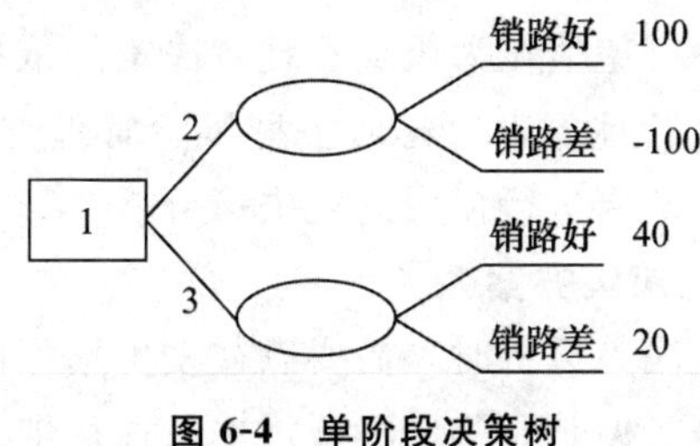

图 6-4 单阶段决策树

根据计算出来的预期年利润值的对比，可以看出，投资建大厂可以获得 480 万元的利润，而投资小厂则仅可以获得 220 万元的利润。因此，投资建大厂是最优方案，可以舍弃投资建小厂的方案。

这种经过一次决策就可以进行选择的方案，就是单阶段决策树。

2. 多阶段决策树

如果所需要解决的问题不能通过一次决策来解决，而需要一系列的决策活动才能选出最优方案，达到最后决策的目的，就是多阶段决策树。

在风险管理决策的过程中，为了达到某种风险管理的目的，就需要选择某一种手段；而为了采取这一手段，又需要考虑下一级的相应手段，这样，上一级手段成为下一级行动的目的，目的与手段之间的相互关系可以用图表示出来。采取这种方式，将要达到的目的和所需手段的顺序层层展开，直到可以采取措施为止，将这一过程绘制成决策树图，这就是多阶段决策树。

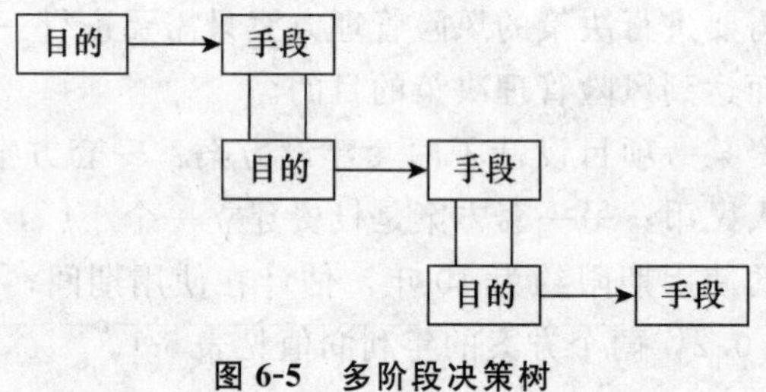

图 6-5 多阶段决策树

（四）决策树的优点

决策树的管理方法，可以把需要决策问题的全部解决方案和可能出现的各种状态，都形象地显现在全部的决策过程中，可以使风险管理者明晰解决问题的方案。使用决策树决策风险管理方案的优点是：思路清晰、逻辑性强，特别是针对复杂问题的多阶段决策，能够使风险管理决策的各阶段层次分明、思路明晰，便于决策单位集体讨论，做出较为正确的、符合实际的决策。可见，决策树是风险管理决策人员进行决策的十分有效的工具。使用决策树的缺点是：需要针对决策方案做出正确的判断，如果有关决策者的判断失误，就会影响到风险决策管理者的效果。

三、期望决策法

（一）损失期望决策法

损失期望决策法是以损失期望值作为风险管理者决策的依据，在较多的风险管理方案中，选择损失期望最小的风险管理方案。任何一种风险管理方案都不可能完全消除损失，要选择最佳的风险管理方案，需要进行损失期望决策分析。

1. 损失概率无法确定时的决策方案

风险管理者进行损失期望决策分析时，需要以往发生损失的相关统计资料，如损失程度或者损失概率的经验资料等。但是一些风险管理单位往往缺乏这方面的统计资料，在损失概率、损失程度资料无从获得的情况下，可以采取两种不同的原则来确定风险管理决策方案。

（1）最大损失最小化原则。最大损失最小化原则是指比较各种风险管理方案在发生风险事故的情况下所造成的最大可能损失，选择造成损失最小的方案为风险管理的方案。

（2）最小损失最小化原则。最小损失最小化原则是指比较各种风险管理方案在不发生风险事故的条件下的最小损失额（如管理方案的费用、技术控制成本、保费等），选择造成损失最小的方案为风险管理的措施。

2. 损失概率可以确定时的决策方案

根据以往风险事故发生时的数据统计资料，可以确定不同损失发生的概率，就可以选择适当的决策原则，确定适当的风险管理方案。在损失概率可以确定的情况下，采取风险管理决策的原则是期望损失最小化。

3. 期望损失决策方案的优点

期望损失决策方案的优点是确定了风险事故可能造成损失的边界，即风险事故可能造成的最大损失和最小损失，为风险管理决策提供了重要依据。但是这种决策方法存在着一定的缺陷，因为风险管理实务中大多数风险事故造成的损失介于最大可能损失和最小可能损失之间，这样的计算难以真正反映风险造成损失的情况，这也就极大地限制了两个原则在风险管理决策中的运用。

（二）收益期望决策法

期望收益决策准则一般适用于投机风险，因为投机风险有获利、盈亏平衡和亏损三种可能结果，亏损可以看作负收益，所以，它通常以不同方案的期望收益作为择优的标准，选择期望收益最大的方案为最优方案。

（三）效用期望值决策法

虽然利用损失期望值作为决策的依据选择风险处理的最佳方案的方法适用范围较广，但在有些情况下显得很不合理，尤其当忽略忧虑成本因素的影响或者忧虑成本难以确定时更是如此。众所周知，风险管理决策是由人做出的，那么决策人的经验、胆略、判断力、个人偏好等主观因素不能不对决策产生重大的影响。忧虑成本的讨论使得用损失期望值的决策方法更为完善，但忧虑成本既难以确定，又不能完全反映决策者个人的主观意愿及对待风险的态度。效用理论的产生及其在风险管理决策中的作用，则可以较好地帮助人们解决这一问题，同时，研究和探讨效用理论的实际作用也可以揭示决策者个人主观意愿及态度对风险管理决策的重大影响。

效用期望值决策法以期望损益效用作为决策的标准，选择期望损失效用最小的方案或期望收益效用最大的方案。

四、净现值决策法

企业风险管理的最终目标是企业价值最大化。风险管理的净现值决策方法就是用净现值作为风险管理措施决策评价指标，考虑各种不同的风险管理方法对企业各经营期内的现金流入流出、对企业净现值和投资收益率等带来的影响，并据此选出使企业价值最大化的最优风险管理组合。净现值是指特定方案未来各期现金流入的现值与未来各期现金流出的现值之间的差额，计算公式如下：

$$NPV = \sum_{t=0}^{n} \frac{CI_t - CO_t}{(1+r_t)^t} = \sum_{t=0}^{n} \frac{NCF_t}{(1+r_t)^t}$$

式中：NPV 为净现值，CI_t 表示第 t 期的现金流入量，CO_t 表示第 t 期的现金流出量，r_t 为第 t 期的折现率，NCF_t 表示第 t 期的净现金流量。

在计算净现值作为投资项目评价指标时，应当考虑各种相关风险损失。一般认为净现值最大的风险管理方案为最优方案。

（一）考虑风险损失的净现值分析

净现值分析方法认为，实施某种风险管理方法的资本投资应该加到该项目的初始投资中，其他持续的风险管理费用也应当从预计的净现值中扣除。正确的净现值分析应考虑全部风险事件的损失和相关的风险管理费用对现金支出的影响。通过选择风险管理的方法，影响净现值并改变项目的收益率，并最终影响资产和行为的选择。

（二）净现值决策方法的评价

净现值分析中的净现值和内部收益率可以用做选择风险管理方法的决策标准。基于这一目的，净现值法可以重新表述如下：一个公司应优先考虑有望带来最高净现值的风险管理方法。同样，内部收益率法也可以表述如下：一个公司应选择有望获得最高内部收益率的风险管理方法。

这些方法有其局限性：应用净现值分析来选择风险管理方法的好处主要在于，其决策过程把多阶段风险管理决策放在与其利润最大化决策相同的立足点。从理论上说，净现值法和内部收益率法对追求利润最大化的公司是适合的，对努力提高运营效率的非营利组织来说也是最好的选择。不过要注意以下几点：

首先，每一种风险管理方法都可以单独使用，也可以组合起来使用。实际上，至少一种风险控制和一种风险筹资方法应同时应用于每一种重大损失风险的处理中。风险控制方法对不能完全排除的风险需要得到风险筹资的支持；缺少有效的风险控制方法的支持，使用风险筹资方法会变得较昂贵。

其次，对应使用的每一种特定方法都有程度上的差别。该假设会导致决策者将决策过分简单化为是与非的决策，而不是更详尽的分析。

再次，把预期损失作为实际发生的损失的一种计量值，而不管将来的不可预计性。把决策看作风险中性的。

最后，净现值分析假定：公司的唯一目的是利润最大化，对社会效益未加以考虑。

（三）风险调整净现值分析

上面讨论的决策程序都假定：每年发生的意外损失等于其期望值。这是不完全符合实际的。某种程度的不确定性是每一种风险管理方法不可避免的。这些不确定性成本在评价风险管理方法选择时也需合理加以考虑，这就需要利用风险调整净现值指标来决策。

1. 风险调整折现率

风险调整折现率方法是指把与特定项目有关的风险补偿加入到项目的折现率中，并据以进行投资决策分析的方法。以净现值为例，风险调整折现率方法就是调整净现值计算公式的分母。项目风险越大，折现率越高，项目净现值越小。净现值计算公式为：

$$NPV=\sum_{t=1}^{n}\frac{NCF_t}{(1+r)^t}=\sum_{t=1}^{n}\frac{NCF_t}{(1+r_f+\theta)^t}$$

式中：NPV 为净现值，NCF_t 表示第 t 期的净现金流量，r_f 为无风险利率，θ 为预期风险溢价。

利用风险调整折现率法调整项目风险时，风险折现率通常采用以下三种方法确定：①根据项目的类别调整折现率。主要是公司为经常发生的某些类型的风险项目，预先根据经验按照风险大小规定不同的折现率，以供决策之用。②根据项目的标准离差率调整折现率。风险调整折现率是公司根据同类项目的风险收益系数与反映特定项目风险程度的标准离差率估计风金溢价（即同类项目的风险收益系数乘以特定项目的标准离差率），然后再加上无风险利率加以确定。③根据项目资本成本确定折现率。项目的资本成本是投资者要求的必要收益率，主要由无风险收益率和风险溢价构成，通过资本资产定价模型加以确定。

2. 风险调整净现值

风险调整净现值法又称作确定等值法，这一方法要求把不确定的净现值调整为确定的净现值，然后用无风险报酬率作为折现率计算净现值，计算公式如下：

$$NPV=\sum_{t=0}^{n}\frac{a_t\times NCF_t}{(1+r_f)}$$

式中：a_t 是第 t 期预期净现值的肯定当量系数，是指使不确定的 l 元净现值相当于投资者满意的确定现金流金额的系数。它在 0～1。

第三节 风险管理决策的流程

概括性的说，企业风险管理决策的制订与实施要遵循以下流程：

一、确定风险管理目标

以最小的成本获得最大的安全保障是风险管理的总目标，也是风险决策必须遵循的基本原则。在进行风险管理决策时，首先应根据实际的状况，在风险分析的基础上，依照其所面临的风险损失及其确定组织的损失后目标与损失前目标。

二、进行风险源识别

所谓风险识别是指在收集相关资料的基础上，运用特定方法，系统识别影响企业的各类风险，加以判断、归类、鉴定的过程。例如在建设工程招投标中，针对建设工程招投标风险识别而言，就是对影响建设工程招投标目标进而导致无法顺利实施项目、达到预期经济社会收益的各种风险进行判断、归类、鉴定。

三、拟定风险处理方案

风险处理方案是指所选择的风险处理手段的有机结合。可供选择的风险处理手段总体上可分为风险控制手段和风险财务手段。在处理风险的众多手段中，风险控制具有独特的地位和作用，尤其是在风险自留困难很大、避免风险和投保又不可能的情况下，就显得更为重要。这是由风险的投机性决定的，也是风险管理区别于一般风险管理的地方。

四、选择风险处理最佳方案

在风险管理决策中，不仅要针对风险的特定情况和企业的经济状况拟定风险处理方案，最重要的是通过比较分析，明确哪些是主要的风险处理手段，哪些是次要的和起补充作用的处理手段，以及每一种手段的特点和运用程序，从中选出最佳方案和达到各种处理手段的最佳组合。

五、方案实施

风险管理方案选定之后，必须付诸实施。可以在企业内部组织人员来进行运作，这些人可选自风险管理部门或是其他部门，也可以跨部门配合，进行统一协调等。

六、方案实施效果评价

风险管理实施效果评价的任务是客观的评价风险管理决策方案，分析风险管理决策所导致失误偏差程度，这不仅可以提高风险管理决策的有效性，充分有效地利用资源，而且可以防止或者减少风险事故的发生。

风险管理决策效果的评价包括以下几方面的内容：

1. 评价风险管理决策的效果

风险管理决策效果评价主要评价风险管理措施是否降低了风险事故发生的频率，是否降低了风险事故所造成的损失幅度，这是风险管理决策效果评价的首要任务。如果已经采取的风险管理措施对于防止、减少损失发挥了很大的作用，则采取的风险管理措施是可行的；反之，则是不行的。

2. 评价风险管理决策的科学性

风险管理决策是否可行，需要风险管理的实践来检验。如果风险管理决策有助于降低风险事故造成的损失，则其风险管理决策是有效的。

3. 评价风险管理着的管理水平

风险管理着的知识结构、经验和业务水平是否适合风险管理的需要，风险管理是否适合风险管理组织经验活动，通过风险管理决策效果评价便可以得到。

4. 评价风险管理决策的执行情况

风险管理措施的执行情况，直接影响风险管理决策的效果。风险管理措施执行中的任何偏差，都有可能导致发现管理的失败。因此，评价风险管理决策的执行情况是风险管理决策效果评价的重要方面，不仅有助于风险管理决策措施的实施，而且还有助于改进风险管理决策执行中的失误，强化风险管理措施的执行。

第四节　风险管理方案的执行

在风险决策管理中，容易忽视的一个重要问题是风险管理方案的执行。风险管理方案执行的有效性，影响着决策管理的效果，风险管理方案的执行比风险管理方案的制订更重要。

一、风险管理方案执行的概念和特点

风险管理方案的执行是指风险管理方案运用到风险管理实践的过程。如果说，风险管理方案的制订还处于计划阶段的话，那么，风险管理方案的执行则使风险管理方案由计划得以付诸实践。风险管理方案的执行具有以下几个方面的特点：

(1) 具有目标的导向性。风险管理方案的执行是以风险管理目标为导向的，是以风险管理方案为实施依据的。离开风险管理目标和风险管理方案而实施的风险管理措施，往往会偏离风险管理的目标，进而无法发挥风险管理的功能。

(2) 具有灵活性。风险管理方案的制订只是初步的计划，而风险管理方案的执行则是将风险管理方案付诸实施。在风险管理方案执行的过程中，可能会遇到许多风险管理方案中没有考虑到的问题，这就需要在风险管理方案执行的过程中灵活处理。

(3) 具有时间上的阶段性。一般来说，风险管理方案是某一段时间内完成的风险管理计划，由此，决定了风险管理方案的执行具有时间上的阶段性，即在某一时期内执行某一风险管理措施。

(4) 具有内容商的连续性。风险管理单位的活动具有一定的连续性，例如，某一道工序干完以后，才进入下一道工序。风险管理单位活动的连续性，决定了风险管理方案的执行也具有内容上的连续性。

二、风险管理方案执行的作用

一是风险管理方案执行是实现风险管理目标的途径。风险管理方案制订后，需要风险管理方案的执行才能实现风险管理目标，风险管理方案的执行是实现风险管理方案的途径，也是检验风险管理方案的唯一途径。

二是风险管理方案执行结果是后续决策的重要依据。风险管理方案执行后，其结果是风险管理者制订后续风险管理方案的重要依据。风险管理方案按计划执行后，如果达不到预期的风险管理目标，就说明风险管理方案存在着一定的缺陷，需要进一步修改；相反，则可以继续执行原来的风险管理方案。

三是风险管理方案的执行可以为制订新的风险管理措施提供依据。在风险管理方案执行的过程中，常常会遇到许多没有遇见过的问题，而风险管理方案的执行往往能够提供新的风险管理措施，而且这种来源于实践的风险管理措施更具可靠性。

三、风险管理措施执行的步骤

风险管理方案的执行是否达到预期的目标和完成预定的任务，是风险决策管理的关键。因此，可以采取以下几个步骤：

(1) 透彻理解风险管理方案。风险管理执行单位应该透彻地理解风险管理方案，理解本单位、本部门在风险管理中的作用和主要工作任务，对风险管理方案中的每一个问题，每一个细节都要认真去理解，避免理解上的错误和遗漏。

(2) 制订执行工作任务的计划。针对上级风险管理部门下达的工作任务，本单位、本部门应该制订详细的执行计划书，并将工作任务的责任明确到每一个人。

(3) 监控风险管理方案的执行。提高风险管理方案执行效果的方法是，建立有效的监控机制，保证方案的执行。这样，可以随时发现风险管理方案在执行过程中的偏差。

(4) 分析风险管理方案执行中出现的问题。造成风险管理方案执行出现偏差的原因主要有两个方面：一是管理环节太多，造成管理人员在执行过程中不知所措；二是员工素质参差不齐，无法真正理解风险管理者的意图，造成风险管理方案的执行中出现偏差。

(5) 及时纠正风险管理方案执行的偏差。在风险管理方案执行的过程中，一旦出现偏差，就应该及时纠正，这样可以避免更大的偏差。

(6) 执行或者调整风险管理方案。在风险管理方案执行的过程中，可能会出现管理计划与实际情况不适合的地方，需要根据风险管理人员反馈的信息及时调整风险管理方案；反之，则需要进一步执行风险管理计划。

复习思考题

一、简述题

1. 简述风险管理决策的含义和基本内容。
2. 简述风险管理决策应当遵守的原则。
3. 简述决策树分析方法在风险管理中的应用。

二、计算分析题

荣鑫公司资本全部通过股权资本筹集，该公司的启系数为0.6，目前无风险收益率为6%，市场投资组合收益率为11%。

要求：

(1) 根据资本资产定价模型，计算该公司平均风险投资项目要求的收益率。

(2) 如果新的投资项目期望的β系数为1.2，根据资本资产定价模型，试计算该公司对此新项目所要求的收益率。

(3) 某一投资项目的初始投资额为1 200万元，预计在未来5年的使用期限内，每年产生现金净流量200万元，期满无残值。试用荣鑫公司平均风险项目所要求的收益率，计算该项目的净现值。

(4) 使用 (2) 中的必要投资收益作为风险调整折现率，重新计算该项目的净现值。

第7章 纯粹风险管理

知识目标

1. 理解纯粹风险的定义及类型，了解纯粹风险的处理方法
2. 理解财产的类型、财产损失的原因及分类
3. 理解责任风险的概念及类型，了解人力资本风险的识别
4. 掌握纯粹风险度量的方法
5. 掌握纯粹风险的管理

技能目标

1. 能识别纯粹风险并对纯粹风险进行度量
2. 掌握纯粹风险的管理方法

能力目标

1. 掌握财产损失风险、责任风险的识别方法及其损失的度量
2. 具备对生活中的纯粹风险进行管理的能力

导入案例

天津港爆炸

2015年8月12日23：30左右，位于天津市滨海新区天津港的瑞海公司危险品仓库发生火灾爆炸事故，造成165人遇难（其中参与救援处置的公安现役消防人员24人、天津港消防人员75人、公安民警11人，事故企业、周边企业员工和居民55人）、8人失踪（其中天津消防人员5人，周边企业员工、天津港消防人员家属3人），798人受伤（伤情重及较重的伤员58人、轻伤员740人），304幢建筑物、12 428辆商品汽车、7 533个集装箱受损。

爆炸发生后，德国财经网按照当时1欧元等于7.3232元人民币的汇率进行计算，爆炸的经济损失折合人民币最高为730亿元。

这其中，汽车行业的损失最大。由于中国进口汽车目前大约40%经由天津港，此次爆炸中，这些集中于天津的汽车企业损失严重。根据2014年资料，当年进口的汽车经由天津港就达50多万辆。数千辆新车被炸毁，全球的相关汽车制造企业都要进行损失评估。

保险方面，由于事故涉及的车险、企财险、家庭险、意外健康险、责任险和货运险六

大类险种，保险行业赔付巨大，有业内人士表示，“此次赔付额超过此前保险史上的海力士火灾案，估计赔付额在100亿左右”。

2016年11月7日至9日，天津港“8·12”特大火灾爆炸事故所涉27件刑事案件一审分别由天津市第二中级人民法院和9家基层法院公开开庭进行了审理，并于9日对上述案件涉及的被告单位及24名直接责任人员和25名相关职务犯罪被告人进行了公开宣判。宣判后，各案被告人均表示认罪、悔罪。天津交通运输委员会主任武岱等25名国家机关工作人员分别被以玩忽职守罪或滥用职权罪判处三年到七年不等的有期徒刑，其中李志刚等8人同时犯受贿罪，予以数罪并罚。

资料来源：百度百科

思考：企业面临的纯粹风险主要有哪些？该如何进行防范？

第一节　纯粹风险概述

一、纯粹风险的定义

纯粹风险是与投机风险相对应的风险分类，是指仅带来损失，而不带来收益的风险，主要包含由于自然力量的非常变动或人类行为的错误而导致损失发生的风险。纯粹风险通常是静态风险，即在社会、经济、政治、技术以及组织等方面正常的情况下，自然力的不规则变化或人们的过失行为所致的损失或损害的风险，如地震、暴风雨与意外伤害事故等造成的损失或损害。纯粹风险通常也是非系统性风险，即风险效应能被抵消的风险。如在保险公司的运行中，保险人通过汇集被保险人或投保人转移的风险，利用大数法则和风险自发机制的作用，可以分散或相互抵消一些风险效应。

二、纯粹风险的类型

企业所面临的纯粹风险主要包括财产损失风险、责任风险和人力资本风险。

（一）财产损失风险

财产风险是指因发生自然灾害，意外事故而使个人或单位占有、控制或照看的财产遭受损失、灭失或贬值的风险。对于企业来说，财产风险不仅包括企业的建筑物、机器设备、原材料、成品、运输工具等有形财产的潜在损失，而且包括企业拥有的权益、信用、运费、租金等无形财产的潜在损失。而对于个人来说，所拥有的房屋、家具、衣物、家用电器以及车辆等等，可能会因为火灾、水灾等自然灾害而造成损失，也可能因为失窃或者是遭受抢劫而丢失。

（二）责任风险

责任风险是指个人或企业因疏忽或过失，造成他人财产损失或人身伤亡，依法应承担法律责任的风险。法律责任一般可分为刑事责任、民事责任和行政责任。企业经常面临的责任风险主要是民事责任风险，民事责任又分为侵权责任和违约责任两大类。

（三）人力资本风险

企业的生产性质资本包括实物资本和人力资本。所谓人力资本风险是指由于个人的死亡、受伤、生病、年老或其他原因的失业而造成的损失的不确定性。

企业的人力资本风险与财产损失风险、责任风险一样，并不是一成不变的，它也是随着公司内部、外部条件的变化而变化的。但其损失形态仍不外乎以下几种：死亡、疾病、工伤和年老。

三、纯粹风险的处理方法

对纯粹风险的处理有回避风险、预防风险、自留风险和转移风险等四种方法。

（一）回避风险

回避风险是指主动避开损失发生的可能性。它适用于对付那些损失发生概率高且损失程度大的风险，如考虑到游泳时有溺水的危险就不去游泳。虽然回避风险能从根本上消除隐患，但这种方法明显具有很大的局限性。其局限性表现在，并不是所有的风险都可以回避或应该进行回避。如人身意外伤害，无论如何小心翼翼，这类风险总是无法彻底消除。再如，因害怕出车祸就拒绝乘车，车祸这类风险虽可由此而完全避免，但将给日常生活带来极大的不便，实际上是不可行的。

（二）预防风险

预防风险是指采取预防措施，以减少损失发生的可能性及损失程度。兴修水利、建造防护林就是典型的例子。预防风险涉及一个现时成本与潜在损失比较的问题：若潜在损失远大于采取预防措施所支出的成本，就应采用预防风险手段。以兴修堤坝为例，虽然施工成本很高。但考虑到洪水泛滥将造成的巨大灾害，就极为必要了。

（三）自留风险

自留风险也称为风险自留或者风险承担，是指企业自己非理性或理性地主动承担风险，即指一个企业以其内部的资源来弥补损失。

（四）转移风险

是指通过订立保险合同，将风险转移给保险公司（保险人）。个体在面临风险的时候，可以向保险人交纳一定的保险费，将风险转移。一旦预期风险发生并且造成了损失，则保险人必须在合同规定的责任范围之内进行经济赔偿。

第二节 纯粹风险的识别

一、财产损失风险的识别

（一）财产的含义与类型

财产的含义要比实物资产或有形资产的范围大得多，它是指一组源自某项有形实物资产的权利或者是关于该有形实物资产某一部分的一组权利，只要这项实物资产具有独立的经济价值。这里企业财产（资产）的含义主要是指对有形资产的权利；财务会计制度上界定的资产是指企业过去的交易或事项形成的、由企业拥有的或者控制的、预期会给企业带来经济利益的资源。而资源是指与该资源有关的经济利益很可能流入企业，该资源的成本或者价值能够被可靠地计量。财产所指的实物资产包括不动产和动产两类。不动产是指“土地以及在土地上生长、建筑或固定的任何实物”，它包括土地，土地上的湖泊、河流、地下水、矿藏、景观以及动植物等、建筑物及其附属物。动产是指“除不动产之外任何被拥有的财产”，主要包括除此之外的其他物品，如货币、机器、设备和用品、原材料，生产流程中的半成品、成品、重要文件、运输工具等。

（二）财产损失的原因

财产损失的原因主要包括以下三种类型：

（1）自然原因，是指由自然力造成的财产损失，如水灾、干旱、地震、风灾、虫灾、塌方、雷击、高温等。

（2）社会原因，包括违反个人行为准则，如纵火、爆炸、盗窃、恐怖活动、污染、放射性污染、疏忽大意等，以及群体的越轨行为，如暴乱等。

（3）经济原因，指的是经济衰退、宏观经济政策变化等方面的原因，这些原因不像自然原因和社会原因那样有着明显的影响，它对财产的损坏作用更加隐蔽和复杂，如股价下跌导致股票贬值，技术进步导致设备贬值等。

（三）财产损失的分类

企业财产风险可能导致的损失类型，根据不同的标准分类如下：

（1）按财产形态可分为动产损失和不动产损失。

（2）根据损失原因可分为火灾损失、爆炸损失、飓风损失、盗窃损失、地震损失和洪水损失等。

（3）根据财产损失是否可通过保险得到补偿分为可保损失和不可保损失。因为保险是企业风险管理者处理风险的重要手段，分清哪些损失可以通过事先购买保险来得到补偿，是风险管理者决定是否运用保险手段的基础。

（4）根据财产权益的性质可分为所有权权益损失、抵押权权益损失、质押权权益损失、留置权权益损失、租赁合同权益损失、委任合同权益损失等。

（5）根据损失是直接的还是间接的可分为直接损失与间接损失。直接损失往往是财产实物形态的损毁，造成其经济价值直接减少，如机器设备的损毁。间接损失指因其他财产的直接损失而造成的财产损失、收入损失、费用损失、责任损失。其中间接财产损失如雷电击坏企业供电设备、企业冷冻保存的货物因停电而受损，还有一种间接财产损失情况是由于财产的一部分受损，破坏了此财产之完整性，影响到其余部分价值的实现。收入损失指由于财产受损，生产经营受其影响而导致的收益减少。费用损失指财产受损而额外发生的费用支出。企业财产面临着多种多样的风险，这些风险暴露的后果即财产的损失。

二、责任风险的识别

随着损害事件的不断发生以及相应的法律不断完善，对商业责任的多样性和潜在重要性的认识发生了重大的变化。现在所有的企业在经营活动中几乎都要受到责任风险的制约：

（1）雇佣活动。

（2）销售给消费者的产品。

（3）废弃物的处理和有害化学物质的使用。

（4）公司领导者的行为。

对于企业来说，法律具有双重属性，它一方面是企业管理责任风险的工具，当企业的权益受到损害时，它可以拿起法律的武器为自己赢得赔偿；另一方面，它是企业法律责任风险的来源。法律实际上是对责任风险的一种分配，谁承担责任，意味着谁就承担风险。本节所讲述的法律责任主要是指民事侵权责任。

（一）侵权责任的类型

对他人造成伤害而要承担的责任，在不同情况下是不一样的，比如交通事故中的责任通常和产品伤害的责任不同。《中华人民共和国侵权责任法》中将侵权责任分为过错责任和无过错责任。过错责任原则调整的是一般的侵权责任归属问题，无过错责任原则调整的是特殊的侵权责任归属问题。

1. 过错责任

过错分为故意和过失。故意是指行为人预见到自己的行为会导致某一损害后果而希望或者放任该后果发生的一种主观心理状态。过失是指行为人因疏忽或者轻信而使自己未履行应由注意义务的一种心理状态。《中华人民共和国侵权责任法》第六条规定："行为人因过错侵害他人民事权益，应当承担侵权责任。"

2. 无过错责任

无过错责任原则是指不以行为人的过错为要件，只要其活动或者所管理的人或者物损害了他人的民事权益，除非有法定的免责事由，行为人就要承担侵权责任。《中华人民共和国侵权责任法》第七条规定："行为人损害他人民事权益，不论行为人有无过错，法律规定应当承担侵权责任的，依照其规定。"

（二）责任风险的类型

责任风险从其来源来看，一般可以归纳为以下三种：

第一，直接责任风险。它主要是指企业由于自身的行为或财产所有权或代别人保管财产而产生的经济索赔。

第二，转嫁的责任风险。它是指非直接肇事但应为直接肇事者承担风险。

第三，合同责任风险。根据书面合同或口头协议，同意承担另一方的法律责任。

从分摊原则来看，责任风险主要包括免责、过失责任、严格责任、绝对责任和连带责任五种。

（1）免责。法院在很多情况下对慈善机构和政府的行为实行免责。慈善事业的财产不能被用于支付判决，因此，很长时间以来慈善机构在进行自己的活动时不必为因自己的过失行为承担法律责任而担忧。但现代的普通法已经规定，慈善机构对以下两种情况要负责任：第一，因该机构挑选员工的过失，使得本应从该机构活动中受益却受到伤害的人；第二，其他因该机构员工的行为或者过失而受到伤害的人。

对政府的一些行为实行免责，是为了维护与保持公众利益，如果政府总是因其过失与错误行为而被诉讼纠缠的话，这种经济负担就会使其不能提供有利于大众的服务。自20世纪60年代以来，世界许多国家政府所享有的相当广泛的豁免权开始不同程度地减弱，但大多数情况下，立法性的或纯粹的政府管理行为还是会受到法律豁免。

(2) 过失责任。过失责任是一种普遍的分摊责任的方法，它使得一方承担由于其疏忽或轻信而给他人造成的损失。过失行为属于非故意侵权行为，它与故意侵权行为不同。故意侵权行为是指有预谋或有计划，但不必事先预料到后果的行为，如非法侵占、侵占他人财产、胁迫、殴打、非法监禁、人格诽谤、侵犯他人隐私、诬告、破坏他人合同关系等。而过失侵权行为则表现为行为人“丧失他应有的预见性”而未达到应有的注意程度的一种不正常或不良的心理状态。过失分为两种：一种表现为行为人对自己行为的后果应当或者能够预见而没有预见；另一种表现为虽然预见到了其行为的后果，却轻信这种后果可以避免。在法庭上以过失为由起诉被告的时候，原告要举证说明下述四个方面：

①被告具有法律规定的注意义务；

②被告没有履行注意义务；

③对义务的违反是导致伤害的近因；

④这种伤害造成了实质的人身伤害或财产损失。

同时，被告拥有一定的抗辩权利。

(3) 严格责任。在过失责任下，侵害人要承担由于自己的疏忽而给他人造成损失的赔偿责任，如果侵害人没有疏忽，就可以不承担责任。但由于许多行为的危险性较大，即使施加了合理的注意，侵害人也应该为损失负责，因此，很多情况下只要证明了行为的危险性，就可以起诉侵害人要求赔偿。这种情况下侵害人就承担了严格责任。

严格责任是指一种比没有尽到合理的注意而应负责的一般责任标准更加严格的一种责任标准，当承担严格责任时，如果应该避免的伤害事件发生，则无论当事人尽到了怎样的注意和采取了怎样的预防措施，他都必须为损失负责。此时，仍有一些（尽管是有限的）对责任的抗辩理由可以援引，只是已尽到合理的注意不能作为抗辩理由了。

严格责任是英美侵权行为法中的概念，在大陆法系的侵权法以及我国的侵权行为法中，没有直接使用这一概念，而是使用含义非常类似的无过错责任这一概念。英美法系严格责任原则的适用范围大致等于大陆法系无过错责任原则的适用范围加上过错责任原则的特殊形式（过错推定）适用的范围。严格责任不仅适用于所有动物致人损害的责任，也适用于高度危险作业致人损害的责任，还适用于部分产品责任案件、工伤事故案件等。

(4) 绝对责任。在绝对责任的情况下，只要受害人能够证实侵害人行为对自己造成了损害，则侵害人就必须对受害人的损失负责。此时，侵害人并不一定有过失的行为，而且也没有任何权利为自己辩护。绝对责任适用于极其危险的行为如爆破、使用炸药、豢养危险宠物等，此外，它还为美国的员工赔偿法提供了依据。

(5) 连带责任。连带责任往往与共同侵权联系在一起。共同侵权行为是指两个以上侵害人共同侵害他人合法权益造成损害的侵权行为。共同侵权行为具有如下特点：①共同侵权行为人的主体为二人以上；②共同侵权行为人一般应具有共同过失；③共同侵权行为的主体均实施了一定的行为；④共同侵权行为的损害后果是同一的。

大多数大陆法系民法典都规定，共同侵权人对受害人各自负连带责任。连带责任是指由法律专门规定的应由共同侵权行为人向受害人承担的共同的和各自的责任，受害人有权向共同侵权行为人中的任何一人或者数人请求承担全部侵权的民事责任；任何一个共同侵权行为人都有义务承担全部侵权的民事责任；已承担全部民事责任者可向其他共同侵权行为人进行追偿。在共同侵权行为下，原告只能得到一次损害赔偿金，如果某些责任方没有赔偿能力，则所有赔偿责任将由其余的责任方承担。

但要注意的是共同侵权和连带责任是两个不同的概念，导致连带责任的并不一定是共同侵权行为，如我国《侵权责任法》第五十一条规定："以买卖等方式转让拼装或者已达到报废标准的机动车，发生交通事故造成损害的，由转让人和受让人承担连带责任。"第七十四条规定："遗失、抛弃高度危险物造成他人损害的，由所有人承担侵权责任。所有人将高度危险物交由他人管理的，由管理人承担侵权责任；所有人有过错的，与管理人承担连带责任。"

三、人力资本风险的识别

从企业自身来讲，关心人力资本风险的最主要出发点是自身的利益。员工对自己所面临的这些风险势必感到忧虑，如果企业能够帮助他们在一定程度上解除这些后顾之忧，员工就会把更多的精力投入到工作中，从而更有利于促进生产率的提高。人力资本损失形态包括以下几种：死亡、疾病、工伤和年老。

（1）死亡。影响员工死亡的风险因素包括年龄、性别、身高和体重、生理状况、职位、个人嗜好、个人病史与家族病史等。

（2）疾病。与其他损失形态相比，员工遇上疾病损失的可能性最大，可以说难以避免。风险管理者如果不能妥善处理此类风险，那么此类风险将成为公司的一个很大隐患。

（3）工伤。工伤是员工在工作时间内因发生各种意外或因职业病造成的人员伤亡事故的总称。工伤事故发生的原因主要有人为因素、物的因素、环境因素和管理因素。统计资料显示，人为因素引起的工伤事故在所有工伤事故中占较大比例，由此可见，风险管理者完全可以通过积极有效的措施使工伤事故发生率降下来。

（4）年老。与其他人身风险损失相比，年老更具可预见性。其实年老对公司的威胁并不像其他人身风险损失那样明显，但如果风险管理者对此掉以轻心，那么随着时间的推移，员工的养老问题将成为公司的一个沉重包袱。

四、典型的责任风险

（一）产品责任

因产品存在缺陷造成他人损害的，生产者应当承担侵权责任。因销售者的过错使产品存在缺陷，造成他人损害的，销售者应当承担侵权责任。销售者不能指明缺陷产品的生产者也不能指明缺陷产品的供货者的，销售者应当承担侵权责任。因产品存在缺陷造成损害的，被侵权人可以向产品的生产者请求赔偿，也可以向产品的销售者请求赔偿。产品缺陷由生产者造成的，销售者赔偿后，有权向生产者追偿。

因销售者的过错使产品存在缺陷的，生产者赔偿后，有权向销售者追偿。因运输者、仓储者等第三人的过错使产品存在缺陷，造成他人损害的，产品的生产者、销售者赔偿后，有权向第三人追偿。因产品缺陷危及他人人身、财产安全的，被侵权人有权请求生产者、销售者承担排除妨碍、消除危险等侵权责任。产品投入流通后发现存在缺陷的，生产者、销售者应当及时采取警示、召回等补救措施。未及时采取补救措施或者补救措施不力造成损害的，应当承担侵权责任。明知产品存在缺陷仍然生产、销售，造成他人死亡或者健康严重损害的，被侵权人有权请求相应的惩罚性赔偿。

（二）环境污染责任

因污染环境造成损害的，污染者应当承担侵权责任。因污染环境发生纠纷，污染者应当就法律规定的不承担责任或者减轻责任的情形及其行为与损害之间不存在因果关系承担举证责任。两个以上污染者污染环境，污染者承担责任的大小，根据污染物的种类、排放量等因素确定。因第三人的过错污染环境造成损害的，被侵权人可以向污染者请求赔偿，也可以向第三人请求赔偿。污染者赔偿后，有权向第三人追偿。

（三）高度危险责任

从事高度危险作业造成他人损害的，应当承担侵权责任。民用核设施发生核事故造成他人损害的，民用核设施的经营者应当承担侵权责任，但能够证明损害是因战争等情形或者受害人故意造成的，不承担责任。民用航空器造成他人损害的，民用航空器的经营者应当承担侵权责任，但能够证明损害是因受害人故意造成的，不承担责任。占有或者使用易燃、易爆、剧毒、放射性等高度危险物造成他人损害的，占有人或者使用人应当承担侵权责任，但能够证明损害是因受害人故意或者不可抗力造成的，不承担责任。被侵权人对损害的发生有重大过失的，可以减轻占有人或者使用人的责任。从事高空、高压、地下挖掘活动或者使用高速轨道运输工具造成他人损害的，经营者应当承担侵权责任，但能够证明损害是因受害人故意或者不可抗力造成的，不承担责任。被侵权人对损害的发生有过失的，可以减轻经营者的责任。遗失、抛弃高度危险物造成他人损害的，由所有人承担侵权责任。所有人将高度危险物交由他人管理的，由管理人承担侵权责任；所有人有过错的，与管理人承担连带责任。非法占有高度危险物造成他人损害的，由非法占有人承担侵权责任。所有人、管理人不能证明对防止他人非法占有尽到高度注意义务的，与非法占有人承担连带责任。

第三节　纯粹风险的度量

一、财产损失风险的度量

在风险度量中，对直接损失幅度的估算有时候并不是直接应用实际直接损失金额，而是用财产的价值乘以损失率。因为损失率相对于各项财产的损失金额来说，更容易有一个大致的标准。因此，在对公司财产进行风险分析时，就要评估其财产的价值。

财产价值的评估方法有很多，常见的方法包括重置成本法、收益现值法和清算价格法等。本章重点讲述重置成本法。运用重置成本法评估资产的价值，就是用这项资产的现时完全重置成本（简称重置全价）减去应扣损耗或贬值，即

资产评估价值=资产重置成本－资产实体性贬值－资产功能性贬值－资产经济性贬值

（一）重置成本的估算

重置成本（Replacement Cost）就是资产的现行再取得成本，分为复原重置成本和更新重置成本。重置成本的估算方法有核算法、功能价值类比法和物价指数法：

1. 核算法

核算法是利用成本核算原理，根据重新取得资产所需的费用项目，逐项计算然后累加得到资产的重置成本。它可分为购买型与自建型。购买型核算法下的重置成本主要是现行购买价、运杂费、安装调试费及其他；自建型核算法是把自建资产作为资产重置方式，它根据重新建造资产所需的料、工、费及必要的资金成本和开发商的合理收益等分析和计算出资产重置成本，其中开发商收益率应以现行行业或社会平均资产收益水平为依据，即

重置全价=直接成本＋间接成本

其中，直接成本指的是购置全新资产的全部支出中可直接计入购置成本的支出。如果是自建资产，直接成本包括生产过程的费用、安装费用和按成本利润率计算的利润；如果是外购资产，直接成本则包括该资产按现行市价的购置费用、设备安装所需的材料费和人工成本等。

间接成本是指购置全新资产的全部支出中不能直接计入成本的支出，如管理费用、设计制图费用等。在实际工作中为了简化间接成本的估算，通常对间接成本按直接成本的一定比例进行估算，或者将工人成本乘以一定的分配率，这里的分配率是指1元人工成本应分摊多少间接成本，它可以根据历史数据进行统计分析得到，即

间接成本=直接成本×间接成本占直接成本的百分率

或

间接成本=人工成本总额×分配率

【例题7-1】重新购置机器设备一台，进价5万元，运杂费1 000元，直接安装成本800元，其中原材料费300元，人工成本500元。根据统计分析求得安装成本中的间接成本为每元人工成本0.80元，求该机器的重置全价。

解：直接成本=（50 000＋1 000＋800）元=51 800元

间接成本=500元×0.8=400元

则重置全价=（51 800＋400）元=52 200元

2. 功能价值类比法

资产功能与资产成本之间一般都存在着线性关系或指数关系，功能价值类比法即基于这种关系，选择与被评估资产具有相同或相似用途、性质的参照资产，按照被评估资产与参照资产的生产能力或规模经济效益的比例来估算被评估资产的重置全价，即

（1）生产能力比例法

被评估资产重置成本=被评估资产年产量÷参照物年产量×参照物重置成本

（2）规模经济效益指数法

被评估资产重置成本=（被评估资产年产量÷参照物年产量）×参照物重置成本

【例题 7-2】重置全新机器一台，价值 5 万元，年产量 5000 件。已知被评估的资产年产量为 4000 件，求其重置全价。

解：被评估资产的重置全价＝（4 000/5 000）×50 000＝40 000（元）

（3）物价指数法

物价指数法又称价格趋势法，它利用统计预测，通过价格变化趋势等指标，对被评估资产的账面价值进行调整，使之变为估算资产的重置全价。物价指数法的计算公式为

重置全价＝被评估资产账面原值×评估基准日价格指数/原购置曰价格指数

【例题 7-3】被评估设备 2010 年购进，账面原值为 10 万元，2016 年进行评估，已知 2010 年与 2016 年该类产品定基物价指数分别为 180％与 130％，求被评估设备的重置全价。

解：重置全价＝100 000×（180％/130％）＝138 461（元）

（二）实体性贬值的估算

实体性贬值即有形损耗，是指由于自然力的作用而发生的损耗。对一些固定资产，通常按照该资产的使用寿命及其使用和保养的具体情况来估算其有形损耗。某些特殊的固定资产，如大型稀有机器设备、飞机、船舶等可以根据工作量、工作时间、行驶里程等进行估算。对于原材料、产成品等资产，则应视其理化状态估算有形损耗。具体估算资产有形损耗的方法主要有以下几种：

1. 成新率法

成新率法（即观察法）是指由具有专业知识和丰富经验的工程技术人员对被评估资产的主要实体部位进行技术鉴定，确定资产的实际损耗程度，再与同类或相似全新资产进行对比，得出被评估资产的成新率，从而估算其有形损耗的一种方法。其计算公式为

有形损耗＝重置全价×（1－成新率）

2. 使用年限法

资产有形损耗产生的直接原因是资产的使用和自然力的作用，而这两者又与时间密不可分。资产的使用时间越长，受自然力作用的时间越长，其有形损耗就越严重，反之亦然。使用年限法就是利用了资产的有形损耗程度与其使用时间之间的这种关系。其计算公式为

有形损耗＝（重置成本－残值）×实际已使用年限/总使用年限

其中，残值是指被评估资产在报废时净收回的金额。

3. 修复费用法

修复费用法就是用恢复资产功能所支出的费用金额来直接估算资产实体性贬值。

（三）功能性贬值的估算

功能性贬值是一种无形损耗，它是指由于科技进步造成的贬值。要确定资产的功能性贬值，首先，要选取可比资产，可比资产比被评估资产要更新、效率更高、更能节约原材料或能源；其次，确定被评估资产在一年中较可比资产的营运损失，即确定可比资产在一年的营运中比被评估资产多节约的费用或是多增加的产出量的价值，这可视为被评估资产在尚可使用年限内每年超额支出的产品生产成本或是功能性贬值的数额；最后，估测出被

评估资产的剩余使用年限，从而计算出被评估资产在剩余年限内年功能性贬值的折现值。其计算公式为

功能性贬值＝被评估资产年产品/生产成本超支额×剩余使用年限的年金折现系数

【例题 7-4】要评估某类机械设备的功能性贬值。已知新型同类设备比原有陈旧设备的生产效率高，可节约工资费用，具体数额如表 7-1 所示：

表 7-2

	新型设备	陈旧设备
月产量（件）	10 000	10 000
单件工资（元）	0.80	1.20

已知所得税率为 25%，资产剩余使用年限 5 年，折现率 10%。计算其功能性贬值。

解：新型设备和陈旧设备的月工资成本分别为 8 000 元和 12 000 元

月差异额：12 000－8 000 ＝ 4 000 元

年工资成本超支额：4 000 元×12＝48 000 元

所得税：48 000 元×25%＝12 000 元

扣除所得税后：(48 000－12 000) 元＝36 000 元

5 年折现系数：3.790 8

功能性贬值额：36 000 元×3.790 8＝136 468.80 元

(四) 资产经济性贬值

资产经济性贬值是指由于外部条件的变化引起资产闲置、收益下降等而造成的资产价值损失。其计算公式为

资产经济性贬值额＝∑资产年收益损失额×（1－所得税率）×年金现值系数

二、责任风险的度量

法律责任中的刑事责任和行政责任根据相应的刑事法律和行政法律规范进行界定，民事责任中的违约责任依据合约规定界定责任方的责任大小，因此本章的责任损失度量是指民事侵权责任损失的度量，侵权责任损失主要是指企业依据侵权行为所造成的损害程度和大小而承担的经济赔偿，以及相关的诉讼费、辩护费等法律费用支出。

损害是侵权行为所造成的一种后果，具体表现为受害人的死亡、人身伤害、精神痛苦以及各种形式的财产损害，相应的赔偿原则因损害类型而异。侵权损害赔偿有广义和狭义之分，广义的损害赔偿是指侵权行为的民事责任，即侵权责任，狭义的损害赔偿仅指赔偿损失的民事责任。本节的损害赔偿指的是狭义损害赔偿。

(一) 财产损害赔偿

财产损害是指受害人因其财产受到侵害而造成的经济损失，它是可以用金钱的具体数额加以计算的实际物质财富的损失。

财产损害可以分为直接损害和间接损害两种，直接损害一般指由于侵权行为直接作用于受害人财产权的客体所造成的财产损失。对于直接财产损害，原则上应当全面赔偿。

《中华人民共和国侵权责任法》第十九条规定："侵害他人财产的，财产损失按照损失发生时的市场价格或者其他方式计算。"

间接损害是指由于受害人受到侵害，而发生的可得的财产利益的丧失，如受害人可得的经营利润等的丧失等。在相当一部分案件中，间接损害得到赔偿，而在另一些案件中，受害人所主张的间接损害得不到赔偿。间接损害是否应当得到赔偿，主要取决于受害人在未来得到该"可得的"财产利益的可能性大小。如果受害人将来得到该财产利益的可能性较大，该间接损害就应当得到赔偿。反之，如果受害人得到该财产利益的可能性较小，该间接损害就不能成立，也不应予以赔偿。

（二）人身损害赔偿

人身损害是指侵害他人的身体所造成的物质机体的损害，根据损害的程度不同，可以分为一般伤害、残疾和死亡三种类型。无论是一般伤害、残疾还是死亡，均属于对他人身体的损害。因此，人身损害的赔偿首先涉及的就是对他人身体造成的"物质"性损害和应承担的赔偿责任。然而，人身损害不能仅以受害人遭到损害的物质机体本身的价值作为赔偿的确定标准，还应考虑受损机体得以恢复所需的全部费用。《中华人民共和国侵权责任法》第十六条规定："侵害他人造成人身损害的，应当赔偿医疗费、护理费、交通费等为治疗和康复支出的合理费用，以及因误工减少的收入。造成残疾的，还应当赔偿残疾生活辅助具费和残疾赔偿金。造成死亡的，还应当赔偿丧葬费和死亡赔偿金。"

（三）精神损害赔偿

精神损害是指当受害人的名誉权和隐私权等人格权受到侵害时精神上的痛苦。《中华人民共和国民法通则》第 120 条规定：公民的姓名权、肖像权、名誉权、荣誉权受到侵害时，有权要求停止侵害，恢复名誉，消除影响，赔礼道歉，并可以要求赔偿损失。最高人民法院《精神损害赔偿责任的解释》对精神损害赔偿的适用范围做了界定，扩大了赔偿范围。

精神损害是一种无形损害，它不能像财产损害那样，可以通过一定的标准加以确定，对于精神受到损害的人给予金钱赔偿，并不具有等价性，而是具有补偿、惩戒的特征。

最高人民法院《精神损害赔偿责任的解释》列出了确定精神损害赔偿额的注意事项：

第一，因侵权致人精神损害的，只有造成严重后果的，受害人才有权请求精神损害赔偿抚慰金。如未造成严重后果，受害人请求赔偿精神损害的，一般不予支持。

第二，精神损害的赔偿数额根据以下因素确定：①侵权人的过错程度，法律另有规定的除外；②侵害的手段、场合、行为方式等具体情节；③侵权行为所造成的后果；④侵权人的获利情况；⑤侵权人承担责任的经济能力；⑥受诉法院所在地平均生活水平。

三、人力资本风险的度量

死亡、健康状况恶化、年老和其他原因的失业是四种主要的人力资本风险，风险的大小需要从损失频率和损失幅度两个方面来考虑。

（一）损失频率的估算

对于死亡率的估算，我们可以从相关生命表中得到有关死亡概率的信息，例如《中国人身保险业经验生命表（2010－2013）》。健康状况恶化是一个比较笼统的说法，很难用一个指标来描述健康状况恶化，只能从某一个角度侧面来看。致残率可以反映比较严重的健康状况恶化。活动受限天数、卧床天数及误工天数都是具体地用来反映致残率的一些指标。除了比较严重的情况之外，健康状况恶化还包括偶感风寒这类不适，这可以用看医生的频率来反映。年老和退休是每个人都会面临的问题，这意味着收入减少，而医疗费用、护理费用可能会增加，而且这个数量非常不确定。这就需要对平均剩余寿命进行准确的估计。虽然每个人都可以在工作时进行储蓄，但储蓄既不是没有代价的，也不是无意识地进行的，而且需要的资金可能很大，能否有其他更好的办法替代储蓄，就成了每个员工都关心的问题。随着人口老龄化越来越突出，年老和退休面临的风险也越来越大。

对于失业风险，我们经常用失业率来进行度量。这里的失业指的是非自愿失业，它不是由健康状况恶化引起的，也不是由死亡和年老引起的，而是由经济原因引起的。失业是另一个威胁个人收入能力的重要因素。很多公司都会通过政府强制的失业保险为员工提供失业方面的保障；国外也有一些公司为员工提供了间接的保险项目，常常是在员工离开公司时一次性支付失业补偿和在员工的薪水中连续支付一定金额的补偿金。失业通常划分为周期性失业、摩擦性失业和结构性失业三种类型。风险经理必须清楚地了解企业员工所面临的失业，因为每种失业引起的问题都不相同，降低这些失业的概率的措施也各不相同。

（二）损失幅度的估算

人力资本风险的损失主要来源于收入的减少和费用（主要是医疗费用）的增多。但精确估计这种损失非常困难，因为我们无法准确预计如果继续工作，我们的收入会是多少。所以人力资本风险的损失幅度都是一个近似的估计。

1. 生命价值法

生命价值法是从收入的角度来评价雇员的损失。当雇员死亡或永久性残疾时，其损失主要是收入损失，并且是永久性的，与时间长短成正相关。这样就可以通过计算雇员在继续工作的情况下所得到的收入来估计员工或其亲属所遭受的损失，即计算每年的税后收入减去员工自身消费后所剩金额的现值总和，这就是生命价值。其具体计算步骤为：

（1）预测雇员在退休前每年能得到的税后收入；

（2）如果损失原因是死亡，就要减去用来支付雇员自身消费的那部分收入；

（3）把每年的收入贴现后相加。

生命价值是一个近似的估计值，之所以这样说，原因有以下几点：

第一，收入贴现和的估计是近似的。雇员的年收入有很大的不确定性，它受到雇员职业生涯发展的影响，同时还受总体工资水平的影响，但在计算生命价值时，必须事先预计出年收入，这个预计值和实际值之间就可能存在差异。第二，消费的估计是近似的。员工自身的消费也是近似估计值，实际中可能会发生变化。第三，利率的估计是近似的。在贴现中所用的利率也是一个平均近似值。第四，收入流与消费流发生的时间是近似的。

2. 需求法

需求法是从支出的角度来评价损失。它是指雇员为保持家属当前的生活水平所需支出的现值。用需求法来估计损失，不需要考虑雇员的收入以及家属能使用的部分所占的比例，只需考虑家属的正常支出，以及这种正常支出如何受员工死亡的影响。需求法在计算时考虑到了家庭收入的补偿因素，如社会保障计划中为死者家属提供的福利，其具体的计算步骤和生命价值法类似。

两种方法相比较，从理论上来说，生命价值法是一种更为正确的方法，因为它主要考虑潜在的损失，而非不同家庭的消费水平和消费偏好。但在实际中，人们更喜欢用需求法，因为需求法更简洁明了，并且能直接描述雇员家庭的经济福利。

第四节　纯粹风险的管理

一、财产损失风险管理

（一）财产保险的含义及特点

财产保险有广义与狭义之分。广义的财产保险是人身（寿）保险之外一切保险业务的统称，狭义的财产保险亦可称为财产损失保险，它专指以财产物资为保险标的各种保险业务，责任保险、信用与保证保险均不属于此列。

财产损失保险的共同特点主要有：保险标的是有形财产；投保人、被保险人与受益人通常为同一主体；业务经营比较复杂；防灾防损特别重要。

（二）财产保险的种类

1. 火灾保险

火灾保险简称火险，是指以存放在固定场所并处于相对静止状态的财产物资为保险标的，由保险人承担保险财产遭受保险事故损失的经济赔偿责任的一种财产保险。

传统的火灾保险仅仅承保火灾等少数风险，而现代的火灾保险的保险责任进一步扩展到暴风、暴雨、雪灾、雹灾、冰凌、泥石流、地陷、崖崩等10多种。

许多国家的财产保险广泛使用火灾保险，我国的企业财产保险、家庭财产保险和涉外财产保险也都是在火灾保险的基础上，不断扩大保险责任范围，并加以简化而形成的。在此，我们只介绍企业财产保险。企业财产保险包括财产基本险和综合险两个类别，主要承保火灾以及其他自然灾害和意外事故造成的保险财产的直接损失。

(1) 企业财产基本险。企业财产基本险是以企事业单位、机关团体等的财产物资为保险标的，由保险人承担被保险人财产所面临的基本风险责任的财产保险，它是团体火灾保险的主要险种之一。根据我国现行财产保险基本险条款，该险种承担的保险责任有：

- 火灾，指在时间和空间上失去控制的燃烧所造成的灾害。
- 雷击，指由雷电造成的灾害，包括直接雷击和感应雷击两种。
- 爆炸，包括物理性爆炸和化学性爆炸。
- 飞行物体和空中运行物体的坠落：如果该项责任涉及第三者的责任，则保险人可以先行赔付，然后依法行使代位追偿权。
- 被保险人拥有财产所有权的自用的供电、供水、供气设备因保险事故遭受破坏，引起停电、停水、停气以及造成保险标的直接损失，保险人也予以赔偿。
- 必要且合理的施救费用。

除上述责任外，其他均属于财产保险基本险的除外责任。

(2) 企业财产综合险。财产综合险条款在基本险的基础上把保险责任范围扩展到包括下列原因造成保险标的损失：暴雨、洪水、台风、暴风、龙卷风、雪灾、雹灾、冰凌、泥石流、崖崩、突发性滑坡和地面下陷下沉。在除外责任中，财产综合险条款强调指出对于地震造成的一切损失、堆放在露天或罩棚下的保险标的及罩棚由于暴风暴雨造成的损失，保险人不负责赔偿。财产基本险和综合险适用于一切工商、建筑、交通运输、饮食服务行业、国家机关、社会团体的固定资产、流动资产（存货）、账外财产和代管财产。

2. 运输保险

运输保险是以处于流动状态下的财产为保险标的一种保险，包括运输货物保险和运输工具保险，后者又具体分为机动车辆保险、船舶保险和航空保险：

(1) 运输货物保险。运输货物保险指保险人承保货物运输过程中自然灾害和意外事故引起的财产损失。险种主要有国内货物运输保险、国内航空运输保险、涉外（海、陆、空）货物运输保险、邮包保险、各种附加险和特约保险。运输货物保险的基本险、综合险的保险责任是不同的，后者较前者的责任范围要宽。一般而言，运输货物保险基本险的责任通常包括以下项目：一是因火灾、爆炸及相关自然灾害所导致的货物损失；二是因运输工具发生意外事故而导致的货物损失；三是货物在装卸过程中的意外损失；四是按照国家规定或一般惯例应当分摊的共同海损费用；五是合理的、必要的施救费用等。运输货物综合险除上述责任外，还对盗窃、雨淋等原因造成的损失进行赔偿。

(2) 运输工具保险。运输工具保险专门承保各种机动运输工具，包括机动车辆、船舶、飞机等各种以机器为动力的运载工具。运输工具保险的适用范围非常广泛，客运公司、货运公司等都可投保运输工具保险类的不同险种，以获得相应的风险保障。运输工具保险具体可以分为机动车辆保险、船舶保险和飞机保险等。

①机动车辆保险。机动车辆保险是以机动车辆本身及其第三者责任等为保险标的的一种运输工具保险。其保险客户主要是拥有各种机动交通工具的法人团体和个人；其保险标的主要是各种类型的汽车，也包括电车、电瓶车等专用车辆及摩托车等。

机动车辆保险是一种重要的风险转嫁方式，在大量风险单位集合的基础上，将少数被保险人可能遭受的损失后果转嫁到全体被保险人身上，而保险人作为被保险人之间的中介对其实行经济补偿。在机动车辆保险中，车辆损失保险与第三者责任保险构成了其主干险种，并在若干附加险的配合下，共同为保险客户提供多方面的危险保障服务。

车辆损失保险的保险责任．包括碰撞责任与非碰撞责任．其中碰撞是指被保险车辆与外界物体的意外接触，如车辆与车辆、车辆与建筑物、车辆与电线杆或树木、车辆与行人、车辆与动物等碰撞，均属于碰撞责任范围之列。非碰撞责任主要包括保险单上列明的各种自然灾害，如洪水、暴风、雷击、泥石流等；保险单上列明的各种意外事故，如火灾、爆炸、空中运行物体的坠落等；其他意外事故，如倾覆、冰陷、载运被保险车辆的渡船发生意外等。

机动车辆第三者责任险，承保被保险人或其允许的合格驾驶人员在使用被保险车辆时，因发生意外事故而导致对第三者负有的损害索赔责任的一种保险。目前我国的机动车辆第三者责任险由机动车交通事故责任强制保险（简称交强险）和商业性第三者责任保险共同组成，前者自 2006 年 7 月 1 日起在全国统一实行，主要负责赔偿人身伤害赔偿，后者主要负责赔偿财产损失，并对超过交强险赔偿限额的人身伤害损失进行补充赔偿。

②船舶保险。船舶保险是以船舶及其附属品为保险标的保险业务，适用于各种团体单位、个人所有或与他人共有的机动船舶与非机动船舶，以及水上装置等，一切船东或船舶使用者都可以利用船舶保险来转嫁自己可能遭遇的风险。

目前我国的船舶保险分为全损险和一切险。全损险只承保船舶因保险合同约定的原因导致的全部损失，其保险责任为一般风险；一切险承保船舶全部损失和部分损失。一切险的保险责任包括全损险的保险责任、碰撞责任、施救费用、共同海损和救助。

③飞机保险。飞机保险又称为航空保险，是以飞机及其相关责任风险为保险对象的一类保险，主要包括机身保险、第三者责任保险和旅客责任保险等。飞机保险适用于任何航空公司、飞机拥有者、有利益关系者以及看管、控制飞机的人。

美国“9·11”恐怖事件发生后，全球承保人联合调整第三者责任险中因战争原因赔偿的条款，调整后的条款规定航空公司必须在原保费基础上支付一次性附加费。同时，2001 年 10 月 1 日起续保的机身战争险保费大幅度上涨。

3. 工程保险

工程保险是指以各种工程项目为主要承保对象的一种财产保险。传统的工程保险仅指建筑工程一切险和安装工程一切险，但随着各种科技工程的迅速发展，科技工程保险也变得日益重要。

建筑工程一切险属于工程保险的一种。它承保各类以土木建筑为主体的民用、工业用和公共事业用的建筑工程项目在建造过程中，因自然灾害或意外事故而引起的一切损失(不包括保险条款中规定的除外责任)，包括：①洪水、暴风雨等自然灾害；②火灾、爆炸、飞行物体坠落等意外事故；③清理受灾现场的费用。此外，还有第三者责任保险，承保凡因上述原因造成的依法应由被保险人负责的工地上及邻近地区的工程项目物质损失、第三者人身伤亡、疾病或财产损失以及诉讼费等。

安装工程一切险亦称“安装一切险”，是专门承保新建、扩建或改建的工矿企业的机器设备或钢结构建筑物在整个安装、调试期间，由于除外责任以外的一切危险造成保险财产的物质损失、间接费用以及安装期间造成的第三者财产损失或人身伤亡而依法由被保险人承担的经济赔偿责任。

科技工程保险是以各种重大科技工程或科技产业为保险标的的综合性财产保险，是随着现代高科技的发展和广泛应用而逐渐发展起来的一种特殊工程保险业务，目前险种主要包括海洋石油开发保险、卫星保险和核电站保险等。

我国的工程保险起步较晚，起源于 20 世纪 80 年代，开始主要是在一些利用外资或中外合资的工程项目上实行，险种由国外引进，保费规模不大，承保及理赔经验不足，国内投资项目投保的比例不高，不少基础设施建设领域的工程没有投保工程险。

近年来我国工程保险有了较大的发展。这一方面是由于国家加大了对基础项目建设投资的力度，放宽了外资和民营资本进入基础项目领域的条件，引发了高速公路、电站、机场、地铁、码头等项目的建设热潮，客观上增加了对工程保险的市场需求；另一方面，几乎所有的财产保险公司都经营工程保险，主体的增加加大了供给能力，进一步刺激了消费，促进了工程保险业务的快速发展。

4. 农业保险

农业保险可以细分为种植业保险和养殖业保险。种植业保险是指保险人对农作物因水灾、旱灾、台风、霜冻、冰雹、病虫害等自然灾害而导致的减产或绝收承担赔偿责任；养殖业保险对各种牲畜、家禽因疾病或意外事故而死亡或损伤承担赔偿责任。在国外，农业保险一般都得到政府资助，或由政府部门直接经营。

二、责任风险管理

责任保险是指以保险客户的法律赔偿风险为承保对象的一类保险，它属于广义财产保险范畴，适用于广义财产保险的一般经营理论，但又具有自己的独特内容和经营特点，因而是一类可以独成体系的保险业务。

首先，责任保险与一般财产保险具有共同的性质，即都属于赔偿性保险。

其次，责任保险承保的风险是被保险人的法律风险。

再次，责任保险以被保险人在保险期内可能造成他人的利益损失为承保基础。

根据是否出立专门的保单，责任保险可以分为独立的责任保险和附加的责任保险两大类。独立的责任保险主要包括公众责任保险、产品责任保险、职业责任保险、雇主责任保险和附加的责任保险，附加的责任保险有船舶碰撞责任保险、飞机旅客责任保险、建筑和安装工程的第三者责任保险等。

（一）公众责任保险

公众责任保险又称普通责任保险或综合责任保险，它以被保险人的公众责任为承保对象，是责任保险中独立的、适用范围最为广泛的保险类别。

所谓公众责任，是指致害人在公众活动场所的过错行为致使他人的人身或财产遭受损害，依法应由致害人承担的对受害人的经济赔偿责任。公众责任的构成，以在法律上负有经济赔偿责任为前提，其法律依据是各国的民法及各种有关的单行法规制度。

此外，在一些并非公众活动的场所，如果公众在该场所受到了应当由致害人负责的损害，亦可以归属于公众责任。因此，各种公共设施场所、工厂、办公楼、学校、医院、商店、展览馆、动物园、宾馆、旅店、影剧院、运动场所以及工程建设工地等，均存在着公众责任事故风险。这些场所的所有者、经营管理者等均需要通过投保公众责任保险来转嫁其责任。

对应于这些公众责任，公众责任保险又可以分为综合公共责任保险、场所责任保险、承包人责任保险和承运人责任保险。

（二）产品责任保险

产品责任保险是指以产品制造者、销售者、维修者等的产品责任为承保风险的一种责任保险，而产品责任又以各国的产品责任法律制度为基础。产品责任保险承保的产品责任是以产品为具体指向物，以产品可能造成的对他人的财产损害或人身伤害为具体承保风险，以制造或能够影响产品责任事故发生的有关各方为被保险人的一种责任保险。

（三）职业责任保险

职业责任保险承保各种专业技术人员因在从事职业技术工作时的疏忽或过失，造成合同对方或他人的人身伤害或财产损失的经济赔偿责任。由于职业责任保险与特定的职业及其技术性工作密切相关，在国外又被称为职业赔偿保险或业务过失责任保险。一般而言，职业责任保险是由提供各种专业技术服务的单位，如医院、会计师事务所、律师事务所等单位投保的团体业务。我国现已面世的职业责任保险主要有注册会计师执业责任保险、律师执业责任保险、美容师执业责任保险和董事责任保险等。

职业责任保险在保险业发达国家被广为接受，而在我国，由于人们职业风险意识有限、配套法律法规缺失等原因，对职业责任保险问津者寥寥无几。如平安保险早在2001年就推出了董事责任保险，但至今投保公司不过百家，而在欧洲超过90%公司都投保了董事责任险。其他如注册税务师、注册会计师职业责任保险、美容师责任保险也都遭到了冷落。

（四）雇主责任保险

雇主责任保险是以被保险人即雇主的雇员在受雇期间从事业务时因遭受意外导致伤、残、死亡或患有与职业有关的职业性疾病而依法或根据雇用合同应由被保险人承担的经济赔偿责任为承保风险的一种责任保险。

保险人所承担的责任风险将被保险人（雇主）的故意行为列为除外责任，它主要承保被保险人（雇主）的过失行为所致的损害赔偿，或者将无过失风险一起纳入保险责任范围。构成雇主责任的前提条件是雇主与雇员之间存在着直接的雇用合同关系。

雇主责任保险的保险责任包括在责任事故中雇主对雇员依法应负的经济赔偿责任和有关法律费用等，导致这种赔偿的原因主要是各种意外的工伤事故和职业病。

但下列原因导致的责任事故通常除外不保：一是战争、暴动、罢工、核风险等引起雇员的人身伤害；二是被保险人的故意行为或重大过失；三是被保险人对其承包人的雇员所负的经济赔偿责任；四是被保险人的合同项下的责任；五是被保险人的雇员因自己的故意行为导致的伤害；六是被保险人的雇员由于疾病、传染病、分娩、流产以及由此而施行的内、外科手术所致的伤害等。

（五）附加的责任保险

附加的责任保险是指从属于某种财产保险而不需要出立专门保单的保险，如从属于机动车辆险的机动车第三者责任保险、从属于建筑与安装工程一切险的第三者责任保险等。

三、人力资本风险管理

企业员工离职和在职期间的伤、老、病、亡均会给企业带来难以预计的损失，人力资本风险管理是现代企业所面临的一项重大课题。除了加强日常管理外，员工福利计划是可以较好地解除企业后顾之忧的有效手段，团体保险计划是员工福利计划的重要组成部分。可以用于企业人力资源风险管理的保险险种主要包括团体人寿保险、团体健康保险、团体意外伤害保险、企业年金保险等。团体保险具有低成本、宽保障的优点，投保企业还可以享受财政、税收上的优惠政策。

（一）员工福利的含义

员工福利主要是指基于雇佣关系，公司依据国家的强制性法令及相关规定，以公司自身的支付能力为依托，向员工所提供的、用以改善其本人和家庭生活质量的各种以非货币工资和延期支付形式为主的补充性报酬与服务。

（二）员工福利的构成

1. 法定福利

法定福利是国家通过立法强制实施的员工福利，包括社会保险和各类休假制度。社会保险旨在保障劳动者在遭遇年老、生病、伤残、失业、生育或死亡等风险事故，暂时或永久的失去劳动能力或劳动机会，从而全部或部分丧失生活来源的情况下，能够享受国家或社会给予的物质帮助，维持其基本的生活水平。由于各国的历史、经济、文化、价值观等因素的差异，社会保险制度也存在着不同的模式。

美国没有全民的社会保险，最主要的一项社会保险计划就是以达到一定收入水平劳动者为主的老年、遗嘱、伤残和健康保险计划。该计划包括两部分，一是为 65 岁及以上的老年人及特定的 65 岁以下的伤残人员服务的联邦健康保险计划，另一是为退休人员、死亡工人的受抚养人和伤残人员提供保险的老年、遗嘱、伤残保险计划。

2. 公司福利

公司福利是公司自主建立的，为满足员工的生活和工作需要，在法定福利之外向员工及其家属提供的一系列福利项目。公司福利对法定福利起到补充作用，包括收入保障计划、健康保健计划、意外伤害保障计划和员工服务计划。

（1）收入保障计划

收入保障计划的目的是保障或提高员工的收入，主要包括以下几个部分：

第一，企业年金。“企业年金”即我们过去所说的“企业补充养老保险”，是指在政府强制实施的基本养老保险制度之外，企业根据自身的经济实力和经营状况，为员工提供一定程度退休收入保障的养老保险形式的福利制度。企业年金可增加企业薪酬方案对优秀人才的吸引力，增强企业的凝聚力和竞争力，调动员工的生产积极性，稳定员工队伍，避免员工跳槽给企业带来的培训成本损失和商业机密流失的风险。企业年金是社会养老保险的补充，它由企业自主发起，是一种延期支付的工资收入。大多数发达国家都建立了企业年金制度，甚至有一些国家通过立法把企业年金变成了国家强制性的养老金制度。

企业年金的一般特征是：由企业自愿建立，国家不强制建立或直接干预；年金缴费一般由企业和职工共同承担，或由企业全部承担；缴费人可自主决定管理模式，如建立共同账户或为受益人建立个人账户；按照确定缴费或确定待遇原则，采用多样的、非均等的支付方式，以定期支付为主；年金管理主体多样化，企业、专业养老金管理公司、基金会等均可管理；年金投资运营商业化、市场化。

企业有两种类型可供选择，一种是确定缴费计划，一种是确定给付计划。

①确定缴费计划。如果公司养老金是确定缴费型的，则雇主每年为员工缴纳的费用事先确定，一般为员工薪金的一定比例，同时，员工也负担薪金一定比例的缴费：

确定缴费计划只限定缴纳的费用，员工退休时所得的给付则是不确定的，这要根据退休基金在其退休前的投资收益而定。投资回报高，则员工退休给付多；投资回报低，则员工得到的给付就低。投资的风险完全由员工承担。

员工退休时，退休基金及其收益可以一次性领取，也可以用来购买年金，为其提供退休之后每月的固定给付，直到死亡为止。

②确定给付计划。确定给付计划中员工退休后所得的收益是雇主事先承诺的。

一般情况下，雇主根据确定的承诺支付额决定出资额，有时候员工也会被要求承担一部分缴费。由于投资收益的不确定性，退休基金累积的数额和事先的承诺就可能有差别，如果退休基金没有达到承诺的收益，雇主就要承担这种投资风险。也就是说，确定给付计划和确定缴费计划的一个很大的区别就是前者由雇主承担投资风险，后者由员工承担投资风险。

在确定给付计划中，最终给付的具体数额基于某个公式，其中工作年限和员工最后几个服务年限内的薪水一般会起决定作用。【例题 7-5】中的公式基于员工的最后薪金，在这种退休计划中，如果员工在工作过程中换了工作，就可能会影响退休金的数额，有时候影响还会很大。

【例题 7-5】 A 曾经换过一次工作，他为第一个雇主工作了 15 年，最后月薪为 4 000 元，为第二个雇主工作了 10 年，最后月薪为 6 000 元。假设无论他为哪个雇主工作，退休时的最后月薪都是 6 000 元。他的前后两个雇主都采用相同的确定给付计划，每月退休金为其工作年限乘以最后薪水的 2%。

换了工作后，其退休金为（0.02×15×4 000+0.02×10×6 000）元=2 400 元，替代率为 40%。

而如果他只为一个雇主工作，那么退休金就会为（0.02×25×6 000）元=3 000 元，替代率为 50%。

因此，只为一个雇主工作，会得到更多的退休金。

第二，团体人寿保险。死亡是每个员工都面临的风险，员工会担心因其去世而使家庭收入大幅减少，而雇主资助的人寿保险则使员工在一定程度上免除了后顾之忧。当员工离开公司时，原公司所提供的人寿保险就会被取消，这主要是为了鼓励员工长期为公司工作。

团体人寿保险的特点是：①要求投保团体必须是依法成立的组织，要有自身专业活动，投保团体寿险只是该组织的附带活动，投保团体中参加保险的人数必须达到规定的标准。②免体检。③保险金额分等级制订。团体寿险的被保险人不能自由选择投保金额。这样做是为了防止体质差、危险大的人选择较高的保险金额。④险费率较低。⑤保障范围比较广泛。

根据保障期限来划分，团体人寿保险可分为团体定期人寿保险和团体终身人寿保险。

团体定期人寿保险简称为团体定期保险，是指以符合一定条件的团体中的员工为被保险人，团体或团体雇主作为投保人，保险期为某一固定年限的死亡保险，该保险主要用于提供团体员工在工作期间的死亡保障。

团体终身人寿保险是指以团体或其雇主为投保人，团体员工为被保险人，一旦被保险人死亡，由保险人负责给付死亡保险金的一种保险产品。团体终身人寿保险可以为团体员工提供退休后的死亡保障，以弥补团体定期保险期限较短的不足。

第三，住房援助计划。住房援助计划包括住房贷款利息给付和住房补贴。前者是指为购房员工支付住房贷款的利息，其额度基于员工的薪酬级别和职务级别，后者则指无论员工购房与否，公司每月按照一定标准向员工支付一定额度的现金，作为员工住房费用补贴。例如，我国的住房公积金制度就是一种住房补贴：

第四，员工持股等。

（2）健康保健计划。企业的健康保健计划通常采用团体健康保险的形式。团体健康保险是指以团体或其雇主作为投保人，同保险人签订保险合同，以其所雇员工作为被保险人（包含团体中的退休员工），约定由团体雇主独自缴付保险费，或由雇主与团体员工分摊保险费，当被保险人因疾病或分娩住院时，由保险人负责给付其住院期间的治疗费用、住院费用、看护费用，以及在被保险人由于疾病或分娩致残时，由保险人负责给付残疾保险金的一种团体保险。现今大部分团体健康保险还保障门急诊费用。

健康保险按照赔偿内容可以分为定额补贴保险、医疗费用保险和收入保险。定额补贴保险是指当发生某些疾病后，给予一定数额补贴的保险。例如住院补贴保险，就是针对住院天数，每一天给予一定数额的补贴。团体医疗费用保险是公司通过购买保险的方式为员工的医疗费用支出提供完全或部分补偿的保险。收入保险是以因意外伤害、疾病导致收入中断或减少为给付条件的保险。

企业最大的财富是员工，员工最大的财富是健康。团体健康保险作为企业激励人才、减少人才流失风险的一项有力手段，因其费率较低、保障范围广、投保较为灵活等特点，而越来越受到企业雇主和雇员的青睐。

（3）意外伤害保障计划。团体意外伤害保险是团体保险最早的形式之一，它是指当被保险人（团体员工）遭遇意外事故导致死亡或残疾时，由保险人负责给付死亡保险金或残疾保险金的一种团体保险。

团体意外伤害保险有如下的特点：一是投保人与被保险人不是一个人，投保人是一个整体单位，被保险人是单位的人员，如公司的员工；二是保险责任是残疾和死亡责任，以被保险人残疾和死亡作为给付保险金的条件，所以投保人在订立保险合同时，应该经过被保险人书面同意，并认可保险金额；三是保险金额一般没有上限规定，仅规定最低保额；四是保险费率低，团体意外伤害保险由于是单位投保，降低了保险人管理成本等方面的费用，保险费率因此降低；五是在通常情况下，保险费是在保险有效期开始之日一次缴清，保险费缴清后保单才能生效。

（4）员工服务计划。员工服务计划旨在帮助员工克服生活困难以及支持员工事业发展，主要包括：员工援助计划，针对员工酗酒、赌博或其他疾病造成的心理压抑等问题提供咨询和帮助；教育计划，通过一定的教育或培训手段提高员工素质和能力；交通服务、旅游服务等。

复习思考题

一、简述题

1. 什么是纯粹风险？企业所面临的纯粹风险主要包括哪些？
2. 简述纯粹风险的度量方法。
3. 简述纯粹风险管理的主要内容。

二、综合训练

资料：公众责任保险案例

某市政公司于2010年5月向保险公司投保了公众责任保险，保险责任是其施工过程中的过失造成他人的人身伤害或财产损害的赔偿责任，赔偿限额为每起事故10000元。同年10月2日，该公司一队工人在维修路边窖井时因下大雨跑回施工棚，忘记在井边设立标志，也未盖好窖井盖子。傍晚时分，雨还在下，一行人骑自行车经过此地时跌入井中受伤，并因受感染致死。受害人家属向该市人民法院起诉要求市政公司承担损害赔偿责任。法院判决被告方应向死者家属支付16756元。

讨论题：

1. 你认为保险公司是否应承担赔偿责任？赔偿多少？
2. 如果保险公司的赔偿不够，受害人怎么办？

第8章 流动性风险管理

知识目标

1. 了解流动性及流动性风险的内涵，掌握企业流动性的来源

2. 了解流动性风险的分类，理解流动性风险的成因，熟悉流动性风险与其他风险之间的关系

3. 理解和掌握流动性风险的识别

4. 掌握流动性风险的度量

5. 明确流动性风险的控制及管理

技能目标

1. 分析流动性风险的形成原因并准确地识别流动性风险

2. 解释流动性风险的度量方法

3. 分析如何进行流动性风险的控制及管理

能力目标

1. 掌握流动性比率、现金流量缺口、压力测试、久期等流动性风险度量的方法并进行运用

2. 把握流动性的来源并能进行流动性风险的识别

3. 能够从筹资流动性、资产流动性及资产负债表外流动性的角度对流动性风险进行控制

4. 能够初步建立流动性风险管理体系

导入案例

汕头商行因流动性危机停业整顿

1997年，汕头市十三家城市信用社根据人民银行的批准同意合并成立汕头城市合作银行，并于1998年更名为汕头市商业银行股份有限公司，共有营业网点59个。因经营不善，出现支付危机，汕头市商业银行经人民银行批复，于2001年8月起实施停业整顿。目前汕头商行的自然人债务已基本兑付完毕，剩余债务主要是行政、企事业单位的对公债务。保留员工约147人。经深圳会计师事务所审计，截至2008年6月30日，汕头商行资产总额13.98亿元，负债总额68.82亿元，净资产−54.84亿元，或有负债为1.84亿元。

2011 年 2 月，“汕头市商业银行”重组为“广东华兴银行股份有限公司”（下称“华兴银行”）的方案获得中国银监会批准，由华兴银行筹备组和侨鑫集团有限公司、哈尔滨银行股份有限公司等发起人投资者筹建华兴银行，注册资本定为人民币 50 亿元。

按照广东省人民政府的建议，汕头商行重组后拟更名为“南方银行股份有限公司”（下称“南方银行”）。但在上报监管层后，将南方银行改为华兴银行。

2011 年 9 月 8 日，各项筹建工作顺利完成，广东华兴银行正式开业。广东华兴银行注册地继续保留在广东省汕头市，运营总部设在广州。

2011 年 10 月 30 日，广东华兴银行正式全面对外营业。

资料来源：根据百度资料整理。

思考：银行能从哪些渠道获得流动性？银行出现流动性问题的通常原因是什么？

流动性风险是商业银行最基本的风险，也是“最致命的风险”。随着金融市场结构、创新技术的发展，跨市场、跨境活动的兴起，商业银行融资渠道、业务模式、资产结构的变化，流动性风险不断出现新的特点，使银行危机的生成和爆发机制更趋复杂。2009 年下半年以来，金融危机给世界经济带来的冲击逐步趋缓，但由于危机根源未得到彻底根除，经济、金融方面仍存在不确定性，使流动性风险管理再次成为全球关注和反思的焦点。

第一节　流动性风险概述

一、流动性风险的内涵

（一）流动性的内涵

流动性的概念从理论上讲可以从三个领域或角度进行理解。在商业银行领域，商业银行经营管理理论将流动性定义为银行的偿付能力，具有较好流动性的商业银行应该具有随时能够满足客户提取存款等方面的能力。在微观金融领域，微观金融理论以及货币层次的划分中都将流动性概念定义为金融资产以较小成本甚至无损失而达到变现目的的能力。在经济学领域，凯恩斯的流动性偏好理论认为流动性是指与生息资产债券相对应的无息资产货币。

流动性的含义包含了三个方面的要素：资金数量、成本和时间。同时流动性还包括两个层次：资产的流动性和负债的流动性。资产的流动性是指在无损失状态时，银行资产的迅速变现的能力；负债的流动性是指银行通过各种融资渠道能以低价格、低成本迅速获得融资的能力。

（二）流动性风险的内涵

流动性风险是指商业银行无法以合理成本及时获得充足资金，用于偿付到期债务、履行其他支付义务和满足正常业务开展的其他资金需求的风险。流动性风险管理是商业银行资产负债管理的重要组成部分，通过对流动性进行定量和定性分析，从资产、负债和表外业务等方面对流动性进行综合管理。商业银行的流动性状况直接反映了其从宏观到微观的所有层面的运营状况及市场商誉。

保持良好的流动性对商业银行的运营产生积极的作用，主要体现为：一是可以增进市场信心，向市场表明商业银行是安全的并有能力进行偿还借款；二是确保银行有能力实现贷款承诺，稳固客户关系；三是避免商业银行的资产廉价出售；四是降低商业银行借入资金所需支付的风险溢价。

二、企业流动性的来源

（一）筹资流动性来源

在企业正常的经营活动中，筹资获取现金往往是企业应对支付的“第一道防线”，只有当无法筹资或筹资成本过高时，企业才会考虑抵押或出售资产来补充现金状况。在实践中，不同行业的企业偏好不同类型的筹资流动性，如金融机构经常从短期市场获得大量的融资，用以平衡其快速流动的特性，包括他们的资产、或有负债以及资产负债表外的债务，以期在正收益曲线环境中获得收益的最大化；而资本密集型企业的筹资为匹配长期的工厂和设备需求往往采取中期和长期的筹资来源。

一般地，短期筹资来源主要包括：

（1）短期银行工具。企业通常使用银行所提供的短期信用工具来补充周期性的或者偶发性的流动性需要，企业一般可以使用到期期限为 6 个月至 24 个月的循环贷款或者定期贷款，它可以作为企业可靠的筹资来源。但若企业信用出现恶化或金融系统采用紧缩政策时运用此工具存在一定的风险。

（2）商业票据。金融公司或信用较高的企业可以开出无担保的短期商业票据，其可靠程度依赖于发行企业的信用等级。商业票据可以背书转让，但一般不能向银行贴现。商业票据的期限在 9 个月以下，由于其风险较大，其利率高于同期银行存款利率。商业票据可以由企业直接发售，也可以由经销商代为发售。但商业票据对出票企业的信誉审查非常严格，其对信用和市场都非常敏感，在市场有压力时非常不稳定，在任何时候都不能作为可靠的筹资来源，即便有好的信用。

（3）应付账款。应付账款是企业从供应商处得到的信用，是使用延期支付的条款。企业总是想方设法将应付账款尽可能地拖到最后一刻，以达到满意的筹资效果。和其他短期工具一样，应付账款在市场稳定、企业信用较好时比较适用，但一般情况下这种筹资来源并不稳定。

（4）存款和回购协议。存款和回购协议是大多数金融机构两种主要的短期筹资来源，到期期限一般从隔夜至数周，流动性较好。此外，金融机构还有其他一些短期筹资来源，如在美国市场上，授权银行可以从联邦储备贴现窗口得到先期贷款，可以将联邦基金卖给系统中的其他银行，他们也可以通过联邦住房贷款银行系统借款和接受经纪代理存款。

中期和长期筹资来源主要包括：

（1）中期票据。企业通常可以通过中期票据将负债的期限延长至 2 年甚至 10 年，以帮助企业缓解短期筹资市场对积极流动性管理所提出的要求，其对信用的敏感性也较短期筹资来源低。票据一般采用固定利率或浮动利率的形式，在不同的市场上以不同的货币形式发行。票据一般在担保的情况下发行，只有当企业的信用很差时才要求发行时提供信用支持。

(2) 筹资协议和投资担保合同。筹资协议和投资担保合同有规定的到期日期，没有卖出选择权或者放弃条款。这些协议一般的期限范围从1～10年不等，通常由机构投资者发行，利率一般固定。

(3) 长期债券。长期债券一般采用固定利率或浮动利率的形式，以公开或私募形式发行，期限一般在10～30年，不需要提供担保。长期债券延伸了筹资收益曲线，但由于债券发行流程烦琐，发行周期自主可控性差，若企业急于获得现金则长期债券可能无法保证及时的流动性需求，不太适用于短期的筹资需要。

(4) 贷款。银行通常为企业提供未担保或担保的资金，期限一般在2～20年。贷款可以采用固定利率或浮动利率，还可以采用不同的偿还方式。一般而言，中期和长期的贷款是许多企业广泛采用的筹资方式，也是唯一稳定的债务筹资来源。即使企业因债券市场不景气而使自身发行能力受限，通过银行贷款来筹资仍然可行，但这可能需要借款人做出承诺和提供担保，担保贷款最常见的是用固定资产来进行担保。

与中长期筹资相比，短期筹资属于即期的流动性来源，成本较低，但具有较大的波动性，管理比较复杂，并要求公司必须积极地管理偿还/赎回等过程，稳定性较差；而中长期筹资虽属即期的流动性来源，但相比短期筹资更加具有确定性。由于企业的现金流量是一个借入——展期——偿还——借入的不断延伸的长期过程，企业在经营中还需要其他一些不间断的间接筹资负债。

(二) 资产流动性来源

资产流动性（Asset Liquidity）是指资产在一定时间内、以合理的价格大量地转换为现金的能力。企业不同的资产具有不同的周转率和变现能力，因而具有不同的流动性。一般地，在企业的资产负债中，现金的周转能力和变现能力最强、流动性最好，其次是有价证券，然后是应收票据、应收账款、存货，最后就是固定资产和无形资产。

1. 流动资产

第一，现金和可变现的证券。在企业经营中，持有一定数量的现金是为了应付预期和意外的支付。但现金不能产生任何赢利，为平衡风险与收益之间的关系，企业尽量减少纯现金持有，而是选择持有一定数额的“准现金”资产，即流动性较好且可以赢利的工具，如政府债券、短期商业或金融票据或信用级别较高的企业债券。在实践中，企业也可将持有的准现金资产抵押，这样既可以达到企业对流动性需求的目的又不必售出其想持有的资产，但这样会产生一定的成本，如发放贷款企业会对抵押贷款要求一定的折扣、借款需要支付利息、抵押降低了财务弹性。

第二，应收票据。应收票据是企业提供给其客户的短期而未担保的贷款，是企业对其客户信用的延伸，代表着企业未来的现金流入，在适当的贴现率下可以流动。应付票据的延期支付性质可以给企业带来隐含的利息收益，当企业有现金需求时，可通过将应收票据转让或抵押的方式来获取现金。

第三，存货。存货一般可以分为原材料、半成品和成品几种类型，每一类都有其自身的价值和价值增值的成分。企业缺乏现金来源时，可以通过将存货变卖或抵押的方式来获得现金流。但存货的物质属性决定了其流动性和转换现金的能力相比应收票据、可变现证券要差。

2. 固定资产

对于产业性的企业而言，固定资产是生产产品的最重要、最基本的手段，包括工厂和设备，企业通过使用固定资产来生成现金。在企业缺乏流动性来源时，可以抵押或变卖固定资产，但这会影响企业的正常经营，减少企业的机动灵活性，影响企业价值最大化的实现。一般而言，变卖固定资产来获取现金流通常被认为是不可行的或不可取的，同时固定资产变现需要一定的周期和对应的买家，因此作为流动性来源不太稳定。

3. 无形资产

无形资产是企业能够产生价值但是没有物质的或实际品质的资产，不能视为潜在的流动性的来源。对企业而言，最重要的无形资产就是信誉，即企业的声誉、品牌和智能资产，或者在收购的情况下，企业资产在收购价格和账面价值之间的差额。在任何时候，信誉对于企业和市场而言都是有价值的，是一种非现金的可折旧的资产，但这种资产并不能够立即转换为现金。

总之，流动资产中，现金是流动性最好的资产；可变现的证券、应收票据是现成的流动性来源，可以通过变现或通过抵押来获取现金；存货是一种可以接受的流动性来源，也可以通过变卖或抵押的方式来获取现金，但一般最好是标准的、耐用的存货；固定资产是可能的流动性来源，通过抵押未被抵押的工厂和设备来获取现金；而无形资产则不是流动性来源。值得一提的是，企业虽然可以通过发行股票来获取流动性，但一般而言权益资本的筹资成本最为昂贵且稳定性较差，不是企业普遍可选的筹资方式。

（三）资产负债表外流动性来源

资产负债表外的交易活动不像资产和负债那样可以在报表上体现，它们可能以或有负债的形式出现，是不确定的信用和市场风险，其经济价值随着市场条件的变化而波动，这些未来或有风险一般在公司财务报表的附注中反映。

1. 证券化

一般而言，信用风险和市场风险的转移是证券化的主要动机，但证券化过程中流动性特征不容忽视。在一个标准的证券化过程中，企业将一个资产的投资组合出售给一个特殊目的机构（special purpose vehicle，SPV）产生一个现金流入，SPV 对资产组合进行信用增级并发行不同级别的证券（一般是四级），不同级别的证券代表着不同的追索权、不同的优先权和不同的到期日，投资者可自行选择他们偏好的证券类型，而标的资产产生的现金流将按照建立好的次序和时间表定期支付给投资者作为利息，标的资产到期后用于偿还本金，本次证券化交易完成。证券化并不能解决企业（发起机构）所有的流动性问题，但有利于缓解企业的流动性需求。

2. 或有筹资

或有筹资是企业非常普遍采用的流动性方式，即在事先获得筹资授信合同，以备未来的可能需要，通常情况下企业需要为这一工具支付一定的费用，但是不需要在没有要求使用这一工具时就从资产负债表中反映出来或者支付所有的筹资费用。例如，企业不必为了将来可能的流动性需要，先借来 1 亿美元的贷款，而是可以简单地签订一个选择权合同，在需要时提取 1 亿美元就可以了。或有筹资形式较多，包括循环信贷额度、直接支付信用证、最后担保、备用信贷额度和短线额度等。

3. 租赁

租赁合同是资产负债表外的另外一种流动性来源，即企业通过租赁而不是购买的方式来获得资产。承租人不能拥有标的物，不能用该资产生成的现金流量进行筹资以用于其他目的，包括建立流动性缓冲或者用于支付债务。但租赁为承租人提供了资产的使用权，虽然需要像借贷关系那样进行定期利息的偿还，但承租人不需要为购置费用的本金而筹资。目前市场上流行售后回租现象，即企业把资产卖给出租人，然后订立租赁协议，允许它继续使用该资产，通过这一过程，销售得到的现金流入了企业的资产负债表。

4. 衍生产品

衍生产品是从资产和市场的相关价值中衍生出来的金融合同，已成为流行的保值、投机和套利交易方式，它通过上市交易或柜台交易。虽然衍生产品主要是用于企业的投资和风险管理方面，但是它周期性提供或者吸纳现金流量仍然可以对流动性造成影响。例如，一家企业如果进入零息掉期交易，在一个数年的期间里，每季度可以得到定期的支付，但是在交易到期之前自己却不需要做任何支付；在最后到期之前它一直得到定期的现金流入而没有现金的流出。

综上所述，证券化是一种可以接受的资产负债表外流动性的来源，它主要通过证券或者应收账款的转移管道来交换得到现金；或有筹资是一种很好的流动性来源，可以根据需要来拨款；租赁也是一种很好的流动性来源，售后回租的现金可以用来应对任何债务；衍生产品是一种有限的流动性的来源，主要是通过市场外、合成的或者杠杆的结构来提前提供现金或者缓解资金需求。

（四）流动性来源的组合

企业常常不断计划如何来组合它们的流动性来源，以便能够尽可能降低成本，避免遭受流动性危机所带来破坏的可能性。当企业具有良好的财务状况，可以完全控制自己的现金流入和流出，同时市场的环境也处于良好状态的时候，也许更应该制订这样的计划。企业一般要运用大多数，也许是全部的流动性机制来应对企业可能面临的困难或者外部的压力。一般而言，企业的流动性来源顺序可依次为现有的展期工具、银行信用额度调拨和或有筹资来源、无负担的资产抵押贷款；按照售出的可能性的顺序依次为从流动性仓库中卖出流动资产、资产证券化、卖出附属的非流动性的资产（包括固定资产和整体的单位），以此来满足企业的流动性需求。

三、流动性风险的分类

（一）按照流动性风险的来源分类

企业流动性风险（Liquidity Risk）大致可分为筹资流动性风险、资产流动性风险和联合流动性风险等。筹资流动性风险（Financing Liquidity Risk）是由于企业不能在经济上以合理的成本取得未担保的筹资来源以应对债务而招致损失的风险；资产流动性风险（Asset Liquidity Risk）是由于企业不能以经济上合理的成本将资产转换为现金而招致损失的风险。

资产和筹资联合流动性风险（Financing-asset，Liquidity Risk）既没有筹资的渠道，也无法将资产以合理的成本及时地转换成现金，因而招致的风险。资产和筹资流动性问题同时并存，使得风险交错发生而使风险程度得以递增，并以独特的途径影响企业。筹资流动性问题的发生可以导致与资产组合相关的行为，实际会造成更多的约束条件、更多的困难和更多的损失。

（二）按流动性风险的可控性分类

根据企业流动性风险能否控制，企业流动性风险可分为内生流动性风险和外生流动性风险。企业内生流动性风险（Endogenous Liquidity Risk）是指企业资产不能正常和确定性地转移为现金或企业债务和付现责任不能正常履行的可能性，主要受企业经营风险、管理不善、资产配置不合理、融资结构不合理、信用风险变化及外部变现机会等因素影响，当若干上述因素同时出现时，就会招致严重的流动性风险。外生流动性风险（External Liquidity Risk）是受企业外部市场变动的不确定性而导致的风险。广义的外生流动性风险是指所有外部环境变化而导致的风险，狭义的外生流动性风险是指企业在从事证券投资活动时，由于来自企业外部的冲击造成证券流动性的下降，增加变现损失或交易成本。外生流动性风险并不是由企业自身决策所决定的，而是企业外部的一种客观存在，主要受企业外部市场变动的不确定性及资产流动性差别的影响，如系统性的市场混乱、宏观经济政策、不可抗力、循环信用危机以及发生重大事件（如资本管制或者债务延期偿付）等对企业某些部门和某些方面造成流动性方面的压力，且这些因素的影响往往是不可精确测量的。

（三）按照流动性风险的表现特征分类

Jorion（2002 年）将流动性风险分为市场流动性风险和融资流动性风险，他认为市场流动性风险是因为企业所持有的头寸相对于市场的正常交易水平过大，以致当企业需要变现时会使得市场正常价格受到很大波动，从而产生损失；融资流动性风险指企业不能及时筹集所需资金从而导致入不敷出的风险。

四、流动性风险与其他风险的关系

企业的流动性风险通常是由经营风险、信用风险、市场风险、管理和信誉问题、法律法规和执行困难问题等引起的。经营风险又称营业风险，一方面指在企业的生产经营过程中，供、产、销各个环节不确定性因素的影响所导致企业资金运动的缓慢，可能会影响企业的现金流量，导致企业价值的变动；另一方面也指因企业战略选择、产品价格、销售手段等经营决策引起的未来收益不确定性，特别是企业利用经营杠杆而导致息前税前利润变动形成的风险。市场风险即在交易和经营中由于市场价格或其他因素发生了不利的变化而招致损失的风险，它对企业的现金流入和流出有直接的影响。市场风险可能会对企业的贸易和投资组合造成损失，反过来又导致现金流量的短缺，进而对公司的市场价值产生一定的影响。就一项具体的资产而言，市场风险很小的资产较之具有比较大的市场风险的资产而言，变现将会更加容易。信用风险是由于签约的交易甲方不能履行其已经签约的债务因而使乙方招致损失的风险。信用风险较小就是合约能够按照预期的约定履行，能够保证企业计划的现金流量；信用风险很高不仅使债务延期或者违约，也可能造成现金流量的中断，对企业价值产生一定负面影响。

若企业呈现出很高的市场风险或者信用风险，意味着企业存在着很高的流动性风险。企业自身的流动性状况取决于其真实的价值以及市场风险和信用风险运行状况，这有助于我们分析企业拥有的预期的流动性资源，用以衡量企业出现流动性风险时是否是由于企业不得不承受因流动性短缺而招致的风险。若企业在市场风险资产组合中招致了巨大的损失，可能要付出较高的代价筹借资金，或者在很不利的条件下处置资产，以填补缺口，从而形成实际的损失。企业招致了意外的信用损失后，也要通过类似的方法将预期的现金流入用于填补损失，结果是再一次经历短缺而强化了企业的流动性风险，在遭受损失的同时促使投资者和债权人重新评估他们的投资意愿。

值得注意的是，企业的流动性风险有着很强的行业属性。一般可将行业归为四大类：金融机构、非金融服务公司，资本密集型公司以及地方政府和主权部门。基于这些行业的特征，他们的流动性风险是呈下降趋势的，地方政府和主权部门的流动性风险最低，现金流量的不确定性最小，积极的日常风险管理需求最少；而金融行业一般流动性风险最高，现金流量的不确定性最大，积极的日常风险管理需求最多。

五、流动性风险的成因分析

根据上面的论述，从对流动性及流动性风险的理解，流动性风险源于流动性的不足。大体上来说，导致流动性不足的原因如下：

（一）资产与负债的不匹配

资产与负债的不匹配主要表现为两个方面：一是资产负债的期限不匹配；二是资产负债的规模不匹配。商业银行“借短贷长”的行为可以给其带来利润，但同时也可能带来债权人大量提取资金时商业银行无法满足提款需求的风险，这是商业银行流动性风险产生的最直接的原因。若银行在无法保证获得稳定资金来源的情况下，盲目扩大资产规模特别是长期资产规模，则会导致风险资产权重过大而增加发生流动性危机的可能性。同样，若把大量的短期资金来源用于长期投资，也会增加流动性风险。

（二）各种风险的间接影响

流动性风险是一种综合性风险，是机构最终经营结果的最终反映。从流动性风险生成机理来看，尽管流动性风险是金融机构破产、倒闭、兼并和接管的直接原因，但实际上也是其他各种风险如市场风险、信用风险长期隐藏、积累的结果。与资产负债的不匹配相比，这些风险是导致流动性风险的间接原因。例如，在市场利率大幅波动时，如果存在资产负债期限结构不匹配的问题，银行可能会由于经营亏损巨大而无法满足客户的提现需求，这样就会出现由利率风险而引发的流动性风险。

（三）其他因素

其他因素主要包括中央银行政策、金融市场发育程度和技术因素。当中央银行采取扩张的货币政策时，银根放松，有望降低发生流动性风险的可能性；相反，当中央银行采取紧缩的货币政策时，银根缩紧，银行的信贷资金呈紧张趋势，发生流动性风险的可能性会变大。金融市场的发育程度直接关系着商业银行资产变现和主动负债的能力，从而影响流动性。一些技术性的因素也可能导致金融机构失去偿付能力。

第二节 流动性风险的识别

企业流动性风险贯穿于企业经营的整个过程，要做到事前防范、事中监控和事后补救。然而，一旦企业产生了流动性危机，企业就可能面临着破产的风险，因此对企业流动性风险要从根源上认识并识别其风险因素，从源头进行管理控制。

一、筹资流动性风险的识别

筹资的渠道可能受到内生因素或外生因素的影响。如果纯粹是内生因素，在信用等级较低或资本需求数量较大时，企业可能无法得到未担保的筹资。如果都是外生因素，市场条件会影响到企业的筹资规模。

（一）筹资流动性风险的来源

意外的现金需求是造成筹资流动性风险的核心因素。企业风险管理计划虽然可以较好地估计预期现金流出，但很难准确估计非预期的现金支出。

1. 无法预测的现金流量

无法预测的现金流量是流动性风险的核心，所有企业在经营过程中都会面临一定数量的无法预测的现金流量。现金流量无法预测的程度越大，筹资流动性风险也就越高。一般而言，现金流量的不确定性可能出现在营业收入、商品销售成本、应收票据、应付账款、财产处置、收购、筹资和投资各个方面。现金流量的不确定性会使企业对日常经营中的现金需求的大小、时间和类型判断失误，虽然其中的一些不确定因素可以通过缓冲、准备金或者额外的或有融资来源进行管理，但是企业很难准确估计自身的筹资需求。

2. 不利的法律或者管理部门的裁决

企业的客户或者其他利益相关者可能会对企业提出未曾预料的支付要求，比如法院可能会因产品缺陷、环境污染、欺诈等事件对企业提起诉讼而裁决企业支出大额现金。这些或有事件出现后企业必须调动一切流动性来源尽量履行支付的义务，这样可能对企业的营业活动和相关现金流量造成暂时的或者永久的冲击，同时也迫使企业面临潜在的筹资压力。当然，实际中企业可以采取或有准备金筹资或者建立特定类型的保险抵补措施，来应对法律或者管制方面的不测事件，缓解突发的流动性压力。

3. 管理不善

若企业内部管理不善，导致企业的财务混乱，或财务部门不能对企业的流动性问题做出合理的预测和判断，就会使企业不能准确地估计它自身的筹资需求规模，从而有可能导致工作失误、决策错误等对企业的流动性带来危害，造成流动性压力。

4. 负面印象和市场反应

企业在投资者、债权人、管理部门和评级机构之中形成的市场信誉对企业而言是至关重要的，尤其是金融机构和非金融服务公司，因为它们是非常依赖相互关系、信誉和知识资产来产生营业收入的。良好的信誉可以降低企业的筹资成本，提升企业信用等级，而较差的信誉会使企业不仅失去交易机会，还在实际上增加了筹资的压力和成本，增大企业的财务风险。

（二）筹资流动性风险问题的性质

在实务中很多筹资计划都不能发挥其应有的功能，这就使得企业面对招致损失的风险，被迫直接支付增加的筹资费用和变卖或抵押来保证筹资的其他来源。产生这些问题普遍原因包括：

1. 展期问题

信用是筹资流动性压力的先行信号，当信用的提供者，无论是公司短期证券的投资者、提供常年信用循环贷款的贷款方，还是通过应付账款提供商业信用的供货商，当他们无意把企业将要到期的负债继续展期下去，或者大幅提高了展期成本，企业就会面临筹资的问题，而且关于企业信用的负面消息会快速传播，迫使企业必须处理展期问题。

2. 缺乏市场渠道

企业不能使用特定的融资市场，尽管市场上有一系列与债务相关的筹资工具，但并不是所有的融资来源对所有公司在任何时间都是可以利用的，管理完善的企业都会通过积极的管理最大限度地安排或使用筹资渠道。例如，一家企业可能建立了事先注册计划，因而可以通过相对短时间的通知来发行债券、安排一家承诺的银行根据危机需要来进行拨款，或建立一个商业票据计划，以获得短期筹资，在需要的时候进行展期。但并不是所有的企业都有能力对所有的市场进行自己的选择，这就限制了企业的运营。

3. 提款承诺

资本提供者的提款可以直接导致企业出现筹资流动性风险的问题。如果企业事先没有对提款做过准备，就不得不选择更高的代价安排，可能马上就会承受增加成本的压力。如果企业已经由于其他的提款而被削弱，新增加的撤资会导致更严重的问题，包括引发实际的财务困境。筹资提款的原因可能是合同违约、触发事件或根据相关条例造成资金提供者中止了承诺，或由贷款方因对企业信用质量的恶化预期而引发。

4. 过度集中

所有的筹资问题都可能会由于出现产品、市场或者贷款方资金过度集中的情况而恶化。企业过分依赖于单一产品、市场或者贷款方或投资者，就会增加了筹资流动性风险，因为集中的来源中断或者要求提款，就会让企业失去重要的融资方式。虽然企业可能认为自身的筹资计划多样化，它将自己的需求分散到各个市场、各种产品和各类机构上，但是系统环境的变化会导致这些产品因受到同样的负面消息而做出同种类型的反应，导致借款的企业产生集中的问题。

（三）筹资流动性风险的影响

筹资流动性风险对企业的最大影响就是使企业的经济遭受损失和缺乏财务弹性，并最终导致企业陷入财务困境。

筹资流动性风险的强度在很大程度上取决于企业对这些压力的反应。在最初的阶段，企业可以采取适当的方式来应对，如利用替代的筹资来源、改变业务活动的方向、暂时减少或扩大承诺以及给市场注入信心；在问题更加严重的时候，企业也许不得不屈从于巨大的筹资压力，忍受展期的问题以及市场和产品渠道的部分损失或全部损失，此时筹资流动性风险已影响到企业的正常运营，企业需要以较高的成本来寻找新的资金来源；而在问题最严重的时候，企业也许需要付出巨大的经济代价，为了筹借资金，被迫抵押或变卖资产；在最极端的情况下，筹资流动性风险和资产流动性风险就会交叉出现，将企业带入流动性漩涡。

二、资产流动性风险的识别

在企业经营过程中，若企业具有健全的营业现金流量和充分的筹资来源，就可以将所有资产一直持续到期，不会面临资产流动性风险。当企业营业现金流量不太充分、筹资来源不充分、现金流量无法预测或者成本太高的时候，风险就有可能出现，资产价格和持有的时间都变得不确定。为了抵补意外的支付或者债务，企业必须在资产负债表上保存一定数量的真正的流动资产。

（一）资产流动性风险的来源

预期的债务一般可以在企业制订好的筹资计划的范畴之内得到解决。但是如果突然出现现金需求——现金流量无法预测，不利的法律法规、管理行为或者负面的市场反应，这些不能够以企业常规的和或有的筹资计划来应对，资产流动性风险就成了财务风险中更大的角色，筹资流动性风险的来源一般也是资产流动性风险的来源。因此对现金的意外要求是资产流动性风险的核心，但此时一般未担保筹资选择途径已经基本丧失。

（二）资产流动性风险问题的性质

当一家企业没有合适的和经济的渠道来获得足够的未担保资金来应对债务时，就必须依靠资产组合来弥补这些短缺。利用资产缓解流动性风险的顺序一般是：首先采用抵押无负担的资产作为贷款担保；若此条件不满足或成本过高，企业可选择从流动性仓库中卖出流动资产，以保证流动性；然后再考虑资产证券化；最后考虑卖额外的非流动性资产（包括固定资产和经营单位）。执行这些方案虽然会造成一些流动性度和经济价值的损失，但相对企业遭遇财务困境的潜在损失却会小得多。在一些情况下，利用资产来缓解流动性也会产生一定压力，如由于抵押的需求数额非常巨大，严重地限制了企业财务的弹性；企业资产的变现能力大幅削弱；证券化方式不能及时地提供可行的现金解决方案等。

1. 资产市场性的缺乏

资产市场性的缺乏是资产流动性风险中的核心问题，企业所持的资产如果不能方便地按照或者接近账面价值进行转换，就会给企业的运营带来结构上的非流动性，在需要尽快变卖资产时就会遭受重大的损失。但需要强调的是，资产市场性具有动态的特征，是随着时间而变化的。有时资产也许原本是可以变现的，但是以后出了问题，致使其不太好变现甚至根本无法变现。

2. 缺乏无负担的资产

企业可能会选择以资产抵押来借款而不是卖掉资产，保留生产性资产的所有权，而同意给予债权人以留置权，这样企业可以保持产生经营收入和建立企业价值的能力。但也应注意，企业把主要的或者是全部的资产抵押给债权人，借款能力因受到限制而减少了财务弹性，同时也失去了对资产负债表的有效控制，企业不能变卖任何自己的资产。在这种情况下，企业呈现出很大的信用风险，当遇到其他意外支付或从传统来源筹资的小困难时，回漩的空间就很少，而这意味着企业陷入财务困境的可能性大大增加。

3. 资产过度集中

重大的资产流动性风险问题可能来自集中。集中的程度取决于特定的资产、市场和周转。但应注意的是，真正算得上集中的头寸必须大到足以对公司的经营造成很大的财务损失。当企业持有的头寸过度集中，企业就很难将其以账面价值变现，从而很可能持续地给企业带来一些损失，其程度取决于头寸的绝对数量相对于市场的深度以及在变卖时必然会达到的速度。

4. 资产价值低估

资产流动性出现问题有时是从资产价值的低估开始的，无论是企业根据市场的惯例，还是会计政策根据成本或者市场的情况而调低，结果都是一样的。如果资产被低估了，在抵押或变卖时也许实际的价格比预期的要差许多，导致预期的和实际的现金流入出现了缺口。导致资产低估的原因有多方面，包括头寸过多、架构过于复杂或者模型错误以及折扣设计等。

5. 不充分抵押

采用抵押来保证交易也可能受到资产流动性问题的影响。如果贷款方没有将其要求的抵押品的类型水平进行适当的界定，所收取的抵押品不能以账面价值较小的折扣很容易地卖出，也许就会受到资产相关的流动性损失；如果标的物的借款人在信用延期上违约，迫使贷款方变卖抵押品以得到偿还，或抵押品卖出的收益不足以抵补最初的贷款数额时，贷款方就会遭受损失。

（三）资产流动性风险的影响

资产流动性风险与筹资流动性风险一样，对企业的最大影响就是使企业的经济遭受损失和缺乏财务弹性，并最终导致企业陷入财务困境。

当企业无法用筹资来满足其流动性需求时，最为理想的情况是企业可以采用无负担的资产抵押贷款，或者变卖仓库中流动性最好的工具。如果结合了资产的市场性因素（折扣问题）对资产价值进行计算，那么保证所需的资源应该比较容易。在比较严重的情况下，企业可能面临着可变现资产或无负担资产的缺乏，或者不能以账面价值或者略低的价格来清算过度集中的资产，或者是以资产低估和不充分的抵押来解决到期问题，这些问题至少会导致财务损失，像清算时大于预期的贴现折扣，或抵押时大于正常的折扣。或这些问题同时出现，企业筹资来源渠道的杠杆都达到了最大化，资产被迫变现，企业价值降低，财务弹性减少，企业进入流动性危机阶段。

三、流动性漩涡与财务困境

当资产和筹资流动性风险联合在一起，原本试图保证增加流动性，结果可能造成不断增加的成本和不断降低的弹性水平进入一个恶性循环过程，即陷入流动性漩涡运动。一旦漩涡运动开始，企业每次想获取现金来源的计划都变成了新的危机、新的困难和新的成本。企业陷入漩涡运动会面临巨大的经营压力，将遭受陷入财务困境和失去偿付能力境地的危机或者风险。

（一）流动性漩涡产生的来源

资产和筹资联合产生的问题可能是来自内生因素，如无法预测的现金流量、不利的法律或管理部门裁决、管理不善和负面的市场印象和反应等。其中任何一种来源都可以通过事件链条的传播方式来影响企业整体的流动性状况，若企业防止意外的筹资计划不合理或执行不力，或对可变现的资产没有预先进行准备，都可能加剧企业流动性风险的程度。外生压力也可能起到部分的作用，在出现混乱时，正常的筹资渠道以及资产出售和抵押的渠道都被限制，在有压力的情况下，资产可能达不到账面价值反映的数额，负债可能难以按照预期偿还或被赎回、召回或取消，从而使企业陷入流动性漩涡。

（二）流动性漩涡产生机制

当一家企业面临着意外的支付或者债务，企业因缺乏充分的筹资来源不能满足提款的需求，持续的短缺要求企业通过资产抵押来进行筹资。信用等级评估机构、投资者和贷款方开始意识到提款和抵押的问题，增加了对企业的担心，企业展期筹资的成本提高，一些投资者撤出了投资。遭受损失的筹资来源还要应对正常的经营支出，导致进一步的抵押和资产变卖；信用等级评估机构降低了企业的信用等级，结果是减少了财务弹性，增加了企业的筹资压力。这将使更多的投资者因信用等级下降而撤出投资，一些银行取消了一些信用工具或者是提高了实际利率费用。筹资损失的增加导致进一步的抵押和开始更加积极地变卖资产，企业开始以低廉的价格出售资产，为控制不断增加的损失对企业财务状况产生压力，评级机构又一次降低企业的等级，因为增加了对流动性问题恶化和财务弹性减少的担心。降级打破了投资的临界底线，触发了约定的条件，要求企业对现有的信用工具提供抵押品，这一举动进一步减少了财务弹性，导致尚存的投资者大批地提取资金，银行根据重大不利变动条款或者财务测试利率的突破，取消他们的各种工具，切断了其他的融资来源。企业和它的投资银行需要考虑发行高收益债券来增加迫切的需求现金，但是投资者对这种要求唯恐避之不及，不愿意承担投资的任何风险溢价。投资者、债权人和等级评级机构认为企业信用急剧恶化；濒临破产的传言导致企业的股票价格跳水，管理层利用所有的资产来力求现金。缺乏筹资的渠道可能使得其他存款人撤出他们的资本，企业从其他来源以较高成本来筹资．导致更大的损失，这些活动造成了更大的困难，企业筹资受到进一步的限制，给予漩涡运动以加速度。流动性漩涡运动可以扩大到系统的层次，这样可以造成特别严重的危机，最终导致一大批的企业受到财务损害或者失去偿付能力。当金融机构也面临风险时，为了防止事态蔓延，可能需要法规的干预，否则会引发系统性的流动性危机。

（三）流动性漩涡的原因

流动性漩涡运动不一定会在所有的资产和筹资联合的问题中出现——增加的压力一般必须能够达到造成恶化的程度，才能导致漩涡运动。虽然流动性问题的最初原因也许完全是内生的，如流动性工具的管理不善、意外的现金流量等，但是，促进生成漩涡运动的也许是外生因素和内生因素的混合，失去了利益相关者的信任和对危机反应的管理无能二者都是重要的基本原因。失去信心的可能是投资者也可能是存款人、银行和评级机构。一旦危机已经发生，造成信用损失的实际原因可能已经毫不相关，信用的缺乏并不总是需要实实在在，传言已经足以触发一系列的破坏事件。临界点就在于一旦信用丧失就可以得知其他方面令人担心消息，由于消息快速传播，其他利益相关者很快就可以得知其他方面令人担心的信息，并采取防御行动来保护资本或者信誉。失去信心的银行将会拒绝提供更多的贷款，持有债券或者商业票据的投资者将会卖掉或者拒绝展期，评级机构知道了大量的筹资活动，可能会降低企业的信用等级，这些行动进一步导致了筹资的损失、资产变卖和抵押，使漩涡运动得以继续。

（四）财务困境

一家企业如果不能逃出流动性漩涡，就会陷入财务困境，企业想保持原状已十分困难，结果可能会导致企业没有偿付能力，管理部门或债权人将会对企业进行干预。

如果一家企业被认为其资产基础具有充分的价值，只是因为缺乏足够的现金而陷入财务困境，债权人和行政部门可能会对企业进行重组，虽然股东们会损失投资，债权人也要承受一定的损失，但是企业一旦从破产过程中摆脱出来，将能够以某些形式继续经营。而若企业被认为没有足够的价值，法庭可能会选择清算，此时企业资产将被变卖，收入将按照优先权分配给债权人，保证债权人能够得到最大的支付，企业将停止经营。

第三节　流动性风险的度量

引起流动性风险的标的物的变量可能是动态的和无法预测的，进行流动性风险测量是相对复杂的，并且也很难精确测量。虽然某些方面的资产和筹资的流动性风险是容易确认和定量的，但在分析联合资产和筹资风险以及资产负债表外或有交易时流动性风险就难以确定。尽管不同的测量技术是因公司和行业而异，但仍可提炼出一些一般的方法，包括流动性比率和现金流量缺口。流动性比率是通过测量企业的资产负债表、利润表和现金流量表的各个项目来确定资源的充足程度，反映出机构的流动性状况。现金流量缺口着重于弄清或者估计不同期间的现金流入和流出来确定可能的盈余或者赤字。对于一些特别是金融部门的企业，经常需要采用一些专门的金融资产流动性测量标准尺度，来分析有关资产负债表内和表外的金融合同以及风险投资组合的风险程度，这三种类型都可以通过另外两种测量技术来进一步分析：流动性交易减值和压力测试。但不管采用何种专门的工具，流动性风险的测量都必须放在非常具体的层次上，对财务测量方法事先提出的要求是建立在干净的、具体数据的、健全的、账目的支柱上，企业必须能够为财务测量精确地收集和核对详细的数据，如果不能付出很大的努力做到这些，依据测量工作的结果来做决策就会受到限制。

一、流动性比率

企业的财务状况是测量流动性风险的基础出发点。既然流动性的问题出自缺乏短期筹资，反映短期资产和负债状况的度量就是测量程序的基本方面。公司的流动性情况就可以通过分析资产负债表、利润表和现金流量表等许多测量结果来得到确定。结合企业的经营活动，将影响企业流动性的财务比率指标分为偿债能力指标、现金流量指标、企业营运能力指标和企业赢利能力指标。

（一）偿债能力指标

偿债能力（Debt-Paying Ability）分为短期偿债能力和长期偿债能力。反映企业偿债能力的指标主要有流动比率、速动比率、现金比率、营运资金比率、资产负债率以及利息保障倍数等指标。

（二）现金流量能力指标

现金流量（Cash Flow）能力是反映企业一定期间内获取现金或现金等价物的能力，可以用来反映其能力的指标包括现金流量利息保障倍数、现金流量比率、现金到期债务比率以及营业收入现金比率等。

（三）企业营运能力指标

企业营运能力主要是指企业营运资产的效率和效益。企业营运资产的效率主要指资产的周转率或周转速度。企业营运资产的效益通常是指企业的产出额与资产占用额之间的比率。

（四）企业赢利能力指标

企业的赢利是保证企业流动性充裕的前提，赢利能力的指标主要由每股收益、净资产收益率、资产收益率以及主营业务利润率（毛利率）等构成。

在对企业的流动性风险进行分析时，需要结合企业所处的行业，并综合不同的衡量指标来进行分析。特别是对于金融机构，在利用流动性比率进行分析时，还需要进行适当的调整。其指标主要包括：

（1）借款比率。该指标可选取存款总额除以所借的资金、不稳定资金除以流动资产，以及不稳定资金减去流动资产除以资产总额减去流动资产来进行计算。该指标一方面可以测量银行使用不稳定借款来支持经营的需求，另一方面也可以测量银行使用现金和现金等价物来偿还“热钱”的程度。该比率越高，表示在银行的全部计划中，存款周转量或者不稳定的筹资数量比较大，银行的流动性压力就越大。

（2）贷款对存款的比率即贷款总额除以存款总额。该指标表示银行能够通过存款来支持其发放贷款的业务的程度；更加严格一点的比率是将更加稳定的储蓄数额排除在存款总额之外，来显示信用业务真正受到“热钱”支持的程度。

（3）账面匹配比率即回购协议除以反向回购协议。该指标表示金融机构的杠杆头寸适当匹配的程度，反映是否可以随时减仓或者完全平仓。较高的比率反映出更大的负债不匹配，在应该进行平仓操作时会更加困难。

（4）保险流动性比率。该指标一般应用于对保险行业的短期流动性进行测量，可通过保险公司可变现证券除以可放弃负债、30 天可销资产除以可放弃负债等进行度量。可放弃负债要求负债是在不确定的时间范围内的，为了确定放弃对于财务的影响，保险公司可能要分析投资组合负债的要求，将每种工具都乘以放弃概率，交叉合计各个合同以得到对总额的估计。该比率越高，表明保险公司应对负债的能力越强。

（5）缺口比率。银行和证券公司为了控制管理流动性和利率风险，通常都要测量利率敏感性资产和利率敏感性债务之间的不同，即利用利率敏感性资产除以利率敏感性债务来衡量缺口比率。该比率等于1，意味着资产和负债的投资组合的完美匹配；该比率小于1，意味着银行的资产持续期间短于它的负债持续期间，出现了负的缺口，一旦利率上升，负的缺口意味着银行承担了更多的基于市场的利率和流动性风险，就会遇到净利息差被压缩的问题。

二、现金流量缺口

企业在经营过程中，一方面为了追求利润最大化，总是希望将更多的资金用于投资，并倾向于持有期限长、流动性比较差的资产；另一方面，经营过程中负债的不稳定和不确定性又要求企业必须持有足够的流动资金来应付经营过程中的流动性需要，以避免发生流动性风险。资产负债缺口在有效管理流动性风险上是很重要的，一家企业也许拥有稳定的筹资和流动性来源，但是如果想要建立健全的流动性计划，必须同时管理好两者之间的缺口。企业需要经常测量现金流量是否匹配，因为任何导致筹资赤字的缺口都要求反映到企业的流动性计划中，因此重要的是要预先考虑这些赤字可以发展到何种严重程度，是否需要准备现金缓冲，同时，任何造成盈余的不匹配都可以通过加强流动性的缓冲来应对未来预期的赤字或紧急情况。

现金流量缺口的测量可以通过离散的时间段来作为基础，针对特定时段，计算到期现金流入和现金流出之间的差额，以判断企业在未来特定时段内的流动性是否充足。为了计算企业的流动性缺口，我们需要结合企业的现金流量表和资产、负债的不同明细进行细致分析，需要注意的是，在特定时段内虽没到期，但可以不受损失或承受较少损失就能出售的资产应当被计入到期资产。

缺口分析一般在商业银行的流动性风险管理中应用较为普遍，下面我们以商业银行为例，探讨缺口分析的应用。经验表明，虽然活期存款持有者在理论上可以随时提取存款，但通常大多数活期存款都在银行存放两年以上。在美国，商业银行通常将包括活期存款在内的平均存款作为核心资金，为贷款提供融资来源。商业银行的贷款平均额和核心存款平均额之间的差异构成了所谓的融资缺口，其公式为：

融资缺口＝贷款平均额－核心存款平均额

如果缺口为正，商业银行必须动用现金和流动性资产，或者介入货币市场进行融资。用公式表示为：

融资缺口＝－流动性资产＋融资需求

公式改写后变为：

融资需求＝融资缺口＋流动性资产

上述公式意味着商业银行的流动性需求（需要借入的资金规模）是由一定水平的核心存款和贷款以及一定数量的流动性资产来决定的。换言之，商业银行的融资缺口和流动性资产持有量越大，商业银行从货币市场上需要借入的资金也越多，它的流动性风险亦越大。融资缺口扩大可能意味着存款流失增加，贷款因客户增加而上升。例如，房地产市场发展过热，一方面导致居民大量提取银行存款用于购买住房，另一方面房地产公司贷款和长期住房抵押贷款显著增加。一旦大量房地产公司和住房贷款申请人由于内外部因素变化而无力按期偿还本金和利息，商业银行将面临严重的流动性风险。如果商业银行此时不减少手中所持有的流动性资产，资金调度主管将不得不转向货币市场借入资金，随着借入资金增加，货币市场的债权方将关注该商业银行的信用质量，其结果可能导致该商业银行借入资金的成本上升，或信贷额度趋严，直至因流动性危机导致银行倒闭。

积极的流动性缺口分析的时间序列很短，大多数商业银行重视对四、五周之后的流动性进行缺口分析。通常，活跃在短期货币市场和易于在短期内筹集到资金弥补其资金缺口的商业银行具有较短的流动性管理时间序列；而活跃在长期资产和负债市场的商业银行则需要采用较长的时间序列。

三、金融资产流动性的测量

对于企业而言，若积极地使用金融工具，包括可变现的证券和衍生产品，则如何测量和管理这些金融工具的流动性风险就变得十分重要。通过对其持有的不同资产的流动性特征进行分析，企业在需要大量地卖出或者抵押资产时，就能够使价值的减少尽量最小化。同时企业也要设法将其所获得的资产现金流量尽可能地最大化，将每一项资产控制在特定的价格和清算范围之内。要达到这一目的必须考虑两个因素：一是预测可以影响投资组合风险的各种变化，这种变化并不受到企业自身的活动的影响；二是决定由于企业自身的销售活动所造成的价格下跌的可能性。

一般而言，测量金融资产流动性主要有三个方面：深度、宽度和弹性。深度是指市场交易量大小，或者说是在价格变化之前市场可以接受的交易量的大小；宽度是指某一资产的买价和卖价之间的展开程度，或者说是交易价格与市场中间价格距离偏离；弹性是指价格运动消失的速度，或者说是市场在吸收了一份大的买单或者大的卖单之后回到“正常条件”所需要的时间。通过测量这三个方面，持有金融资产的企业就可以评估存在于它的投资或者投资组合交易中的流动性风险的大小了。

目前，很多理论界和实务界的研究者在对金融资产的深度、宽度和弹性认识的基础上，提出了一些新的金融资产流动性风险的测量方法。

（1）非流动性指标，即考虑单位时间内单位成交金额所引起的价格振动幅度。一般而言，若单位时间内单位成交金额所引起的价格振幅越大，则非流动性越大，即流动性越差。

（2）流动性敏感系数。流动性风险调整的资产均衡定价模型认为，流动性影响资产定价的渠道有两个，一个是流动性水平影响投资者对资产的要求回报率；二是投资者对流动性风险要求相应的风险补偿。企业可以通过回归模型中流动性因素的贝塔系数来估计流动性风险对资产收益的贡献。

（3）流动性风险方差。Garbade 和 Silber（1979）提出了流动性风险的方差测度模型，他们认为流动性风险的方差是投资者决定要交易时的证券真实价值（不可观测的均衡价值）与交易完成时刻的交易价格之差的方差：他们认为流动性风险是投资者因为市场流动性不足而不得不承受的价格波动方差的最小值，交易者面对的流动性风险与证券真实价值的标准差呈正比，与证券交易价格的波动率系数呈正比，与交易者到达市场的速率成反比。

（4）LA-VaR 模型。VaR 是目前金融机构广泛应用的一种风险测量模型，主要统计计算在一定置信区间内，在一定时间内企业遭受的最大风险损失。在研究企业的流动性风险时，由于未上市的企业很难判断外生流动性风险对企业的影响，因此，目前的研究一般通过研究上市公司股票价格的波动来计算风险价值 VaR，并将其作为企业流动性风险的测度。但 VaR 模型没有跟踪风险和损失的测量标准、没有考虑不同层次风险的统一方式、对许多衍生产品的非线性价格特征难以捕获，同时该模型还在很大程度上依赖有关波动性、相关性和清算范围的假设，所以这些缺陷给 VaR 模型的应用带来一定的问题。为了改进测量方式，使其更加适合运用于市场和流动性风险的管理当中，近些年来出现了许多种风险值的调节方法。流动性调整风险值这一指标在调整风险值的时候直接加入了对流动性特征的计算，虽然现在仍然没有被一致接受的流动性调整风险值的计算方法，但毕竟还是有若干分析方法可供选择，包括：第一，波动性比例因素结合差异/协方差矩阵，对那些被认为具有较大流动性风险的准确头寸使用更多的波动性估价，一般是通过预先对投资组合确定的特征来增加风险值；第二，将时间比例因素加入到清算阶段。在这种情况下，大的头寸同时也基本上是那些非流动的资产，需要通过该比例因素来进行惩罚，把清算的范围从一天、五天或者十天相应地扩大几倍，再一次增加风险值。为了确定清算期间的比例，机构可以将风险投资组合分成不同的次级投资组合来反映特殊的流动性特征，并根据对清算的预期的难易来确定不同的时间范围。因此，流动性调整风险值可以看作在风险值计算的基础上考虑特定资产的取样范围和一些与外部决定的频率同步的清算期间。

此外，金融资产流动性的测量还有一些方式，包括：①资产交易的数目：一般来说，资产交易的总的数目越多，越具有良好的流动性；②资产交易的金额：一般来说，资产交易的金额越大，市场的流动性越好；③资产交易的频率：一般来说，资产交易的频率（换手率）越高，其流动性越好；④资产的周转速度：一般来说，资产周转快的要比周转的慢的具有更加良好的流动性。

四、压力测试

流动性问题经常伴随尾部风险出现，即对企业经营产生影响的事件出现概率可能很低，但一旦发生对企业潜在的财务影响却很大。企业可以采用内生性压力测试和外生性压力测试，通过选取识别那些可能提高异常利润或损失发生概率的事件或情境，利用概率和统计方法来度量这些事件发生时对企业相关运营指标的影响情况，以此来监测和控制企业的流动性风险，并最大限度地降低流动性风险可能带来的潜在损失。测试的质量取决于构造合理、清晰和全面的情景，压力情况不仅可能由一些宏观的经济变量造成，如经济增速指标、消费者信心指标、通货膨胀指标和利率指标等，还有可能是由企业信用普遍恶化等造成。在企业经营中，单一的风险事件情况和联合情况可能造成更加严重的尾部风险。在实践中，压力测试程序要依赖许多工具，包括模拟分析、数学程序和预测模型。在压力测试中，一般可以通过设置包括正常情景、市场崩溃情景、经济发展减速情景、突发事件风险情景以及联合情况情景等在内的情况来进行估算对比。

（一）压力测试的类型

压力测试包括敏感性测试和情景测试等具体方法。敏感性测试旨在测量单个重要风险因素或少数几项关系密切的因素由于假设变动对银行风险暴露和银行承受风险能力的影响。情景测试是假设分析多个风险因素同时发生变化以及某些极端不利事件发生对银行风险暴露和银行承受风险能力的影响。

（1）敏感性分析。敏感性分析指在保持其他条件不变的前提下，研究单个市场风险要素（利率、汇率、股票价格和商品价格）的变化可能会对金融工具或资产组合的收益或经济价值产生的影响。巴塞尔委员会在2004年发布的《利率风险管理与监管原则》中，要求银行评估标准利率冲击（如利率上升或下降200个基点）对银行经济价值的影响，这也是一种利率敏感性分析方法，目的是使监管当局能够根据标准利率冲击的评估结果，评价银行的内部计量系统是否能充分反映其实际利率风险水平及其资本充足程度，并对不同机构所承担的利率风险进行比较。敏感性分析计算简单且便于理解，在市场风险分析中得到了广泛应用。但是敏感性分析也存在一定的局限性，主要表现在对于较复杂的金融工具或资产组合，无法计量其收益或经济价值相对市场风险要素的非线性变化。因此，在使用敏感性分析时要注意其适用范围，并在必要时辅以其他的市场风险分析方法。

（2）情景分析。情景分析是一种多因素分析方法，它结合设定的各种可能情景的发生概率，研究多种因素同时作用时可能产生的影响。在情景分析过程中要注意考虑各种头寸的相关关系和相互作用。情景分析中所用的情景通常包括基准情景、最好的情景和最坏的情景。情景可以人为设定（如直接使用历史上发生过的情景），也可以从对市场风险要素历史数据变动的统计分析中得到，或通过运行描述在特定情况下市场风险要素变动的随机过程得到。如银行可以分析利率、汇率同时发生变化时可能会对其市场风险水平产生的影响，也可以分析历史上的政治、经济事件或金融危机以及一些假设事件时，其市场风险状况可能发生的变化。在不同的情景条件下，商业银行对现金流入和流出的缺口分析结果存在显著差异，虽然历史经验可以借鉴，但更多情况下取决于商业银行的主观判断。因此，对商业银行运营过程中可能出现的各种情景进行相对保守的估计，有助于减少流动性缺口分析的偏差。通常，商业银行的流动性需求分析可分为正常状况、商业银行自身问题所造成的流动性危机、某种形式的整体市场危机三种情景下出现的有利或不利的重大流动性变化。将特定时段内的预期现金流入和现金流出之间的余额相加，可以把握商业银行在上述三种情景下的流动性演变和资金净余缺的情况，从而深入理解商业银行的流动性状况，并审核假设条件是否一致、合理。

（二）压力测试的变量估计

（1）市场参数。构成压力测试的部分关键因素包括波动性、相关性、清算范围、筹资差额以及流动性交易减值等，这些参数的估计有时比较困难。以清算范围为例，清算范围是一个有许多模型和常见问题来源的基本输入内容，在市场混乱的时期，卖出头寸所花费的时间长度往往会被低估，因此压力测试必须放弃“常规思维”，延长清算范围。

（2）现金流量。压力测试必须输入现金流入和流出以及净融资需求额。在操控营业现金流量及其来源和流动性的使用中，可以计算不同时间范围里的不同情况，将结合不同情况的分析结果运用到大范围的管理和应急计划中。例如，测试的形态可以根据营业收入的现金流量、信用调拨、资产出售、资产展期中止和或有的资产负债表外收入，以及负债赎回有关的现金流出、卖出选择权、展期中止和或有负债等来展开分析。

（3）资产变卖和抵押。压力测试可以对企业不同资产账目的敏感性进行测量，考察在市场混乱情景下不同流动性仓库的价值。尽管相对保守的企业可能对不同资产已经设定了一定比例的贴现折扣，认为在正常的市场条件下可以通过变卖或者抵押得到这一数额，但是压力测试必须重点关注极端的贴现折扣情况。资产组合如果是很集中或者是市场性很有限，在测试中必须提高贴现折扣，以反映出实际的情况，在困难的时期，变现的价值几乎肯定远远小于预期的估计。

（4）筹资。筹资来源也必须作为压力测试的核心，筹资成本的迅速提高或者现有的工具突然消失往往是出现流动性压力问题的第一个信号，它可以导致更加严重的问题。因此也许需要进行极端的压力测试，估计一下如果承诺工具和现有的筹资计划中所有的筹资成本提高了100个、200个或者500个基点，企业将要承受的经济损失如何。

（5）契约和终止。许多银行信用协议和债券契约都隐含着有意确保债务人企业保持谨慎管理的金融契约，这通常是为了有意地保护交易双方和利益相关者，以避免管理不善。既然契约可以触发引起筹资事件的“连锁反应”，在进行压力测试时，企业应该考虑契约提前终止可能带来的现金流量正向和负向的运动，并对自身的投资组合进行估计。

（6）抵押品。企业为了保证信用敏感的交易，需要接收或者交付抵押品。既然抵押品构成了信用风险管理程序中的一个重要因素，而信用风险可以影响流动性风险，那么对抵押品的投资组合就必须要进行压力测试。如对抵押品的接收和交付、接收延期以及抵押品价值的贴现折扣等都需要进行分析。

（7）货币风险。全球运营机构的现金流量和资产负债表账目上一般会持有一定数量的外国货币，因此必须测量由于其对本国货币贬值而带来的经济影响，同时也可能出现缺乏本国货币来源的问题。

（三）压力测试在商业银行中的应用

压力测试能够帮助商业银行充分了解潜在风险因素与银行财务状况之间的关系，深入分析银行抵御风险的能力，形成供董事会和高级管理层讨论并决定实施的应对措施，预防极端事件可能对银行带来的冲击：对于日常管理中广泛应用各类风险计量模型的银行，压力测试应成为模型方法的重要补充。压力测试也能够帮助银监会充分了解单家银行和银行业体系的风险状况和风险抵御能力。一般而言，商业银行根据自身业务特色和需要，可以对各类资产、负债及表外项目分以下5个角度进行以下压力测试：

（1）收益率曲线4种平行移动各100个基点，同时收益率曲线倾斜25个基点。

（2）3个月的收益率变化增加/减少20%。

（3）相对于美元的汇率，主要货币增加/减少6%，非主要货币增加/减少20%。

（4）信用价差增加/减少20个基点。

（5）其他敏感参数的极端变化，并根据压力测试的结果分析商业银行当前的流动性状况。

五、久期分析

久期分析一般比较适用于经营金融资产的企业，特别是商业银行。下面以商业银行为例，探讨久期分析的应用。由于利率变化直接影响商业银行的资产和负债价值，造成流动性状况发生变化，因此，久期分析经常被用来评估利率变化对商业银行流动性状况的影响。

用 D_A 表示总资产的加权平均久期，D_L 表示总负债的加权平均久期，V_A 表示总资产的初始值，V_L 表示总负债的初始值，R 为市场利率，当市场利率变动时，资产和负债的变化可表示为：

$$\Delta V_A = -\left[D_A \times V_A \times \frac{\Delta R}{(1+R)}\right]$$

$$\Delta V_L = -\left[D_L \times V_L \times \frac{\Delta R}{(1+R)}\right]$$

久期缺口可以表示为：

久期缺口＝资产加权平均久期－（总负债/总资产）×负债加权平均久期

它可以用来衡量利率变化对商业银行的资产和负债价值的影响程度，以及对其流动性的作用效果。

(1) 当久期缺口为正值时，如果市场利率下降，则资产价值增加的幅度比负债价值增加的幅度大，流动性也随之加强；如果市场利率上升，则资产价值减少的幅度比负债价值减少的幅度大，流动性也随之减弱。

(2) 当久期缺口为负值时，如果市场利率下降，流动性也随之减弱；如果市场利率上升，流动性也随之加强。

(3) 当久期缺口为零时，利率变动对商业银行的流动性没有影响。这种情况极少发生。

总之，久期缺口的绝对值越大，利率变化对商业银行的资产和负债价值影响越大，对其流动性的影响也越显著。

第四节　流动性风险的控制

在实务中，短期和中期的流动性管理的核心是建立和使用各种工具来控制资产、筹资和资产负债表外的风险，企业流动性管理委员会应建立流动性控制的平衡以抵补真正的风险来源。企业可能建立包括一切流动性的统一控制，然后按照经营单位，或者地区，或者法人团体来建立具体的次级限制。这一般包括资产流动性的控制、筹资流动性的控制、联合流动性的控制、资产负债表外流动性的控制和其他控制措施等。

一、筹资流动性的控制

企业必须严格控制筹资状态，以便尽量减少筹资流动性损失的可能性，特别是对非常依赖不稳定的短期融资的企业而言更为重要。这要求企业在进行筹资管理时应确保适当的筹资多样化和得到承诺。企业的筹资状态在很大程度上取决于企业的性质和所在的行业，一些企业可能较多地依赖短期筹资，而另外一些则可能主要依赖中期和长期筹资。在理想的状态下，企业应努力达到筹资选择余地的最大化和取得最低的筹资成本的最佳综合负债。为创建一个平衡的筹资计划，消除不合理的集中程度和对单一来源的过度信赖，企业应该建立对筹资来源的限制，包括对不同市场、产品、到期日和贷款方及投资者等。同时也要对筹资工具进行限制，约束或有筹资承诺从借贷市场上撤出，这种限制代表着另一种形式的控制。这主要是为了企业能够依靠银行信用额度，以便确保这一工具在需要时能够得到利用，也就意味着在所有可能的市场环境中，限制或者尽量减少那些不能利用的可能性。

二、资产流动性的控制

企业可以采取多种控制措施来管理资产的流动性风险，这些资产包括资产负债表中的流动资产、固定资产或流动资产的组合及可以在任何时间抵押给债权人的资产。企业一般需要对流动资产、现金和可变现证券、应收票据、存货和固定资产等占总资产的比例设置一个比例限制。对作为企业资产核心储备的流动资产组合，或者说流动性仓库，企业必须恰当地构建和谨慎地管理。在流动性仓库中，企业需要对持有流动资产的最大的集中程度、期限、信用质量、复杂性和过期等加以限制，这样可以帮助确保风险和回报框架与企业的流动性风险管理制度之间的适当平衡，减少可能暴露出来的现金流量赤字。流动资产组合对于所有的企业都很重要，特别对于那些依赖于不稳定的、可以被很快赎回的短期筹资来源的企业而言更为重要。在有些情况下，有必要对流动性仓库加以细分，反映出与不同投资组合相匹配的具体的流动性风险和回报的特征。这既可以保持各个层次的流动性，也可以将责任集中在有关企业价值的最大化方面。此外，既然为了得到现金常常会抵押资产而不是直接变卖资产，企业就应该避免在不知不觉中把所有资产都用来做抵押去支持其他筹资工具。企业可以通过建立一个限制结构，按照资产账目，限制可以用作抵押支持筹资的资产的最大数额。任何违反这些限制的现象都可以看作是一个警示信号，表明企业财务的弹性正在迅速减弱，正在出现更加广泛的有关未担保筹资渠道方面的问题。

三、联合流动性的控制

一是现金流量缺口的限制。建立缺口限制可以减少企业难以充分有效应对出现净融资需求额赤字的概率。在实务中，企业可以选择一种方式来计算净融资需求额的缺口，然后为每一个离散的时间或者持续期间阶段设置一个净融资缺口的最大限度，把这些限制累计起来就可以用于对一个给定的时间或者持续期间的净融资需求缺口的估计。尽管企业用现金流量的限制来约束风险还不完美，但通过建立允许一定数额的意外变化的缺口限制和一些缓冲，企业就可以在很大范围内处理可能出现的各种结果。

二是资产负债表目标的限制。联合的资产和筹资风险也可以通过对资产负债表目标的限制来进行控制，从数额和增长速度上对资产负债表加以限制，确保企业在遇到商业机会时有适当的能力获得必要的资金。没有这些控制，如果企业的业务增长或企业扩张太快，就容易忽视相应筹资的需要，使得用于扩张目的的杠杆没有和资产筹资的流动性状态相互匹配。

三是混合比例限制。企业也可以考虑使用混合比例来控制流动性风险的各个方面。这些混合的限制内容包括资产负债表、资产负债表外、现金流量和利润表账目，结合了对库存和流动的测量。比如，企业如果希望保证能够充分抵补即将到期的短期债务，可以设置一个限制，利用现金、无负担证券的流动性交易减值价值和没有使用的未担保部分、承诺限额除以 12 个月内到期的未担保债务作为限制比例依据。在企业运营中，该比例在任何时候都必须保持高于一个最低水平；如果达不到，抵补短期负债的能力就受到削弱，管理层应采取相应的措施进行校正。此外，企业还可以建立一个最小防御区间，用以满足在没有任何新的筹资来源情况下维持一个月的方案来控制联合流动性风险。

四、资产负债表外流动性的控制

既然资产负债表外的项目可以影响现金流入和流出，有时对企业的财务影响还十分显著，企业就必须对其进行适当的约束。在实务中，企业可以通过对远期承诺和或有负债的限制来达到这一目的。其采取的主要控制措施包括限制远期承诺和或有负债在未来的每个时段的最大金额以及每一个等级的远期承诺和或有负债的最大百分比等。无论其资金来源有多少，限制必须有效地约束企业的风险。值得注意的是，若限制太宽泛，可能无法适当地约束企业的风险，造成企业经营效率较低；而若限制太小，又不能对企业风险进行有效约束而偏离目标值，因此需要结合企业的情况实施合理的限制。

五、其他控制措施

除了对筹资、资产流动性进行控制外，企业还可以通过准备金、标记和模型验证、激励与处罚以及外部关系管理等措施来管理流动性风险。

（一）准备金

企业可事先建立准备金来应对可能的财务和经营风险的意外，这在某些时候是必要的，因为没有任何企业能够完全肯定地对企业所有的财务、运营、法律和管理部门等各种影响经营的因素都十分清楚。准备金可以被看作是预备损失的融资，用来抵补意外的现金流量、预期的未来负债或者由于资产变卖带来的短缺，除了必须保证特殊的筹资以备不时之需，准备金还可以为实际的需要和撤资的要求提前进行筹资。无论如何，准备金只是作为所有筹资或者现金产生的需求的一个相对小的部分，会计准则不允许公司为或有事件进行过度的储备。

（二）标记和模型验证

确保资产负债表和资产负债表外项目反映正确的经济价值是流动性控制步骤的另一个重要方面。如果对价值的判断不够精确，那么很难根据资产或者或有负债产生的现金数额创建一个限制框架。企业的流动性管理委员会需要对内部账目和外部审计的管理进行审视，加强对所有资产和或有负债的适当评价以扫除企业经营中的潜在漏洞，这对于在缺乏透明度的市场中的任何合同而言都非常重要。在实际运用这些评价步骤之前，所有应用于价值复合风险或者投资组合的模型都必须独立地进行观察和校准。在使用模型来测量、定价和管理流动性风险时必须谨慎进行，对流动性管理中的不足必须认真分析和修正，即使对于再好的模型也不能完全依赖。

（三）激励与处罚

通过使用激励与处罚，企业可以塑造行为方式。激励也是目前企业普遍采用的一种方式，比如经营和管理如果达到或超过了营业收入的目标，管理者就可以得到一定的回报和较高的奖金补偿。当然，处罚不需要那么普遍，但是在帮助企业达到特殊设定的目标时，可能非常有用。比如为了保持充分的流动性，企业可以设计建立目标明确的处罚方式，这样可以激发管理者来帮助企业保护流动性。

（四）外部关系管理

既然微观的筹资需求和宏观的筹资环境都在不断发生变化，企业就必须明确评估自己的筹资计划并且做出相应的调整，并通过发展新的融资关系以便创造未来的流动性。一家企业必须和关键的利益相关者保持稳固的沟通关系，包括债务投资者、贷款方、股权投资者和管理部门，通过确保这些关系相互收益，企业可以增强获得筹资来源的能力，在有流动性需求时能够以有利的条件获得资金，取得管理界的信任。特别是贷款方和债务投资者，必须让他们感到企业能够控制一般的财务风险以及特殊的流动性风险。

第五节　流动性风险的管理

积极的流动性风险管理是企业获得成功的核心因素。以一个良好架构的方式来管理经过确认和测量的流动性风险，可以帮助企业避免意外的现金流量短缺所导致的问题。流动性风险的管理可以通过一系列的步骤进行，如开展适当的管理实践、确定和执行流动性风险的管理制度、制订流动性风险管理部门的义务和责任、创建和执行对流动性风险的控制以及监控流动性风险的状态等。

既然筹资和资产流动性风险是大多数企业在经营中不可回避的风险，企业就必须建立流动性风险的管理制度并准备在运营中接受一定的风险，企业的管理层必须能够确定全面的处理风险方式和容许限度。流动性风险的管理制度必须根据企业全面计划，包括通过运营获取现金的计划以及资产、负债和资产负债表外业务的计划，必须与企业的相关产品、投资和扩张的一般运营和策略相一致。若企业积极地参与大量市场和信用风险的活动，就必须准备承担巨大的流动性风险，并且坚持全方位的管理。为保证流动性风险管理制度的成功执行，一般需要企业分析不同程度流动性风险的成本和收益、确认风险对企业运营和收益率的影响；分配财务资源支持可能出现的损失，包括正常条件下和有压力条件下；沟通利益相关的各方，包括投资者、管理部门、债权人和客户。同时，由于流动性风险管理包括符合公司经营性质的明确的时间范围、公司的财务条件和外部环境压力，应将管理当前的现金流入和流出、检查现金盈余和赤字情况、监控现金流量的有关头寸以及将检查流动性危机的“早期预警”指标等纳入日常管理范围。

一、流动性风险的预警

企业应当建立财务风险预警机制，并将财务预警系统贯穿于企业经营活动的全过程。建立适合于企业自身的流动性预警体系，对企业的财务状况进行适时监测，在发生危机之前采取有效措施加以防范是相当重要的。但是企业内部控制薄弱和财务人员素质不高成为企业难以建立风险预警体系的原因。

风险预警是度量某种状态偏离预警线的强弱程度从而发出预警信号的过程。企业应当根据自身的实际情况及行业特征设计一套完整的、相关性高的风险预警指标体系。随着风险计量研究的发展，出现了多种风险预警模型，线性模型中有一元判定模型和多元 Z 值判定模型，条件概率模型主要有 Logit 模型和 Probit 模型，以及神经网络模型，模型越复杂，需要的信息量越庞大，耗费的管理成本越高。

流动性预警指标则是财务风险预警机制的一部分。企业一般将偿债能力指标、现金流量指标及赢利能力指标的大小作为财务风险预警指标。通过观察三类不同指标的变动趋势，可以得出企业财务困境发生的程度和变动趋势，以便管理者能够迅速反应，做出正确的判断，采取正确的措施和对策，消除风险，使企业保持稳健发展。

二、流动性风险的监控

在企业经营的过程中，必须对企业筹资和资产的流动性组合进行实时的监控，这主要包括以下四方面内容：

（一）资产组合的监控

这主要包括：①资产的到期状态，尤其是那些期限在1～30天的即将到期的情况，主要从资产的价值数额方面进行监控；②资产组合中比较大的或者比较集中的头寸情况，主要从资产的价值和所占的百分比方面进行监控；③对于到期的头寸、问题资产（比如应收票据的呆账、坏账和其他非运营资产）、无负担的资产、抵押的资产的情况，主要从价值和百分比方面进行监控。

（二）筹资组合的监控

这主要包括：①负债的到期状态，尤其是那些期限在一个月期间的即将到期的情况，主要从负债的价值方面进行监控；②承诺、未撤回的信用工具主要从筹资的价值和所占的百分比方面进行监控；③比较大的或者比较集中的筹资头寸（按照市场、产品、贷款方和地区）情况，考察这些筹资头寸的价值和所占的百分比；④可以导致工具取消的触发事件的情况（譬如杠杆、营运资金、净有形资产契约）；⑤应付账款的情况；⑥短期筹资工具的分布（譬如商业票据、欧洲商业票据和存款）。

（三）资产和筹资的联合监控

资产和筹资的联合监控可以揭示出存在其中的不匹配情况，企业的资产和筹资状况应该按照地区、经营单位和法人单位统一进行监控，这样可以提供信息反映出地区和实体是否有充分的现金流量，或者是否关注可能冻结的资金或向上向下流动的资金。

（四）资产负债表外承诺和或有负债的监控

资产负债表外项目必须谨慎地加以监控，特别是那些可能需要未来筹资的负债，既然合同没有出现在资产负债表上，现金流量在价值和时间上无法预测，也难以加以解释，那么就存在着未来的流动性需求被忽视风险，即意外的现金流量。企业一般应揭示以下方面的现金流入和流出：期权的执行和其他衍生产品合同的结算、循环信用的调拨、租赁支付和取消、担保信用证以及备用信用证的接收或者支付、或有收款项或者支付（包括追索的参与）。

三、选择最优的营运资本策略

企业的财务政策一般可以分为四大类：资本结构政策、股利政策、营运资本政策和资本预算政策，它涵盖了企业筹资管理、投资管理和运营管理的各个方面。营运资本管理是企业保持短期偿债能力和流动性的保证，其管理成效决定了企业的整体战略目标是否能够实现：营运资本的管理不能只停留在资产的流动性与收益性权衡的层面上，必须结合企业的总目标与其他领域的计划制订最优的营运资本战略，它是企业流动性风险管理中的首要环节。

营运资本管理一般包括两个方面：营运资本的投资策略和营运资本的融资策略。前者主要确定营运资本的最佳持有量，即企业资本投资多少给营运资本；后者主要是确定流动资产与流动负债的匹配度，也即企业的流动资产有多少是由流动负债来提供。

（一）营运资本的投资策略

营运资本持有量的高低对企业的流动性、风险性和收益性有直接影响。营运资本较多，意味着企业将长期资金运用到赢利能力较低的流动资产上，从而导致企业整体的赢利水平相应地降低。从风险性看，营运资本越多，使企业有能力支付到期债务和购买生产原料，从而保证企业的安全运营，企业的财务风险越小；反之，营运资本越少，企业的赢利性越高，但可能导致流动不足，企业的财务风险越大。因此，企业需全面权衡流动资产与流动负债的赢利性和风险性，合理确定营运资本持有量。在对营运资本的持有要求方面，不同行业之间、同一行业不同规模和持不同管理理念等公司之间都可能存在一定的差异。依据企业投资与营运资本的多少，将营运资本政策分为宽松的营运资本政策、紧缩的营运资本政策及适度的营运资本政策。例如，一家公司有着稳定的客户群和供应链，经营管理得当，外部行情稳定，企业就可以采用紧缩的营运资本政策，减少现金持有量，减少对存货和其他流动资产的投资，提高资本的收益率。相反，如果企业正处于扩张期或市场环境不稳定，则应当慎重考虑采用紧缩的政策。

（二）营运资本的融资策略

营运资本的融资策略是公司进行营运资本筹集的策略。流动资产中一部分受季节性和周期性影响的资产被称为临时性流动资产，另一部分即使企业处于经营低谷仍然需要保留的、用于满足企业长期稳定需要的流动资产是永久性流动资产。临时性流动资产一般通过临时性负债来满足，比如短期借款；而永久性流动资产的资金占用是长期固定的，它们只随销售额的扩大而增加，所以企业一般用自发性负债、长期借款或股本来筹资。依据流动资产与流动负债的匹配度，也即企业的流动资产有多少是由流动负债来提供的，将营运资本的融资策略分为配合型筹资政策、激进型筹资政策以及稳健型筹资政策三种。企业最佳的营运资本策略是要根据自身特点，制订适合自身发展需要的营运资本的投资和融资策略，在控制流动性风险的前提下实现企业价值的最大化。

四、确定合理的资产配置和资本结构

基于企业可持续发展的视角，企业应当建立与企业价值稳健增长相匹配的资产结构和资本结构。企业的流动性风险管理不仅要满足企业正常的流动性有效需求，避免财务风险甚至破产的威胁，还要控制企业成本增加，保证资本使用效率。即企业需要在资金的流动性和资金的成本性之间进行权衡。

（一）选择合理的资产结构配置

企业的生产经营不同于资本市场的组合管理，企业的资产配置结构是指资产总额中各种流动资产和非流动资产所占的比例，或者它们各自的内部组成，也称为资产组合方式。理论上讲，持有大量的流动资产可以降低企业流动性风险，因而在资本结构不变的情况下，资产配置结构中保有较多的流动资产，可以减少企业的流动性风险。但若企业资产中流动资产比重过大，由于流动性资产的赢利性较差，会降低企业整体的资本收益率。所以企业应以收益较大而风险较小作为最佳资产配置结构的标准，也即用流动资产盘活非流动资产，用有限的流动性创造最大的收益：企业应结合自身特点、所处行业和生命周期发展阶段来决定自己的资产配置类型。通常，商业企业现金流入流出更为频繁，因流动性的要求更高，因而资产配置中流动资产比重应比工业企业的高；处于成熟期的上市公司由于业务稳定、筹资渠道通畅，在资产配置中应避免置存过多的流动性；成长中的企业和处于扩张期的企业则要警惕流动性不足的危险，因此他们在满足正常经营所需外，还需在资产配置中另外备有一定量的流动资产。资产配置是一个动态过程，所以资产配置的合理性不是固定的，企业应当建立弹性机制，针对所处的不同时期的发展需要合理配置长期资产和流动资产。

（二）选择合理的资本结构

资本结构（Capital Structure）反映资金来源渠道的结构，表现为资金总额中自有资本和负债的各种构成及比例关系。企业在确定资本结构时，要比较债权融资和股权融资的特征和成本。债权融资是指企业通过长期借款和发行债券筹措资金，需要按期还本付息，而且借款的限制性条款比较多，制约着借款的使用用途：股权融资与长期负债筹资相比，没有到期还本付息的压力，筹资风险较小，缺点是资本成本较高。不同的融资方式对企业的流动性有着较大的影响。如果企业的债务资本比重过大，则偿债压力较大，需要维持相对较高的流动性。而股权融资具有永久性和没有固定的股利负担，如果资本结构中股权融资比重较高，流动性风险相对较低，不需要通过高的流动性来防范财务风险。在进行债务融资结构规划时，一般要综合考虑债务的结构匹配问题，包括期限的匹配、利率结构的匹配和到期日的匹配等，同时债务结构与资产结构也是必须协调考虑的。

五、流动性危机管理计划

企业在正常的市场经营环境中能够通过管理授权、政策和限制措施来控制经营过程中面临的流动性风险，若这种机制结构合理，流动性风险对财务的影响就可以保持在管理范围之内。但在实际经营中，企业经常会受到一些不可预期的内生和外生因素的影响，从而导致企业出现财务问题，甚至有可能出现财务困境，在这种情况下，企业必须立即执行流动性危机管理计划。成功的流动性危机管理计划可以使企业渡过流动性危机关口，以最低的成本使公司经营步入正轨；不成功的计划，或者根本没有什么管理计划，将会导致更加复杂的情况产生，包括流动性漩涡和破产。

企业流动性危机管理（Liquidity Crisis Management）的目的就是在遭遇流动性危机时保证充足的现金，限制信誉损失和经济损失，以便使经营能够尽快步入正轨。流动性危机管理计划一般制订财务困境阶段的流动性来源、管理和流动性资产的保持和筹资等目标，危机管理计划应该用于困难时期对公司提供保护，即公司要创造和保持足够的现金持续经营，管理人员无论是在制订阶段还是在执行阶段，都应该确立危机管理过程的优先次序，并通过流动性危机管理计划的目标修正经营行为。一项适当的危机管理计划必须在任何混乱局面出现之前制订出来。若因特殊原因或事件造成的危机，简单的应对是不可能取得成功的。虽然一项危机处理计划通常是自上而下制订出来的，是企业综合流动性需要的反映，但是在有些情况下，需要针对单一的经营单位分别制订计划，以便处理具体的需求。

为了完成充足现金这一流动性危机管理计划的首要目标，必须通过财务小组了解企业短期和中期的现金流量以及危机期间如何提供这些现金流量。现金流量应该进行压力测试，以便管理人员分析在危机时期它们如何变化，特别是在筹资计划的一部分是选择性或可撤销性的负债时进行压力测试尤为重要。压力测试也应该包括对资产抵押或处置价值的评价，在困难时期也应该可以得到这些价值。获取有关预期现金流量的信息，就可以制订并启动一个区分行动优先次序的计划，如调整负债（例如撤销银行信用额度，发行中期票据，减少商业票据，调整到期等）→控制自由的或者非必要的现金流出→通过对冲减少其他财务风险→出售流动性仓库中的可变现资产→减少其他资产（例如减少新业务扩张、收缩资产负债表）→明确资产负债表外业务（例如证券化和期权的执行）→出售持有到期资产、固定资产和经营单位。

流动性危机管理的范围和重点一般包括事先市场进入、防御性措施、沟通、调用和终止计划、灾难恢复以及测试计划。

（一）事先市场进入

遭遇到严重流动性压力的企业必须准备好采取一切措施以帮助自身生存下去。这意味着企业必须能够将流动资产出售或抵押，增加流动负债或非流动负债，减少长期资产，推迟自由现金流出。所有这些行为都要求企业能够以适当的途径进入市场。从负债的角度看，企业能够通过确保其筹资计划已经做到了多样化、安全和深入，来建立适当的事先市场进入；从资产的方面讲，企业可以通过建立一个与企业其他经营业务隔绝开来的流动性仓库来创建事先市场进入，这样减少了企业在困难时期无法得到充足现金的可能性。

（二）防御性措施

当一家企业进入了危机管理模式，所有那些分别负责经营、产品和其他特定部门的代表都应该暂时取消权威性，以便核心小组能够适当地协调公司的行动。这些管理部门都比较熟悉公司的流动性信息，但此时他们的职责应只限于跟流动性危机管理小组进行沟通或指导，而并非是行动或决策的制订。流动性危机管理小组必须保有决策制订的权威性，以一切必要的方式调用经营和部门管理人员，以期企业走出困境。流动性危机管理小组可以分别从筹资管理、负债展期、延续现金流量、资产管理和风险对冲五个层面展开。

（1）筹资管理。危机状态下的筹资管理集中于区分调拨的优先次序、筹资期限延期和控制自由现金流量。确定优先次序可能要由以下因素来决定：企业与债权人和投资人的关系；企业采用特定种类的筹资方式（例如，浮动利率还是固定利率，优先级还是附属级别，国内还是离岸，本国货币还是外国货币）的愿望；企业取得跨国公司或团体筹资的可能性；企业对于特定到期目的需求。还可能有关的因素包括：各种筹资机会的价格，市场上或工具所能够提供的总筹资额大小以及资金到位的速度。

（2）负债展期。当一家企业进入危机模式时，它必须尝试着重塑自己的筹资状态，这意味着企业要将短期信用和对市场敏感的负债转换成长期融资。

(3) 延续现金流量。在危机发生前的计划阶段，流动性危机管理小组应该获取有关企业近期和中期的现金流量所肩负的义务信息，将现金流量分为随意的和非随意的两种。在把保留现金作为企业高于一切的目标时，随意的现金支出可以很安全地被截断、推迟或者拒绝，不会给企业价值或信誉造成损失，所以应该首先进行缩减。

(4) 资产管理。处于危机模式中的企业也必须为资产进行筹资，以维持可行的经营业务。在危机发生前的计划阶段，企业应该区分出那些在危机阶段为了缓解相关财务压力可以出售的资产。一旦危机过去，企业的财务状况转好时，企业可以在投资组合中购买流动性较差的资产或非流动性资产，其经营水平还可以恢复。

(5) 风险对冲。任何危机管理计划最重要的防御措施之一都是集中对冲信用风险和市场风险对企业经营的影响并将其降到最低点。通过这种策略，企业将减少在新的风险或增量风险出现时，其自身流动性状况进一步承受压力的可能性。

(三) 沟通

无效信息将会产生极大的破坏作用，切实地恶化负面局面，这意味着外部和内部的沟通是至关重要的。从外部的角度讲，利益相关者对企业、财务状况和未来的前景拥有投资利益，他们需要对未来发展事项做出评估。在对违约的恐惧不断增加的情况下，信用敏感型的关系尤其如此。相应地，或有负债计划必须包括积极的和有效的外部沟通机制。管理层必须采取措施确保所有的债权和股权投资者、债权人、监管人、信用评级机构和财经媒体定期地得到信息流。内部沟通也很重要，管理层之间、管理层与业务部门以及员工之间的沟通都是必需的。

(四) 调用和终止计划

危机管理计划应该通过一个程序来调用，这一程序应该以客观的触发点和执行官及管理人员主观的输入值为基础。同时终结一项危机管理程序的应该是一个界定清晰的事项。流动性危机管理小组应该事先建立和使用企业正常经营的测量标准，只要达到标准企业就可以重建经营，补充流动性仓库，改变融资期限等。一旦终止了计划，流动性危机管理小组和内部外部的审计人员应该详细检查风险计划，以便确定是否存在任何的漏洞或是否还有需要改进的地方，并应该对计划做出调整，以利于今后的重新设定。

(五) 灾难恢复

在企业严重依赖技术管理业务的时代，保证适当的灾难恢复计划到位是很重要的。典型的这类计划应尽可能地覆盖企业经营的范围，企业制订的流动性或有负债计划必须成为行为最主要的部分。如果企业能够安排好流动性计划，使其在应对灾难性事件造成的经营中断的同时拥有简单、有效和安全的筹资渠道，那么就减少了可能引发财务困境的风险。

(六) 测试计划

确定一项危机管理计划能否依照预期运作的时机不是在企业或部门处于危机时，而是在需要使用计划之前。企业的应变计划在正常的市场状态下必须经过测试以确保所有的功能都能如期实现。测试应该是综合性的，包括了上述计划所有的部分，这包括市场进入、筹资、对冲和其他防御性措施，也包括内部和外部沟通。

专栏 8-1

银监会发布《商业银行流动性风险管理办法》

近日，银监会在借鉴国际监管标准、结合我国银行业流动性风险管理实践并广泛征求社会各界意见的基础上，制订并发布了《商业银行流动性风险管理办法（试行）》（以下简称《办法》），以促进我国银行业加强流动性风险管理，维护银行体系的安全稳健运行。

近年来，随着我国银行业经营环境、业务模式、资金来源的变化，部分商业银行出现资金来源稳定性下降、资产流动性降低、资产负债期限错配加大、流动性风险隐患增加等问题，流动性风险管理和监管面临的挑战不断增加。随着金融市场的深化，金融机构之间的关联愈发密切，个别银行或局部的流动性问题还易引发整个银行体系的流动性紧张。2013 年 6 月，我国银行间市场出现阶段性流动性紧张现象，既有一系列预期和超预期等外部因素的原因，也暴露了商业银行流动性风险管理存在的问题，反映其流动性风险管理未能适应业务模式和风险状况的发展变化。因此，加强流动性风险管理和监管的必要性和紧迫性日益突出。

在此次国际金融危机中，许多银行尽管资本充足，但仍因缺乏流动性而陷入困境，金融市场也出现了从流动性过剩到紧缺的迅速逆转。危机后，国际社会对流动性风险管理和监管予以前所未有的重视。巴塞尔委员会在 2008 年和 2010 年相继出台了《稳健的流动性风险管理与监管原则》和《第三版巴塞尔协议：流动性风险计量、标准和监测的国际框架》，构建了银行流动性风险管理和监管的全面框架，在进一步完善流动性风险管理定性要求的同时，首次提出了全球统一的流动性风险定量监管标准。2013 年 1 月，巴塞尔委员会公布《第三版巴塞尔协议：流动性覆盖率和流动性风险监测标准》，对 2010 年公布的流动性覆盖率标准进行了修订完善。

银监会高度重视商业银行流动性风险监管工作。2009 年，银监会出台了《商业银行流动性风险管理指引》。近年来，银监会广泛调研、深入分析新形势下我国银行业流动性风险管理存在的问题，借鉴巴 III 流动性标准，对现行流动性风险监管制度进行梳理、补充、修改和完善，从 2011 年开始着手制订《办法》，并于同年 10 月向社会公开征求了意见。同时，银监会密切跟踪国际金融监管改革最新进展情况，在 2013 年 1 月巴塞尔委员会公布新的流动性覆盖率标准后，及时对《办法》进行了修订，于 2013 年 10 月再次向社会公开征求了意见，并根据反馈意见进行完善。

《办法》共 4 章 66 条，4 个附件。第一章“总则”主要明确了适用范围、流动性风险的定义以及对流动性风险管理和监管的总体要求。第二章“流动性风险管理”提出了银行流动性风险管理体系的整体框架和定性要求。第三章“流动性风险监管”规定了流动性覆盖率、存贷比、流动性比例三项流动性风险监管指标，提出了多维度的流动性风险监测分析框架及工具，规定了流动性风险监管的方法、手段和程序。第四章“附则”明确了实施时间、流动性覆盖率的适用范围和过渡期安排等。4 个附件具体说明了流动性风险管理重点环节的技术细节、流动性覆盖率的计算方法、流动性风险监测参考指标以及外资银行流动性风险相关指标的计算方法。

《办法》自2014年3月1日起施行。商业银行流动性覆盖率应当于2018年底前达到100%；在过渡期内，应当于2014年底、2015年底、2016年底及2017年底前分别达到60%、70%、80%、90%。2009年9月28日发布的《商业银行流动性风险管理指引》同时废止。

《办法》适用于在我国境内设立的商业银行，包括中资商业银行、外商独资银行、中外合资银行。农村合作银行、村镇银行、农村信用社和外国银行分行参照执行。农村合作银行、村镇银行、农村信用社、外国银行分行以及资产规模小于2000亿元人民币的商业银行不适用流动性覆盖率监管要求。

资料来源：中国银监会网站（2014年2月19日）

复习思考题

一、单项选择题

1.（　　）是指商业银行持有的资产可以随时得到偿付或者在不贬值的情况下出售。

A. 负债流动性　　B. 资产流动性　　C. 贷款流动性　　D. 现金流动性

2. 商业银行的贷款平均额和核心存款平均额间的差异构成了（　　）。

A. 久期缺口　　B. 贷款缺口　　C. 融资缺口　　D. 资产缺口

3. 对于负债的流动性来讲，筹资的能力越强，所付的成本越低，则流动性越（　　）。

A. 弱　　B. 强　　C. 不变　　D. 不确定

4. 下列属于测量银行流动指标的是（　　）。

A. 现金头寸指标　　B. 贷款总额与核心存款的比率

C. 大额负债依赖度　　D. 以上都是

5. 商业银行应当定期对因资产、负债及表外项目变化所产生的现金流量及期限变化进行分析，以正确预测未来特定时段的资金净需求的是（　　）。

A. 情景分析　　B. 压力测试　　C. 融资缺口　　D. 流动性管理

6.（　　）通常被认为是商业银行破产的直接原因。

A. 流动性风险　　B. 信用风险　　C. 操作风险　　D. 市场风险

二、多项选择题

1. 以下关于资产流动性的说法正确的是（　　）。

A. 资产流动性是商业银行能以较低的成本随时获得需要的资金

B. 资产的变现能力越强，所付成本越低，则流动性越强

C. 资产流动性是商业银行持有的资产在无损失的情况下迅速变现的能力

D. 资产流动性应当从零售和公司/机构两个角度进行分析

E. 商业银行应当估算所持有的可变现资产量，把流动性资产持有与之前的流动性需求进行比较，确定流动性的适宜度

2. 以下属于影响商业银行流动性风险预警的外部指标/信号的有（　　）。

A. 外部评级下降

B. 市场上出现关于该商业银行的负面传言

C. 客户大量求证不利于商业银行的传言

D. 存款大量流失

E. 融资成本上升

3. 下列关于久期分析法说法正确的是（　　）。

A. 久期缺口用来衡量利率变化直接影响商业银行的资产和负债价值

B. 当久期缺口为正值时，如果市场利率下降，则资产价值增加的幅度比负债价值增加的幅度大

C. 当久期缺口为正值时，如果市场利率上升，则资产价值增加的幅度比负债价值增加的幅度大

D. 当久期缺口为负值时，如果市场利率下降，流动性就减弱

E. 当久期缺口为负值时，如果市场利率上升，流动性就减弱

4. 流动性风险是（　　）长期积聚、恶化的结果。

A. 信用风险　　B. 市场风险　　C. 操作风险　　D. 战略风险

E. 声誉风险

5. 商业银行的流动性管理应急计划中应当包括（　　）等方面的内容。

A. 制订在危机情况下对资产和负债的处置措施

B. 寻求中央银行的紧急支援

C. 规定各部门沟通或传输信息的程序

D. 处理与利益持有者之间的关系

E. 明确在危机情况下各部门的分工和应采取的措施

三、判断题

1. 公开市场、货币市场和债券市场是商业银行获取资金，满足流动性需求的快捷通道。（　　）

2. 商业银行总的流动性需求等于贷款流动性需求减去负债流动性需求。（　　）

3. 一家商业银行发生流动性风险可能会连带着其他银行也发生流动性风险。（　　）

4. 商业银行的流动性是指在一定时间内、以合理的成本获取资金用于偿还债务和增加资产的能力。（　　）

5. 商业银行最常见的资产负债期限错配情况是将大量短期借款（负债）用于长期贷款（资产），即“借长贷短”。（　　）

6. 运用流动性指标分析银行流动性风险时，银行的规模对其一般没有影响。（　　）

7. 情景分析有助于商业银行深刻理解并预测在特定风险因素作用下，其整体流动性风险可能出现的不同状况。（　　）

8. 我国绝大多数商业银行本外币的流动性管理仍主要依赖历史数据和管理人员的主观判断与估计。（　　）

四、简述题

1. 什么是流动性风险？流动性风险的分类有哪些？
2. 试述筹资流动性、资产流动性的来源、性质和影响？
3. 流动性风险的度量主要有哪几种方法？分别述之。
4. 试述企业流动性风险的控制？
5. 试述企业的流动性危机管理计划。

五、综合训练

1. 假设某商业银行以市场价值表示的简化资产负债表中，资产 A 为 1 000 亿元，负债 L 为 800 亿元，资产久期 DA 为 6 年，负债久期 DL 为 4 年。如果年利率从 8%上升到 8.5%，根据久期分析法分析利率变化对商业资产负债价值的影响。

2. 案例分析

英国诺森罗克银行挤兑事件

一、案情

2007 年受美国次级债危机导致的全球信贷紧缩影响，英国第五大抵押贷款机构——诺森罗克银行（Northern Rock）发生储户挤兑事件。自 9 月 14 号全国范围的挤兑发生以来，截止到 18 号，仅仅几天的时间就有 30 多亿英镑从诺森罗克银行流出，占该行 240 多亿英镑存款总量的 12%左右，其电话银行和网上银行业务一度出现崩溃。受此影响，几天来，诺森罗克银行股价下跌了将近 70%，创下 7 年来新低，成为英国遭遇本次信贷危机以来的最大受害者。为防止系统性银行危机的出现，英国财政部、英格兰银行（英国央行）与金融管理局先后采取了注资以及存款账户担保等救助措施，至 18 号，诺森罗克银行的储户挤兑情况才有所缓解，各大银行的股价也出现不同程度的上涨，银行体系的恐慌局面才得以控制。

二、原因

诺森罗克银行始建立于 1850 年，其早期只是一家住房贷款协会，1997 年变成一家银行并上市。目前，该行是英国第五大抵押贷款机构，拥有 150 万储户，向 80 万购房者提供房贷，可谓规模庞大。07 年上半年，诺森罗克银行新增的抵押贷款额占全国新增总量的 18.9%，排名居英国第一。然而，曾经是房贷市场佼佼者的诺森罗克银行，缘何会陷入挤兑危机呢？除了上述英国经济金融环境的不利因素之外，这可能是以下几个因素造成的：

1. 融资过于依靠批发市场。与其他银行资金主要来自储户不同，尽管诺森罗克银行在 1997 年已经转变为一家上市银行，但是其大部分资金仍来源于金融机构。在诺森罗克银行的资金中，由零售存款业务所获的资金不足全部的 1/4，而超过 3/4 的资金来自批发市场，即通过同业拆借、发行债券或卖出有资产抵押的证券来融资，而 75%的比例远远高于英国其他几大抵押贷款公司。其中，英国最大的抵押贷款机构——HBOS 的这一比例也仅为 43%。鉴于零售存款融资的稳定性，资金绝大部分来源于批发市场的诺森罗克银行也就更容易受到市场上资金供求的影响。

2. 资产负债的利率缺口过大。批发市场和住房贷款市场不同的定价机制，又加大了诺森罗克银行的利率缺口。无论是发行债券还是住房贷款的资产证券化，它们都是依据市场上3个月的Libor来定价的。然而，诺森罗克银行的住房抵押贷款则是按照英格兰银行的基准利率来发放。这种投融资的定价方式在货币市场利率大幅高于官方利率时会造成银行损失。在诺森罗克银行的资产中，发放给消费者的抵押贷款达967亿英镑，占总资产的85.2%。据估计，在这960多亿英镑的抵押贷款中，有120亿英镑是直接暴露在这种利率缺口风险之下的。这也就是说，Libor每超过基准利率一个基点，诺森罗克银行每年将多支付1200万英镑。

3. 银行原有的融资渠道受阻。更糟糕的是，7月份以来，受美国次贷危机造成的全球货币市场流动性紧张的影响，主要靠批发市场来融资的诺森罗克银行已经很难再获得稳定的融资渠道。市场分析人士指出，为了达到年初预定的增长目标，在未来的12个月里诺森罗克银行需要筹资100亿英镑并再融资80亿英镑。这些资金只能通过抵押贷款资产的证券化来筹集，但现在的问题是，由于美国次贷危机的影响，投资者已经对抵押资产失去了兴趣。而且，即便是没有受到美国次级债务危机的影响，英国次级债市场上的恐慌也会逐渐暴露。事实上，英国投资者的流动性恐慌在西布朗明奇房贷协会（West Bromwich Building Society）事件上已经表露无遗，后者近期发行的资产证券化产品因为无人购买而不得不被取消。可以看出，英国信贷市场的大门已经开始关闭。而这对于主要依靠信贷市场来融资的诺森罗克银行来说是致命的打击。

4. 上半年以来经营收益下降。资产负债利率缺口的扩大以及因流动性不足导致的贷款业务放缓都降低了银行经营的收益，而引起储户挤兑的直接原因也许就是诺森罗克银行预期收益的下降。尽管上半年诺森罗克银行在抵押贷款市场上的份额大幅增加，从2006年下半年的14.5%上升到18.9%，总资产也比一年前增长了28%，但是其利润并没有显著地上升。2007年上半年，诺森罗克银行的税前利润不足3亿英镑，几乎与上年同期没什么变化。资产大幅增加，而赢利不增，足见银行的经营收益下降的事实。在9月14号，诺森罗克银行又发出盈利预警，指出：利率的升势出乎意料，信贷萎缩问题导致资产增长放缓，预计2007年的税前利润将比预计低20%左右。这一消息的公布也直接引发了当日大范围内的储户挤兑。

5. 投资美国次级债带来损失。事实上，诺森罗克银行在美国次级债券市场上的投资并不多，仅占其全部资产的0.24%，大约有2.75亿英镑，其中2亿英镑投资在美国的债务抵押债券（CDO），0.75亿投资于房产抵押担保证券（HEMBS）。而且这些有价证券的持续期小于两年，不会对2006年或2007年的放贷产生影响。尽管相对于总体的资产来说损失不大，但这在诺森罗克银行的有价证券投资中已占40%的份额，而这对市场上投资者的心理影响效应可能更大。

三、启示

英国的银行挤兑恐慌暂时得以平息，这次危机给我们的以下几个方面的警示：

1. 要严格监控房地产市场泡沫所带来的金融风险。这次英国版的次贷危机，除了受国际环境的影响外，主要原因之一就是国内房地产市场的泡沫。随着英国房价不断攀升，抵押贷款公司发放了大量的住房抵押贷款，而且这些住房抵押贷款的审慎性评估又不足，结果是金融体系隐藏了大量的风险，一旦房价增长减缓或房价下跌，则难免形成大规模的坏账。我国国内房地产市场也存在增长过快的问题，因此要严格监控商业银行按揭贷款的风险，提高商业银行发放住房按揭贷款的审核标准。

2. 要密切关注金融创新过程中的金融风险。住房抵押贷款的证券化是这次全球次贷危机的“罪魁祸首”，尤其是那些次级贷款的证券化资产。然而，在美国次贷危机爆发之前，贷款的证券化作为重要的金融创新产品一直被人们所称道，以致人们忽视了其存在的风险。在英国，不少银行和抵押贷款机构通过发放房贷——房贷的资产证券化——再发放房贷的方式来经营，但是，当房地产贷款的风险增加时，投资者也就对银行发行的住房抵押贷款证券失去兴趣，以此来经营的银行或抵押贷款机构也就会出现流动性的危机。我国的资产证券化业务还处于发展初期，对于资产证券化过程中所带来的风险要密切关注。

3. 要提高监管当局对金融风险的预见能力。在9月份之前，英国央行实施“无为而治”，一直拒绝向金融体系注入资金，即便是在全球的大部分央行都向银行注资的情况下也无动于衷。结果，当英国银行体系的流动性危机造成恐慌时，英国当局才不得不采取措施甚至是极端的措施来干预，英国央行也不得不改变初衷，多次向银行体系注资。这不仅因错过最佳的干预时期而付出了更大的成本，而且央行的出尔反尔的出资举动也给其自身带来了“信心危机”。因此，金融监管当局要加强金融体系内风险的监测和分析，提高

对金融体系风险的预测能力，尽量把危机化解于初始阶段。这次危机中，美联储和欧央行的及时干预做法就值得我们借鉴。

4. 要合理设计存款保险制度。存款保险制度设计的初衷就是要保护存款人利益，防范银行挤兑，进而维护金融体系的稳定。但是，在英国这次银行挤兑事件中，我们并没有发现存款保险机构发挥作用，存款保险对存款人信心的提升作用也无从体现，银行存款挤兑是在得到财政部的全额偿付的承诺后才得以缓解。虽然如此，但财政部对储户存款全额偿付的承诺无疑会增大市场中的道德风险，为以后的金融稳定埋下隐患。分析存款保险缺位的原因，主要是因为英国的存款保险制度仅仅是一种“付款箱”机制，它并没有金融检查权和防范金融机构倒闭的早期干预机制，只能在金融机构倒闭后来收拾残局。可见，这一“付款箱”机制在提升储户信心、防范银行挤兑方面是无效的或者说是效果不大的。因此，在我国建立存款保险制度时，应考虑给予存款保险机构一定的监管和救助职能。

5. 要加强各部门的协调合作。在银行挤兑爆发前，英格兰银行和金融管理局缺少必要的沟通，结果造成各方出于各自的考虑没有及时向银行体系注资。而在银行挤兑爆发后，英格兰银行、英国财政部以及金融管理局的联合行动对于控制金融体系的恐慌起到了非常大的作用，这种一致行动在危机处理中尤为重要。这方面的教训和经验，也是我们要吸取和借鉴的，我国央行和金融监管部门要加强部门间的协调和合作。

问题：

1. 英国诺森罗克银行危机的发展过程是否体现出了银行流动性问题的一般规律？
2. 英国诺森罗克银行挤兑事件对我国金融机构有什么启示？

推荐阅读：我国《商业银行流动性风险管理办法》(2014)

第9章 信用风险管理

知识目标

1. 理解信用风险的概念及特征，熟悉信用风险的成因
2. 掌握信用风险的识别方法
3. 了解信用风险的度量基础，熟悉信用评级的基本内容，掌握具体信用评级的方法
4. 熟悉信用风险监测的内容，了解信用风险报告
5. 掌握信用风险的控制

技能目标

1. 能识别商业银行面临的信用风险
2. 掌握一定的信用风险度量的方法如信用评级等
3. 掌握信用风险的管理

能力目标

1. 能识别生活中的信用风险并进行成因分析
2. 会进行信用评级
3. 具备一定的信用风险监测的能力
4. 能够运用一定的方法对信用风险进行控制和管理

导入案例

信用风险仍会是银行业最严峻的挑战

根据银监会发布的数据，截至2014年三季度末，商业银行不良贷款余额为7669亿元，比上年末增加1749亿元；不良贷款率为1.16%，比上年末上升0.17个百分点。2014年三季度末，商业银行正常类贷款余额为63.3万亿元，占比为96.05%；关注类贷款余额为1.8万亿元，占比为2.79%。

如果只从上述数据看，银行业的信用风险似乎不特别令人担忧。无论是与国内早期还是和其他国家银行业相比，1.16%的不良率都算得上是相当温和的水平。但若做一些结构和动态上的分析，情况可能就不那么乐观。

首先，不良贷款数据本身或被低估。在监管当局严控风险，以及绩效考核与资产质量高度挂钩的现实条件下，银行有一定粉饰资产质量的动机。由于五级分类方法存在模糊

性，在实践中一些事实上已经形成风险的瑕疵贷款（如逾期90天以内）并未被计入不良贷款，而是被暂时归入关注类贷款。从可获得的数据看，2014年以来银行业关注类贷款占比从一季度末的2.5%上升到了三季度末的2.79%。此外，实际操作中也有通过展期将原本可能发生的风险往后推移，从而将其暂时掩盖的情况。还需要指出的是，银监会公布的统计数据只涉及商业银行，并不包含超过2000家仍未改制的信用社，这些机构的资产质量一般会低于商业银行。综合以上因素推测，我们认为，目前的不良率数据或许被低估。

其次，局部地区和行业风险相对突出。在整体风险依然可控的情况下，部分地区企业破产、跑路的现象有所抬头。特别是在小微企业领域，由于银行大量使用联保贷款制度，一家企业违约很容易产生连带负面效应，造成风险扩散和上升。更令人担忧的是，随风险成本显著上升，部分地区的银企关系明显恶化，这愈加强化了"融资难、融资贵"的难题，短期内难有根本性解决之道。

第三，信用风险持续上升且有加速迹象。2011年9月末至今，银行业不良贷款率和不良贷款余额已经连续12个季度"双升"。从变化率来看，不良贷款余额同比增速在过去三年中基本都维持在15%以上，去年三季度以来则超过20%，且逐季加快，今年三季度的同比增速达到了36%。此外，不良贷款环比增速从去年三季度以来也在迅速上升，从4%左右上升到了10%以上。如果考虑到今年以来，银行业普遍加大了坏账核销力度（根据不完全统计，上半年16家上市银行核销不良贷款约709.93亿元）。如果将这部分坏账计入，经调整后的增速会更高。

总体来看，尽管银行业整体的信用风险仍在可承受的范围。但由于经济结构调整远未结束，不良贷款持续上升趋势在短期内很难得到扭转。预计在未来一两年中，银行业将继续受到利率市场化和坏账损失双重夹击，压力与挑战与日俱增。

资料来源：曾刚．信用风险仍会是银行业最严峻的挑战［N］．理财周报，2015年

思考：

1. 为什么说信用风险仍会是银行业最严峻的挑战？
2. 我国商业银行应如何应对和防范？

信用风险是金融市场中最古老、最重要的风险形式之一，它在现代市场经济中无处不在，是经济活动能否存续的关键基础。如果由于企业存在的信用风险，投资者不敢投资，那么企业将无法发展、壮大。如果由于金融机构存在的信用风险，储户不敢将多余的资金存入银行，现代经济将无法正常运行。因此，信用风险影响着一个国家的宏观决策和经济发展，甚至影响全球经济的稳定发展。金融机构的信用管理一直受到各国高度重视，信用风险的度量和管理研究也成为目前最热门的研究课题之一。

第一节 信用风险概述

一、信用风险的概念及特征

信用是以偿还为条件的价值运动，多产生于融资行为和商品交易的赊销或预付之中，如银行信用、商业信用等。信用风险有狭义和广义之分。狭义的信用风险是指银行信用风

险，即信贷风险，也就是由于借款人主观违约或客观上还款出现困难，而导致借款本息不能按时偿还，而给放款银行带来损失的风险。广义的信用风险既包括银行信贷风险，也包括除信贷风险以外的其他金融性风险，以及所有的商业性风险。从金融性风险的角度而言，广义的信用风险是指所有因客户违约或不守信而给信用提供者带来损失的风险，如资产业务中借款人不按时还本付息引起的放款人资产质量的恶化；负债业务中定期存款人大量提前取款形成的挤兑现象；表外业务中交易对手违约导致的或有负债转换为表内实际负债等等。

信用风险还应包括主权风险，它是指当债务人所在国采取某种政策例如外汇管制等，致使债务人不能履行债务责任所造成的损失。这种风险主要是针对国家，而不像其他违约风险那样针对的是企业和个人。

广义的信用风险又分为传统观点和现代意义上的观点两类。所谓传统观点是指债务人未能如期偿还其债务造成违约而给经济主体经营带来的风险。随着现代风险环境的变化和风险管理技术的发展，传统的定义已经不能反映现代信用风险及其管理的本质。现代意义上的信用风险是指由于债务人或市场交易对手违约而导致损失的可能性；更为一般地讲，信用风险还包括由于债务人的信用评级的变动和履约能力的变化导致其债务的市场价值变动而引起损失的可能性。

与其他风险相比，信用风险具有如下特征：

(1) 系统性。信用风险受宏观经济因素的不确定性影响。信用风险是受到宏观经济因素驱动的一种重要的系统性风险。

(2) 累积性。信用风险的累积性是指信用风险具有不断累积、恶性循环、连锁反应、超过一定的临界点会突然爆发而引起金融危机的特点。

(3) 内源性。信用风险不是完全有客观因素驱动的，而是带有主观性的特点，并且无法用客观数据和事实证实。

(4) 不对称性。预期收益和预期损失不对称，当某一主体承受一定的信用风险时，该主体的预期收益和预期损失是不对称的。

专栏 9-1

信用悖论

“信用悖论”是指：一方面风险管理理论要求银行在管理信用风险时应遵循投资分散化和多样化原则，防止授信集中化，尤其是在传统的信用风险管理模型中缺乏有效对冲信用风险手段的情况下，分散化是重要的、应当遵循的原则；另一方面，在实践中的银行信贷业务往往显示出该原则很难得到很好的贯彻执行，许多银行的贷款业务分散程度都不高。造成这种信用悖论的主要原因有以下几个方面：一是对于大多数没有信用评级的中小企业而言，银行对其信用状况的了解主要来源于长期发展的业务关系，这种信息的获取方式使得银行比较偏向将贷款集中于有限的老客户企业；二是一些银行在其市场营销战略中，将贷款对象集中于自己比较了解和擅长的某一领域或某一行业；三是贷款分散化使得贷款业务规模小型化，不利于银行在贷款业务上获取规模效益；四是有的时候市场的投资机会也会迫使银行将其贷款投向有限的部门或地区。

二、信用风险的类型

（一）违约风险、信用评级降级风险和信用价差增大风险

按照信用风险的性质，可将信用风险分为违约风险、信用评级降级风险和信用价差增大风险。违约风险（default risk）是指借款人或交易对手违约给金融机构带来的风险。信用评级降级风险（credit rating downgrade risk）是指由于借款人信用评级变动造成的债务市场价值变化的不确定性。信用价差增大风险是指由于资产收益率波动、市场利率等因素变化导致信用价差增大所带来的风险。

（二）表内风险与表外风险

按照信用风险所涉及的业务种类，可将信用风险分为表内风险与表外风险。源于表内业务的信用风险称为表内风险（the risk from business in the balance sheet），如传统的信贷风险；而源于表外业务的信用风险称为表外风险（the risk from business outside the balance sheet），如商业票据承兑可能带来的风险。

（三）本金风险和重置风险

按照信用风险所产生的部位，可将信用风险分为本金风险和重置风险。当交易对手不按约足额交付资产或价款时，金融机构有可能收不到或不能全部收到应得的资产或价款而面临损失的可能性，这称为本金风险；当交易对手违约而造成交易不能实现时，未违约方为购得金融资产或进行变现就需要再次交易，这将有可能遭受因市场价格不利变化而带来损失的可能性，这就是重置风险。

（四）系统性信用风险和非系统性信用风险

按照信用风险是否可以分散，又可以分为系统性信用风险和非系统性信用风险。系统性信用风险（systemic credit risk）源于系统性风险因素，如经济危机导致借款人无力偿还贷款；非系统性信用风险（non-systemic credit risk）是指特定行业或公司的特殊因素导致借款人不愿或无法履行合同给金融机构带来的信用风险。

信用风险是经济主体信用活动中的风险，即存在于企业、个人的商业信用中，更多存在于银行信用、国家信用当中。对大多数商业银行来说，贷款是最大、最明显的信用风险来源。此外，信用风险还存在于债券投资等表内业务中，也存在于信用担保、贷款承诺等表外业务及衍生产品交易中。但是，商业银行正面临着越来越多的除贷款之外的其他金融工具中所包含的信用风险，包括承兑、同业交易、贸易融资、外汇交易、债券、股权、金融期货、互换、期权、承诺和担保以及交易的结算等。

三、信用风险的成因

信用风险的成因来自现实经济生活中的不确定性。这种不确定性表明一个特定事件在未来有多种可能的结果。在信用活动中，不确定性包括金融机构外在的不确定性和金融机构内在的不确定性。

外在的不确定性来自经济体系，而不是金融机构本身，是经济体系运行过程中的随机性和偶然性的变化和不可预测的趋势，如宏观经济的走势、市场资金的供求状况、政治局

势的变动、技术和资源条件的变化等等。宏观经济走势往往呈现出萧条、上升、高涨、下降的周期性变化，各阶段的长度和对各经济变量的影响是不确定的。市场资金的供求状况反映了市场上资金供给量和需求量的对比。它受利率、一国货币政策和财政政策等因素的影响，但是它反过来又将对利率和宏观经济政策产生影响。政治局势涉及政局的稳定性、政策的连续性等等。外在的不确定性也包括国内外金融市场上不确定性的冲击。一般来说，外在的不确定性对整个金融市场都会带来影响。所以，由外在的不确定性导致的信用风险等金融风险又称为“系统性风险”。

内在的不确定性来源于经济体之内，它是由行为主体主观决策及获取信息的不充分性等原因造成的。例如，一个银行管理者的个人品质、管理层的管理能力、金融产品的竞争能力、资金实力的大小等，都会影响到银行的信用状况。由于内在不确定性可以通过设定合理的规则，如企业的信息披露制度和市场交易规则等方式来降低其风险，因此，内在的不确定性又称为“非系统性风险”。

第二节　信用风险识别

一、单一法人客户的信用风险识别

（一）基本信息分析

在对单一法人客户进行信用风险识别和分析时，商业银行必须对客户的基本情况和与商业银行业务相关的信息进行全面了解，以判断客户的类型（公司法人还是机构法人）、基本经营情况（业务范围、赢利情况）、信用状况（有无违约记录）等。为此，商业银行应要求客户提供基本资料，并对客户提供的身份证明、授信主体资格、财务状况等资料的合法性、真实性和有效性进行认真核实，并将核实过程和结果以书面形式记载。对于中长期授信，商业银行还需要考察资金来源及使用情况、预计的资产负债情况、损益情况、项目建设进度及营运计划和其他相关文件。

（二）财务分析

财务分析是通过对公司的经营成果、财务状况以及现金流量情况的分析，达到评价公司经营管理者的管理业绩、经营效率，进而识别公司信用风险的目的。财务分析是一项系统工程，对任何指标或数值的单独理解都不利于分析目标的实现，因此，必须建立以到期还本付息能力为核心的系统分析框架。财务分析主要包括财务报表分析、财务预测分析以及现金流量分析。

（三）非财务因素分析

非财务因素分析是信用风险分析过程中的一个重要组成部分，与财务分析相互印证、相互补充。考察和分析公司的非财务因素，主要从管理层风险、行业风险、生产与经营风险、宏观经济及自然环境等方面进行分析和判断。

（1）管理层风险分析。管理层风险分析重点考核公司管理者的人品、诚信度、授信动机、经营能力及道德水准；历史经营记录及其经验；经营者相对于所有者的独立性；品德与诚信度；影响其决策的相关人员的情况；决策过程；所有者关系、内部控制机制是否完备及运行正常；领导后备力量和中层主管人员的素质；管理的政策、计划、实施和控制。

(2) 行业风险分析。每个借款人都处于某一特定的行业中，每一特定行业因所处的发展阶段不同而具有独特的行业风险。尽管这种风险具有一定的阶段性特征，但在同一行业中的借款人可能需要共同面对某些基本一致的风险。一般而言，行业风险分析的主要内容有行业特征及定位分析、行业成熟期分析、行业周期性分析、行业的成本及赢利性分析、行业依赖性分析、行业竞争力及替代性分析、行业成功的关键因素分析以及行业监管政策和有关环境分析。

(3) 生产与经营风险分析。行业风险分析只能帮助公司对行业整体的共性风险有所认识，但行业中的每个公司又都有其独特的自身特点。就国内公司而言，存在的最突出问题是经营管理不善。通常，公司的生产与经营风险可以从以下几方面进行分析：

①总体经营风险：公司在行业中的地位、公司整体特征、公司的目标及战略等因素。

②产品风险：特征与定位（是不是核心产品）、消费对象（分散度与集中度）、替代品及产品研发等。

③原料供应风险：渠道及依赖性、稳定性、议价能力及市场动态等。

④生产风险：流程（劳动密集/资本密集）、设备状况、技术状况及劳资关系等。

⑤销售风险：市场份额及渠道、竞争程度、销售量及库存和竞价能力。

(4) 宏观经济及自然环境分析。经济环境、法律环境、科技进步以及战争、自然灾害和人口等各种自然和社会因素的变化，均可能给借款人带来意外风险，对借款人的还款能力产生不同程度的影响。

（四）担保分析

担保是指为维护债权人和其他当事人的合法权益，提高贷款或者货款偿还的可能性，或者降低弥补风险损失，由借款人或第三方对贷款本息的偿还或其他授信产品提供的一种附加保障，是一个可以影响或控制的潜在还款来源。商业银行与债务人及第三方签订担保协议后，当交易对手财务状况恶化、违反合同或无法偿还贷款本息时，商业银行可以通过执行担保来争取贷款本息的最终偿还或减少损失。担保方式主要有保证、抵押、质押、留置和定金。

保证是指保证人和债权人约定，当债务人不履行债务时，保证人按照约定履行债务或者承担责任的行为。贷款保证的目的是通过第三方为借款人按约足额偿还贷款提供支持。在对贷款保证进行分析时，公司最关心的是保证的有效性，因此对贷款的保证人应从以下几方面进行考察：保证人的资格；保证人的财务实力；保证人的保证意愿；保证人履约的经济动机及其与借款人之间的关系；保证的法律责任。

抵押是指债务人或第三方不转移对财产的占有，将该财产作为债权的担保，债务人不履行债务时，债权人有权依照法律规定以该财产折价或者以拍卖、变卖该财产的价款优先受偿。债务人或第三方为抵押人，债权人为抵押权人，提供担保的财产为抵押物。对抵押应注意以下方面：

(1) 可以作为抵押品的财产的范围及种类。

(2) 抵押合同应包括的基本内容：被担保的主债权种类、数额；债务的期限；抵押品的名称、数量、质量、状况、所在地、所有权权属或者使用权权属；抵押担保的范围；当事人认为需要约定的其他事项等。

（3）抵押物的所有权转移。根据我国现行《担保法》的相关规定，订立抵押合同时，抵押权人和抵押人在合同中不得约定在债务履行期届满抵押权人未受清偿时，抵押物的所有权转移为债权人所有。

（4）抵押物登记。

（5）抵押权的实现。

质押又称动产质押，是指债务人或第三方将其动产移交债权人占有，将该动产作为债权的担保。债务人不履行债务时，债权人有权依照法律规定以该动产折价或者以拍卖、变卖该动产的价款优先受偿。在动产质押中，债务人或第三方为出质人，债权人为质权人，移交的动产为质物。对动产质押应注意以下方面：订立形式；质押合同时效；合同应当包括的内容是否齐全；质物的所有权转移；质押担保的范围；出质人对质物承担的权利、义务和责任；债务履行期届满时质物的处理；权利质押的资格范围；权利质押物的权利行使日与债务履行期不一致的处理；权利质押的生效及转让。

留置是指债权人按照合同约定占有债务人的动产，债务人不按照合同约定的期限履行债务的，债权人有权依照法律规定留置该资产，以该资产折价或者以拍卖、变卖该财产的价款优先受偿。留置担保的范围包括主债权及利息、违约金、损害赔偿金、留置物保管费用和实现留置权的费用。留置这一担保形式主要应用于保管合同、运输合同和加工承揽合同等主合同。

定金是指当事人可以约定一方向对方给付定金作为债权的担保。债务人履行债务后，定金应当抵作价款或者收回。给付定金的一方不履行约定的债务的，无权要求返还定金；收受定金的一方不履行约定的债务的，应当双倍返还定金。公司业务中一般极少采用留置与定金作为担保方式。

二、集团法人客户的信用风险识别

（一）整体状况分析

公司集团是指由相互之间存在直接或间接控制关系，或其他重大影响关系的关联方组成的法人客户群，确定为同一集团法人客户内的关联方可称为成员单位。

商业银行可以参照上述的单一法人客户风险分析方法，对集团法人客户的基本信息、财务状况、非财务因素以及担保等整体状况进行逐项分析，以识别其潜在的信用风险。此外还要重点分析集团内的关联交易情况。

关联交易是指发生在集团内关联方之间的有关转移权利或义务的事项安排。关联方是指在财务和经营决策中，与他方之间存在直接或间接控制关系或重大影响关系的企、事业法人。分析公司集团内的关联交易时，首先应全面了解集团的股权结构，找到公司集团的最终控制人和所有关联方，然后对关联方之间的交易是否属于正常交易进行判断。

（二）信用风险特征分析

集团法人客户的信用风险通常是由于商业银行对集团法人客户多头授信、盲目/过度授信、不适当分配授信额度，或集团法人客户经营不善，或集团法人客户通过关联交易、资产重组等手段在内部关联方之间不按公允价格原则转移资产或利润等原因造成的。与单一法人客户相比，集团法人客户的信用风险特征主要表现有：内部关联交易频繁；连环担保十分普遍；财务报表真实性差；系统性风险较高；风险识别和贷后监督难度较大。

三、个人客户的信用风险识别

（一）基本信息分析

与法人授信业务相对应，个人信贷业务所面对的客户主要是自然人，其特点表现为单笔业务资金规模小但业务复杂而且数量巨大。个人客户信用风险主要表现为个人作为债务人在信贷业务中的违约，或在表外业务中自行违约或作为保证人为其他债务人/交易方提供担保过程中的违约。

商业银行在对个人客户的信用风险进行识别和分析时，需要收集、核查个人客户提供的能够证明个人年龄、职业、收入、财产、信用记录、教育背景等基本情况的相关资料。

（二）个人信贷产品风险分析

个人信贷产品可以基本划分为个人住宅抵押贷款、个人零售贷款和循环零售贷款三大类。

1. 个人住宅抵押贷款的风险分析

（1）经销商风险。它主要包括：经销商不具备销售资格或违反法律规定，导致销售行为、销售合同无效；经销商在商品合同下出现违约，导致购买人（借款人）违约；经销商高度负责经营时，存在经销商卷款外逃的风险。

（2）“假按揭”风险：个人住房贷款“假按揭”是指开发商以本单位职工或其他关系人冒充客户作为购房人，通过虚假销售（购买）的方式套取银行贷款的行为。“假按揭”风险主要在于开发商利用积压房产套取银行信用，欺诈银行信贷资金。

（3）由于房产价值下跌而导致超额抵押值不足的风险。

（4）借款人的经济财务状况变动风险。

2. 个人零售贷款的风险分析

个人零售贷款可以分为汽车消费贷款、信用卡消费贷款、助学贷款、留学贷款和创业贷款等：个人零售贷款虽然品种不同，但面临的个人信用风险却有一定的相似之处，个人零售贷款的风险在于：

（1）借款人的真实收入状况难以掌握，尤其是无固定职业者和自由职业者的收入状况。

（2）借款人的偿债能力有可能不稳定（例如职业不稳定，大学生就业困难等）。

（3）贷款购买的商品质量有问题或价格下跌导致消费者不愿履约。

（4）抵押权益实现困难。

除了按照前述的个人客户基本信息分析来识别借款人的信用风险外，还应当要求学校、家长或有担保能力的第三方参与对助学、留学贷款的担保；对用于购买商品（如汽车）的贷款，公司应对经销商的信誉、实力和资格进行分析考察。由于个人贷款的抵押权实现困难，因此应当高度重视第一还款来源，要求借款人以不影响其正常生活的可以变现的财产作为抵押，并且要求借款人投保财产保险。

3. 循环零售贷款

根据《巴塞尔新资本协议》，针对个人的循环零售贷款应满足如下标准/做法：

(1) 贷款是循环的、无抵押的、未承诺的（从合约和实际情况看都是如此）。循环贷款被界定为在公司的一定限额内，贷款余额根据客户贷款和偿还情况上下浮动。

(2) 子组合内对个人最高授信额度不超过10万欧元（或等值货币）。

(3) 公司必须保证对循环零售贷款采用的风险权重函数，仅用于相对于平均损失率而言损失率波动性低的零售贷款组合，特别是那些违约概率低的贷款组合。

(4) 必须保留子组合的损失率数据，以便分析损失率波动情况。

(5) 循环零售贷款的风险处理方式应与子组合保持一致。

办理循环零售贷款业务时应当高度重视借款人的资信状况及其变化趋势。目前，我国不少银行都推出了“循环贷”业务，虽然名称各不相同，但大多具备上面提到的特征，其中比较具有代表性的有工商银行的“幸福贷款”升级计划、中国银行的个人信用循环贷款、建设银行的个人消费额度贷款和民生银行的个人授信额度循环贷款等等。

四、贷款组合的信用风险识别

信用风险管理不应当仅仅停留在单笔贷款或单一客户的层面上，还应当从贷款组合的层面进行识别、度量、监测和控制。贷款组合内的单笔贷款之间通常存在一定程度的相关性。例如，如果两笔贷款的信用风险随着风险因素的变化同时上升或下降，则两笔贷款是正相关的，即同时发生风险损失的可能性比较大；如果一个风险下降而另一个风险上升，则两笔贷款就是负相关的，即同时发生风险损失的可能性比较小。正是由于这种相关性，贷款组合的总体风险通常小于单笔贷款信用风险的简单加总。因此，风险分散化，即将信用资产分散于相关性较小或负相关的不同行业/地区/信用评级/业务领域的借款人，有助于降低商业银行资产组合的总体风险；与之相反，信贷资产过度集中于特定行业、信用评级或业务领域，将大大增加商业银行的信用风险。

与单笔贷款业务的信用风险识别有所不同，商业银行在识别和分析贷款组合信用风险时，应当更多地关注系统性风险因素可能造成的影响。这些因素包括宏观经济、行业与区域等方面的因素。

第三节　信用风险度量

一、信用风险度量的基础

信用风险度量是现代信用风险管理的基础和关键环节。信用风险度量经历了从专家判断、信用评分模型到违约概率模型分析三个主要发展阶段。公司对信用风险的度量依赖于对借款人和交易风险的评估，前者是客户信用评级，后者是债项信用评级。通过这两个维度度量单一客户/债项的违约概率和违约损失率之后，公司还必须构建组合信用风险度量模型，用以度量组合内各资产的相关性和组合的预期损失

（一）违约

违约责任是指合同当事人不履行合同义务或者履行合同义务不符合约定时依法产生的法律责任。违约行为是违约责任的基本构成要件，没有违约行为，也就没有违约责任。违约行为是指合同当事人违反合同义务的行为。根据违约行为发生的时间，违约行为总体上可分为预期违约和实际违约，而实际违约又可分为不履行（包括根本违约和拒绝履行）、不符合约定的履行和其他违反合同义务的行为，其中不符合约定的履行又可分为迟延履行、质量有瑕疵的履行、不完全履行（包括部分履行、履行地点不当的履行和履行方法不当的履行）。

一般地，债务人出现以下任何一种情况应被视为违约：

（1）债务人对公司的实质性信贷债务逾期 90 天以上。若债务人违反了规定的透支限额或者重新核定的透支限额小于目前的余额，各项透支将被视为逾期。

（2）公司认定，除非采取变现抵质押品等追索措施，债务人可能无法全额偿还对公司的债务。

（二）违约概率

违约概率（default probability）是指合约当事人在未来一定时期内发生违约的可能性。它包括两个层面：一是单一借款人的违约概率；二是某一信用评级所有借款人的违约概率。常用的违约概率估计方法主要有历史违约经验计算、统计模型和外部评级映射三种方法。

历史违约概率是指根据过去一段时间内违约的历史数据信息，评级机构对某一信用评级的债务人在未来一段时间内违约概率的统计估计量。边际违约概率（marginal default rate，MDR）与累积违约概率（cumulative default rate，CDR）是最常用的历史违约概率。边际违约概率是指某一单位时间内（如一年）处于某一信用评级上债务人的违约数目与期初该信用评级债务人总数之间的比率。一定时期内的累积违约概率（CDR）是指这段时间内处于某信用评级的债务人的违约数目占这段时间内该信用评级债务人总数的比率。

根据边际违约概率及累积违约概率的计算方法，可以计算出不同信用评级上的贷款和债券在一定期限内的违约概率，从而建立产品——等级——期限的违约概率表。

（三）违约损失率

违约损失率（loss given default，LGD）是指交易对手的违约损失金额占违约风险暴露的比例。客户违约后给公司带来的债项损失包括两个层面：一是经济损失，考虑所有相关因素，包括折现率、贷款清收过程中的直接成本和间接成本（主要包括引致损失和机会损失）；二是会计损失，也就是公司的账面损失，包括违约贷款未收回的贷款本金和利息两部分。

违约风险暴露（EAD）是指债务人违约时预期表内表外项目的信用风险暴露总和。如果客户已经违约，则违约风险暴露为其违约时的债务账面价值。如果客户尚未违约，则对于表内项目，违约风险暴露为债务账面价值；对于表外项目，违约风险暴露为已提取金额加上信用转换系数乘以已承诺未提取金额。违约风险暴露必须以历史回收率为基础，是参加至少 7 年、涵盖一个经济周期的数据。

违约损失率的经验估计方法主要有以下几种：

1. 市场价值法

因为信用价差等于预期违约损失率，而预期违约损失率又等于违约概率乘以违约损失率，所以通过市场上类似资产的信用价差和违约概率可以推算出违约损失率，其假设前提是市场能及时有效反映债券发行公司的信用风险变化，主要适用于已经在市场上发行并且可交易的大公司、政府和银行债券：根据所采用的信息中是否包含违约债项，市场价值法又进一步细分为市场法和隐含市场法。其中市场法是采用违约债项度量非违约债项 LGD，而隐含市场法不采用违约债项，直接根据信用价差度量 LGD。

2. 回收现金流法

该方法根据违约损失率的定义，按照每次违约的历史清收情况，预测违约贷款在清收过程中能够实现的现金净流入，再除以总的信用风险暴露头寸就可以得到违约损失率 LGD。

（四）预期信用损失与非预期信用损失

信用损失（credit losses，CL）是指信用风险所引起的损失。单一资产的信用损失为：

$$CL_i = I_i \times CE_i \times LGD_i$$

式中：I_i（$i=1, 2, 3, \cdots, n$）是服从伯努利分布的违约随机变量，即当第 i 种信用资产发生信用风险时，$I_i=1$，否则 $I_i=0$。设违约概率 $P(I_i=1)=p_i$，则 $P(I_i=0)=1-p_i$，I_i 的数学期望 $E(I_i)=p_i$ 表示预期违约概率，其方差为 $p_i \times (1-p_i)$；CE_i 为第 i 种信用资产的信用暴露（credit exposure）；LGD_i 为第 i 种信用资产的违约损失率；$CE_i \times LGD$ 被称为违约损失或风险暴露，即违约后发生的损失。n 种资产组合的信用损失的计算公式如下：

$$CL_i = \sum_{i=1}^{n} I_i \times CE_i \times LGD_i$$

单一资产的预期信用损失（expected credit losses，ECL）的计算公式为：

$$ECL_i = E(CL_i) = E(I_i) \times CE_i \times LGD_i = PD_i \times CE_i \times LGD_i$$

式中：$PD_i \times LGD_i$ 称作第 i 种信用资产的预期损失率（rate of expected losses，REL）。资产组合的预期信用损失为：

$$E(CL_p) = \sum_{i=1}^{n} E(I_i) \times CE_i \times LGD_i = \sum_{i=1}^{n} PD_i \times CE_i \times LGD_i$$

非预期信用损失（unexpected credit losses，UCL）是相对于预期信用损失而言的，是指信用资产损失的波动性或不确定性。于是，第 i 种信用资产的非预期信用损失为：

$$UCL_i = D(CL_i) = D(I_i \times CE_i \times LGD_i)$$

非预期信用损失率（rate of unexpected losses，RUL）是指信用资产损失率的波动性或不确定性。于是，第 i 种信用资产的非预期信用损失率为：

$$RUL_i = D_i \times (I_i \times LGD_i)$$

当违约损失率 LGD_i 固定时，RUL_i 的计算公式为：

$$RUL_i = D_i(I_i) \times LGD_i$$

计算资产组合的非预期信用损失主要有两种方法：标准差法和 VaR 法。

1. 信用损失的标准差法

信用损失的标准差法是根据信用损失偏离于预期信用损失的可能性和幅度来计算信用损失的标准差，并将此作为非预期信用损失。即通过计算信用损失的标准差就得到非预期信用损失（UCL）。

计算非信用损失时要考虑以下三种情况：一是假设每种信用资产的违约损失率或回收率固定，违约标示随机变量独立且都服从伯努利分布，违约损失率也独立于违约标示随机变量；二是假设每种信用资产的违约损失率或回收率固定，违约标示随机变量服从伯努利分布但不一定独立，违约损失率也独立于违约标示随机变量；三是假设每种信用资产的违约损失率可变但相互独立，违约标示随机变量服从伯努利分布但不一定独立，违约损失率也独立于违约标示随机变量。

2. 信用损失的 *VaR* 方法

根据 VaR 的思想，先确定信用损失分布，计算出一定置信度 c 下最大可能信用损失即 VaR 值，将最大可能信用损失 VaR 值与预期信用损失的差额作为非预期信用损失，表示在置信度 c 下最大的非预期信用损失，我们称此法为信用损失的 VaR 方法。计算公式如下：

$$UCL = VaR_{\alpha} - E\ (CL)$$

（五）信用损失分布

在分析信用资产组合的风险时，除了预期损失和非预期损失以外，还常常需要了解其信用损失分布。资产组合的损失分布可以以离散分布的形式给出。但是，当信用资产组合中包含的资产数量很多且各个资产之间存在着相关关系时，用离散分布的形式表示资产组合的信用损失分布就比较困难，在这种情况下人们常常选取某种连续随机变量分布函数来描述损失分布，其中用正态分布近似或作为渐进分布最为常用。但实际损失分布一般是偏斜且厚尾的，这主要是因为债务人在大多数情况下并不发生违约，可是一旦违约发生，违约造成的损失常常巨大。另外，正态分布中巨额损失发生概率趋于零的速度比实际损失分布快得多。在更为准确的计算中人们经常选择指数分布、t 分布、Cauchy 分布、Gumbel 分布、. Pareto 分布和 Beta 分布等分布函数来拟合信用损失分布。

（六）信用风险价值

信用风险价值（credit value at risk，CVAR）又称为信用 VaR，记为 $CVaR$，是指在一定置信度 c 下某信用资产或信用资产组合在未来一段时间内的预期最大信用损失，即：

$$Prob\ (CL \geqslant CVaR) = \alpha = 1 - c$$

（七）信用价差

信用价差（credit spread，CS）是指为了补偿违约风险，投资者要求企业信用债务提供的高于到期日相同的无风险（国债）收益的额外收益。一般把剩余期限及现金流出流入结构相同的企业债和国债的到期收益率之差作为信用价差。

二、信用评级

信用评级（credit rating）即资信评级，是由独立的信用评级机构或经济主体对影响评级对象的诸多信用风险因素进行分析研究，就其偿还债务的能力及其偿债意愿进行综合评价，并且用简单明了的评级符号表示出来。完整的信用评级过程包括前期准备、信息收集、处理分析、综合评价、确定等级和跟踪评级六个阶段。

（一）信用评级体系

信用评级体系（credit rating system）是信用评级机构在对被评对象的资信状况进行客观公正的信用评价时所采用的评估要素、评估指标、评估方法、评估标准、评估权重和评估等级等项目的总称，这些项目形成一个完整的体系。

信用评级体系是资信评级的依据，没有一套科学的资信评级指标体系，资信评级工作就无所适从，更谈不到资信评级的客观性、公正性和科学性。作为一个完整的体系，信用评级体系应该包括以下六个内容：

（1）信用评级的要素。这决定于对资信概念的认识。从狭义上说，资信指按期还本付息的能力；从广义上说，资信指资金和信誉，是履行经济责任的能力及其可信任程度。因此，信用评级的要素应该体现对资信概念的理解。国际上对形成信用的要素有很多种说法，有5C要素、3F要素和5P要素等，其中以5C要素影响最广。在我国，通常主张信用状况的五性分析，包括安全性、收益性、成长性、流动性和经营性。通过五性分析，就能对资信状况做出客观的评价。

（2）信用评级的指标。即体现信用评级要素的具体项目，一般用指标表示。指标的选择，必须以能充分体现评级的特征内容为条件。

（3）信用评级的标准。要把资信状况划分为不同的级别，这就要对每一项指标及综合评价定出不同级别的标准，以便参照定位。

（4）信用评级的指标权重。它指在信用综合评价中各项信用指标的相对重要性。信用评级的各项指标在信用评级体系中不可能等同看待，有些指标占有重要地位，对企业信用评级起到决定性作用，其权重就应大一些；有些指标的作用可能小一些，其权重就相对要小。

（5）信用评级的等级。信用评级的等级即反映资信等级高低的符号和级别。

（6）信用评级的方法。按照不同的标志，信用评级的方法有不同的分类，如定性分析法与定量分析法、主观评级方法与客观评级方法、模糊数学评级法与财务比率分析法、要素分析法与综合分析法、静态评级法与动态评级法、预测分析法与违约概率模型法等，同时还有各行业的评级方法。这些方法相互交叉，各有特点，并不断演变。如主观评级方法与客观评级方法中，主观评级更多地依赖于评级人员对受评机构的定性分析和综合判断，客观评级则更多地以客观因素为依据。

（二）信用评级方法

1. 要素分析法

根据对要素的不同理解，要素分析法主要有：

（1）5C要素分析法：5C要素分析法主要分析以下五个方面信用要素：借款人品德（character）、经营能力（capacity）、资本（capital）、资产抵押（collateral）和经济环境（condition）。

(2) 5P 要素分析法。5P 要素分析法主要分析以下五个方面信用要素：个人因素(personal factor)、资金用途因素（purpose factor)、还款财源因素（payment factor)、债权保障因素（protection factor）和企业前景因素（perspective factor)。

(3) 5W 要素分析法。5W 要素分析法主要分析以下五个方面信用要素：借款人(who)、借款用途（why)、还款期限（when)、担保物（what）及如何还款（how)。

(4) 4F 要素分析法。4F 要素分析法主要分析以下四个方面要素：组织要素（organization factor)、经济要素（economic factor)、财务要素（financial factor）和管理要素(management factor)。

(5) CAMPARI 法。CAMPARI 法主要分析借款人以下七个方面要素：品德（character)、借款人偿债能力（ability)、企业从借款投资中获得的利润（margin)、借款的目的(purpose)、借款金额（amount)、偿还方式（repayment）和贷款抵押（insurance)。

(6) LAPP 法。LAPP 法主要分析以下四个要素：流动性（liquidity)、活动性（activity)、赢利性（profitability）和潜力（potentialities)。

(7) 骆驼（CAMEL）评估体系。该体系主要分析以下五个内容：资本充足率（capital adequacy)、资产质量（asset quality)、管理水平（management)、收益状况（earnings）和流动性（liquidity)，其英文第一个字母组合在一起为“CAMEL”，因正好与“骆驼”的英文名字相同而得名。

上述评级方法在内容上都大同小异，是根据信用的形成要素进行定性分析，必要时配合定量计算。它们的共同之处都是将道德品质、还款能力、资本实力、担保和经营环境条件或者借款人、借款用途、还款期限、担保物及如何还款等要素逐一进行评分，然后再汇总。必须把企业信用影响因素的各个方面都包括进去，不能遗漏，否则信用分析就不能达到全面反映的要求。

2. 综合分析法

综合分析法（composite grade method）就是依据受评主体特征的数据计算出综合评分（或称指数）的数学模型。目前企业信用综合评级方法很多，但实践中普遍采用的方法主要有四种。

(1) 加权评分法。这是目前信用评级中应用最多的一种方法。一般做法是根据各具体指标在评级总目标中的不同地位，给出或设定其标准权重，同时确定各具体指标的标准值，然后比较指标的实际数值与标准值得到级别指标分值，最后汇总指标分值求得加权评估总分。

加权评分法的最大优点是简便易算，但也存在以下三个明显的缺点：

第一，未能区分指标的不同性质，会导致计算出的综合指数不尽科学。信用评级中往往会有一些指标属于状态指标，如资产负债率并不是越大越好，也不是越小越好，而是越接近标准水平越好。对于状态指标，加权评分法很容易得出错误的结果。

第二，不能动态地反映企业发展的变动状况。企业信用是连续不断的，加权评分法只考察一年，反映企业的时点状态，很难判断信用风险状况和趋势：

第三，忽视了权数作用的区间规定性。严格意义上讲，权数作用的完整区间，应该是指标最高值与最低值之间，不是平均值，也不是最高值：加权评分法计算综合指数时，是用指标数值实际值与标准值进行对比后，再乘上权数。这就忽视了权数的作用区间，会造成评估结果的误差。因此，加权评分法难以满足信用评级的基本要求。

（2）隶属函数评估法。这种方法是根据模糊数学的原理，利用隶属函数进行综合评估。一般步骤为：首先利用隶属函数给定各项指标在闭区间［0，1］内相应的数值，称为“单因素隶属度”，对各指标做出单项评估。然后对各单因素隶属度进行加权算术平均，计算综合隶属度，得出综合评估的指标值。其结果越接近 0 越差，越接近 1 越好。

隶属函数评级方法较之加权评分法具有更大的合理性，但该方法对状态指标缺乏有效的处理办法，会直接影响评级结果的准确性。同时，该方法未能充分考虑企业近几年各项指标的动态变化，评级结果很难全面反映企业生产经营发展的真实情况。因此，隶属函数评估方法仍不适用于科学的信用评级。

（3）功效系数法。功效系数法是根据多目标规划原理，对每一个评估指标分别确定满意值和不允许值，然后以不允许值为下限，计算其指标实现满意值的程度，并转化为相应的评估分数，最后加权计算综合指数。

由于各项指标的满意值与不允许值一般均取自行业的最优值与最差值，因此，功效系数法的优点是能反映企业在同行业中的地位。但是，功效系数法同样既没能区别对待不同性质的指标，也没有充分反映企业自身的经济发展动态，这使得评级结论不尽合理，不能完全实现信用评级所要实现的评级目的。

（4）信用风险多变量特征的二维判断分析评级法。对信用状况的分析、关注、集成和判断是一个不可分割的有机整体，这也是信用风险多变量特征的二维判断分析评级法的评级过程。

多变量特征是以财务比率为解释变量，运用数量统计方法推导而建立起的标准模型。运用此模型能预测某种性质事件发生的可能性，使评级人员能及早发现信用风险信号。经长期实践，这类模型的应用是最有效的。多变量分析就是要从若干表明观测对象特征的变量值（财务比率）中筛选出能提供较多信用信息的变量并建立判别函数，使推导出的判别函数对观测样本分类时的错判率最小。根据判别分值及分类确定的临界值对研究对象的信用风险进行定位与归类。

二维判断就是从两方面同时考察信用风险的变动状况：第一个是空间，即正确反映受评客体在本行业（或全产业）时点状态所处的地位；第二个是时间，尽可能考察一段时期内受评客体发生信用风险的可能性。

（三）信用评级符号的含义

借款企业信用评级划分为三等九级，符号表示为：AAA、AA、A、BBB、BB、B、CCC、CC、C。借款企业信用评级符号及其含义如下：

AAA 级：短期债务的支付能力和长期债务的偿还能力具有最大保障；经营处于良性循环状态，不确定因素对经营与发展的影响最小。

AA 级：短期债务的支付能力和长期债务的偿还能力很强；经营处于良性循环状态，不确定因素对经营与发展的影响很小。

A 级：短期债务的支付能力和长期债务的偿还能力较强；企业经营处于良性循环状态，未来经营与发展易受企业内外部不确定因素的影响，赢利能力和偿债能力会产生波动。

BBB 级：短期债务的支付能力和长期债务偿还能力一般，目前对本息的保障尚属适当；企业经营处于良性循环状态，未来经营与发展受企业内外部不确定因素的影响，赢利能力和偿债能力会有较大波动，约定的条件可能不足以保障本息的安全。

BB 级：短期债务支付能力和长期债务偿还能力较弱；企业经营与发展状况不佳，支付能力不稳定，有一定风险。

B 级：短期债务支付能力和长期债务偿还能力较差；受内外不确定因素的影响，企业经营较困难，支付能力具有较大的不确定性，风险较大。

CCC 级：短期债务支付能力和长期债务偿还能力很差；受内外不确定因素的影响，企业经营困难，支付能力很困难，风险很大。

CC 级：短期债务的支付能力和长期债务的偿还能力严重不足；经营状况差，促使企业经营及发展走向良性循环状态的内外部因素很少，风险极大。

C 级：短期债务支付困难，长期债务偿还能力极差；企业经营状况一直不好，基本处于恶性循环状态，促使企业经营及发展走向良性循环状态的内外部因素极少，企业濒临破产。

每一个信用评级可用“＋”、“－”符号进行微调，表示略高或略低于本等级，但不包括 AAA＋。一般地，各信用评级都具有相应的历史违约概率。

（四）信用评级报告

信用评级报告应对评级对象（发行人）的主要信用要素进行定量与定性、静态与动态的综合分析；应针对评级对象（发行人）的特点，揭示其实际风险状况；应当至少包括概述、声明、信用评级报告正文、跟踪评级安排和附录等内容。对比较复杂的信用评级或特殊评级，信用评级报告可根据评级分析需要适当增加或调整内容，但须充分揭示出评级对象（发行人）的信用风险。其中，信用评级报告概述部分应包括评级对象（发行人）的名称、评级对象（发行人）主要财务数据、信用评级、评级小组成员及主要负责人、联系方式和出具报告的时间，对债券评级还应当包括被评债券的名称、发债规模、债券期限和利率、债券偿还方式、债券发行目的等内容。

主体评级如存在担保，信用评级报告应当说明担保情况；债券评级如存在担保，信用评级报告应说明担保人的信用评级及增强后的债券信用评级。信用评级报告正文部分包括评级报告分析及评级结论两部分。评级报告分析应简要说明本次评级过程及评级中对各种因素的分析。评级时分析的主要因素包括评级对象（发行人）的概况介绍、所处经济环境的评价、所处行业的分析、评级对象（发行人）公司治理结构分析、业务运营分析、资本实力分析、财务状况分析、评级对象（发行人）风险因素及抗风险能力分析、评级对象（发行人）募集资金投向分析和偿债保障能力分析等内容。评级结论应当写明信用评级级别及释义、评级结论的主要依据，并简要说明本次评级的过程和评级对象的信用风险点。

跟踪评级安排包括定期跟踪评级和不定期跟踪评级。跟踪评级安排应在首次评级报告中说明信用评级时效限定内的跟踪评级时间、评级范围和出具评级报告方式等内容，持续揭示评级对象（发行人）的信用变化。

三、客户信用评级

客户信用评级是公司对客户按期还本付息的能力与意愿的度量和评价，以反映客户信用风险的大小。客户信用评级的评价主体是公司，评价目标是客户违约风险，评价结果是信用评级、违约概率（PD）和违约损失率。合理的客户信用评级具有两大功能：一是能够有效区分违约客户，即不同信用评级的客户违约风险随信用评级的下降而呈加速上升的趋势；二是能够准确量化客户违约风险，即估计各信用评级的违约概率，并把估计的违约概率与实际违约频率之间的偏差控制在一定范围之内。

（一）专家判断法

从国际银行业的发展历程来看，公司客户信用评级在过去几十年甚至上百年的时间里，大致经历了专家判断法、信用评级法、违约概率模型分析三个主要发展阶段。由于我国公司经营历史比较短，而且一直忽视数据积累，缺乏数据分析经验和技术，因此，大部分公司在积极学习和引进数量分析方法的同时，依然普遍使用比较传统的客户信用评级方法：

专家判断法（expert judgement method）即专家系统（expert system），是公司在长期经营信用业务（主要是商业信用、银行信用）、承担信用风险过程中逐步发展并完善起来的传统信用分析方法。专家系统就是依赖高级信用管理人员和信贷专家自身的专业知识、技能和丰富经验，运用各种专业性分析工具，在分析评价各种关键要素基础上依据主观判断来综合评定信用风险的分析系统。

一般而言，专家系统在分析信用风险时主要考虑两方面因素。

1. 与借款人有关的因素

（1）声誉（reputation）。借款人的声誉是在其与公司的历史借贷关系中反映出来的，如果该借款人过去总能及时、全额地偿还本金与利息，那么他就具有良好的声誉，也就能较容易或以较低的价格从公司获得贷款。

（2）杠杆（leverage）。借款人的杠杆或资本结构，即资产负债比率对借款人违约概率影响较大。与杠杆比率较低的借款人相比，杠杆比率较高的借款人未来面临还本付息的压力要大得多，其违约概率也就会高很多。如果贷款给杠杆比率较高的借款人，公司就会相应提高风险溢价。

（3）收益波动性（volatility of earnings）。如果未来面临同样的本息还款要求，在期望收益相等的条件下，收益波动性高的公司更容易违约，信用风险较大。因此，对于处于成长期的公司或高科技公司而言，由于其收益波动性较大，公司贷款往往非常谨慎，即使贷款，其利率也会比较高。

2. 与市场有关的因素

（1）经济周期（economic cycle）。经济周期对于评价借款人的违约风险有着重要的意义。例如，如果经济处于萧条时期，那么消费者就会明显削减对汽车、家电和房产等耐用消费品的需求，但对于食品和水电等生活必需品的需求则不会有明显下降。因此，在经济萧条时期，耐用消费品行业的公司更容易出现违约，对于该类公司的贷款要相对谨慎，且应要求较高的风险溢价。

（2）宏观经济政策（macro-economy policy）。政府宏观经济政策对于行业信用风险分析具有重要作用，尤其是对市场经济不发达或正处于转型经济中的国衫地区而言，影响尤为突出。如果政府对某些行业（如高耗能行业）采取限制发展的措施，那么这些行业的公司信用风险就会比较高。

(3) 利率水平（level interest rates）。高利率水平表示中央银行正在实施紧缩的货币政策。从宏观角度看，在该货币政策的影响下，所有公司的违约风险都会有一定程度的提高。此外，在信息不完全对称的情况下，公司在向借款人要求较高风险溢价的同时也使自身面临的风险增加。其原因在于，由于逆向选择效应与激励效应的作用，高利率不仅造成潜在借款人的整体违约风险提高，而且会促使借款人承担更高的风险。

专家判断法的突出特点在于将信贷专家的经验和判断作为信用分析和决策的主要基础。这种主观性很强的评级体系带来的一个突出问题是对信用风险的评估缺乏一致性。例如，对于同一笔信贷业务主要受到哪些风险因素的影响以及这些风险因素的重要程度有什么差异，不同的信贷人员由于其经验、习惯和偏好的差异，可能出现不同的风险评估结果和授信决策/建议。专家判断法这一局限性对于大型公司而言尤为突出，它使公司统一的信贷政策在实际操作过程中因为专家意见不一而失去意义。在实践中，公司往往通过颁布统一的信贷评估指引和操作流程，并采用众多专家组成的专家委员会的综合意见等措施，在一定程度上弥补专家系统的这一局限性。此外，尽管专家系统在银行业的长期发展和实践中已经形成了较为成熟的分析框架，但专家系统缺乏系统的理论支持，尤其是关键要素的选择、权重的确定以及综合评定等方面更显薄弱。因此，专家系统更适合于对借款人进行是和否的二维决策，但难以实现对信用风险的准确度量。

（二）信用评级法

信用评级法（credit ratings）是一种传统的信用风险量化模型，它利用可观察到的借款人信用特征变量计算出一个数值（得分）来代表债务人的信用风险，然后根据分值大小将借款人归类为不同的风险等级。对个人客户而言，可观察到的特征变量主要包括收入、资产、年龄、职业以及居住地等；对法人客户而言，其特征变量包括现金流量和财务比率等。

信用评级模型的关键在于特征变量的选择和各自权重的确定。目前，应用比较广泛的客观信用评级模型有线性概率模型（linear probability model）、线性识别模型（linear discriminant model）、Probit模型、Logit模型和极值模型等；主观信用评级模型主要有层次分析法（AHP）、模糊综合评价法、网络层次分析法（ANP）与数据包络分析（DEA）模型等。

知识链接 9-1

阿特曼（Altman）的Z计分模型和ZETA模型

阿特曼（1968）认为影响借款人违约概率的因素主要有五个：流动性（liquidity）、赢利性（profitability）、杠杆比率（leverage）、偿债能力（solvency）和活跃性（activity）。在对美国公开上市交易的制造业公司借款人的分析中，阿特曼选择了下面列举的五个财务指标来综合反映上述五大因素，最终得出的Z计分模型如下：

$$Z=0.012X_1+0.014X_2+0.033X_3+0.006X_4+0.999X_5$$

式中：X_1——（流动资产－流动负债）/总资产；

X_2——留存收益/总资产；

X_3——息税前利润/总资产；

X_4——股票市场价值/债务账面价值；

X_5——销售额/总资产。

作为违约风险的指标，Z 值越高，违约概率越低。此外，阿特曼还提出了判断公司破产的临界值：若 Z 低于 1.81，则公司存在很大的破产风险，应被归入高违约风险等级；若企业的 Z 值高于 2.99，那么就认为该企业财务状况良好。

在阿特曼提出针对美国上市制造业公司的 Z 计分模型后，1977 年，阿特曼与 Haldeman、Narayanan 又提出了第二代 Z 计分模型——ZETA 信用风险分析模型，它主要用于公共或私有的非金融类公司，其适应范围更广，对违约概率的计算更精确。

ZETA 模型将模型考察指标由五个增加到七个，分别为：

X_1：资产收益率指标，等于息税前利润/总资产。

X_2：收益稳定性指标，指公司资产收益率在 5～10 年变动趋势的标准差。

X_3：偿债能力指标，等于息税前利润/总利息支出。

X_4：赢利积累能力指标，等于留存收益/总资产。该指标能够反映公司经营寿命长短、股利政策、赢利历史等信息，因此在对公司信用评估中非常重要。

X_5：流动性指标，即流动比率，等于流动资产/流动负债。

X_6：资本化程度指标，等于普通股/总资本。其中，普通股一般用年间市场价值的平均值代入，总资本除了普通股之外，还包括优先股、长期债务以及融资租赁资产。该比率越大，说明公司资本实力越强，违约概率越小。

知识链接 9－2

KMV 模型

KMV 模型是在 Merton 模型基础上发展起来的一种适用于上市公司的违约概率模型，其核心在于把公司与银行的借贷关系视为期权买卖关系，因此借贷关系中的信用风险信息隐含在这种期权交易之中，从而可以应用期权定价理论求解出信用风险溢价和相应的违约概率，即预期违约频率（expected default frequency，EDF）。

公司向银行借款相当于持有一个基于公司资产价值的看涨期权。如图 9-1 所示，期权的基础资产就是借款公司的资产，执行价格就是公司债务的价值（B），股东初始股权投资（5）可以看作期权费。公司资产的市场价值（A）受各种风险因素影响不断变化，如果 A 降低（设为 A_1）到小于 B，公司会选择违约，债权银行只能得到 A_1，负有限责任的借款公司股东最多只会损失 S；如果 A（设为 A_2）大于 B，在全额偿还债务后，借款公司股东得到 A_2-B，而且随着公司资产价值的增大，股东收益也不断增大。

KMV 模型的理论基础是布莱克一斯科尔斯的欧式看涨期权定价模型。KMV 模型首先求出公司资产的价值及其波动率，然后求出违约距离与理论违约概率，再根据违约距离与理论违约概率和历史违约概率之间的映射函数，最终确定公司违约概率。

四、债项信用评级

（一）债项信用评级的含义

债项信用评级是对交易本身的特定风险进行度量和评价，用于反映客户违约后债项损失的大小。特定风险因素包括抵押、优先性、产品类别、地区和行业等。债项信用评级既可以只反映债项本身的交易风险，也可以同时反映客户信用风险和债项交易风险。

客户信用评级与债项信用评级是反映信用风险水平的两个维度，客户信用评级主要针对交易主体，其等级主要由债务人的信用水平决定；而债项信用评级是在假设客户已经违约的情况下，针对每笔债项本身的特点预测债项可能的损失率。因此一个债务人只能有一个客户信用评级，而同一债务人的不同交易可能会有不同的债项信用评级。

（二）债项信用评级的影响因素

对贷款的债项信用评级主要是通过评估借款人的违约损失率来实现的。影响违约损失率的因素有多方面，主要包括：

（1）产品因素。这类因素直接与债项的具体设计相关，反映了违约损失率的产品特性，也反映了商业银行在具体交易中通过交易方式的设计来管理和降低信用风险的努力，包括清偿优先性和抵押品等。

（2）公司因素。这类因素指与特定的借款公司相关的因素，但不包括其行业特征。影响违约损失率的公司因素主要是借款公司的资本结构，一方面表现为公司的融资杠杆率，即总资产和总负债的比率；另一方面表现为公司融资结构下的相对清偿优先性。

（3）行业因素。许多研究表明，企业所处的行业对违约损失率有明显的影响，即在其他因素相同的情况下，不同的行业往往有不同的违约损失率。例如，有形资产较少的行业（如服务业）的违约损失率往往比有形资产密集型行业（如公用事业部门）的违约损失率高。

（4）地区因素。对于国内商业银行而言，由于不同地区经济发展水平、法律环境、社会诚信文化和分行管理水平等存在较大差异，因此，企业所处的地区对违约损失率也具有明显的影响。

（5）宏观经济周期因素。宏观经济的周期性变化是影响违约损失率的重要因素。根据对穆迪评级公司债券数据的研究，经济萧条时期的债务回收率要比经济扩张时期的回收率低1/3；而且，经济体系中的总体违约概率（代表经济的周期性变化）与回收率成负相关。

上述五个方面的因素共同决定了违约损失率的水平及其变化，但其对违约损失率的影响程度是有差异的。2002年，穆迪公司在违约损失率预测模型Loss Calc的技术文件中所披露的信息表明，首先是清偿优先性等产品因素对违约损失率的影响贡献度最高，为37%左右；其次是宏观经济环境因素，为26%左右；再次是行业性因素，为21%左右；最后是公司资本结构因素，为16%左右。

（三）债项信用评级的建模

第一，数据转换。观测并分析所有LGD解释变量的历史分布情况，模拟数据的经验分布函数，并按经验分布函数将实际数值转换为模型所需的标准分值。例如，某一解释变

量的实际值 X，其分布服从区间（A，B）上的。Beta 分布，通过该分布函数，把实际值转换成介于 0～1 之间的标准分值 Y，该分值等于 Beta 分布密度函数 f（x；a，b）在指标下限 A 和实际值 X 之间的积分面积 Y。

然后再将其代入模型进行计算，这一步骤对于提高模型的预测能力非常关键。在多数情况下，直接用实际数据代入模型计算会导致偏差较大，而数据转换和标准化则是模型前期处理中不可缺少的环节。

第二，模型建立。在数据标准化转换后，采用回归分析技术聚合这些指标。采用回归技术对解释变量确定合适的权重。LGD 预测模型一般形式为：

$$\ln\left(\frac{\hat{LGD}}{1-\hat{LGD}}\right)=\beta_0+\beta_1 x_1+\cdots\beta_n x_n$$

式中：x_i是变换后的标准化分值，β_i是解释变量的权重系数，$\hat{LGD}$是正态化后的 LGD 估计值。

第三，预测与修正。采用上述模型，输出当期解释变量的实际数值，按照模型算法得到债项的预测 LGD；然后，根据银行所有债项 LGD 的平均预测值对单笔债项的 LGD 进行统一修正。一般做法是在初始 LGD 的基础上乘以一个系数，以保证预测的系统无偏性。

第四，模型验证。当模型投入使用一段时期后，还须对模型表现做返回检验。模型检验目的是：①确定模型的表现好坏；②保证模型没有过度拟合，性能可靠且容易理解；③确认建模方法在信贷周期上呈现稳健状态。

对 LGD 模型而言，有两个重要的检验度量指标：一是准确率，它反映了模型预测的 LGD 与负债实际损失率的偏差程度；二是有效性，就是模型预测的置信区间宽度，通常较窄的置信区间反映出较好的预测效果。

近年来，许多国际先进银行在验证 LGD 模型时采用“向前检验”法：其主要步骤为：

第 1 步，根据测算 LGD 的业务要求和有关监管规则，确定数据库结构；按既定要求，经过数据收集、数据整理和数据清洗等环节，最后形成完整的 LGD 基础数据库。

第 2 步，选定某一年度时点，随机地将该年度（含）之前的所有数据分为两组，一组作为建立 LGD 模型的基础数据，另一组作为同时点的检测数据。

第 3 步，应用主成分分析法或其他指标提取技术，确定模型结构和参数，然后计算下一年 LGD 预测结果，并保存到预测结果集合。

第 4 步，使用其后发生的实际损失数据对模型准确率和有效性进行全面检验。

第 5 步，移动观测窗口至下一年，并使用该年度之前的数据重新建模。

第 6 步，重复步骤 1 到 5，不断增加新的 LGD 预测值到结果集。

第 7 步，收集所有跨时间、跨样本的模型预测结果，产生一个完整的反映模型性能的结果集，对该结果集进行深入分析．以综合确定模型表现。

五、国家信用评级

（一）国家信用风险与评级

国家信用风险（country risk）是指经济主体在与非本国居民进行国际经贸与金融往来

时，由于别国经济、政治和社会等方面的变化而遭受损失的风险。国家信用风险不仅包括一个国家政府未能履行其债务所导致的风险（主权风险），也包括主权国家以直接或间接方式影响债务人履行偿债义务的能力和意愿。目前，国际上通常从三个方面对国家信用风险进行分类。

(1) 从国家信用风险发生的范围和层次看，国家信用风险分为宏观层次的风险（macro level risk）和微观层次的风险（micro level risk）。前者指对东道国的所有外国公司或外国投资者都会产生不利影响的不确定性变化，而不论这些公司和投资者是属于何种行业、采取何种投资形式；后者是指只对某个特定行业、某类特定公司或者某一特殊投资计划、某一市场产生不利影响的不确定性变化。

(2) 从国家信用风险的结果看，国家信用风险分为影响到财产所有权的风险和只影响到正常业务收入的风险。前者是指导致外国公司和投资者失去资产所有权或投资控制权的不确定性变化；后者是指导致外国公司和投资者经营收入或投资回报减少的不确定性变化。因此，在衡量国家信用风险时可以从政治风险和财务风险两方面进行。

(3) 从国家信用风险发生的风险事项类别看，可以分为政治与社会风险、经济金融风险、自然灾害与突发事件风险等。

微观层次上，国家信用风险的表现形式有拒付债务、延期偿付、无力偿债、重议利息、债务重组、再融资以及取消债务等。宏观层次上国家信用风险的具体表现形式主要有国有化、贸易保护主义、财政金融政策变化、外资管理措施、货币的不可兑换性、消费偏好、经济周期、战争、知识产权的丧失以及经营环境恶化。

中央政府作为债务人的违约行为包括以下两种类型：

(1) 完全违约。完全违约是指债务人在每一笔直接、显性商业性金融债务到期时或到期前宣布不予偿还按照合同约定应当偿还的全部利息或本金的情况。如果合同规定有宽限期的，包括该期限。

(2) 部分违约。部分违约是指债务人没有按照合同约定按时足额偿还利息和本金，发生推迟偿还或部分偿还等多种损害债权人利益的情况：部分违约包含的情形很多，包括各种债权人不是完全自愿的债务重组行为，如延期支付、债券互换等。

在部分违约中，值得强调的是通过本币恶性贬值方式的隐性违约。在极少数情况下有可能发生政府操纵本币内外价值，导致本币恶性贬值损害债权人利益的行为，国家信用评级必须反映这种特殊的违约行为。这时，如果合同中没有对规避币值变化做出适当安排，如采取浮动利率或指数利率等，并且政府也没有宣布任何对债券的保值措施，即使政府按时足额偿还债务，也应认定为违约。

在发生政府继承的情况下，上述违约行为仅针对新政府承认的债务。如果新政府是通过符合宪法的方式组织而成的，该政府应完全继承上届政府的债务，此种情况下无论新政府是否做出表示，都认为其承认上届政府的债务。如果新政府是通过革命、政变等不符合宪法的方式组成的，新政府不承认上届政府债务的行为不属于违约。

国家信用评级即主权评级，是指评估某个国家的信用风险，确定国家信用风险评分高低，并进行风险分类，以某种系列符号表示这些国家信用风险高低的级别，然后将所有被评估国家按照某种顺序排列，形成国家信用风险评级表。国家信用风险评级的前提是国家信用风险评分。国家信用风险评分的做法一般是，细分出形成国家信用风险的各种因素，按照某种方法对这些因素分别打分，再按照某种方法将所有因素的分值进行合成计算，得到国家信用风险总分。国家信用风险的评分指标包括三种：数量指标、比例指标和等级指标。

（二）国家信用评级框架

国家信用评级（national credit rating）理论是信用风险各要素内在联系的本质反映，它包括六个方面的内容：①国家财富创造力是一国债务偿还能力的基础；②国家经济增长能力依赖于国家管理能力；③国家金融体系是一国财富创造的驱动力；④国家信用评级体系关系一国金融安全；⑤国家财政实力直接决定一国债务偿还能力；⑥本币价值是影响一国债务实际偿还能力的关键要素。

对影响国家信用评级要素的分析应从两个层面人手，一是一国的综合体制实力，二是一国主权政府的财政状况。综合体制实力指经济体对财富创造的体制保障能力，是决定一国中长期财政状况的根本；财政状况指通过政府收入与债务状况的比较而表现出来的政府资金在短期内的充裕度和流动性。尽管财政状况在一定程度上是综合体制实力作用的结果和表现，但随着国家越来越多地运用财政手段来行使调节经济和刺激经济及社会发展等职能，政府短期财政状况经常与综合体制实力发生背离。因此，只有对这两个层面进行综合考察，才能更准确和更全面地评价一国中央政府的信用风险水平。

综合体制实力分析主要考察一国在未来对财富创造和经济增长的体制保障能力，而经济体所创造的新增财富是政府偿债的主要资金来源。综合体制实力分析同时也包括对国家在面临政治、经济或金融冲击时仍能够承担其债务能力的考察。综合体制实力分析包括国家管理能力分析、经济实力分析和金融实力分析三个方面。

经济实力、金融实力及国家管理能力是影响国家信用的基础性要素，它们共同决定了一国当前及未来能够创造的财富总量，决定了政府偿债收入及未来债务规模的发展趋势，是对政府信用能力的一种体制性保障。国家管理能力可以被认为是决定一国经济及金融实力的更为根本的因素。稳定、高效的制度环境及适合本国国情的政策举措能够适时调整经济及金融体系中的结构性问题，促进经济快速健康发展，创造更大规模的国民财富。经济实力及金融实力相互依赖、相互影响，经济资源得到合理配置需要高效的金融体系进行支撑，金融体系脱离实体经济的发展经常会引发金融危机，对国家信用产生严重的负面影响。分析经济实力、金融实力及国家管理能力的最终落脚点是经济未来创造资源以偿还债务的能力。

财政状况分析通过将政府收入与债务规模进行比较来考察政府收入对政府债务的保障程度。财政状况分析的重点是政府偿债资金的充裕度及流动性状况：财政状况包括财政实力及外汇实力两个方面。

财政实力及外汇实力构成影响国家信用的直接要素，财政实力和外汇实力都是从偿还债务所需的政府资金的充裕度和流动性角度对政府偿债能力进行评价的：其区别在于，财政实力通过考察政府财政运行状况判断其对政府偿还本币债务能力的影响，外汇实力则是针对外币债务所涉及的汇率风险，用以判断政府的汇兑能力及外汇资产的充裕度和流动性状况。

由于本币债务偿还能力是外币债务偿还能力的基础，在对具体国家进行评级时，大公国际资信评估有限公司（简称“大公”）先通过对前四大因素的综合分析确定本币债务信用评级，然后再结合对外汇实力的评估，得到外币债务国家信用评级。

（三）国家信用评级要素

在国家信用评级理论指导下，通过对关键性评级要素的概括，形成了包括五大部分内容的国家信用评级框架，即国家管理能力、经济实力、金融实力、财政实力和外汇实力。根据国家信用分析的逻辑和框架，通过对这五大要素的分析，风险管理者可以全面、综合地对一国中央政府的信用风险水平做出评价。

1. 国家管理能力

国家管理能力考察的核心是一国的制度环境及政府的管理水平能否保障并促进本国经济长期、稳定、健康发展。国家管理能力分析主要包括国家发展战略分析、政府治理水平分析、安全状况分析和国际关系分析四个方面。

考察一国的国家发展战略是国家管理能力分析的起点。国家发展战略正确与否是国家管理者执政能力高低的首要标志，是一国政府管理水平的核心体现。其他三个方面是国家发展战略的保障因素，对于落实和实现宏观发展战略具有促进或抑制作用。政府治理水平从一国政府的权力运行特征角度评估其实现本国发展战略的能力和效果，它反映了国家管理机关的实际运行情况；安全状况分析通过对社会、宗教、文化和民族等各类因素的分析来考察一国的国内安全环境对实现本国发展战略的影响，安全状况反映了国家管理的实际效果；国际关系部分考察影响国家实现发展战略的国际因素，它是国家管理能力在国际体系层面的反映。

（1）国家发展战略。国家发展战略分析是整个国家管理能力分析的核心。国家发展战略是指为实现国家利益和目标而对发展和运用国家力量所做的全局性、长远性谋划。一国所奉行的发展战略从长期看将对该国政治、经济、社会和文化等各个领域的法律和制度产生影响，并通过具体的制度影响经济发展的绩效，因此国家发展战略能充分反映一国所处的政治、经济发展阶段，国家在当今国际体系中的地位和处境，以及政府在现阶段的政策主张和执政水平。

鉴于国家发展战略的复杂性和大公国家信用评级的目的性，对国家发展战略的分析要有所侧重。从静态看，分析国家发展战略应重点关注总体战略目标和其与经济发展有关的特定目标；从动态看，分析国家发展战略应重点关注本届政府的宏观政策。此外，还应贯彻辩证分析的原则。辩证分析是指对发展战略的分析要因时、因地制宜，要了解制约该国经济发展的特有情况，从该国实际出发分析战略实现的可能性及其实施效果。

（2）政府治理水平。政府治理水平分析从一国权力运行特征的角度来考察政府对经济发展的调控能力，判断它能否以及在多大程度上保障国家发展战略的实现，也就是政策能否被有效地贯彻落实，并保持稳定和连续。政府治理水平分析还要考察中央政府对国家的控制能力有多强，特别是在应对紧急状态的情况下。政府治理水平分析具体包括政策连续性和稳定性分析、政府有效性分析及中央政府的动员能力分析三个方面。

政策的连续性和稳定性是国家形成政治、经济和社会秩序的前提。合理的秩序提高了人们对未来的预见能力，便于政府和民众从长远的角度规划未来发展，有助于经济长期持续增长。考察政策是否具有连续性的核心是判断中央政府具有多大的可能性在主观上改变现有战略和政策。考察政策稳定性的基础是判断一国政局的稳定性程度。在政局相对稳定的国家，还要判断影响其政策稳定性的潜在因素有哪些——政体不同导致分析的角度不同，在多党制国家，重点考察立法、行政和司法机构之间的一致性和协调性，不同政党的政策差异性、政党刚性程度等；在一党制国家，重点考察领导更替方式是否常态化、军队在政治中的影响力如何、民众的政治认同等。

政府的有效性指政府机构履行各自职责的能力。立法、行政和司法机关既是国家政策的制订者也是主要的执行者，它们能否有效地履行职责是国家宏观战略能否实现的关键一环。其中法律的统一和健全程度、政府的效率、公务人员的素质、监管水平、司法的公平度与效率等，都会对国家宏观政策的执行效果产生直接影响。

中央政府的动员能力考察国家在面对重大情况或危机事件时动员全社会的力量应对挑战的能力，其中需重点考察的是政府在偿债资金不足时调动资源的能力。中央政府的动员能力决定了中央政府在紧急情况和重大事件发生时能够调动多少资源和社会力量应对挑战，维护自身的国家信用。对中央政府动员能力的考察具体可以从中央与地方的关系、执政党的组织深化程度、财政体制、人事制度、国民的国家认同和政治认同等方面着手。

(3) 安全状况。良好的国家安全环境是国家发展战略及经济发展的重要保障，国家安全环境的不稳定会直接造成政府安全支出大量增加、政府的还款能力降低，间接影响社会稳定，妨碍正常生产秩序，阻碍经济发展。本处所指的国家安全不仅包括常规的安全事件，还包括一些非常规事件，如不同民族、种族、社会阶层和宗教信仰者之间的紧张关系所导致的明显的社会断层及由此引发的分裂。安全状况分析主要包括国内动乱分析、内战分析及非传统安全因素分析三个方面。

局部的国内动乱、骚乱常常是一国社会矛盾长期积累得不到有效疏导的结果，它可能是由国内持续的种族或民族矛盾、宗教矛盾、阶级和社会阶层对立等因素所引发的。对于经济规模小、财政实力薄弱的国家，经常性的国内动乱会导致经济增长长期停滞不前。内战是国内矛盾爆发的极端形式，它对国家信用风险的影响十分严重，甚至会导致主权违约。非传统安全因素包括自然灾害、气候变化、大规模公共卫生事件和恐怖主义等，它们都会以直接或间接的方式对国家信用产生影响，其中最主要的是恐怖主义。极端严重的恐怖主义事件会对社会心理造成极大的伤害，扰乱正常的经济秩序，甚至会导致国家宏观政策发生局部改变，从而对国家的未来发展产生深远影响。

(4) 国际关系。国际关系同样对国家发展战略起到重要的保障作用。当今世界进入全球化时代，国家间的联系及影响愈发紧密，国际层面的因素已对一国发展进程产生重大甚至是决定性的影响。对国际关系的分析主要从三个层面展开：国际战略、区域层面的国际关系和全球层面的国际关系。

对国际战略的分析是国际关系分析的前提。国际战略是主权国家在对外关系领域较长时期内所奉行的具有整体性、纲领性的主张，反映了该国的国际观、对外利益和外交谋划，决定了该国在处理地区和世界事务时的基本观点和态度，对该国的国际关系形势起主导作用。

一国国际关系的区域层面分析主要关注三方面问题：一是该国与其周边邻国的相互关

系；二是该国与所在地区内主要大国的关系；三是该国与区域性国际组织的关系。在区域一体化程度各异的国家，区域性国际组织对成员国的经济发展将产生不同程度的影响，欧盟是此方面最典型的例子。

对国际关系在全球层面的分析主要关注两点：一是该国与全球性大国的关系；二是该国与全球性国际组织的关系。大国及国际组织都有可能对一个国家的经济、政治和社会各方面产生影响，特别是在发生危机时能够提供必要的援助。但大公国际资信评估有限公司在关注大国和国际组织有可能对一国提供支持和援助的同时，也会考察它们为此所附加的条件，分析这些条件是否有可能对该国产生正面或负面影响。事实证明，国际组织，特别是国际金融组织在一些国家出现经济或金融困境时虽然为该国提供了暂时的融资支持，但是它们附加的改革条件则有可能损害该国的长远利益，甚至成为该国发生危机的导火索。

2. 经济实力

经济实力分析的核心是考察经济体系创造新增价值及其自身抗风险的能力。一国能够稳定、持续地创造经济资源是保障政府拥有充足的资金来偿还债务的前提和基础：经济实力分析主要包括经济规模和体系分析、经济稳定性分析和经济增长潜力分析三个方面：

经济规模和体系是经济实力分析的起点，它是对一国过去及当前创造国民财富能力的概括性阐述，它从对经济结构各层面的分析来挖掘一国财富创造的主要来源，是判断未来经济增长潜力的前提。经济运行是否稳定会对经济持续、稳定创造资源的能力产生重要影响，经济稳定性分析主要考察经济当前的运行情况、存在的主要问题、经济是否更容易受外界因素的干扰以及宏观经济政策能否有效抵御短期波动。经济增长潜力是立足于前两项分析，在充分考虑国家经济发展现状的基础上，结合潜在因素，挖掘、度量其在未来充分利用各类资源、实现经济稳定持续增长的能力。

（1）经济规模和经济体系。经济规模和经济体系的结构状况在很大程度上决定了经济体系创造国民财富及抵抗危机的能力。当前的国民财富规模是经济体系长期以来创造财富能力的综合反映，也是政府财政收入的基础，并决定了政府从国内进行融资的能力。名义和实际国内生产总值是衡量经济规模的主要指标。

经济体系分析主要考察经济的发展水平和经济结构。经济发展水平用人均国内生产总值来衡量，它能够在一定程度上代表一国经济发展所处的阶段。但是，对经济体系考察更重要的方面应放在经济结构上。对一国经济结构特征和存在的主要问题以及对过去和当前拉动经济发展的主要动力进行剖析，能够对一国经济的综合实力和未来的发展潜力做出更准确的判断和预测。经济结构的考察包括对经济增长动力结构、资源禀赋结构、产业结构、科技投入水平、储蓄率与投资率、经济增长方式的可持续性等方面的考察，其中对产业多样化程度、产业竞争力以及储蓄和投资情况等应尤为关注。

（2）经济稳定性。经济稳定性分析主要考察经济在当前和未来一段时间内能否保持稳定、健康发展，即在运行过程中抵抗各种冲击的能力。经济稳定性分析包括宏观经济稳定性分析和经济安全分析两个方面。宏观经济稳定性分析侧重考察当前阶段一国宏观经济运行是否稳定；经济安全分析则着眼于发掘经济体系内部长期存在的导致自身不稳定的因素来判断一国经济体系的抗风险能力。

宏观经济稳定性分析重点考察宏观经济运行情况、经济产生周期性或突发性波动的原因和后果以及政府的相应调控措施。宏观经济稳定性主要通过通货膨胀率、失业率和经济增长率三个指标来反映。在考察宏观经济状况的同时，要关注导致宏观经济失衡的原因，以及政府采取的宏观经济政策的有效性，包括财政政策和货币政策。

经济安全分析主要包括两个方面，首先考察影响经济安全的内部因素，主要指产业结构单一化或畸形化是否会带来经济的周期性波动和导致经济运行不稳定；然后分析经济的对外依存度，包括产业依存度、粮食依存度和能源依存度。对外依存度高的国家往往更容易受外部环境变化的影响。

（3）经济增长潜力。经济增长潜力的分析重点是考察经济在当前及未来调整和解决运行中存在的结构性和制度性问题，优化利用各类要素，促进经济保持长期增长的能力。大公国际资信评估有限公司将考察经济能否继续发挥过去的优势，解决存在的结构性问题，制订适当的经济政策以有效配置现有的资源和要素。

此处，我们仍将关注经济规模和体系部分曾提到的经济结构性问题，但关注的重点已发生变化，这里更多的是要判断这些因素能否在未来促进或抑制经济增长。

国家宏观经济战略对于实现经济未来的增长十分重要，是经济增长潜力部分分析的一个重要方面。国家宏观经济战略作为战略性要素，对该国如何利用基础性要素以改善经济的结构性问题起到了指导与统领的作用。对国家宏观战略的分析具体包括产业发展战略分析、经济增长方式转变战略分析及人才战略分析等。

3. 金融实力

金融实力分析的核心是考察金融体系保障财富创造、经济增长及抵御金融风险的能力。一国金融体系对国家信用会产生重大影响，这已由历次金融危机的实践所证明。对金融实力的分析可以从效率和风险两个方面，分别对金融体系的发展水平和金融体系的稳健性进行考察。

对金融实力进行评估，必须围绕其与经济体系的匹配程度展开。金融体系的不断深化能够促进经济体系的生产效率不断提高，但当金融体系的发展脱离经济体系的整体发展水平时，金融体系内部出现风险的可能性就会大幅提高，危害金融和经济体系的稳定性。因此只有从正、反两个方面对金融体系的发展水平和稳健性进行综合考察才能对一国的金融实力做出全面、客观的评价。

（1）金融发展水平。金融体系主要通过长期形成的基础性体制功能和即时调节功能对经济体系产生影响。金融部门（包括金融市场和金融机构）的整体发育状况决定了金融体系基础性体制功能的发挥，而货币政策是金融体系中能对经济体系产生适时调节作用的最重要机制。因此，对金融发展水平的分析包括金融体系的规模与结构分析、货币政策分析两个方面。

金融体系的规模与结构能够体现一国金融体系的整体发展水平。通过规模性指标可以大致判断一国金融发展的整体状况，但对金融体系的发展水平及效率的综合考察必须结合对金融体系结构的分析。大公国际资信评估有限公司采用金融相关比率，即将一国全部金融资产价值与国内生产总值之比、私人信贷规模与国内生产总值之比等作为主要的规模性指标。金融结构是指构成金融总体（或总量）各个组成部分的规模、运作、组成与配合的状态，是金融发展过程中由内在机制决定的、自然的、客观的结果或金融发展状况的现实体现。考察一国是否具备多元化的金融机构体系、多样化与多层次的金融市场体系和种类丰富的金融工具体系是对一国的金融结构进行考察的重点。但这种判断不是简单地肯定某一种金融结构是最优的，如金融机构主导型或金融市场主导型等，而是必须结合一国的历史传统和现实需要，来评价该国金融结构的组合特点是否符合该国经济发展的客观要求。

货币政策在此处指政府、中央银行和其他有关部门所有有关货币方面的规定和所采取的影响金融变量的一切措施（包括金融体制改革，即规则的改变等）。大公国际资信评估有限公司对货币政策的考察首先判断其目标选择的恰当性，然后考察其货币政策工具运用的合理性，并通过对金融体系发展水平的考察判断其传导效率如何，最后判断其政策的执行效果以及与财政政策的协调程度等各方面的情况。

应该注意的是，随着对外开放程度的提高，一国货币政策的效应在很大程度上受国际因素的影响，因此对具体货币政策效应的判断要充分考虑该国所面临的国内外环境。

（2）金融稳健性。金融本身的高风险性及金融危机的连锁效应使得对金融体系稳健性的评估成为对金融实力评估的重要方面。对金融体系稳健性的评估主要从风险产生机制和风险防范机制两方面进行。风险产生机制主要考察金融机构与金融市场的稳健性，金融机构与金融市场的不稳定是引发金融风险的直接原因和表现形式。风险防范机制主要考察金融监管体系和信用评级体系状况，金融监管及信用评级体系是当前能够对金融机构及金融市场中的风险进行监控、管理和预警的最重要的机制。

在金融机构和金融市场中产生的风险会表现出不同特征，对它们要分别考察。银行体系在金融机构中处于核心地位，对银行体系风险的考察是金融机构稳健性分析的核心。一方面，不稳健的银行体系会造成金融中介活动低效率，经济活动和产出水平下降，财政税收收入减少。另一方面，不稳健的银行体系存在大量的不良资产，政府向有问题的银行直接注资或提供存贷款担保，会增加政府财政支出与或有负债。银行稳健性具体评估指标包括资本充足率、不良贷款率和流动性比率。

金融危机的经验教训表明，股票、债券和货币等金融市场的波动与国家间金融市场的联动性越来越高，这使得金融市场风险严重威胁到整个金融体系的稳健性。考察各金融市场稳健性的重点是关注各金融市场的价格波动程度。

在考察金融稳健性时，大公国际资信评估有限公司的评级方法关注一国信用规模与实体经济的比例关系是否适当。金融自由化在一些国家发展过度与当前世界流动性泛滥的大趋势相结合使考察信用规模与实体经济的匹配性日益重要。金融创新往往导致信用规模中虚拟资产规模的增长，它突破了货币发行的限制，会使信用完全脱离实际需要。虚拟的信用关系不断累积，很容易成为金融危机的风险源。

信用关系是金融体系生存及有效运行的根本，伴随信用体系不断发展并日益复杂化，信用信息不对称问题愈发突出，它不仅增加了金融体系的运行成本，还集聚了金融风险。信用评级体系是一种能够有效解决信用信息不对称问题的机制，这决定了其作为信用体系的自然组成部分在促进信用体系稳健发展方面的重要保障作用。但随着信用评级在金融体系中的重要性不断提高，其向市场提供失真信息，会对信用关系及金融体系的稳定性起到巨大的破坏作用。对信用评级体系评估的重点包括信用评级组织的健全性和独立性、评级标准的科学性以及监管的专业化水平。

金融监管是指中央银行或其他金融监管当局依据国家法律法规的授权对金融业（包括金融机构以及它们在金融市场上的业务活动）实施监督、约束和管制，使它们依法稳健运行的行为的总称。金融监管是来自政府层面的防范经济发展中金融风险的有力手段。在对一国金融监管水平进行考察时，大公国际资信评估有限公司具体从法律基础设施、金融监管体制和金融监管效率三个方面来衡量。

4. 财政实力

财政实力是指政府通过综合运用财政收支和债务管理等多种财政手段保证本币债务偿付的能力。财政实力分析的目的是通过债务规模和偿债收入之间的对比分析来重点考察政府资金的流动性状况。对财政实力的分析包括财政收支平衡状况分析、政府债务状况分析及政府收入增长潜力分析三个方面。

考察政府历年的财政收支平衡状况是财政实力分析的第一步。作为影响债务偿还能力的最基础因素，财政收支平衡状况一方面决定政府债务负担的未来发展状况——政府债务规模的扩大经常是财政赤字不断累积的结果；另一方面它也是判断在扣除必要性支出后，可以用于偿还债务的那部分财政收入在未来能否扩大的前提——如果财政收入的增长速度高于财政支出，可以认为政府可用来偿还债务的资金收入的增长潜力在提高。财政实力分析的第二步是考察政府债务状况。考察政府债务状况重点是根据债务存量状况、债务结构及到期债务偿还安排等判断其未来发展趋势。财政实力分析的第三步是对政府收入增长潜力进行分析。它通过与债务规模的对比分析来判断在未来可获取的政府收入对债务的保障程度。

(1) 财政收支平衡状况分析。财政收入和支出状况主要反映了财政运行的基本状态及其存在的主要问题。尽管各国会根据自己的现实情况采取财政盈余或者财政赤字的政策，但经常性的财政赤字更有可能产生大规模负债，对未来的债务偿还造成压力。

在对财政收支平衡现状进行评价时，最常用的分析工具是政府的财务报表。公司应根据财政结余＝财政收入－财政支出，分别对财政收入和财政支出状况进行具体分析。应当指出的是，在从规模上对财政收入和支出进行对比分析时，一定要结合对收入、支出结构的考察，只有这样才能对其未来的发展趋势做出更准确的判断。

(2) 政府债务状况分析。政府债务负担状况在国家信用风险分析中占据重要地位。较重的债务负担不仅直接制约了政府的偿债能力，严重时还会引发政府债务违约，并且可能因每年需支付巨额利息使政府财政出现经常性赤字，限制政府采取宏观经济政策的空间，甚至影响其实施经济发展战略的能力。对政府债务的综合考察包括债务存量状况考察、偿债负担状况考察、债务变化趋势考察三个方面。通过以上分析，对政府的负债限额做出全面判断。

存量债务是长期财政赤字累积的结果，其规模通常用政府债务存量对国内生产总值的比率及政府债务存量对政府财政收入的比率来衡量。一般来说，当债务存量相对于国内生产总值或财政收入的比率较高，说明政府偿债压力及偿债的不确定性较大。同时，较高的政府债务存量有引发高水平通货膨胀的危险，进而影响宏观经济的稳定性。

偿债负担状况反映了政府当年需偿付的债务规模，通常用当年还本付息数额来表示。相对于债务存量，偿债负担状况对国家信用的影响更为直接。即便一国政府所面临的债务存量从长期来看规模适度，但只要当年需偿还的本金和利息数额超出支付限度，主权政府仍会面临偿债困难。政府偿债负担主要受债务期限、利率、币种及持有人结构等因素的影响。

债务变化趋势是通过对政府以往债务负担变化规律的分析，来判断未来债务负担变化的趋势和波动幅度。一般来说，债务负担波动幅度过大，代表未来债务负担变化的不确定性较强，不利于债务偿还。

政府债务负担主要针对的是政府的直接债务，但是，鉴于目前各国政府测量和公布的债务数据常常不能反映政府的真实财政状况，大量或有负债所带来的风险甚至有可能超过直接债务，因此，在国家信用评级中，除了要对政府的直接显性负债进行分析外，绝不能忽视政府的隐性债务和或有债务状况。

(3) 政府收入增长潜力分析。政府收入增长潜力分析是对政府未来用于偿债的收入状况进行分析和预测。政府收入是政府可获得或可创造的资金，是主权政府偿债资源的保障。大公国际资信评估有限公司重点通过对政府收入结构的具体分析来判断政府收入在未来的整体增长潜力。政府收入包括税收收入、债务收入和其他收入，收入来源的不同使其对债务的保障力度也不同。

税收收入是政府收入中最稳定且最易监督管理的部分，它通常是主权政府用以偿债的第一来源。税收收入的增长潜力取决于国民财富的增长速度、税基和税率三个方面。

债务收入是以政府的名义，通过国内、国际借款或发行各种债券所获得的收入。通过债务收入来偿还债务并没有真正降低政府债务负担，而只是解决政府债务偿还的流动性问题。因此，债务收入仅作为主权政府偿债的第二来源。鉴于债务收入反映了政府与各债权人之间的信用关系，债务收入的增长在很大程度上受限于政府自身的信用状况和投资者对政府未来信用状况的预期。

具有国际储备货币发行权的国家由于其本币信用产品较容易在世界范围内被接受，国际储备货币发行权对债务收入能力具有较强的支撑作用。

其他收入是除税收收入、债务收入之外的其他收入来源，主要包括各项收费、赠款、私有化收益和国有资产收益等。它们规模相对较小，对政府收入的贡献有限，收入不确定性较大，因此属于主权政府偿债资金的第三来源。

在没有保值措施的情况下，因政府宏观政策原因引起的货币恶性贬值将严重损害债权人利益。此时政府名义偿债能力尽管未发生变化，但实际偿债能力已显著下降。为此，大公国际资信评估有限公司将引入币值分析以判断政府的实际偿债能力。

币值考察一般针对一国出现货币大规模贬值，或发生加速、恶性通货膨胀的情况——小幅的货币价值变化不会使债权人的利益严重受损。根据债权人的不同，一国货币币值变化的衡量标准不尽相同。对于国内债权人，应以货币对内价值的变化情况（通货膨胀率）作为衡量政府实际偿债能力的标准；对于国外债权人，则还需通过货币的对外价值变化（汇率）做出全面判断。这是由于政府可能通过操纵汇率，使本币对某种外币或数种外币的价值在考察期内出现大幅度下降，持有本币债务的国外居民在将本币债务兑换为相应的外币时将因此受损。对于国际货币发行国，本币对外价值分析十分关键，因为这类国家的政府债务由非居民债权人持有的比例很高。

5. 外汇实力

外汇实力分析的核心是政府获取外币资产来保障外币债务偿还的能力，重点是考察在发生外部冲击时，一国政府能否保持充足的外币资产流动性。政府偿还外币债务时，如需要外币资产，可通过三种途径获取：在国际市场兑换、利用官方外汇储备、进行外部融资。因而，对外汇实力的分析也相应表现为从货币汇兑能力、外汇充裕度和外汇融资能力三个层面展开。

货币汇兑能力分析主要针对主权货币的属性以及币值问题，试图借此揭示偿还外债时是否需要经过本、外币汇兑程序，以及当需要汇兑时的本币兑换外币能力强弱的问题；外汇充裕度通过对外汇流量状况和外汇存量状况的分析，反映一国主权政府对于偿债汇兑需求的实际保障程度；而当经济体系自身所能够产生的外汇资源无法满足对外偿债需求时，最后需借助外汇融资能力来为外币债务偿付提供保障。

(1) 货币汇兑能力。确定一国的货币属性是外汇实力分析的第一步。是否是国际储备货币、一般可自由兑换货币及不可兑换货币（根据货币属性的不同），决定了政府能否采用即时的货币汇兑方式来满足其偿还外币债务的需求以及这种能力的强弱——本国货币为国际储备货币的国家，这种即时兑换能力最强，同时其特权货币的地位使其外债主要以本币计值，外币债务规模有限。

确定货币属性后，对于可自由兑换货币，对其货币币值未来变化的趋势做出判断是货币汇兑能力分析的重点。而对于不可兑换货币，它的关注重点转到对其外币资产充裕度的分析。

(2) 外汇充裕度。对外汇充裕度的分析是外汇实力分析的第二步。外汇充裕度是衡量一国政府所持有的外币资产现状及未来外币资产规模的变化趋势。当前官方储备资产规模、国际收支状况以及国家外债规模是决定外汇存量状况和外汇流量状况的三个最重要因素。

外汇存量状况，主要反映为官方储备外汇资产，是指货币当局持有的外汇、黄金、特别提款权、在基金组织的储备头寸等。尽管在发生危机时政府可以对非政府部门的外汇业务施加限制以获取更多外汇，但货币当局持有的外汇资产是政府偿还外币债务最直接可靠的来源。此外，外汇储备庞大的国家具备更强的能力来维系外汇市场平衡，可以防止出现因货币急剧贬值而发生货币危机的危险状况。

国际收支状况表现了一国通过国际经贸往来活动获取外汇资产的能力。经由商业渠道增加的外汇，最终可能不一定全都反映为货币当局的外汇储备，但是至少它们代表了国内潜在外汇资源的增加，能够在很大程度上影响外汇储备规模在未来的变化。大公国际资信评估有限公司主要从总体国际收支平衡状况、贸易收支情况、外商直接投资和国际证券投资等方面的指标来综合考察一国外汇资产流量状况。

此外，一国外债规模包括公共部门和私人部门对外净负债，它也会对一国外汇资产充裕度产生负面的抵消和稀释作用：这主要体现在两个方面：第一，非政府部门外币债务有可能成为主权政府的或有负债——政府经常为公共部门及金融机构的外债提供担保；第二，如果公共部门和私人部门的外债规模超过自身持有的外汇资产规模，则需要耗用官方外汇储备，从而导致政府自身偿还外债的能力下降。这里需要注意的是，即便外债是由本币计值，仍会对外汇储备产生影响，因为在相当一部分本币债务被国外居民持有时，仍会出现发生危机时国外居民抛售本币资产、引发资本外流的情况，进而对该国外汇储备造成压力。

（3）外汇融资能力。外汇实力分析的第三步主要是针对经由资金融通渠道而获取外汇资源、进而保障主权外币债务偿付能力所进行的分析，这主要可以从国际金融市场外汇融资渠道和官方外汇融资渠道两个方面来考察。

在对外融资能力分析的过程中，境内外利差水平和对主要货币的名义汇率均直接影响对外融资的成本。坚挺的主权货币和一个正向的市场利差，都将使主权政府在国际市场融资过程中处于一个极为有利的地位：而就政府在国际债券市场上的融资行为而言，国债收益率等能够衡量主权政府债券的投资价值和投资风险。

此外，一国主权政府和其他主权政府之间的双边货币互换协议，和国际货币基金组织、世界银行以及其他区域性金融机构之间的关系，也影响到该政府基于官方渠道的外汇融资能力。

最后，在外汇融资能力分析的过程中，对于存在主权违约历史记录的政府，无论是从官方渠道还是从市场渠道，其外汇融资能力都将受到负面影响。

（四）国家风险评级模型

目前，比较通用的主权评级模型是由经济学家坎托和帕克（Cantor&Packer，1996）提出的，CP 模型利用 49 个国家的横截面数据，回归了标准普尔和穆迪赋予的主权风险评级，测量出对主权风险评级具有决定作用的 8 个变量如下：①人均收入－人均 GNP（美元）；②GDP 增长－年均实际 GDP 增长（%）；③通货膨胀－年均消费价格通胀率（%）；④财政平衡－相对于 GDP 的中央财政年均盈余（%）；⑤外部平衡－相对于 GDP 的资本项目年均顺差（%）；⑥外债－相对于出口的外币债务（%）；⑦经济发展指标－IMF 的工业化国家分类（1＝工业化；0＝非工业化）；⑧违约史指标：1970 年以来的外币债务违约（1＝违约，0＝未违约）。

朱特勒和麦卡锡（Juttner & MeCarthy，2000）对上述 CP 模型适用亚洲金融危机之后的新兴市场国家主权评级的情况进行了分析，发现部分变量不再显著，且模型解释力明显下降。因此，他们增加了下述 5 个变量，并运用回归分析对 DP 模型进行了扩展：利差变量某国和美国相同期限的政府债务之间的利率差；金融部门潜在问题资产占 GDP 的百分比；金融系统因政府而产生的或有负债或 CDP 之比；私人部门信贷增长的变化率（用对 GDP 的百分率表示）；实际汇率变量（用购买力平价作为均衡基点）。

亨得里（Hendry，1997）用从一般到具体的经济计量方法删除不显著的变量，最终得到了新兴市场国家的评级模型。

对每一个被讨论的国家，主权风险分析必须是动态的，并且与变化的全球环境相适应，解释主权评级的模型也同样如此。主权评级比银行、公司评级都要困难，主要原因是国际信贷的规模比起国内公司、银行借贷的规模要小得多，而且自从有国际收支统计后违约次数不多，即使通过各种研究法（包括回归模型、神经网络分析等）来改善风险模型，也会因为样本和数据过少而产生不确定性。因此，对于现在的主权评级方法而言，政治经济学的技巧比计量经济学的科学方法还要重要。与其他信用风险评级/评分相比，主权风险评级需要更多的经验判断，与其说它是一门精确的科学，不如说它是一门蕴涵着不可预见性的艺术。

（五）国家信用评级确定

根据确定的影响国家信用风险五大关键评级要素及能够刻画这些要素的具体指标，大公国际资信评估有限公司建立了国家信用评级操作系统。先录入指标数据，依据设定的评分方法和评分标准，系统会产生初始信用评级，之后经过信用评审委员会的调整形成最终的本、外币国家信用评级。其具体思路和步骤如下：

第一步，分别确定国家管理能力、经济实力、金融实力、财政实力及外汇实力的信用分值。以国家管理能力为例，首先对其中的各项指标进行模型量化处理，接下来将得分加权平均，得到一国国家管理能力的最初得分，之后评审会会综合考虑在模型中没有体现的该国在国家管理能力方面的特有优势或劣势，并通过国家间的比较，对初始得分进行一定调整，最后得到该国家的最终得分。分值区间从 0 到 9，0 分代表风险最高，9 分代表风险最低。

第二步，对前四大要素进行加权平均，得到本币信用分值，并将分值对应为信用评级。大公国际资信评估有限公司国家信用评级从高到低，从 AAA 到 D 共十个等级。除“AAA”、“C”和“D”等级外，每个信用评级可用“+”或“－”进行微调，分别表示比相应等级的信用质量稍高或稍低。

第三步，综合外汇实力得分，对本币信用评级进行调整，得到外币信用评级。外汇实力很强的国家，外币信用评级有可能超过本币信用评级，但在多数情况下，外币信用评级会等于或低于本币信用评级。这样，最终得到了本币和外币的国家信用评级。应强调的是，被评定为某一信用等级的国家，并非必须满足该信用等级相对应的所有特征，但一般应满足其中多项特征。

六、个人信用评分

信用评分（credit score）是指在建立个人信用信息数据库系统的基础上，运用数理统计的原理，找出可能影响消费者未来信用风险、价值等的各种信用因素，并分配以不同权重，进而建立起特定的信用综合评价模型，评估出不同客户的信用分数，然后通过分析客户按时还款的可能性，决定是否给予授信以及授信的额度和利率。个人信用评分以一个分数区间来反映个人的信用状况，一般界定为分数越高风险越低或信用越好。

按照国际惯例，对于公司的信用评定采用评级方法，而对个人客户的信用评定采用评分方法。由于个人客户数量众多，历史信息的规律性强，因此主要采用基于历史数据统计的评分模型度量个人客户的信用风险。

参照国际最佳实践，个人客户评分按照所采用的统计方法可以分为回归分析、K 临近值和神经网络模型等；按照评分的对象可以分为客户水平、产品水平和账户水平；按照评分的目的可以分为风险评分、利润评分和忠诚度评分等；按照评分的阶段则可以分为拓展客户期（信用局评分）、审批客户期（申请评分）和管理客户期（行为评分）。

（一）信用局评分

个人客户通常不会只在一家银行拥有活期账户、贷款、银行卡和其他工具。因此，公司必须借助外部市场信息才能了解和掌握客户全部的金融资产和信用事项。在国外，专业化的信用局或信用服务公司最大范围地收集、整理、加工和提取了几乎所有本国消费者的历史信用信息，并据此创建了各种信用评分模型，以预测消费者的信用风险、收益潜力及其他信用特征表现，公司可以直接从这些信用机构购买潜在个人客户的基本信用信息和信用评分。这一阶段常用的模型有：

（1）风险评分，预测消费者违约/坏账风险的大小。

（2）收益评分，预测消费者开户后给公司带来潜在收益。

（3）破产评分，预测消费者破产风险的大小。

（4）其他信用特征评分。

公司也可以选择从这些信用服务机构购买此类个人信用评分模型，并在此基础上开发出更加适合自身需要的评分模型。

（二）申请评分

申请评分模型通过综合考虑申请者在申请表上所填写的各种信息，例如年龄、职业、学历、收入、住房状况以及申请者在信用局的历史信用信息，对照公司类似申请者开户后的信用表现，以评分来预测申请者开户后一定时期内的违约概率，通过比较该客户的违约概率和公司可以接受的违约底线来做出拒绝或接受的决定。大部分申请评分模型根据客户提供的信息将他们区分为好客户和坏客户。

信用局风险评分模型和收益评分模型是很有价值的决策工具，它们与申请评分模型具有互补性，可以组成二维或三维矩阵来进行信贷审批决策。不同的是，申请评分模型是公司为特定金融产品的申请者量身定做的，能够更准确、全面地反映公司客户的特殊性，而且可以利用更多的信息对客户将来的信用表现进行预测；而信用局评分模型通常是对申请者在未来各种信贷关系中的违约概率做出预测。

在信用局或专业信用服务体系建制不完善的国家和地区，公司不得不高度依赖内部的申请评分模型作为信贷审批决策的主要依据。

（三）行为评分

行为评分通过观察现有客户的行为以跟踪掌握客户及时还款的可信度。公司在提供个人信贷产品之后，应当不断收集客户的消费偏好、守信程度及付款能力等方面的信息，动态跟踪客户表现，灵活调整策略以控制风险、挖掘收益、巩固客户忠诚度、增强产品和服务的竞争力，实现更好的信用风险/账户管理。

随着时间的推移，客户的信用风险状况可能发生改变或出现新的风险特征，原定利率在新的情况下也可能过高或过低，因此需要根据新情况进行适当调整。例如，对于风险增高的客户可适当提高利率，使收益和风险相匹配；对于风险低的客户，特别是流失倾向高的客户，可适当调整利率，以提高自身的价格竞争力，巩固客户忠诚度。特别是在利率市场化后，公司可以比较灵活地进行合同期内的重新定价。

七、组合信用风险度量

对于组合信用风险的度量，在评估单个债务人的违约概率和违约损失率之后，还应当在组合层面上计量不同债务人或不同债项之间的相关性，再评估组合信用风险。

（一）违约相关性及其度量

违约的发生主要由于以下原因：债务人自身因素，如经营管理不善、出现重大项目失败等；债务人所在行业或地区因素，如整个行业受到原材料价格上涨的冲击，或某一地区发生重大事件；宏观经济因素，如 GDP 增长放缓、贷款利率上升、货币升值等。其中，行业或地区因素将同时影响同一行业或地区所有债务人违约的可能性，而宏观经济因素将导致不同行业之间的违约相关性。因此，在度量单个债务人的违约概率和违约损失率之后，还应当在组合层面度量不同债务人或不同债项之间的相关性。相关性是描述两个联合事件之间的相互关系，而不仅仅是指两个事件概率的简单乘积。违约相关性的度量包括相关系数和连续函数两种方法。相关计算在本章中不进行具体阐述，请感兴趣的同学去查阅相关书籍。

（二）组合信用风险价值的计算

组合信用风险价值与单一资产信用风险价值和市场风险价值的计算原理是相同的，其中历史模拟法的计算步骤如下：

（1）确定违约债券组合

（2）计算违约损失

（3）由大到小对违约损失排序

（4）计算违约概率、累积违约概率

（5）根据累积违约概率确定置信水平下的最大信用损失即风险价值

（三）信用风险组合模型

根据原理上的差异，信用风险组合模型可以分为两类：解析模型和仿真模型。解析模型是通过一些简化假设，对信贷资产组合给出一个“准确”的解。解析模型能够快速得到结果，但缺点是需要建立在对违约风险因素诸多苛刻的假定基础上。仿真模型用大量仿真实验（情景模拟）所产生的经验分布来近似代替真实分布。仿真模型具有很大的灵活性，但是对信息系统的计算能力要求很高。

目前国际银行业应用比较广泛的组合模型包括：Credit Metrics 模型、Credit Portfolio View 模型（仿真模型）和 Credit Risk＋模型（解析模型）等。

1. Credit Metrics 模型

CreditMetrics 模型本质上是一个 VaR 模型，目的是计算出在一定的置信水平下，一个信用资产组合在持有期限内可能发生的最大损失：通常，非交易性资产组合（如贷款以及一些私募债券）的价格不能像交易性资产组合（如股票）的价格一样容易获得，因此，非交易性资产组合的价格波动率（标准差）也同样难以获得。Credit Metrics 模型的创新之处正是在于解决了计算非交易性资产组合 VaR 这一难题。其主要内容如下：

（1）信用风险取决于债务人的信用状况，而债务人的信用状况则用信用评级表示。Credit Metrics 模型认为，信用风险直接源自于借款人信用评级的变化，并假定信用评级是有效的，即公司投资失败、利润下降、融资渠道枯竭等信用事件对其还款履约能力的影响都能及时、恰当地通过其信用评级的变化表现出来。Credit Metrics 模型的基本原理就是分析信用评级变化。信用评级转移矩阵（rating migration matrix）一般由信用评级公司提供，即所有不同信用评级的信用工具在一定期限内变化（转移）到其他信用评级或维持原级别的概率矩阵是该模型最为重要的输入数据。

（2）信用工具（包括贷款、私募债券等）的市场价值取决于借款人的信用评级，即不同信用评级的信用工具具有相应的市场价值，因此，信用评级的变化会带来信用工具价值的相应变化。根据等级转移矩阵所提供的信用工具信用评级变化的概率分布，同时根据不同信用评级下给定的贴现率就可以计算出该信用工具在各信用评级上的市场价值（价格），从而得到该信用工具市场价值在不同信用风险状态下的概率分布。这样，Credit Metrics模型就实现了用传统的期望和标准差来衡量非交易性资产信用风险的目的，也可以在确定的置信水平上找到该信用工具的最大损失值，从而将VaR模型的方法引入到信用风险管理中来。

（3）Credit Metrics模型的基本特点就是从资产组合而并不是单一资产的角度来看待信用风险。根据马科维茨资产组合管理理论，多样化的组合投资具有降低非系统性风险的作用。信用风险很大程度上是一种非系统性风险，因此，在很大程度上能够被多样性的组合投资所降低。此外，由于经济体系中共同因素（系统性因素）的作用，不同信用工具的信用状况之间存在相互联系，由此产生的系统性风险是不能被分散掉的。这种相互联系由其市场价值变化的相关系数表示（这种相关系数矩阵一般也由信用评级公司提供）。

（4）由于Credit Metrics模型将单一的信用工具放入资产组合中衡量其对整个组合风险状况的作用，而不是孤立地衡量某一信用工具自身的风险，因而，该模型使用了信用工具边际风险贡献（marginal risk contribution）这样的概念来反映单一信用工具对整个组合风险状况的作用。边际风险贡献是指因增加某一信用工具在组合中的持有量而增加的整个组合的风险。通过对比组合中各信用工具的边际风险贡献，进而分析每种信用工具的信用评级、与其他资产的相关系数以及其风险暴露程度等各方面的因素，可以准确地把握各种信用工具在整个组合的信用风险中的作用，最终为公司的信贷决策提供科学的量化依据。

2. Credit Portfolio View 模型

麦肯锡公司提出的Credit Portfolio View模型直接将转移概率与宏观因素的关系模型化，然后通过不断加入宏观因素冲击来模拟转移概率的变化，得出模型中的一系列参数值。Credit Portfolio View模型可以看作是Credit Metrics模型的一个补充，因为该模型虽然在违约概率计算上不使用历史数据，而是根据现实宏观经济因素通过蒙特卡罗模拟度量出来，但对于那些非违约的转移概率则还需要历史数据来计算，只不过将这些基于历史数据的转移概率进行了调整而已，该模型本身并不能计算出完整的等级转移矩阵。

Creadit Portfolio View模型的基本思想是：等级转移矩阵中的每一项都表示借款人在一定期限内由一个信用评级转移到另一个信用评级的概率。该矩阵中，PCD表示借款人在期限内，信用评级由C变成违约的概率。可见，经济衰退期的PCD比经济上升期的PCD要大。模型假设PCD随着宏观经济变量Y_t的变化而变化，用P_t表示PCD，则P_t与Y_t的关系可能表示为：

$$P_t=f\ (Y_t)$$

宏观经济变量Y_t可以看作是t时刻一系列作为系统性影响因素的宏观因素变量（X_{it}，

如 GDP 增长率和失业率等）和作为非系统性因素的随机冲击变量或改革创新变量（V_t）的函数，因此，Y_t可以表示为：

$$Y_t = g(X_{it}, V_t)$$

式中：$i=1, 2, 3, \cdots, n$；Y_t服从正态分布 $N(0, \sigma^2)$。

GDP 增长率、失业率等宏观因素变量往往决定于其历史数据以及随机冲击，则 X_{it} 又可以表示为：

$$X_{it} = h(X_{it-1}, X_{it-2}, \cdots, \varepsilon_{it})$$

则可以得出违约概率决定于这样一个函数：

$$P_t = f(X_{i,t-j}, V_t, \varepsilon_{it})$$

由此可见，违约概率取决于三个变量：宏观变量的历史数据；对整个经济体系产生影响的冲击或改革；仅影响单个宏观变量的冲击或改革。

由于宏观变量的历史数据可以观察到，则违约概率取决于 V_t 和 ε_{it} 变量。通过蒙特卡罗模拟，可以得出 t 期的 V_t 和 ε_{it} 数据，从而可以计算出 t 期的违约概率 Pt。按照同样的方法，可以计算出 $t+1$，$t+2$，…，$t+n$ 期的违约概率。一般情况下，Credit Portfolio View 模型比较适用于投机类型的借款人，因为该类借款人对宏观经济因素的变化更敏感。

3. Credit Risk＋模型

Credit Risk＋模型是根据针对火灾险的财险精算原理，对贷款组合违约概率进行分析的，并假设在组合中，每笔贷款只有违约和不违约两种状态。火险财险精算原理认为，投保火险的众多家庭同时发生火灾的概率是很小的，而且是相互独立的。与此相类似，Credit Risk＋模型认为，贷款组合中不同类型的贷款同时违约的概率是很小的且相互独立，因此，贷款组合的违约概率服从泊松分布。

在 Credit Risk＋模型中，具有相近违约损失率的贷款被划分为一组。相对于总的贷款组合而言，每一组被看作是一笔贷款，它们同时违约的概率很小且相互独立；而每一组又相当于一个子贷款组合，并与总的贷款组合具有相同的性质，因此其违约概率也服从泊松分布。首先计算出每一组的贷款损失分布，得到其预期损失、一定置信水平下的非预期损失以及资本要求，然后将各组的数据汇总，以同样的方法得到整个贷款组合的损失分布。组合的损失分布会随组合中贷款笔数的增加而更加接近于正态分布。在计算过程中，模型假设每一组的平均违约概率都是固定不变的，而实际上，平均违约概率会受宏观经济状况等因素影响而发生变化，在这种情况下，贷款组合的损失分布会出现更加明显的肥尾现象。

以上几种组合模型，加上死亡率模型和贷款统计分析系统等违约概率测度方法是目前比较流行的几种高级信用风险模型。下面对各种方法的特征进行比较，并总结如表 9-1 所示。

（1）依据的原理与分析方法：Credit Metrics 模型依据评级的历史数据统计分析；KMV 模型依据期权定价原理；Credit Portfolio View 模型依据宏观经济因素调整的模拟分析；死亡率模型和 Credit Risk＋模型则依据保险精算的寿险和财险思想；贷款分析系统基于风险中性原理。

（2）违约概率测度与盯市测度：根据违约概率测度所包含的信用状态的不同，信用组合 VaR 模型可以分为两类：违约模型（default mode models，DM）和盯市模型（mark-to-market models，MTM）。在违约模型中，信用风险用违约风险识别，并采用二元方法，只考虑违约和生存两种状态。盯市模型则包括了借款人信用值所有可能的变化即信用转移。在违约模型中，只有违约发生时信用才会有损失；盯市模型是多元的，只要发生信用转移就会发生损失。两类模型所使用的数据也是完全不同的，违约模型较少，盯市模型较多。

在这四个组合模型中，Credit Metrics 模型明显属于盯市模型；Credit Risk＋模型和 KMV 模型本质上属于违约模型，但 KMV 公司目前正在向人们提供盯市模型版本；Credit Portfolio View 模型既可以被当作盯市模型使用，也可以被用做违约模刑；死亡率模型属于盯市模型，贷款分析系统则属于风险中性测度。

（3）违约驱动因素：Credit Metrics 模型和 KMV 模型的违约驱动因素为公司资产价值及其波动性；Credit Portfolio View 模型的违约驱动因素为宏观经济因素；Credit Risk＋模型的违约驱动因素为违约风险平均水平及其波动性；贷款分析系统的违约驱动因素为无风险资产与风险资产收益之间的价差。

（4）测度的条件性：根据违约概率是否依赖于宏观经济因素可将模型分为条件测度与无条件测度。无条件测度反映特定的借款者或特定的信用项目信息；而条件测度还要考虑总体宏观经济环境如 GDP 的增长率、通货膨胀率等。Credit Portfolio View 模型、KMV 模型以及 Credit Risk＋模型分别融入了宏观经济因素以及市场价格等信息，因此属于条件测度；贷款分析系统由于是在风险中性市场上推导的违约概率，反映了市场信息，因此也属于条件测度；Credit Metrics 模型和死亡率模型是基于违约历史资料统计的结果，没有反映宏观经济因素，因此属于无条件测度。

（5）测度的离散性与连续性。离散测度是信用质量按照离散的等级变化进行刻画，连续测度是信用质量通过违约概率按连续的方式进行刻画。在以上几种模型中，Credit Metrics 模型、Credit Portfolio View 模型以及死亡率模型属于离散测度，而 KMV 模型、Credit Risk＋模型以及贷款分析系统则属于连续测度。

（6）风险中性测度与自然测度：违约概率的自然测度是从分析历史数据中得到的，风险中性测度是在风险中性市场处于均衡时解出的风险中性的违约概率。几个模型除了贷款分析系统是基于风险中性测度外，其余均为违约概率的自然测度。

4. 组合信用风险压力测试

根据巴塞尔委员会 2005 年的定义，压力测试是一种风险管理技术，用于评估特定事件或特定金融变量的变化对金融机构财务状况的潜在影响。亚洲金融危机、俄罗斯货币危机和美国恐怖袭击事件等极端市场状况表明，仅基于“正常”运营条件下的风险管理是不够的。如果公司受到极端市场冲击的影响，将可能由于下述原因而导致实质性的损失：正常条件下的市场假设不再真实、相关性遭到破坏、流动性出现危机、对冲操作失效和极端事件迅速扩散等。

作为公司日常风险管理手段的有效补充，压力测试早期主要用于市场风险管理，但随着时间的推移，业界也逐渐开始利用压力测试来补充信用风险模型的不足。压力测试主要具有如下功能：

（1）为估计公司在压力条件下的风险暴露提供方法，并帮助公司制订或选择适当的战略转移此类风险（如重组头寸、制订适当的应急计划）。

(2) 提高公司对其自身风险特征的理解，推动其对风险特征随时间变化情况的监控。

(3) 帮助董事会和高级管理层确定该公司的风险暴露是否与其风险偏好一致。

(4) 作为对主要基于历史数据和假设条件的风险模型的补充。

(5) 压力测试帮助量化“尾部”风险（发生异常损失的风险）和重估模型假设（如关于波动性和相关性的假设）。

(6) 评估公司在赢利性和资本充足性两方面承受压力的能力。

压力测试主要采用敏感性分析和情景分析方法。敏感性分析用来测试单个风险因素或一组密切相关的风险因素的假设情形（如收益率曲线的平移）对组合价值的影响；情景分析模拟一组风险因素（如股权价格、汇率和利率）的多种情景对组合价值的影响。敏感性分析着重分析特定风险因素对组合或业务单元的影响，而情景分析评估所有风险因素变化的整体效应，更频繁地用于机构范围内的压力测试。实践中，公司可以对信用风险模型中的每一个变量进行压力测试。例如，对于一个具有相同风险暴露的特定信贷资产，在不同的经济周期所具有的违约概率有显著不同，故而可以使用与经济增长期、衰退期以及平稳期相对应的平均违约概率作为该资产的违约概率，然后分别以三个违约概率计算与其相对应的信用风险。此外，同样可以从违约损失率、无风险利率等方面进行压力测试。

尽管压力测试并不困难，但过多的压力测试并不意味着抓住了风险管理的实质和要害，也不意味着高水平的风险管理。实践中，对众多的风险因素进行不同幅度的压力测试，工作量是巨大的。而且，由于每次压力测试只能说明事件的影响程度，却并不能说明事件发生的可能性，这使得管理者对众多的压力测试结果难以分清主次，因而对决策的帮助并不大。此外，压力测试只是对组合短期风险状况的一种衡量，因此属于一种战术性的风险管理方法。在日常的风险管理活动中，压力测试只有与其他风险度量方法同时使用、互为补充，才能发挥最大效力。对于公司而言，进行压力测试更大的意义在于通过压力测试过程促进各部门之间的交流，并了解自身风险管理所存在的问题和薄弱环节，以推动风险管理体系和制度建设。

八、信用评级转移

无论是金融机构、公司还是某项具体债务，其信用评级状况并非一成不变。随着时间的推移，会因为宏观因素和公司内部因素及其他一些因素的影响而发生相应变化。信用评级的变化一般用信用评级转移概率来度量，在确定信用评级转移概率时初始等级和期限是最重要的两个因素。

在得到信用评级转移概率以后，还需要在初始评级基础上考虑由权威评级机构评估的企业所经历的各种历史事件的情况，并对信用评级转移概率做出进一步修正。待确定了各种信用事件的信用评级转移概率以后，就可以得到相应的信用评级转移概率矩阵（简称为信用评级转移矩阵）。信用评级转移矩阵反映了债务人信用在不同信用评级间的变动，揭示了债务人信用风险变化的趋势，出发点就是通过了解（预测）未来每一时间内公司所有可能的信用质量状况从而进行有效的信用风险管理。

估计出信用评级转移概率后，我们还经常需要了解信用评级转移概率估计值的误差大小与置信区间估计值。

除了估计单一信用主体的信用评级转移概率之外，在信用风险管理中还会涉及联合信用评级转移概率以及条件信用评级转移概率等计算，本章就不再一一阐述了，读者可以查阅相关资料进行了解。

第四节 信用风险监测与报告

一、信用风险监测

信用风险监测（credit risk monitoring）是风险管理流程中的重要环节，是指信用风险管理者通过各种监控技术，动态捕捉信用风险指标的异常变动，判断是否已达到引起关注的水平或已经超过阈值。如果达到关注水平或超过阈值，就应当及时采用调整授信政策、优化组合结构、资产证券化等对策，达到控制、分散、转移信用风险的效果，或在风险演变成危机时采取有效措施，将损失降到最低。

信用风险监测是一个动态、连续的过程，通常包括两个层面：一是跟踪已识别风险的发展变化情况，包括在整个授信周期内，风险产生的条件和导致的结果变化，评估风险缓释计划需求；二是根据风险的变化情况及时调整风险管理计划，并对已发生的风险及其产生的遗留风险和新增风险及时进行识别、分析，以便采取适当的应对措施。

有效的信用监测体系应实现以下目标：

（1）确保公司了解借款人或交易对方当前的财务状况及其变动趋势

（2）监测对合同条款的遵守情况

（3）评估抵押品相对债务人当前状况的抵补程度以及抵押品市值的变动趋势

（4）识别合同还款的违约情况，并及时对潜在的有问题授信进行分类

（5）对已发生问题的授信对象或项目，可迅速进入补救和管理程序

JP摩根的统计分析显示：在贷款决策前预见风险并采取预控措施，对降低实际损失的贡献度为50%～60%；在贷后管理过程中监测到风险并迅速补救，对降低风险损失的贡献度为25%～30%；而当风险产生后才进行事后处理，其效力则低于20%。

（一）监测对象

1. 客户信用风险监测

商业银行信贷资产组合风险的变化主要来源于单个债务人信用状况的变化，客户风险构成信用风险的微观层面。因此，商业银行监测整体信用风险的传统做法是建立单个债务人授信情况的监测体系，监控债务人或交易对方各项合同的执行，确定和识别有问题贷款，确定所提取的准备金和储备是否充分。

客户风险的内生变量包括两类指标：基本面指标和财务指标。

（1）基本面指标（定性指标或非财务指标）

①品质类指标，包括融资主体的合规性、公司治理结构、经营组织架构、管理层素质、还款意愿和信用记录等。

②实力类指标，包括资金实力、技术及设备的先进性、人力资源、资质等级、运营效率、成本管理、重大投资影响和对外担保因素影响等。

③环境类指标，包括市场竞争环境、政策法规环境、外部重大事件和信用环境等。

(2) 财务指标：如偿债能力指标、赢利能力指标、营运能力指标和增长能力指标等。

从客户风险的外生变量来看，借款人的生产经营活动不是孤立的，而是与其主要股东、上下游客户、市场竞争者等“风险域”企业持续交互影响的。上述相关群体的变化，均可能对借款人的生产经营和信用状况造成影响。因此，对单一客户风险的监测需要从个体延伸到“风险域”企业。单一客户风险监测方法包括一整套贷后管理的程序和标准，并需要借助客户信用评级、贷款分类和信用评分等方法。商业银行对单一借款人或交易对方的评级应定期进行复查，当条件改善或恶化时应对每个授信客户重新评级，确保内部评级与授信质量一致并能准确反映各项授信的质量。评级下降的授信应当接受额外的管理和监测，例如，由授信管理人员进行更频繁的检查，并将其列入高级管理层经常检查的关注名单中。一般而言，对于信用评级较高的客户偶然发生的风险波动，应给予较大的容忍度；对于风险程度本身就很高的客户，则应给予较小的容忍度。

2. 组合信用风险监测

组合层面的风险监测把多种信贷资产作为投资组合进行整体监测。组合监测能够体现多样化带来的分散风险的效果，防止国别、行业、区域、产品等维度的风险集中度过高，实现资源的最优化配置。目前，国际先进银行较多采用组合层面的风险监测体系。

商业银行组合风险监测有两种主要方法：

(1) 传统的组合监测方法。传统的组合监测方法主要是对信贷资产组合的授信集中度和结构进行分析监测。授信集中是指相对于商业银行资本金、总资产或总体风险水平而言存在较大潜在风险的授信。结构分析包括对行业、客户、产品和区域等的资产质量、收益（利润贡献度）等维度的分析。商业银行可以依据风险管理专家的判断，给予各项指标一定权重，得出对单个资产组合风险判断的综合指标或指数。

(2) 资产组合模型。首先评估每个暴露的信用风险，接着估计每个暴露的未来价值概率分布，然后估计各暴露之间的相关性，最后计量组合整体的未来价值概率分布。或者不直接处理各暴露之间的相关性，而把暴露在该风险类别下的投资组合看成一个整体，直接估计该组合资产的未来价值概率分布，包括 Credit Metrics 模型、Credit Portfolio View 模型等。

（二）监测指标

风险监测指标体系通常包括潜在指标和显现指标两大类，前者主要用于对潜在因素或征兆信息的定量分析，后者则用于显现因素或现状信息的定量分析。

中国银监会按照三大类七项指标进行评估，具体包括经营绩效类指标、资产质量类指标和审慎经营类指标，根据功能又分为风险水平、风险迁徙、风险抵补三大类指标。

表 9-1 商业银行常见信用风险监测指标

信用风险监测指标	指标计算
不良资产率	不良信用风险资产/信用风险资产×100%
不良贷款率	（次级类贷款＋可疑类贷款＋损失类贷款）/各项贷款×100%
单一（集团）客户授信集中度	最大一家（集团）客户授信总额/资本净额×100%

续表

信用风险监测指标	指标计算
单一客户贷款集中度	最大一家客户贷款总额/资产净额×100%
全部关联度	全部关联方授信总额/资产净额×100%
正常贷款迁徙率	(期初正常类贷款中转为不良贷款的金额＋期初关注类贷款中转为不良贷款的金额)/(期初正常类贷款余额－期初正常类贷款期间减少金额＋期初关注类贷款余额－期初关注类贷款期间减少金额)×100%
正常类贷款迁徙率	期初正常类贷款向下迁徙金额/(期初正常类贷款余额－期初正常类贷款期间减少金额)×100%
关注类贷款迁徙率	期初关注类贷款向下迁徙金额/(期初关注类贷款余额－期初关注类贷款期间减少金额)×100%
次级类贷款迁徙率	期初次级类贷款向下迁徙金额/(期初次级类贷款余额－期初次级类贷款期间减少金额)×100%
可疑类贷款迁徙率	期初可疑类贷款向下迁徙金额/(期初可疑类贷款余额－期初可疑类贷款期间减少金额)×100%
成本收入比率	营业费用/营业收入×100%
资产利润率	资产利润率＝净利润/资产平均余额×100%
资本利润率	净利润/所有者权益平均余额×100%
资产损失准备充足率	信用风险资产实际计提准备/信用风险资产应提准备×100%
贷款损失准备充足率	贷款实际计提准备/应提准备×100%
不良贷款拨备覆盖率	(一般准备＋专项准备＋特种准备)/(次级类贷款＋可疑类贷款＋损失类贷款)×100%
资本充足率	资本净额/(风险加权资产＋12.5倍的市场风险资本)×100%
核心资本充足率	核心资本净额/(风险加权资产＋12.5倍的市场风险资本)×100%

备注：所有信用风险监测指标都要计算本外币口径数据。

(三)风险预警

信用风险预警(credit risk early warning)是指商业银行根据各种渠道获得的信息，通过一定的技术手段，采用专家判断和时间序列分析、层次分析和功效计分等方法，对商业银行信用风险状况进行动态监测和早期预警，实现对风险“防患于未然”的一种“防错纠错机制”。

1. 风险预警的程序和主要方法

(1)风险预警程序。风险预警是各种工具和各种处理机制的组合结果，无论是否依托于动态化、系统化、精确化的风险预警系统，都应当逐级、依次完成以下程序：

①信用信息的收集和专递。收集与商业银行有关的内外部信息，包括信贷人员提供的信息和外部渠道得到的信息，并通过商业银行信用风险信息系统进行储存。

②风险分析。信息通过适当的分层处理、甄别和判断后，进入到预测系统或预警指标

体系中。预测系统运用预测方法对未来内外部环境进行预测，预警指标经过运算估计出未来市场和客户的风险状况，所输出的结果与预警参数进行比较，以便做出是否发出警报以及发现何种程度警报的判断。

③风险处置。风险处置是指在风险警报的基础上，为控制和最大限度消除商业银行风险而采取的一系列措施。按照阶段划分，风险处置可以划分为预控性处置与全面性处置。预控性处置是在风险预警报告已经做出，而决策部门尚未采取相应措施之前，由风险预警部门或决策部门对尚未爆发的潜在风险提前采取控制措施，避免风险继续扩大对商业银行造成不利影响。预控性处置也可以由商业银行的预控对策系统来完成，根据风险警报的类型和性质调用对策集合，进行辅助决策。全面性处置是商业银行对风险的类型、性质和程度进行系统详尽的分析后，从内部组织管理、业务经营活动等方面采取措施来控制、转移或化解风险，使风险预警信号回到正常范围。

④后评价。风险预警的后评价是指经过风险预警及风险处置过程后，对风险预警的结果进行科学的评价，以发现风险预警中存在的问题（如虚警或漏警），深入分析原因，并对预警系统和风险管理行为进行修正或调整。因此，后评价对于预警系统的完善十分重要。

风险预警在运行过程中要不断通过时间序列分析等技术来检验其有效性，包括数据源和数据结构的改善；预警指标和模型的改进，包括模型解释变量的筛选、参数的动态维护等。

（2）风险预警的主要方法。风险预警的理论和方法近年来在世界范围内取得了显著进展。依托 IT 技术，许多金融机构将非结构化的逻辑与回归分析和神经网络技术相结合引入了预警模型，通过监测一套先导指标体系来预测危机发生的可能性。其主要方法有：

①传统方法。典型的例子是 6C 法，即根据专家对债务人或交易对方的品德（character）、资本（capital）、能力（capacity）、抵押品（collateral）、现金流（cash flow）、经济周期的走势（cycle conditions）六项因素的分析，做出主观判断。

②评级方法。例如美国货币监理署（OCC）最早开发的贷款评级方法。

③信用评分方法。例如美国的监管当局（美联储、货币监理署、联邦存款保险公司）采用的骆驼（CAMEL）评级体系。

④统计模型。例如，1993 年美联储根据 FIMS（金融机构监测系统）开发出的 SEER 评级模型，采用了多元对数回归分析方法，在最新的常规性监管报告数据基础上评估商业银行的 CAMELs 综合等级；又如，1995 年 FDIC 建立的 SCOR 模型，运用季度常规性监管报告数据，采用 CAMELs 评级系统的 Logit 排序模型，估计当前 CAMELs 检查评级为 1 或 2 的商业银行降级的可能性。

在我国银行业实践中，风险预警是一门新兴的交叉学科，可以根据运作机制将风险预警方法分为黑色预警法、蓝色预警法和红色预警法。

①黑色预警法。这种预警方法不引进警兆自变量，只考察警素指标的时间序列变化规律，即循环波动特征。例如，我国农业大体上存在 5 年的一个循环周期，而工业的循环周期大体上在 3 年。各种商情指数、预期合成指数、商业循环指数、经济扩散指数和经济波动图等都可以看作是黑色预警法的应用。

②蓝色预警法。这种预警方法侧重定量分析，根据风险征兆等级预报整体风险的严重程度，具体分为两种模式：

• 指数预警法，即利用警兆指标合成的风险指数进行预警。其中，应用范围最广的是扩散指数，是指全部警兆指数中个数处于上升的警兆指数所占比重。当这一指数大于0.5时，表示警兆指标中有半数处于上升，即风险正在上升；如果小于0.5，则表示半数以上警兆指数下降，即风险正在下降。

• 统计预警法，是对警兆与警素之间的相关关系进行时差相关分析，先确定其先导长度和先导强度，再根据警兆变动情况，确定各警兆的警级，然后结合警兆的重要性进行警级综合，最后预报警度。

③红色预警法。该方法重视定量分析与定性分析相结合。其流程是：首先对影响警素变动的有利因素与不利因素进行全面分析；其次进行不同时期的对比分析；最后结合风险分析专家的直觉和经验进行预警。

以上介绍的风险预警程序和方法，不但适用于信用风险预警，而且同样适用于其他主要风险的预警。实践表明，预警系统在强调定量分析的同时，必须紧密结合定性分析，只有综合使用多种预警方法，才能提供比较正确的风险预警。

2. 行业风险预警

行业风险预警属于中观层面的预警，主要包括对以下行业风险因素的预警。

(1) 行业环境风险因素。它主要包括宏观经济周期、财政货币政策、产业政策、法律法规及外部冲击等方面。

①经济周期因素。经济周期因素主要用于：

• 判断宏观经济所处阶段；

• 判断行业自身的周期性；

• 分析宏观周期与行业周期的相关性。

②财政政策对许多行业具有较大影响，当财政紧缩时，行业信贷风险呈上升趋势；反之则下降。不同行业成本构成中，资金成本占比不同，因而货币政策对不同行业影响的力度不同。扩张性货币政策有助于改善行业经营状况；紧缩性货币政策则不利于行业发展，例如，货币政策中贷款利率的上调可能导致部分微利企业因财务费用增加出现亏损。

③国家产业政策。宏观政策和产业政策的变化可以对企业的经营环境、赢利状况造成直接或间接的影响。例如，国家抑制房地产过热的宏观调控政策可能会导致部分房地产开发企业的资金链断裂。

④法律法规。法律法规不完整的行业，因缺乏有力的制度保障，企业间的纠纷较多，系统性风险较高，易受意外事件冲击。法律法规的修改也可能对相关企业造成直接影响。例如，《野生动物保护法》出台，相关制药业可能受到一定影响；环保法有关内容修订，部分涉及环境污染的行业可能受到发展限制；国家出台的一些技术贸易壁垒，如检验检疫贸易壁垒、反倾销政策等，会直接影响出口企业的产品出口。

综合以上分析，从行业环境信息中可捕捉到以下行业风险预警指标：

• 国家财政、货币、产业等宏观经济政策变化，例如：汇率、利率的调整，政府产业政策鼓励或限制某一产业；

• 行业相关的法律法规出现重大调整；

• 多边或双边贸易政策变化，例如对进口、出口的限制和保护；

• 政府优惠政策的停止。

（2）行业经营风险因素。它主要包括市场供求、产业成熟度、行业垄断程度、产业依赖度、产品替代性、行业竞争主体的经营状况和行业整体财务状况，目的是预测目标行业的发展前景以及该行业中企业所面临的共同风险。行业经营风险因素分析过程中应侧重以下几方面：行业市场风险、产业成熟度、行业垄断程度、行业增长性与波动性、产业依赖度、行业产品（或服务）的可替代性及行业增长潜力分析等。

行业经营环境出现恶化的预警指标主要有：

• 行业整体衰退；

• 出现重大的技术变革，影响到行业的产品和生产技术的改变；

• 经济环境变化，如经济萧条或出现金融危机，对行业发展产生影响；

• 产能明显过剩；

• 市场需求出现明显下降；

• 行业出现整体亏损或行业标杆企业出现亏损。

（3）行业财务风险因素。对行业财务风险因素的分析要从行业财务数据的角度，把握行业的赢利能力、资本增值能力和资金营运能力，进而更深入地剖析行业发展中的潜在风险。行业财务风险分析指标体系主要包括行业净资产收益率、行业盈亏系数、资本积累率、行业销售利润率、行业产品产销率以及全员劳动生产率6项关键指标。

表9-2　衡量行业财务风险因素的指标

指标	计算公式
行业净资产收益率	净利润/平均净资产×100％
行业盈亏系数	行业内亏损企业个数/行业内全部企业个数 行业内亏损企业亏损总额/（行业内亏损企业亏损总额＋行业内赢利企业赢利总额）
资本积累率	行业内企业年末所有者权益增长额总和/行业内年初企业所有者权益总和×100％
行业销售利润率	行业内企业销售利润总和/行业内企业销售人总和×100％，
行业产品产销率	行业产品销售量/行业产品产量×100％
全员劳动生产率	（截至当月累计工业增加值总额×12）/（行业职工平均人数×累计月数）×100％

（4）行业重大突发事件。当行业发生重大突发事件后，一般都会对行业中的企业以及相关行业中的企业的正常生产经营造成影响，从而对商业银行正常的本息回收工作带来不利影响。

3. 区域风险预警

区域风险通常表现为区域政策法规的重大变化、区域经营环境的恶化以及区域内部经营管理水平下降、区域信贷资产质量恶化等。

（1）政策法规发生重大变化。某些政策法规发生重大变化，可能会直接影响地方经济的发展方向、发展速度和竞争格局等，同时对区域内的企业也可能会产生不同程度的影响，从而引发区域风险。区域政策法规重大变化的相关警示信号有：

①国家政策法规变化给当地带来的不利影响。

②地方政府提出与地方自然资源、交通条件等级不相称的产业发展规划。

③地方政府为吸引企业，不惜一切代价，提供优惠条件。

④国家宏观政策发生变化而造成地方原定的优惠政策难以执行。

⑤地方政府减少对区域内商业银行客户的优惠政策或允诺的优惠政策难以兑现。

⑥区域内某产业集中度高，而该产业受到国家宏观调控。

⑦区域法律法规明显调整。

（2）区域经营环境出现恶化。在区域风险监测的过程中要关注区域的经济发展状况及发展趋势，如地区GDP增长率、地区GDP占比、区域的开放程度、区域经济的稳定和合理程度、区域产业集中度、区域企业竞争力以及区域信用环境等。例如，浙江某些区域纺织行业较为集中，2005年全球纺织品贸易开始一体化进程，面对大量增加的纺织品进口，欧美迅即采取了贸易限制措施，这对浙江纺织行业现行的片面扩张数量、比拼价格的出口增长方式带来了强力冲击。区域经营环境恶化的相关警示信号有：

①区域经济整体下滑。

②区域产业集中度高，区域主导产业出现衰退。

③区域内客户的资信状况普遍降低。

④区域内产品普遍被购买者反映质量差，购买者对该区域生产的产品失去信心等。

（3）区域商业银行分支机构内部出现风险因素。其相关警示信号有：

①风险分类数据显示区域资产质量明显下降。

②短期内区域信贷规模超常增长。

③行内员工大量反映本行的经营管理恶化情况。

④行内检查报告反映的管理混乱情况。

⑤外部审计监管机构要求重大整改情况。

⑥发生违规/违法案件。

区域风险预警中常用的一些主要措施包括区域风险监测与预警、建议调整区域授信政策、建议调整区域信贷授权、建议调整区域资产质量计划和实施内部风险监管等。

4. 客户风险预警

贷款不会一夜之间变成问题贷款或损失，在信贷资产质量逐渐恶化之前，往往会出现许多预警信息。客户风险监测和预警就是要及时探测出这些信息，并提前采取预控措施，为控制和降低信贷风险创造有利条件，保障商业银行资金安全，减少风险损失。客户风险分为客户财务风险和客户非财务风险两大类，风险经理在进行客户风险监测时，一般可以按照以下步骤进行。

（1）客户财务风险的监测。从收集的财务信息中，风险经理应当密切关注企业出现的早期财务警示信号。

①没有按时收到财务报表。

②客户现金流状况的恶化。

③应收账款数额或比率的急剧增加或收取过程的显著放慢。

④存货周转率的放慢。

⑤显示陈旧存货、大量存货或不恰当存货组合的证据。

⑥总资产中流动资产所占比例的下降或资产组合的急剧变化。

⑦流动比率或速动比率的大幅降低。

⑧固定资产的剧烈变动。

⑨准备金的大量增加。

⑩无形资产占比太高。

⑪流动负债或非流动负债的异常增加。

⑫较高的负债与所有者权益比率。

⑬资产负债表结构的重大变化。

⑭不合格的审计。

⑮会计师的变化。

⑯不断降低或迅速增加的销售额。

⑰销售收入总额与销售收入净额之间的巨大差异。

⑱不断增加的成本以及逐渐减少的利润率或不断上升的营业损失。

⑲日常开支相对于销售额的不成比例增长。

⑳总资产报酬率或总资产周转率不断降低。

㉑不断减少的银行存款余额。

㉒过量的或未曾预见的票据延期。

㉓对固定资产或流动资产需求不良的财务规划。

㉔对短期负债的严重依赖。

㉕季节性贷款申请的时间性发生的显著变化。

㉖贷款申请规模或频率的急剧变化。

㉗客户能否到期、足额偿还贷款，是银行风险监测的重点，在对客户财务风险的监测中，要对客户的长短期偿债能力高度关注。

（2）客户非财务风险的监测。在收集的非财务信息中，风险经理应密切关注客户出现的早期非财务警示信号。

①高管人员的行为方式和个人习惯发生了变化。

②高管人员的婚姻出现问题。

③高管人员没有履行个人义务。

④关键的人事变动。

⑤不能实现日程上的既定安排。

⑥在计划方面表现出来的无能。

⑦缺乏系统性和连续性的职能安排。

⑧冒险参与企业并购、新项目投资、新区域开发或生产线启动等投机活动。

⑨在回应低迷的市场或不景气的经济状况时反应迟缓。

⑩缺乏可见的管理连续性。

⑪超出公司的管理和控制极限的过度增长。

⑫公司出现劳动力问题。

⑬公司业务性质的改变。

⑭无效率的厂房和设备布局。

⑮主要产品系列、特许权、分销权或者供货来源丧失。

⑯丧失一个或数个财务状况良好的大客户。

⑰不良的厂房和设备维护。

⑱没有及时更新或淘汰过时的或效率低下的厂房和设备。

⑲其他金融机构提供的风险信息。

⑳保险公司由于客户没有支付保险金而向其发出了保单注销函。

㉑司法机构针对客户发出判决。

㉒遇到台风、火灾等重大突发事件。

二、信用风险报告

风险报告是将风险信息传递到内外部门和机构，使其了解商业银行客户风险和商业银行风险管理状况的工具。风险报告是商业银行实施全面风险管理的媒介，贯穿于整个流程和各个层面。高可信度的风险报告能够为管理层提供全面、及时和精确的信息，辅助管理决策，并为监控日常经营活动和合理的绩效考评提供有效支持。在信用风险管理领域，商业银行应当充分利用数据挖掘（data mining）和分析技术，对每一项授信操作的风险进行分析，并在多个层面上进行分类汇总。

（一）风险报告职责

风险报告的职责主要体现在以下几方面：

（1）保证对有效全面风险管理的重要性和相关性的清醒认识；

（2）传递商业银行的风险偏好和风险容忍度；

（3）实施并支持一致的风险语言/术语；

（4）使员工在业务部门、流程和职能单元之间分享风险信息；

（5）告诉员工在实施和支持全面风险管理中的角色和职责；

（6）利用内部数据和外部事件、活动、状况的信息，为商业银行风险管理和目标实施提供支持；

（7）保障风险管理信息及时、准确地向上级或者同级的风险管理部门、外部监管部门、投资者报告。

（二）风险报告的路径

商业银行的各个层面都需要有效使用风险报告以识别、计量、监测和控制风险。从纵向看，风险信息报告在不同级别之间传递；从横向看，风险信息报告也需要在不同的部门之间进行交流。商业银行的多级式管理导致了信息分布不对称，直接影响到商业银行的管理效率和竞争力，并且产生道德风险和逆向选择问题。因此，在报告路径的设计上，应当充分考虑管理链条长度与管理效率的关系。良好的风险报告路径应采取纵向报送与横向传送相结合的矩阵式结构，即本级行各部门向上级行对口部门报送风险报告的同时，也须向本级行的风险管理部门传送风险报告，以增强决策管理层对操作层的管理和监督。与传统的书面报告方式相比，风险管理信息系统真正实现了风险管理信息/报告的多向化、交互式传递，在保证风险管理部门独立性的同时，确保了管理层对业务部门主要风险的实时监控。

（三）风险报告的主要内容

从报告的使用者来看，风险报告可分为内部报告和外部报告两种类型。内部报告通常包括：评价整体风险状况，识别当期风险特征，分析重点风险因素，总结专项风险工作，配合内部审计检查；外部报告的内容相对固定，主要包括提供监管数据、反映管理情况、提出风险管理的措施建议等。在向外部提供风险分析报告的过程中，需要把握的重点就是规范操作，特别是作为境外上市商业银行，应始终坚持规范准确的原则。

从类型上划分，风险报告通常分为综合报告和专题报告两种类型。

第五节　信用风险控制

一、限额管理

限额（quota）是指对某一客户（单一法人或集团法人）或某一国家与区域内的客户或者是资产组合所确定的、在一定时期内商业银行能够接受的最大信用风险暴露，它与金融产品和其他维度信用风险暴露的具体状况、商业银行的风险偏好以及经济资本配置等因素有关。当商业银行认为某一客户的信用风险暴露超过既定限额时，信用政策中应建立特殊的程序（如更严的准入审批、更高层次的审批等）来处理特殊情况。限额管理对控制商业银行各种业务活动的风险是很有必要的，其目的是确保所发生的风险总能被事先设定的风险资本加以覆盖。当限额被超越时，必须采取相关有效措施来降低风险，如降低风险暴露水平或使用衍生品或证券化等金融工具。

（一）单一客户限额管理

针对单一客户进行限额管理时，首先需要计算客户的最高债务承受能力，即客户凭自身信用与实力承受对外债务的最大能力。一般来说，具体决定一个客户（个人或公司/机构）债务承受能力的主要因素是客户信用评级和所有者权益，由此可得：

$$MBC = EQ \times LM$$

$$LM = f(CCR)$$

式中：MBC 是指最高债务承受额；EQ 是指所有者权益；LM 是指杠杆系数；CCR 是指客户资信等级；$f(CCR)$ 是指客户资信等级与杠杆系数对应的函数关系。

商业银行在考虑对客户授信时不能仅仅根据客户的最高债务承受额提供授信，还必须将客户在其他商业银行的原有授信、在本行的原有授信和准备发放的新授信一并加以考虑。给予客户的授信额度应当包括贷款、可交易资产、衍生工具及其他负债。从理论上讲，只要确定的总授信额度小于或等于客户的最高债务承受额即可。但具体数值的确定，在符合监管要求的前提下，完全可由商业银行自行决定，这也是商业银行风险偏好的一种体现。

在实际业务中，商业银行决定客户授信额度还受到其他相关政策的影响，例如银行的存款政策、客户中间业务情况、银行收益情况等。当上述因素为正面影响时，对授信限额的调节系数大于1；而当上述各类因素为负面影响时，对授信限额的调节系数就小于1。此外，确定客户信贷限额还要考虑商业银行对该客户的风险容忍度，可以用客户损失限额（customer maximum loss quota，CMLQ）表示。公司之所以愿意为客户承担一定损失是由于客户能够为公司带来实际或潜在的收益，而这一收益与可能造成的损失达到了某种平衡关系。从理论上讲，客户损失限额或信用风险暴露是通过公司分配至各个业务部门或分支机构的经济资本在客户层面上继续分配的结果。

（二）集团客户限额管理

虽然集团客户与单个客户限额管理有相似之处，但从整体思路上看还是存在着较大的差异。集团统一授信一般分“三步走”：第一步，根据总行关于行业的总体指导方针和集团客户与授信行的密切关系，初步确定对该集团整体的总授信额度；第二步，按单一客户最高综合授信额度定量计算，初步测算关联公司各成员单位（含集团公司本部）的最高综合授信额度的参考值；第三步，分析各个授信额度使用单位的具体情况，调整各成员单位的最高综合授信额度，同时，使每个成员单位的授信额度之和控制在集团公司整体的总授信额度范围内并最终核定各成员单位的授信使用额度。

由于许多集团客户之间的关联关系比较复杂，因此在对其授信时应注意以下几点：

（1）统一识别标准，实施总量控制；

（2）掌握充分信息，避免过度授信；

（3）主办银行牵头，协调信贷业务；

（4）尽量少用保证，争取多用抵押；

（5）授信协议约定，关联交易必报。

（三）国家与区域限额管理

国家风险限额是用来对某一国家或跨国区域（如亚太区、东亚区、东欧等）设置信用风险暴露管理的额度框架。国家风险暴露包含一个国家的信用风险暴露、跨境转移风险以及ERS（高压力风险事件情景）风险。国家信用风险暴露是指在某一国设有固定居所的交易对方（包括没有国外机构担保的驻该国家的子公司）的信用风险暴露，以及该国家交易对方海外子公司的信用风险暴露。跨境转移风险产生于一国的公司分支机构对另外一国的交易对方进行的授信业务活动。转移风险作为信用风险的组成要素可做如下定义：当一个具有清偿能力和偿债意愿的债务人由于政府或监管当局的控制不能自由获得外汇或不能将资产转让于境外而导致的不能按期偿还债务（“转移风险事件”）的风险。跨境转移风险还应包括总行对海外分行和海外子公司提供的信用支持，尽管在年报中没有对此类交易进行披露。

区域风险限额管理主要是对一个国家内的某一地区设置地区风险限额。我国由于国土辽阔、各地经济发展水平差距较大，因此在一定时期内，实施区域风险限额管理还是很有必要的。区域风险限额在一般情况下经常作为指导性的弹性限额，但当某一地区受某些（政策、法规、自然灾害、社会环境等）因素的影响，导致区域内经营环境恶化、区域内部经营管理水平下降、区域信贷资产质量恶化时，区域风险限额将被严格地、刚性地加以控制。

（四）组合限额管理

组合限额是商业银行资产组合层面的限额，是组合管理的体现方式和管理手段之一。通过设定组合限额，可以防止信贷风险过于集中在组合层面的某些方面（如过度集中于某行业、某地区、某些产品、某类客户等），从而有效控制组合信用风险，提高风险管理水平。组合限额可分为授信集中度限额和总体组合限额两类：

（1）授信集中度限额。授信集中是相对于商业银行资本金、总资产或商业银行总体风险水平而言，过于集中在下列某一类组合中：单一的交易对象，关联的交易对象团体，特定的产业或经济部门，某一区域，某一国家或经济联系紧密的一组国家，某一类产品，某一类交易对方类型（如对商业银行、教育机构或政府部门），同一类（高）风险/低信用质量级的客户，同一类授信安排，同一类抵押担保，相同的授信期限。授信集中度限额可以按上述不同维度进行设定，其中，行业、产品、风险等级和担保是最常用的组合限额设定维度。对于刚开始进行组合管理的商业银行，可主要设定行业和产品的集中度限额；在积累了相应的经验而且数据更为充分后，商业银行再考虑设定其他维度上的组合集中度限额。

（2）总体组合限额。该限额是在分别度量贷款、投资、交易和表外风险等不同大类组合限额的基础上计算得出的。商业银行可以采用自下而上的方式设定每个维度（如行业）的限额，并利用压力测试判断是否有足够的资本弥补极端情况下的损失；如果商业银行资本不足，则应根据情况调整每个维度的限额，使经济资本能够弥补信用风险暴露可能引致的损失；最后将各维度的限额相加得出商业银行整体组合限额。具体来说，设定组合限额主要可分为以下五步：

第一步，按某组合维度确定资本分配权重。“资本分配”中的资本是所预计的下一年度的银行资本（包括所有计划的资本注入），是商业银行用来承担所有损失、防止破产的真实的资本。在确定资本分配的权重时，需考虑以下各项因素：

- 战略地位；
- 经济前景（宏观经济状况预测）；
- 当前组合集中情况；
- 收益率（ROE）。

第二步，根据资本分配权重，对预期的组合进行压力测试，估算组合的损失。组合管理人员在与风险政策委员会讨论后，决定压力测试的情景假设；客户经理根据情景假设，对已有组合实施压力测试；根据压力测试结果可以估算出每类组合（如行业组合、产品组合）所提取的损失准备金与其总暴露的比率，用于计算预期组合损失；组合管理专家应该在与业务部门的领导和风险政策委员会讨论该比率的合理性后，再用各方认同的比率计算总体预期损失，从而计算出压力情况下对整体组合应该提取的损失准备金。

第三步，将压力测试估算出的预计组合损失与商业银行的资本相对比。如果组合损失小于银行资本，则可以接受组合的资本权重分配，并按此分配进行下一步的组合限额计算；如果组合损失大于银行资本，则必须重新分配资本权重。重复前面的流程时，对原有组合部分不必再次进行压力测试，只需对增加的部分进行测试。

第四步，根据资本分配权重，确定各组合（按行业、按产品等）以资本表示的组合

限额

$$以资本表示的组合限额=资本\times资本分配权重$$

第五步，根据资本转换因子，将以资本表示的该组合限额转换为以计划授信额表示的组合限额。资本转换因子表示需要多少比例的资本来覆盖该组合的计划授信的风险。某组合风险越大，其资本转换因子越高。同样的资本，风险越高的组合其计划授信额越低。

如果没有特殊情况，不允许超过组合限额。组合管理人员应该通过组合报表密切关注组合限额的利用率（实际组合与组合限额之比），当组织限额达到一定值（例如8%）时，系统将对客户经理做出提示，审批人员也将看到该提示信息，并考虑采用更严格的标准进行审批；当组合限额利用率接近100%时，组合管理人员应该向信用风险管理委员会（或类似的机构）提出对策建议，如提高限额等，并在委员会做出决策后实施。高级管理层可以决定是否允许客户经理在达到组合限额时继续提交新的授信申请，如果某组合已经达到限额，且允许客户经理继续提交申请，则客户经理应该尽量提交风险较低的贷款申请，审批人员应采用更严格的审批标准。

商业银行应尽快采取措施将组合敞口降低到限额之下，主要方法有：业务部门对质量较差的贷款予以关注，发现可收回的贷款，减少其额度占用；利用银行贷款或其他联合贷款等形式降低对某一特定行业或关联借款人的授信集中度；运用贷款出售、信贷衍生产品、证券化或其他贷款二级市场的安排等应对措施。

在下列情况下，信用风险管理委员会（或类似的机构）可以考虑重新设定/调整限额：

- 经济和市场状况的较大变动；
- 新的监管机构的建议；
- 高级管理层决定的战略重点的变化；
- 年度进行业务计划和预算。

组合限额一旦被明确下来，就必须严格遵守并得到良好维护。组合限额维护的主要任务是确定组合限额的合理性以及在组合限额超过临界值的情况下的处理，具体要求如下：

- 组合管理委员会统一决定和管理组合集中度的公式和参数，由信贷控制部门在系统中进行维护；
- 当组合集中度的参数和公式发生变化时，必须要有版本控制的功能，可以记录改变限额设定的用户、改变限额设置的日期，并且设定统一的生效日期；
- 当组合限额余额达到一定的临界值或某行业发生重大变化时，需要重新检查组合集中度；
- 由组合管理委员会决定实施哪些方面的临时限额。

二、信贷定价与审批

（一）贷款定价

贷款定价所涉及的基本要素主要有贷款风险、资金的机会成本（无风险收益）、资金成本、操作成本及其他相关成本、配套的资本数量及资本收益要求等。不同的贷款定价模型所侧重的因素各有所不同，可以分为两类：一是成本定价法，另一个是风险定价法。

1. 贷款成本定价法

市场、银行和监管机构这三方面是形成均衡定价的三个主要力量。由于市场和监管机构对公司来说属于不可控的因素，所以许多商业银行把注意力集中于本银行内部的定价机制。贷款定价通常由以下因素来决定：

贷款的定价＝资金成本＋经营成本＋风险成本＋资本成本

资金成本包括债务成本和股权成本。经营成本以所谓的部门成本包括在价格计算中。在实务中，确定该定价要素对商业银行来说是一个挑战，因为一般很难将管理成本分配给各单笔贷款。税收成本也包含在经营成本中。风险成本一般指预期损失，需要许多数据来确定一笔贷款的预期损失（潜在违约成本），包括：关于借款者信用状况（违约概率）的数据、关于违约风险暴露的数据、关于担保品价值的数据（违约发生时可通过变卖担保品来减少损失）。商业银行通常针对每个类型和信用评级的贷款计算所谓的标准风险成本(SRCs)。标准风险成本显示了过去一定时期内，信贷实际的平均损失额度，等于违约概率乘以净风险暴露，其中，净风险暴露等于贷款的总余额减去通过转让担保品或者公司破产清算以及其他还款来源所能获得的回收金额。资本成本主要是指覆盖该笔贷款的信用风险所需要的经济资本。在贷款定价中考虑资本成本是因为信用风险引起的损失最终只有通过核销拨备的方式弥补，遵循外部日益加强的监管要求，获得公司股东所期望的投资收益率。美国银行家信托公司最先提出的 RAROC 方法，可满足上述三方面的需求，因此被银行界广泛采用。RAROC 在贷款定价中应用的一般公式为：

$$\text{RAROC}=\frac{\text{某项贷款的一年收入}-\text{各项费用}-\text{预期损失}}{\text{监管或经济资本}}$$

式中：预期损失代表公司为风险业务计得的各项准备，而经济资本则是用来抵御公司非预期损失所需的资本。

2. 贷款定价的边际 VaR 分析

贷款定价不仅受单个借款者风险的影响，还受商业银行当前资产组合结构的影响。一项贷款在放入资产组合后将会改变组合的整体风险，这种风险的变化可通过 VaR 分析来加以确定，也即所谓的边际 VaR。为了计算各定价要素，输入参数需要参照最近 3～7 年的有关数据。一般情况下，组合管理部门所确定的定价必须被视为是刚性的，即只有在例外的情形下才可偏离这一定价，同时还需要有必要的授权。有时应从全面的角度来审视客户关系，即考虑该客户的其他收入。因此，即使某笔贷款按较低的利差发放，但由于为该客户提供的其他产品或其他服务带来足够的收入，从全面的客户关系来看，总体上仍然是赢利的。

（二）贷款发放

1. 授权管理

商业银行内部风险管理指引必须在设立授信权限方面做出职责安排和相关规定，并对弹性标准做出明确的定义。授信权限管理通常遵循以下原则：

（1）给予每一交易对方的信用须得到一定权力层次的批准；

（2）集团内所有机构在进行信用决策时应遵循一致的标准；

（3）债项的每一个重要改变（如主要条款、抵押结构及主要合同）应得到一定权力层次的批准；

(4) 交易对方风险限额的确定和单一信用风险暴露的管理应符合组合的统一指导及信用政策，每一决策都应建立在风险——收益分析基础之上；

(5) 根据审批人的资历、经验和岗位培训，将信用授权分配给审批人并定期进行考核。

2. 授信审批

授信审批是在信用分析的基础上，由获得信用授权的审批人在规定的限额内，结合交易对方或贷款申请人的风险评级，对其信用风险暴露进行详细的评估之后做出信贷决策的过程。信用风险暴露是指由于交易对方不能履行合约或偿还债务而可能出现损失的交易金额，在计算时不考虑抵押、其他信用升级或信用保护工具。信用风险暴露按照产品类型可以分为贷款、可交易资产、衍生工具及或有负债执行中的信用风险，按照客户类型又可分为零售信用风险暴露和公司/机构信用风险暴露。零售信用风险暴露包括一些余额较小、标准化且同质的贷款（个人贷款、住房贷款、透支、个体或私人公司贷款）；公司/机构信用风险暴露主要是向公司/机构客户提供的国际和国内贷款组合，以及其他可交易资产、衍生工具及或有负债执行中的信用风险。公司/机构信用风险暴露是公司最主要的信用风险暴露。在评估过程中，既要考虑交易对方的信用评级（形成交易对方的评级），又要考虑具体债项的风险。信用评估过程不仅反映信用决策的结果，而且考验决策层的信用管理水平。

授信审批或信贷决策一般应遵循下列原则：

(1) 审贷分离原则。授信审批应当完全独立于贷款的营销和贷款的发放。

(2) 统一考虑原则。在进行信贷决策时，公司应当对可能引发信用风险的借款人的所有风险暴露和债项做统一考虑和度量，包括贷款、回购协议、再回购协议、信用证、承兑汇票、担保和衍生交易工具等。

(3) 展期重审原则。原有贷款和其他信用风险暴露的任何展望期都应作为一个新的信用决策，需要经过正常的审批程序。

三、贷后管理

（一）贷款转让

贷款转让通常指贷款有偿转让，是贷款的原债权人将已经发放但未到期的贷款有偿转让给其他机构的经济行为，又被称为贷款出售，其主要目的是为了分散风险、增加收益、实现资产多元化、提高经济资本配置效率。贷款转让可以实现信用风险的转移。

贷款转让按转让的贷款笔数可分为单笔贷款转让和组合（打包）贷款转让，按转让贷款的资金流向可分为一次性转让和回购式转让，按原债权人对已转让贷款是否承担风险可分为无追索转让和有追索转让，按原债权人对已转让贷款是否参与管理可分为代管式转让和非代管式转让，按新债权人确定方式可分为定向转让与公开转让（通常通过招标）。大多数贷款的转让是属于一次性、无追索的，一组同质性的贷款（如住房抵押贷款）在贷款二级市场上公开打包出售。

贷款转让的程序主要包括以下六个步骤：

第一步，挑选出具有同质性的待转让单笔贷款，并将其放在一个资产组合中。

第二步，对该资产组合进行评估。

第三步，为投资者提供详细信息，使他们能够评估贷款的风险（该贷款组合的预期违约概率）。只有在该贷款组合名义价值的折现值至少能覆盖预期违约损失、可能存在的折扣、再融资成本以及所需要的股权收益率时，投资者才会考虑购买该资产组合。

第四步，双方协商（或投标）确定购买价格。

第五步，签署转让协议。

第六步，办理贷款转让手续。

组合贷款转让的难点在于资产组合的风险与价值评估缺乏透明度，买卖双方很难就评估事项达成一致意见，因为买方一般很难核实所有信息，特别是有关借款人信用状况的信息。各单笔贷款的转让则相对容易，因为与资产组合相比，其风险和价值一般更容易被评估，但转让过程的复杂性使得单笔贷款转让的费用相对较高，这意味着只有转让足够高金额的贷款才具有经济意义。因此，选择以资产组合的方式还是单笔贷款的方式进行转让，应根据收益与成本的综合分析确定。

（二）贷款重组

贷款重组是当债务人因种种原因无法按原有合同履约时，商业银行为了降低客户违约风险引致的损失，而对原有贷款结构（期限、金额、利率、费用、担保等）进行调整、重新安排、重新组织的过程。贷款重组应注意以下几个方面：

（1）是否属于可重组的对象或产品。通常，商业银行都对允许或不允许重组的贷款类型有具体规定。例如，许多商业银行不允许对标准化的产品进行重组，在这方面应严格执行相关规定。

（2）为何进入重组流程。对此应该有专门的分析报告并陈述理由。

（3）是否值得重组，重组的成本与重组后可减少的损失孰大孰小。对将要重组的客户必须进行细致科学的成本收益分析。

（4）对抵押品、质押物或保证人一般应重新进行评估。

贷款重组的流程如下：

第一，成本收益分析。在成本收益分析中，重组成功的可能性（包括发生的概率）要与重组公司带来的成本相权衡，特别是当重组需要公司进一步发放贷款时，必须仔细审查给商业银行进一步带来的风险。

第二，准备重组方案，包括以下五个重要方面：

- 基本的重组方向；
- 重大的重组计划（业务计划和财务规划）；
- 重组的时间约束；
- 重组的财务约束；
- 重组流程每阶段的评估目标。

第三，与债务人磋商和谈判，并就贷款重组的措施、条件、要求和实施期限达成共识。

贷款重组主要包括但不限于以下措施：

- 调整信贷产品，包括：从高风险品种调整为低风险品种，从有信用风险品种调整为无信用风险品种，从项目贷款调整为周转性贷款，从无贸易背景的品种调整为有贸易背景的品种，从部分保证的品种调整为100%保证的金业务品种或贴现；

- 减少贷款额度；
- 调整信贷业务的期限（贷款展望或缩短信贷产品期限）；
- 调整贷款利率；
- 增加控制措施，限制公司经营活动。

在实施贷款重组的过程中，应该定期检查债务重组是否按重组计划实施，并对重组流程阶段性目标的实现与否进行评估。评估结果要报告给相关决策人员，由相关人员据此对所重组贷款的进一步行动做出决策。

四、信贷资产证券化

信贷资产证券化（securitization of credit assets）是将已经存在的信贷资产集中起来并按照信用评级进行分类，对应不同类型（信用评级）的资产向市场上的投资者发行不同收益率的证券，从而使信贷资产在原持有者的资产负债表上消失。信贷资产证券化的产品目前主要可分为两大类：住房抵押贷款证券（MBS）和资产支持证券（ABS）。

信贷资产证券化具有将缺乏流动性的贷款资产转换成具有流动性的证券的特点，这种转换使公司既转移了持有贷款的信用风险，又可以获得贷款的组织安排、出售的收益，从而有利于分散信用风险，改善资产质量，扩大资金来源，缓解资本充足压力，提高金融系统的安全性。

资产证券化一般要经过以下十一个步骤，这十一个步骤可以分为四个阶段：资产证券化准备阶段、证券发行阶段、资产管理阶段和资产到期清算阶段。

（1）确定资产证券化的融资目标。原则上，只要拟证券化的资产能够在未来一定时间内带来稳定可靠的现金流量，都可以进行证券化操作。通常，拥有该资产的原始权益人可以对这些资产进行估算和信用考核，并根据资产证券化的目标确定把多少资产加以证券化，最后把这些资产汇集形成特定的资产组合。

（2）组建SPV。SPV是专门为ABS成立的具有独立法律地位的实体。该公司的经营范围有严格的法律限制，例如不能发生证券化业务以外的任何资产和负债，在对投资者付清本息之前不能分配任何红利，不得破产等。SPV一般由在国际上获得权威信用评级机构给予较高资信评级的投资银行、信托投资公司、信用担保公司等组成。

（3）汇集证券化项目资产。商业银行根据自身的资产证券化融资要求，确定资产证券化目标，对自己拥有的能够产生未来现金收入流的信贷资产进行清理、估算和考核，根据历史经验数据对整个组合的现金流的平均水平有一个基本判断，决定借款人信用、抵押担保贷款的抵押价值等并将应收和可预见现金流资产进行组合，对现金流的重组可按贷款的期限结构、本金和利息的重新安排或风险的重新分配等进行，根据证券化目标确定资产数，最后将这些资产汇集形成一个资产池。

（4）实现项目资产的真实销售。成立后的SPV和原始权益人签订买卖合同，将原始权益人的资产过户给SPV。这一交易必须以真实销售的方式进行，即合同中应明确规定：一旦原始权益人发生破产清算，出售给SPV的资产不列入清算范围。

(5) 完善交易结构，进行内部评级。SPV 与原始权益人或者原始权益人指定的服务人签订服务合同，与原始权益人一起确定一家受托管理银行并签订托管合同，与银行达成必要时提供流动性的周转协议，与证券承销商达成证券承销协议等，来完善资产证券化的交易结构。

(6) 请信用评级机构对该证券进行内部评级。一般而言，此时的评级结果并不理想，难以吸引投资者。划分高级证券和次级证券，办理金融担保。

(7) 信用增级。为了吸引投资者，改善发行条件，SPV 必须进行信用增级。信用增级可以通过划分高级证券和次级证券以及办理金融担保来实现。

(8) 进行发行评级。信用增级后，SPV 再次委托信用评级机构对即将发行的 ABS 进行正式的发行评级，然后将评级结果公布。证券承销商负责向投资者销售该证券。由于此时的 ABS 已经具备了较好的信用评级，因此能够以较好的发行条件售出。

(9) SPV 安排证券销售，收入并分割证券销售收入。SPV 从证券承销商收回销售收入，然后向原始权益人支付购买款项，即 SPV 获得证券发行收入，原始权益人获得资产出售收入。

(10) 服务人实施资产管理，托管银行按期还本付息。原始权益人或者原始权益人指定的服务人对资产组合进行管理，负责收取、记录由资产组合产生的全部收入，并将这些款项全部存入托管银行的收款专户。托管银行按照约定期限，将收款划入付款账户，对投资者还本付息。

(11) 到期清算，对清算机构付费，剩余收益退还原始权益人。待资产到期后，还需要向聘请的各类机构支付专业服务费。由资产组合产生的收入在还本付息、支付各种服务费之后，如果还有剩余，则全部退还原始权益人。整个资产证券化的过程至此结束。

五、信用衍生品

信用衍生产品是用来转移/对冲信用风险的金融工具，可以将单笔贷款或资产组合的全部违约风险，如转移贷款等债权得不到偿付的风险和信用质量下降的风险，转移给交易对方。信用衍生产品的违约保护功能在合约的买方和卖方之间是不同的：买方付给一定的权益金来获得违约保护，而卖方则以获得一定的权益金为代价来承担贷款的风险。

为了确定违约补偿的执行期，有必要根据信用衍生产品的结构定义信用（违约）事件：借款人破产、对利息和/或本金的违约、达到某一（外部的）信用评级、上市的公司债券价差（credit spread）超过一定数值。信用衍生产品的交割可以采取实物或现金方式：对于实物交割来说，当发生信用事件时，贷款（或所规定的资产组合）将被转移给违约保护的卖方；对于现金交割来说，事先定义的资金数额要支付给违约保护的买方，该资金数额可定义为信用事件发生前后资产价值的变化额或一个固定金额，该金额与实际发生的价值损失无关。

常用的信用衍生工具有以下几类：

（一）总收益互换

总收益互换（total return swaps）是将传统的互换进行合成，为投资者提供类似贷款或信用资产的投资产品。与普通信用资产不同，总收益互换处于资产负债之外而不必进入贷款安排中，当然也不存在融资的义务。总收益互换覆盖了由基础资产市场价值变化所导致的全部损失。市场价值的变化可能是因为商业银行的违约或信用评级的下降，但也可能是因为总体市场的流动性的变化或收益率水平的上升。总收益互换的核心主要是复制信用资产的总收益。

此类衍生产品的主要构成要素包括以下几部分：

(1) 投资者承担标的资产的所有风险和现金流，机构投资者（phrase investor）一般仅被用来区分交易的双方。而在实际交易中，交易双方一般都是银行。机构贷款通常涵盖了所有的信用资产，包括债券、贷款等；大部分交易都以可交易债权（债券和贷款）来作为标的资产。

(2) 银行支付标的资产的所有收益。

(3) 投资者反过来要支付相应的融资成本。

(4) 投资者承担标的资产价格变动的所有风险，当标的资产的价格下降时，投资者支付给银行一定的金额；当标的资产的价格上升时，银行就支付给投资者一定的金额。在交易期内的特定时段根据协定的方式进行调整，这种调整主要依据标的证券的实际市场价格。

投资者也可以对总收益互换全部进行融资（换言之，不用任何杠杆作用），并将等值的现金投资于那些收益与货币市场利率相关的资产，这样就和对银行的支付匹配起来。

总收益互换的报价方式一般是支付的收益或所收到货币市场上的收益加上或减去一个差额，这个差额就是用来调整相关债券或者贷款资产的收益。

(二) 信用违约互换

信用违约互换（credit default swaps）是基于借款人的违约，违约不一定意味着对所有贷款全部违约，而是可能只代表延迟未付。此时，买方一般会获得与所发生损失相等金额的补偿。

信用违约互换的主要构成和条件包括以下内容：

(1) 相关实体。这是指在信用事件发生的情况下，根据互换需要做出支付的相关责任方。

(2) 相关资产。这是指需要由相关信用方发行或者担保的可以交易的债券或者贷款资产。在交易开始时就由双方确定资产初始价格，如果违约支付是根据违约后证券的价格来决定的话，这一点就非常重要。相关资产只有在现金结算（基于债券或者贷款的违约价格）或者实物交易时才需要。

(3) 交易日期。主要的交易日期包括买卖双方签订的合约生效的交易日、交易生效的日期（通常是交易日后3～5个工作日）、交易结束后的执行日期。生效日期非常重要，只有在生效日期后信用保护才有效，而在那以前发生的信用事件是不被涵盖的。执行日通常在约定的信用保护期限之后。

(4) 信用事件。信用事件的发生通常会导致违约保护卖方的债务，因此需将违约金额支付给违约保护的买方。

(5) 公共信息。信用事件的信息源通常是那些享有盛誉的信用评级机构。因为买卖双方和相关实体之间都有契约关系，从相关利益方得到的信息当然应排除在外，以保证没有利益冲突。为了避免这些问题，通常采用争议解决机制。

(6) 违约支付。信用事件发生以后，卖方就需要对买方支付由于信用事件发生而损失的价值。

(7) 支付时间。违约支付的结构化产品不同，结算的时间也不同。最简单的结算时间是固定支付选择权，在信用事件发生后，就执行原先的协议，然后在约定的交易日内进行结算。违约后的价格和实物交割选择权就复杂得多，需要用到违约价格机制，在违约价格决定后几天内进行支付，而在实物结算时，一般在信用事件发生后的10～20个工作日内交割。

(8) 信用/违约保护支付。违约保护的买方支付一定的费用，这个费用通常每季度或者每半年支付一次，这在违约互换中就是一个固定的利率，累积到执行日。

(三) 信用价差衍生产品

信用价差衍生产品（credit spread derivatives）是银行与交易对方签订的以信用价差为基础资产的信用远期合约，以信用价差反映贷款的信用状况：信用价差增加表明贷款信用状况恶化，减少则表明贷款信用状况提高。信用价差衍生产品主要有以下两种形式：

(1) 以无风险利率为基准的信用价差＝债券或贷款的收益率－对应的无风险债券的收益率（绝对差额）。

(2) 两种对信用敏感度的资产之间的信用价差（相对差额）。

信用价差衍生产品可用于对冲因借款人信用状况下降而带来的损失，参考基准通常是在交易所上市的公司债券或指数（不一定是买方资产组合的一部分）。假定：公司与交易对方签订的信用远期合约的价差为G_1，债权到期时的价差为G_2，如果$G_1>G_2$，则公司向交易对方支付两者的差额部分；如果$G_1<G_2$，则交易对方向公司支付两者的差额部分。

信用价差衍生产品的投资方式可以是线性的（远期合约），也可以是非线性的（选择权）。关于信用价差或信用价差互换的选择权，在信用价差变动过程中会产生非线性支付，这类选择权有：

(1) 信用价差买入选择权——买方有权购买差额并从减少的差额中获得收益。

(2) 信用价差卖出选择权——买方有权卖出差额并从增加的差额中获得收益。

(四) 信用联动票据

信用联动票据（credit linked notes）又称信用关联票据，主要分为两种类型：

(1) 固定收益证券和相关的信用衍生产品的组合。该票据可使投资者在不必对证券进行直接投资的情况下复制并承受债券或贷款的内在风险。

(2) 以银行某些资产的信用状况为基础资产的信用衍生产品。发行票据的银行定期向票据购买者支付一定的利息，并承诺到期如基础资产信用状况未恶化，银行按票面面值归还本金；但如果基础资产信用状况恶化，票据购买者只能得到基础资产的残余价值，银行借此将信用风险转移给投资者。

信用联动票据的主要特点在于可以通过SPV人为地安排那些没有信用评级的贷款资产，同时也承担这些资产的信用风险。SPV首先向投资者发行基于某一类资产的信用联动票据，并将票据发生收入投资于风险较小的资产；然后SPV与公司签订以信用联动票据关联资产为基础资产的信用违约互换合约，其额度等于信用联动票据的发行额度，这样，SPV

就成为信用联动票据的中介。一旦公司资产发生违约，形式上由SPV负责赔偿，但实际上投资者分担了风险，因为当公司资产发生违约后，投资者只能获得基础资产的残余价值。

六、信用风险经济资本配置

（一）信用风险经济资本的定义与计算

资本有账面资本、监管资本与经济资本。其作用在于，为商业银行提供资金来源，吸收和消化损失，约束银行扩张以及增强银行系统的稳定性。账面资本即所有者权益，是商业银行资产负债表上所有者权益部分，包括实收资本、资本公积、盈余公积、一般准备、信托赔偿准备和未分配利润等。监管资本（regulatory capital）是指根据监管当局关于合格资本的法规与指引商业银行发行的所有合格的资本工具。经济资本（economic capital）是指商业银行用于弥补非预期损失的资本。在银行经营中，可预期损失由拨备来消化，并计入成本，而对于非预期损失，则需要通过对风险的计量，最终由资本来弥补，这部分用于弥补非预期损失的资本，就是所谓的经济资本。这一定义强调的是对资本的有偿占用，即占用资本防范风险是需要付出成本的，这种风险成本需要通过资本回报加以反映。

信用风险经济资本是指公司在一定的置信水平下，为了应对未来一定期限内信用风险资产的非预期损失而应该持有的资本金，其在数值上等于信用风险资产可能带来的非预期损失。资本由核心资本（core capital）和附属资本（supplementary capital）两部分组成。核心资本由实收资本金和从税后留存利润中提取的公开储备组成；附属资本根据各国不同的法律和会计制度，可以包括未公开储备、资产重估储备、普通准备/贷款损失普通准备、混合型资本工具和次级债务工具。

（二）信用风险加权资产的计算

1. 标准法下信用风险加权资产

标准法（standards method）是根据商业银行资产的外部评级结果，以标准化权重对信用风险资产进行加权平均计算出信用风险加权资产，以度量信用风险：其计算公式为：

信用风险加权资产＝表内风险资产头寸×表内资产权重＋表外风险资产头寸×信用风险转换系数×表内同类资产权重

第一，表内资产风险权重。采用外部评级机构评级结果来确定对境外主权债权的风险权重。一般地，对我国中央政府（含中国人民银行）的债权统一给予0的风险权重；对我国中央政府投资的公用公司债权风险权重为50%；而对省及省以下政府投资的公用公司视做一般公司给予100%的风险权重。对政策性银行债权的风险权重为0。对商业银行债权的风险权重规定分别为：商业银行之间原始期限在4个月以内的债权给予0风险权重，4个月以上的风险权重为20%，但商业银行持有的其他银行发行的次级债务工具，风险权重为100%。对其他金融机构债权给予100%的风险权重，但对国有金融资产管理公司为执行国务院规定按面值收购国有银行不良贷款而定向发行的债券进行了特别处理，风险权重为0，以体现政策性业务和商业性业务在风险程度上的差别。对其他资产的风险权重确定办法严格按照1988年《巴塞尔资本协议》的规定，对商业银行的其他资产，包括对公司、个人的贷款和自用房地产等资产，都给予100%的风险权重；个人住房抵押贷款风险权重为50%。这里所称的个人住房抵押贷款是指个人住房按揭贷款，是为购买个人住房并以此套住房为抵押的贷款。

表外项目的处理按两步转换的方法计算普通表外项目的风险加权资产。商业银行首先将表外项目的名义本金额乘以信用转换系数，获得等同于表内项目的风险资产，然后根据交易对象的属性确定风险权重，计算表外项目相应的风险加权资产。

普通表外项目分为五类：一是等同于贷款的授信业务，包括一般负债担保、远期票据承兑和具有承兑性质的背书，信用转换系数100%。二是某些交易相关的或有负债，包括投标保函、履约保函、预付保函、预留金保函等，信用转换系数为50%。三是与贸易相关的短期或有负债，主要指有优先索偿权的装运货物作抵押的跟单信用证，信用转换系数为20%。四是承诺，其中原始期限在1年以下或原始期限在1年以上但随时可无条件撤销的承诺，风险转换系数为0；其他承诺为50%。五是信用风险仍在银行的资产销售与购买协议，包括资产回购协议和有追索权的资产销售，信用转换系数为100%。

对于汇率、利率及其他衍生产品合约的风险加权资产，使用现期风险暴露法计算其风险资产。汇率、利率及其他衍生产品合约的风险加权资产，主要包括互换、期权、远期和贵金属交易。利率和汇率合约的风险资产由两部分组成：一部分是按市场价值计算出的重置成本，另一部分由账面的名义本金乘以固定系数获得。

2. 内部评级法下信用风险资本要求与加权资产

内部评级法（internal ratings method）要求商业银行建立健全的内部评级体系，自行预测违约概率（PD)、违约损失率（LGD)、违约风险暴露（EAD）和期限（M）等信用风险因素，并计算每笔债项的信用风险资本要求（K)。

根据对商业银行内部评级体系依赖程度的不同，内部评级法又分为初级法和高级法两种：初级法要求商业银行运用自身客户信用评级估计每一等级客户违约概率，其他风险要素采用监管当局的估计值；高级法要求商业银行运用自身二维评级体系自行估计违约概率、违约损失率、违约风险暴露和期限。初级法和高级法的区分只适用于非零售暴露。对于零售暴露，只要商业银行决定实施内部评级法，就必须自行估计PD和LGD。

（三）经济资本配置

在实现对信用风险经济资本度量的基础上，公司可以根据各地区、各行业、各信贷产品非预期损失占比或边际非预期损失占比，将银行总体经济资本配置到各个维度。由于计算每笔债项经济资本时均考虑了相关性，因此，可以将所有债项的经济资本直接相加得到不同组合层面的经济资本，实现经济资本在各个维度的分配。

复习思考题

一、单项选择题

1. 下列各项属于现代信用风险管理的基础和关键环节的是（　　）。

A. 信用风险识别　　B. 信用风险计量

C. 信用风险监测　　D. 信用风险控制

2. 客户信用评级对企业信用分析的使用最为广泛的系统是（　　）。

A. 4Cs　　B. 5Cs　　C. 6Cs　　D. 7Cs

3. 假定某部门当年的销售收入为 200 万元，销售成本为 120 万元，其销售毛利率为（　　）。

A. 30%　　B. 40%　　C. 45%　　D. 50%

4. 按照国际惯例，商业银行对于企业和个人的信用评定分别采用（　　）。

A. 评级方法和评分方法　　B. 评级方法和评级方法

C. 评分方法和评级方法　　D. 评分方法和评分方法

5.（　　）是指信用风险管理者通过各种监控技术，动态捕捉信用风险指标的异常变动，判断其是否已达到引起关注的水平或已经超过阀值。

A. 信用风险对冲　　B. 信用风险识别

C. 信用风险监测　　D. 信用风险控制

6. 有关“贷款风险迁徙率”这一指标，下面说法错误的是（　　）。

A. 该指标衡量了商业银行风险变化的程度

B. 该指标是一个静态指标

C. 该指标表示为资产质量从前期到本期变化的比率

D. 该指标包括正常贷款迁徙率和不良贷款迁徙率

二、多项选择题

1. 集团法人客户与单一法人客户相比，它的信用风险特征有（　　）。

A. 内部关联交易频繁　　B. 连环担保十分普遍

C. 真实财务状况难以掌握　　D. 系统风险性低

E. 风险识别难度大，贷后监督难度较小

2. 商业银行信用风险计量经历了（　　）三个主要发展阶段。

A. 专家判断法　　B. 信用评分模型

C. 专家调查列举法　　D. 违约概率模型分析

E. 情景分析法

3. 下列关于客户信用评级的说法正确的是（　　）。

A. 客户信用评级是现代信用风险管理的基础和关键环节

B. 客户评级的评价主体是商业银行

C. 客户评级的评价目标是客户违约风险

D. 客户评价结果是信用等级和违约概率

E. 客户信用评级反映客户违约风险的大小

4. 在我国银行业实践中，可以根据运作机制将风险预警方法分为三类，其中包括（　　）。

A. 绿色预警法　　B. 红色预警法

C. 蓝色预警法　　D. 黑色预警法

E. 紫色预警法

5. 商业银行在进行集团客户限额管理的过程中，应注意的问题有（　　）。

A. 统一识别标准，实施集团总量控制
B. 掌握充分信息，避免过度授信
C. 主办银行牵头，建立集团客户小组
D. 尽量少用抵押，争取多用保证
E. 与集团客户签订授信协议，客户无须报告其有关关联交易

6. 根据《巴塞尔新资本协议》，针对个人的循环零售贷款应满足哪些标准？（　　）
A. 贷款是循环的、无抵押的、未承诺的
B. 子组合内对个人最高授信额度不超过 10 万欧元
C. 必须保留子组合的损失率数据
D. 循环零售贷款的风险处理方式应与子组合保持一致
E. 办理该业务时，应当高度重视借款人的资信状况和变化趋势

三、判断题

1. 对单一法人客户的财务报表分析主要是对资产负债表和财务比率进行分析的。（　　）
2. 保证这一担保形式，主要应用于保管合同、运输合同、加工承揽合同等主合同。（　　）
3. Credit Monitor 模型的核心思想是假设金融市场中的每个参与者都是风险中立者。（　　）
4. 债项评级可以反映债项本身的交易风险，不能同时反映客户信用风险和债项交易风险。（　　）
5. 个人住房贷款“假按揭”是指事业单位职工或者其他关系人冒充客户，通过虚假购买的方式套取银行贷款的行为。（　　）
6. 一个债务人只能拥有一个债项评级。（　　）
7. Credit Monitor 模型认为，企业向银行借款相当于持有一个基于企业资产价值的看涨期权。（　　）
8. 信用风险具有明显的非系统性特征。（　　）

四、简述题

1. 简述如何识别单一法人客户的信用风险。
2. 简述信用评级体系的主要内容。
3. 简述信用风险监测的对象、指标。
4. 简述信用风险管理的主要方法。
5. 简述资产证券化的基本原理。

五、综合训练

P2P 网贷平台信用风险分析

毫无疑问，资金池风险是现阶段 P2P 网贷急需解决的首要风险点，银监会及其相关方

都明确表示了采用第三方资金托管的解决方案。但是作为网贷平台在做完第三方托管后是否就完成了全部的网贷风险管控了呢？作为网贷投资人是否在选择了正规托管的平台后就能够高枕无忧了呢？

拍拍贷：线上征信十大数定律

2007 年上线的拍拍贷作为大陆第一个网贷 P2P 平台保持了国外 P2P（lending club）的原始形态，资金需求方为个人与小微，对于信用风险的管控采取线上审核的模式，不要求抵押品。其信用风控核心归结为一点，“线上审核”，但是央行征信对外不开放，即使其开放其本身也没有类似于美国 FICO 的完备体系，当然在银行业的围剿下 P2P 业内的征信系统也在逐步完善，安融惠众上线的 P2P 征信系统已经对数十个平台开放，对于线上电商的信用评价也是线上 P2P 的强项，此外，拍拍贷主推的分散投资能对个体的信用风险起到有效的风控，但是对系统性风险仍然无能为力，如果未来经济萧条，整体的信用风险将会加大。

优点：平台透明、平台成长性好

缺点：系统性信用风险大，征信不成熟

红岭创投：线上征信十平台担保

2009 年上线的红岭创投与拍拍贷最大的不同在于以平台身份对用户承诺保本保息，这一措施从某种角度上讲起到了系统性风险管控的作用，只要平台一直存续投资者就能对信用风险是完全免疫的。但是这一风险实质上是转移到了平台身上，平台则需要以借贷利差进行抵补，这种抵补要么来源于投资者收益，要么来源于平台收益，前者造成人气损失，后者造成盈利下降，这是双方都不愿意看到的，最后还可以借新还旧，这个措施比较敏感，但不可否认短期内最有效。总之红创的方式是将系统性信用风险进行了转移，移到了哪里，现在不清晰，不过可以肯定是的牺牲了一部分平台透明度与成长性。

优点：短期信用风险小

缺点：运作不透明，征信不成熟，政策风险大

招财宝：大数据

2014 年 8 月上线的招财宝将阿里海量的各类数据抽取一部分做成了自己的征信系统，效果甚至强于传统的央行征信系统，合理的使用这一措施能从根本上解决网贷的核心问题，从实施状况来看这一方法已经得到了部分传统金融机构的认可，但是目前有资源、有能力做到的也只有招财宝，其上限 3 个月成交量已经突破 180 亿。

优点：征信效果极佳，低风险

缺点：技术起点高

陆金所（平安）：好爸爸

2011 年成立的陆金所对信用风险的管控或者说其模式比较“绕”，但其中比较核心的一块是由平安集团子公司进行担保，这样就形成了银行背书，当然也有些产品是不做担保的，但可以参考今年工行对中诚信托的做法，实质上还是属于银行隐性背书。应该说陆金所是纯中国特色 P2P，仅此“好爸爸”一条管控方法就足以使陆金所鹤立鸡群，其成交量破千亿只是一个时间问题。

优点：银行背书

缺点：没什么好说的，投胎是门学问

开鑫贷、积木盒子：外包

2012 年上线的开鑫贷与 2013 年上线的积木盒子采取了类似的信用风控措施，将大部分征信职能外包给更专业的机构，开鑫贷外包给小贷公司，积木盒子则外包于融资性担保公司，平台本身专职于线上资金的运筹工作。相对于大数据方法，外包更偏向于传统金融的措施，两者都旨在解决网贷根本的征信问题，但是征信外包会造成投资集中度过高的问题，担保公司与小贷公司从自身成本考虑，其推荐的客户规模明显大于传统 P2P，造成了标的物规模较大，再经统一担保后标的的集中度则更高，资金提供者要从原先选多家小企业变为了选几家大的担保方，这种模式更接近于 P2B，故对担保方的选择就成了这种模式中的最重要一环，换句话说又回到了选爸爸模式，哪个后台硬哪个吃香，总的来看这一模式提高了征信效率，但是牺牲了一部分分散度。

优点：征信相对成熟

缺点：分散度低，政府背景的外包商是关键

微财富（新浪）：超级抵押品

2014 年上线的微财富是新浪旗下互联网金融平台，其中一块业务称之为票据理财，即用银行承兑汇票进行“抵押贷款”。抵押是贷款增信的传统方法，一般以房屋车辆等固定资产作为抵押物，但是这些抵押物存在变现困难的问题，在实际清算时需要估值、拍卖等众多步骤，实际流程下来耗时长，资产减值幅度大（达 50%）。银行承兑汇票抵押则不同，其属于流动资产，变现程序简单，耗时短，无减值，银行背书，故称之为“超级抵押品”。在抵押品上创新以应对网络征信问题，不失为一种有效的途径，但是前提是真的“银行承兑汇票”。当然另外需要指出的是，一些贴现率只有 7%的票据却融入了 10%利率的资金，对于这部分标的，剩余的 3%是由谁填补，平台还是融入方需要明确。如果是平台，则高利率不可持续，如果是融入方，这种递补背后必然有原因，总的来说可以作为绕开监管的“通道费用”，这里投资者需要识别一个潜在的法律风险。

优点：用金子做的抵押品大家都喜欢

缺点：对假票需要一定的识别能力

京宝贝（京东）：供应链金融

2013 年底上线的京宝贝是京东对上游厂商提供的供应链金融产品，上面说到征信的困难在于对资金需求方的资产负债表的信息劣势，但是京东作为众多厂商的最大渠道商，对厂商的资产负债表信息有着天然的优势。举个极端的例子，一个产品 100%在京东上销售的厂商其现金流信息将全部为京东所掌握，总之只要进行合理的估计，这种方法也能对信用风险进行有效的管控。其特点跟陆金所正好相反，“你有金爸爸、你有银爸爸，我有许多‘好儿子’”。

优点：天然信息优势，天然征信优势

缺点：资源要求极高，难以复制

思考：针对各大 P2P 网贷平台，如何进行信用风险的控制？

第10章 操作风险管理

知识目标

1. 掌握操作风险的含义
2. 理解操作风险的特点以及与市场风险、信用风险的区别
3. 掌握操作风险的识别、评估
4. 明确操作风险的管理
5. 熟悉操作风险的监测与报告

技能目标

1. 熟练掌握操作风险的识别方法
2. 能应用操作风险的评估方法对商业银行的操作风险进行评估
3. 能分析操作风险产生的原因并进行风险的控制

能力目标

1. 掌握标准法、高级计量法计量我国操作风险监管资本
2. 能准确识别商业银行所面临的操作风险
3. 能了解国际及我国对操作风险的监管动态

导入案例

法国兴业银行巨额亏损

法国兴业银行是法国第二大银行，一直扮演着世界最大衍生品交易市场领导者的角色。2008 年 1 月 24 日，该行披露，由于旗下一名交易员在未经授权的情况下大量购买欧洲股指期货，最终给该行造成了 49 亿欧元（约 71.4 亿美元）的巨额损失。据称此次兴业银行的欺诈案也刷新了在此之前巴林银行一直保持的单笔涉案金额最大的交易员欺诈事件这项世界纪录。

据这个案件的“主角”热罗姆·凯维埃尔（Jerome Kerviel）对检察官供称，他在成为交易员不久就开始了违规交易：至 2007 年 12 月 31 日，他的违规交易盈余达到 14 亿欧元；由于担心如此大规模的赢利会暴露自己进行的是巨额投机性交易，他仅向集团报告了 5 500 万欧元的赢利；2008 年 1 月初，为了平抑先前的赢利，他将 500 亿欧元分别布置在

不同的指数上。同时伪造了反向对冲交易来掩盖巨额风险敞口：1月18日，法兴银行发现了凯维埃尔的一笔高达300亿欧元的法兰克福DAX指数期货交易，这笔交易大大突破了交易对手的信用额度，异常的交易对手风险引起了银行的关注并展开调查：当法兴高层就交易询问他时，他声称写错了交易对手的名称，并制造了一封电子邮件来证明交易对手是德意志银行：但法兴银行对他的解释表示怀疑，在与德意志银行联系得到否定交易的回复后，迅速对他操作的全部交易进行核查：最终，凯维埃尔承认进行了未授权交易，他长达三年的舞弊操作终于浮出水面：至此，由于欧洲股市暴跌，凯维埃尔的巨额赢利已经转变为巨额亏损。

法国兴业银行事件所暴露出来的是典型的银行操作风险，人员因素、系统管理漏洞、前台交易和后台清算的独立性不高、监管体制不健全等内部管理上存在的疏漏是导致银行操作风险的主要因素。

资料来源：王周伟．风险管理［M］．北京：机械工业出版社，2011

思考：

1. 什么是操作风险？

2. 2008年法兴银行事件与1995年巴林银行事件如出一辙，此间还有大量其他类似案例，为什么银行总是无法吸取教训？

国际银行业监管的理论与实践通常将银行风险分为市场风险、信用风险和操作风险三类，《巴塞尔协议Ⅱ》将操作风险纳入风险资本的计算和监管框架。操作风险是银行面临的古老的一种风险，曾经给许多银行造成了严重的损失，然而对操作风险的界定和管理却是在《巴塞尔协议Ⅱ》规定以后才引起重视的。如何识别、测定和管理操作风险现已成为金融机构日常管理的一个重要组成部分。

第一节　操作风险概述

一、操作风险的界定

1995年，曾经显赫一时的英国巴林银行由于交易员的违规操作，导致亏损16亿美元并最终破产。此次事件使金融业认识到，交易欺诈及类似的风险是与信用风险或市场风险都不相同的一个独立风险类别。此后几年里，国际结算银行、英国银行家协会、大通银行、澳大利亚联邦银行等金融机构及众多学者纷纷给出了不同的操作风险定义。

国际上对操作风险的定义一直存有争议，大体上可归纳为二种，一是广义操作风险概念，它把信用风险和市场风险之外的所有风险都视为操作风险；二是狭义操作风险概念，认为只有与业务运营部门有关的风险才是操作风险。迄今为止，虽然银行考虑自身经营管理的需要对操作风险的界定有些不同，但监管部门对操作风险的定义基本一致。

2004年巴塞尔委员会综合各方意见，将操作风险定义为“由不完善或有问题的内部程序、人员及系统或外部事件所造成损失的风险”。本定义所指操作风险（operational risk）包括法律风险，但不包括声誉风险和战略风险。与信用风险、市场风险相比较，银行操作风险的表现形式多样、涉及情况复杂、风险结果不确定，难以进行完整清晰地描述。但他们之间关系密切，并可能在一定条件下转化为或者导致信用风险、市场风险。

知识链接

操作风险定义一览表

时间	发布组织	文件名称	定义
1998 年	巴塞尔委员会	《操作风险管理调查报告》	市场风险和信用风险以外的其他风险。
2001 年	英国银行业协会	《操作风险管理调查报告》	由于内部程序、人员、系统的不完善或失误，或外部事件造成直接损失或间接损失的风险。
2001 年	巴塞尔委员会	《巴塞尔新资本协议》（征求意见稿）	由于内部的程序、人员、系统不充足或运行失当以及因为外部事件的冲击等导致直接损失或间接损失的可能性的风险。该定义包括法律风险，但排除政策性风险与声誉风险。
2003 年	巴塞尔委员会	《操作风险管理与监管的稳健做法》	由于不当或失败的内部程序、人员和系统或因外部事件导致损失的风险。
2004 年	巴塞尔委员会	《巴塞尔新资本协议》	由不完善或有问题的内部程序、人员及系统或外部事件所造成损失的风险。本定义包括法律风险，但不包括策略风险和声誉风险。
2007 年	中国银监会	《商业银行操作风险管理指引》	由不完善或有问题的内部程序、员工和信息科技系统，以及外部事件所造成损失的风险。本定义所指操作风险包括法律风险，但不包括策略风险和声誉风险。

二、操作风险的特点

随着金融技术的不断革新以及金融创新的不断发展，银行活动及其操作风险的特征变得更加复杂多变。相比较其他类似风险，操作风险具有以下特点：

（1）具体性。不同类型的操作风险具有各自具体的特性，难以用一种方法对各类操作风险进行准确的识别和计量，原因在于操作风险中的风险因素主要存在于银行的业务操作中，几乎涵盖了银行的所有业务，操作风险事件前后之间有关联，但是单个的操作风险因素与操作性损失之间并不存在可以定量界定的数量关系，个体性较强。

（2）分散性。试图用一种方法来覆盖操作风险管理的所有领域几乎是不可能的，原因在于操作风险管理实际上覆盖了银行经营管理中几乎所有方面的不同风险，既包括发生频率高、造成损失相对较低的日常业务流程处理上的小错误，也包括发生频率低、造成损失相对较高的大规模舞弊、自然灾害等，而且操作风险与各类风险相互交叠，涉及面广。同时操作风险管理不可能由一个部门完成，必须建立操作风险管理的框架体系。

（3）差异性。不同业务领域操作风险的表现方式存在差异，原因在于业务规模小、交易量小、结构变化不太迅速的业务领域，虽然操作风险造成的损失不一定低，但是发生操作风险的频率相对较低；而业务规模大、交易量大、结构变化迅速的业务领域，受到操作风险冲击的可能性也大。

（4）复杂性。银行风险管理部门难以确定哪些因素对于操作风险管理来说是最重要的，原因在于引起操作风险的因素较复杂，如产品的复杂性、产品营销渠道的拓展、人员流动以及规章制度的变化等都可能引起操作风险，而通常可以监测和识别的操作风险，与由此可能导致的损失的规模、频率之间不存在直接关系，常常带有鲜明的个案特征。

（5）内生性。除自然灾害、恐怖袭击等外部事件外，操作风险的风险因素很大比例上来源于银行的业务操作，属于银行的内生风险。

（6）转化性。操作风险是基础性风险，对其他类别风险，如信用风险、市场风险等有重要影响，操作风险管理不善，将会引起风险的转化，导致其他风险的产生，2008 年爆发的金融危机为我们分析风险之间的转化机制提供了很好的样本。

第二节　操作风险的识别

一、操作风险的分类

与其他风险相似，操作风险的构成也包括风险因素、风险事故和损失三个方面。操作风险因素通常可以分为两类：内部风险因素和外部风险因素。其中内部风险因素包括人员因素、程序因素和技术因素，外部风险因素包括人为事故和自然灾害。因此操作风险可以划分为人员因素操作风险、流程操作风险、技术操作风险和外部操作风险四大类别。

1. 人员因素操作风险

人员因素主要是指因员工管理不当以及因员工的知识、技能、经验匮乏而导致操作风险发生的概率或损失程度增加。人员因素导致的操作风险事故及损失主要表现在以下几个方面：

（1）内部欺诈。内部欺诈是指员工故意骗取、盗用财产或违反监管规章、法律或公司政策导致的损失。此类事件至少涉及内部人员一方，但不包括性别/种族歧视事件。我国企业员工违法行为导致的操作风险主要集中于内部人作案和内外勾结作案两种，属于多发风险。

（2）失职违规。企业内部员工因过失没有按照雇用合同、内部员工守则、相关业务及管理规定操作或者办理业务造成的风险，主要包括因过失、未经授权的业务或交易行为以及超越授权的活动。员工越权行为包括滥用职权、对客户交易进行误导、支配超出其权限的资金额度或者从事未经授权的交易等，它们都能致使企业发生损失。企业应对员工越权行为导致的操作风险予以高度关注。

（3）核心雇员流失。核心人员具备员工不普遍具备的知识，且他们能够快速吸收企业的内部知识。核心人员掌握企业大量技术和关键信息，他们（如交易员、高级客户经理）的流失将给企业带来不可估量的损失。核心雇员流失体现为对关键人员依赖的风险，包括缺乏不足够的后援/替代人员，相关信息缺乏共享和文档记录，缺乏岗位轮换机制等。

（4）违反用工法。违反用工法是指违反就业、健康或安全方面的法律或协议（包括劳动法、合同法等），造成个人工伤赔付或因性别/种族歧视事件导致的损失。

（5）知识/技能匮乏。企业员工由于知识/技能匮乏而给企业造成的风险，主要有三种行为模式：

第一，在工作中，意识不到自己缺乏必要的知识，按照自己认为正确而实际错误的方式工作；

第二，意识到自己缺乏必要的知识，但是由于颜面或者其他原因而不向管理层提出或者声明自己无法胜任某一工作或者不能处理面对的情况；

第三，意识到本身缺乏必要的知识，没有采取措施规避这种缺陷。

在前两种情况下，有关人员会按照他认为正确的方式工作，如果他们负责交易方面的工作，则可能会给企业带来经济或者声誉方面的损失；最后一种情况属于欺诈。

2. 流程操作风险

内部流程引起的操作风险是指由于企业业务流程缺失、设计不完善或者没有被严格执行而造成的损失，主要包括财务/会计错误、文件/合同缺陷、产品设计缺陷、错误监控/报告、结算/支付错误、交易/定价错误六个方面：

（1）财务/会计错误。财务/会计错误是指企业内部在财务管理和会计账务处理方面存在流程错误，主要原因是财会制度不完善，管理流程不清晰，财会系统建设存在缺陷等。各企业从2007年开始根据新的会计准则进行财务制度的设计和相应管理流程的调整，有必要对相应操作风险予以关注。

（2）文件/合同缺陷。文件/合同缺陷也称文件/合同瑕疵，是指各类文件档案的制订、管理不善，包括不合适的或者不健全的文档结构，以及协议中出现错误或者缺乏协议等。作为关键流程有效控制与否的证据，文件/合同历来是各企业加强档案管理的重点。

（3）产品设计缺陷。产品设计缺陷是指企业为公司、个人、金融机构等客户提供的产品在业务管理框架、权利义务结构、风险管理要求等方面存在不完善、不健全等问题。

产品的竞争是各企业市场竞争的主要体现。随着外资商业银行的进入，发达国家的先进金融工具会直接在我国转化并进入市场。为了满足客户要求，各商业银行会竞相模仿甚至在条件方面更优惠客户、流程更简便，但是内部流程的缺失、设计不合理或者执行不到位，将造成更严重的风险。

（4）错误监控/报告。错误监控/报告是指企业监控/报告流程不明确、混乱，负责监控/报告的部门的职责不清晰，有关数据不全面、不及时、不准确，造成企业未履行必要的汇报义务或者对外部汇报不准确（发生损失）。

（5）结算/支付错误。结算/支付错误是指因商业银行结算支付系统失灵或延迟，如现金未及时送达网点或对方商业银行等。国内外各商业银行均在大力推进运营与后台支持的集中化，在流程方面既加强对前台和中台的控制，又重视对商业银行总体管理的流程重整。

(6) 交易/定价错误。交易/定价错误是指在交易过程中，因未遵循操作规定而导致交易和定价产生错误。

3. 技术操作风险

技术操作风险又称为系统操作风险，是指由于信息科技部门或服务供应商提供的计算机系统或设备发生故障或其他原因，导致企业不能正常提供部分、全部服务或业务中断而造成的损失。它包括系统设计不完善和系统维护不完善所产生的风险，具体表现在数据/信息质量风险、违反系统安全规定、系统设计/开发的战略风险，以及系统的稳定性、兼容性、适宜性方面存在问题等方面。

(1) 数据/信息质量。商业银行对数据/信息质量管理主要是防止各类文件档案的制订、管理不善，业务操作中的数据出现差错，如金额、币别等输入错误。曾有说法“商业银行里数据为王”，而公司级数据仓库的建设，如核心银行系统、管理信息系统、全面集成的报告体系，都离不开数据。在商业银行实施《巴塞尔新资本协议》的过程中，缺乏数据/信息以及数据/信息的质量不符合要求的风险成为近期风险防范的重点。

(2) 违反系统安全规定。系统安全包括外部系统安全、内部系统安全以及对计算机病毒和对第三方程序欺诈的防护等。违反系统安全规定具体表现在突破存储限制、系统信息传递/系统修改信息传送失败、第三方界面失败、系统无法完成任务、数据崩溃、系统崩溃重新存储、请求批处理失败、对账错误等方面。

(3) 系统设计/开发的战略风险。商业银行应当对信息系统的项目立项、开发、验收、运行和维护实施有效管理，不能片面追求快速见效或者贪大求全，超越本行业务要求，仅为“上系统而上系统”，要在战略高度评价经营管理的需求，要慎重对待系统设计、开发全过程。

(4) 系统的稳定性、兼容性、适宜性。技术部门应当与业务部门互相协调，确保系统的整体稳定运行，核心银行系统与相关系统要有效兼容，与业务需求和管理需求保持相当的适宜性。

4. 外部操作风险

企业经营是在一定的政治、经济和社会环境中发生的，所以经营环境的变化、外部突发事件等都会影响企业的正常经营活动，甚至发生损失。该类事件具体包括由于外部人员故意欺诈、骗取或盗用企业资产（资金）及违反法律而对企业的客户、员工、财务资源或声誉可能或者已经造成负面影响的事件。该类事件可能是内部控制失败或内部控制的薄弱环节，或是外部因素对企业运作或声誉造成的“威胁”。

(1) 外部欺诈/盗窃。外部欺诈是指外部人员故意骗取、盗用财产或逃避法律而给商业银行造成损失的行为，包括外部的盗窃、抢劫、涉枪行为；伪造、变造多户头支票，骗贷等欺诈行为。该类风险是给商业银行造成损失最大、发生次数最多的操作风险之一。

(2) 洗钱。洗钱是指通过各种手段将违法所得合法化的行为，例如毒品犯罪洗钱等。目前全球反恐的推进，对商业银行在经营过程中设定相应程序、政策以对付恐怖融资和洗钱行为提出了更高的要求。

(3) 政治风险。政治风险是指由于战略、征用、罢工和政府行为、公共利益集团或极端分子活动而引起的风险。例如，本国政府或者商业银行海外机构所在地政府新的/新兴的立法，公共利益集团的持续压力/运动，极端组织的行动，政变、政府更替等。

(4) 违反监管规定。违反监管规定风险是指未遵守金融监管当局的规定而引起的风险。在出台新的金融监管规定或者金融监管加强，新的金融监管者发生改变，出现新的金融监管重点时，较易出现此方面的风险。例如，违反监管规定，未按时提供监管报表；国家进行宏观调控期间，商业银行应当及时调整有关政策，避免市场变化而给商业银行造成风险。

(5) 业务外包。业务外包风险是指由于供应商的过错而造成服务或供应中断或者撤销而引发的风险，包括为企业提供产品或服务的供应商中断或者拒绝产品或服务的供应。例如，供电局拉闸限电，供应商停产等。

(6) 自然灾害。自然灾害是指由于自然因素造成商业银行财产损失，包括火灾、洪水、地震等。例如，2006 年中国台湾地区地震造成海底光缆断裂，使大陆多家企业的通信和业务受到影响。

(7) 恐怖威胁。恐怖威胁是指由于人为因素造成企业财产损失，包括恐怖活动、绑架和爆炸等。例如，最典型的美国“9·11”事件、2003 年年底汇丰银行遭受恐怖袭击等，给各企业带来重大风险。

企业对其面临的各项操作风险进行有效分类，是进行操作风险管理和报告的基础，是规范和统一操作风险管理的“语言”，是建立操作风险重大事件报告制度、操作风险损失事件的数据收集、操作风险与控制评估流程等重要操作风险制度提供基础，为分析、解释操作风险数据提供基础定义。在具体方法上，风险管理人员主要对操作风险事件加以分类，同时也对操作风险事件的发生原因和影响进行分类，并通过确定影响评级、概率评级等方式评估风险的严重程度。

二、操作风险的识别方法

操作风险识别的主要方法包括自我评估法、损失事件数据因果分析方法和流程图等。目前，国际先进银行普遍运用自我评估法、损失事件数据因果分析方法，并开发相应的信息系统，成为提升操作风险管理水平不可或缺的重要基础。

因果分析方法（causal analysis）就是对风险诱因、风险指标和损失事件进行历史统计，并形成相互关联的多元分布的方法。该模型可以确定哪一种或哪些因素与风险具有最高的关联度，从而为操作风险管理指明方向。随着相关因素发生变化，模型还能预测出潜在损失，并找出根本原因和对未来环境进行情景分析。因果分析模型为企业预测潜在损失，并为潜在损失发生之前及时采取的行动提供了数理支持。通过分析，这将有助于企业的管理层了解现有风险状况，包括它如何发生变化和值得注意的风险警告等。

为量化操作风险，邓肯·威尔逊开发出了“因果关系模型”方法，运用 VaR 技术对操作风险进行度量。该方法包括五个步骤：定义操作风险和对操作风险进行分类，文件证明和收集数据，建立模型，重新进行数据收集，最终确定模型并实施。实践中的通行做法是先收集损失事件，然后再努力寻找导致损失事件发生的原因，方法包括实证分析法、与

业务管理部门会谈等。越来越多的金融机构采用实证分析法来寻找风险诱因，并分析检验损失事件与风险诱因间的因果关系。

第三节　操作风险的评估

一、操作风险评估的要素

操作风险评估要素包括内部操作风险损失事件数据、外部相关损失数据、情景分析、本企业的业务经营环境和内部控制因素四个方面。

（一）内部操作风险损失事件数据

内部操作风险损失事件数据包括操作风险损失事件发生后可以标志、计量和描述该风险事件的各项数据信息，涵盖企业所有机构和所有重要的业务活动，如总损失数额信息，损失事件发生的时间、发生的单位信息，总损失中收回部分信息，损失事件发生的主要原因的描述信息（描述信息的详细程度应与总损失规模相称）。

内部操作风险损失事件数据应当是客观的已发生的操作风险的损失数据，而非预期的损失数据。各级操作风险管理部门除定期分析内部操作风险损失数据外，应及时对管辖范围内的操作风险状况进行统计分析，从而识别风险、评估风险、监测风险、预警风险，实现商业银行对操作风险的动态管理。

（二）外部相关损失数据

外部相关损失数据应当包括实际损失金额数据、发生损失事件的业务范围信息、损失事件发生的原因和情况，或者其他有助于评估商业银行损失事件的业务范围信息。

可能危及商业银行安全的低频率、高损失事件相当稀少，因此商业银行应当利用外部相关损失数据来解决多数商业银行评估操作风险时因内部损失数据有限、样本数多少而导致统计结果失真的问题。

（三）情景分析

使用外部相关损失数据必须配合采用风险管理专家的情景分析，评估最坏情况下的可能损失。情景分析主要依靠经验丰富的专业人员进行定性分析，情景分析/评估的结果要与实际损失对比，并随时进行验证和重新评估，以确保情景分析的合理性。

（四）业务经营环境和内部控制因素

除了使用实际损失数据或情景分析损失数据外，商业银行还必须分析业务经营环境和内部控制因素对操作风险的影响；反过来操作风险水平也直接反映了商业银行的业务经营环境和内部控制质量。

二、企业内部的自我评估法

操作风险评估通常从业务管理和风险管理两个角度开展，遵循由表及里、自下而上、从已知到未知的原则。目前比较成熟的方法主要是自我评估法、基本指标法、标准法以及高级度量法，其中自我评估法是企业内部使用的评估法，后三种是外部监管机构使用的评估方法，据以确定监管资本要求，主要适用于商业银行的操作风险评估，其原理其他企业可借鉴使用。

自我风险评估（self-risk assessment）是指商业银行识别和评估潜在操作风险以及自身业务活动的控制措施、适当程度及有效性的操作风险管理工具。它是在商业银行在内部控制体系的基础上，通过开展全员风险识别，识别出全行经营管理中存在的风险点，并从损失金额和发生概率两个角度来评估风险大小。同时，识别这些风险点是否有控制措施，并评估控制措施质量，进而提出优化控制措施的方案，不仅要对没有控制措施或控制不足而具有潜在风险的环节进行修订和改善，更要对控制过度引起服务效率低下的环节进行修订和完善。

自我评估的主要目标是鼓励各级机构承担责任及主动对操作风险进行识别和管理。其主要策略是改变公司文化，把风险管理纳入那些具备判断控制能力的员工的业务体系内；制订与业务战略目标配套的评估机制；将制度的被动执行转变为主动查错和纠错；建立良好的操作风险管理氛围；确保自我评估的准确性及一致性；确保有关程序的持续改进与高效运转；在商业银行内部追求赢利与控制风险之间取得恰到好处的平衡点。

在操作风险自我评估的过程中，风险管理人员可以根据评审对象的不同，采用流程分析法、情景模拟法、引导会议法、调查问卷法等方法，并借助操作风险定义及损失事件分类、操作风险损失事件历史数据、各类业务检查报告等相关资料进行操作风险自我评估。

自我评估的工作流程依次为：①全员风险识别与报告；②作业流程分析和风险识别与评估；③控制活动识别与评估；④制订与实施控制优化方案；⑤报告自我评估工作和日常监控。

自我评估的作用主要体现在：①建立覆盖商业银行各类经营管理的操作风险动态识别评估机制，实现操作风险的主动识别与内部控制持续优化；②不断优化和完善各类经营管理作业流程，平衡风险与收益，提升商业银行服务效率和赢利能力；③在自我评估基础上，可以建立操作风险事件数据库，构建操作风险日常监测的基础平台；④为建立操作风险管理的关键风险指标体系和操作风险计量奠定基础；⑤为案件预防检查工作提供方法和技术支持，使案件专项治理工作成为长期任务融入商业银行日常管理之中，从源头上控制案件隐患及风险损失；⑥促进操作风险管理文化的转变，通过全员风险识别，提高员工参与操作风险管理的主动性和积极性。

三、外部监管机构的基本指标法

基本指标法（basic indicator approach）是指以单一的指标作为衡量商业银行整体操作风险的尺度，并以此为基础配置操作风险资本的方法。基本指标法需要的资本计算公式为：

$$K_{BIA}=\frac{1}{n}\sum_{i=1}^{n}\alpha\times GI_i \tag{10-1}$$

式中：K_{BIA}表示基本指标法需要的资本，GI表示前三年中各年为正的总收入，n表示前三年中总收入为正数的年数，$\alpha=15\%$，这个固定比例由巴塞尔委员会设定，将行业范围的监管资本要求与行业范围的指标联系起来。

采用基本指标法的商业银行所持有的操作风险资本应等于前三年中各年正的总收入乘以一个固定比例（用α表示）加总后的平均值。如果某年的总收入为负值或零，在计算平均值时，就不应当在分子和分母中包含这项数据。为了确定最低规范资本要求，巴塞尔委员会把总收入定义为净利息收入加上非利息收入（不包括银行账户上出售证券实现的赢利，不包括保险收入）。

由于基本指标法比较简单，《巴塞尔新资本协议》中未对该方法提出具体标准。但是，巴塞尔委员会鼓励采用此方法的商业银行遵循委员会于 2003 年 2 月发布的《操作风险管理和监管的稳健做法》。

四、外部监管机构的标准法

标准法（standardized approach）的原理是将商业银行的所有业务划分为 8 类产品线，对每一类产品线规定不同的操作风险资本要求系数，并分别求出对应的资本，然后加总 8 类产品线的资本，即可得到商业银行总体操作风险资本要求。

根据巴塞尔委员会的要求，在标准法中，8 类银行产品线分别为公司金融、交易和销售、零售银行业务、商业银行业务、支付和结算、代理服务、资产管理和零售经纪。

在产品线中，总收入是个广义的指标，代表业务经营规模，因此也大致代表各产品线的操作风险暴露（以β值表示）。β值代表商业银行在特定产品线的操作风险损失经营值与该产品线总收入之间的关系。应注意到，标准法是按各产品线计算总收入，而不是在整个机构层面计算。例如，公司金融指标采用的是公司金融业务产品的总收入。

在标准法中，总资本要求是各产品线监管资本的简单加总，其计算公式为：

$$K_{TSA}=\frac{1}{3}\sum\nolimits_{year\,1-3}\max[\sum GI_{1-8}\times\beta_{1-8},0] \tag{10-2}$$

式中：K_{TSA}表示标准法计算的资本要求，GI_{1-8}表示 8 类产品线中各产品线过去 3 年的年均总收入，β_{1-8}表示由巴塞尔委员会设定的固定百分数，β值详见表 10-1。

表 10-1　产品线及对应 β 系数

产品线	β系数（%）
公司金融	18
交易和销售	18
零售银行业务	12
商业银行业务	15
支付和结算	18
代理业务	15
资产管理	12
零售经纪	12
操作风险资本	$\sum_{i=1}^{8} x_i\beta_i$

巴塞尔委员会提出，为具备使用标准法的资格，商业银行必须至少满足如下 3 个条件：

（1）董事会和高级管理层应当积极参与监督操作风险管理架构；

（2）银行应当拥有完整且确实可行的操作风险管理系统；

（3）银行应当拥有充足的资源支持在主要产品线上和控制及审计领域采用该方法。

此外，针对希望采用标准法的国际活跃银行，巴塞尔委员会还对操作风险管理系统和操作风险管理流程提出了明确要求。

五、外部监管机构的高级度量法

高级度量法（advanced measurement approach，AMA）是指商业银行在满足巴塞尔委员会提出的资格要求以及定性和定量标准的前提下，通过内部操作风险度量系统计算监管资本要求的方法。

目前，业界比较流行的高级度量法主要有内部衡量法（internal measure approach，IMA)、损失分布法（loss distribution approach，LDA)、极值理论（extreme value theory）以及计分卡（scorecard approach，SCA）等。

（一）内部衡量法

内部衡量法首先按照《巴塞尔新资本协议》将操作风险分为内部欺诈风险，外部欺诈风险，雇用合同以及工作状况带来的风险，客户、产品与业务活动带来的风险，有形资产损失风险，经营中断和系统错误风险，涉及执行、交割和流程管理的风险等 7 种风险类别，然后把风险类别结合上面产品线的划分，形成 56 个产品线类别/风险类别组合，接着对每个组合根据历史损失数据估计操作风险事件发生概率（PE)、风险事件发生时的损失（LEG)，最后每个组合的预期损失值（EL）等于 PE、LEG 和风险暴露指标（EI）的乘积。该方法假设预期损失（损失分布的均值）和操作风险所需资本之间具有固定的稳定关系，这种关系可以是线性的，也可能是非线性的，其计算公式为：

$$K_{IMA} = \sum_i \sum_j \gamma_{i,j} \cdot EL_{i,j} = \sum_i \sum_j [\gamma_{i,j} \cdot EI_{i,j} \cdot PE_{i,j} \cdot LEG_{I,J}] \quad (10-3)$$

式中：i 表示产品线类别；j 表示操作风险类别；$\gamma_{i,j}$ 表示将 i 产品线/j 风险类别组合的预期损失 $EL_{i,j}$ 转化为监管资本的参数；$EI_{i,j}$ 表示 i 类产品线在，类事件下的风险暴露指标；$PE_{i,j}$ 表示 i 类产品线在，类事件下操作风险发生的概率；$LEG_{i,j}$ 表示 i 类产品线在 j 类事件下操作风险发生时的损失率。

内部衡量法允许银行利用风险损失数据计算应持有的监管资本，相对于基本指标法和标准法来说，银行风险敏感性和准确性都有很大的提高。但该方法关于预期损失与非预期损失之间具有稳定关系的假设与事实不符，且没有考虑风险分布的差异性，因而具有较大的局限性。

（二）损失分布法

损失分布法是银行利用操作风险损失数据对单个风险的损失概率分布进行模拟，估计出一定时间内（比如 1 年）风险的具体分布形式，计算出单个风险的风险价值（VaR)，并加总得到总的操作风险计量结果的方法。

同内部衡量法一样，损失分布法首先将全部业务活动划分为若干产品线类别/风险类别组合，不同的是，银行可以根据本行的情况自主划定类别，然后根据损失数据情况和对该类风险的理解与认知，分别估计每个产品线类别/风险类别组合操作风险损失的发生频率和损失幅度概率分布。具体概率分布的选择对模型计算有着较大的影响，这是损失分布法的一个难点。一般来说，损失频率通常用泊松分布或负二项分布进行建模，损失幅度一般用具有“厚尾”特征的分布如对数正态分布、指数分布、韦伯分布等进行建模，在此基础上估计产品线类别/风险类别组合的损失分布。该产品线类别/风险类别组合的损失分布为损失幅度分布的/V 重卷积，/V 是从频率分布得到频率观测值（是一个随机的数）：得到产品线类别/风险类别组合的损失分布后，就可以按照给定的置信水平，求出操作风险的 VaR 值，最后将所有的 VaR 值加总后得到总的操作风险度量结果。

损失分布法从具体的单个风险人手，通过严密的统计方法，最后得到总的风险度量结果，理论上具有较高的准确性。但该方法在实际使用中面临着一些问题和难点，其中，用于建模使用的内部操作风险损失数据不能满足建模需要，尤其是对于发生频率低、损失大的风险事件数据极为缺乏。解决的办法有两种，一种方法是延长模型的持有期，但时间过长，银行的业务品种、管理流程和管理水平都会发生很大的变化，这会导致原有的历史数据可能不再能反映银行的风险状况；另一种方法是利用外部数据，这方面得到了巴塞尔委员会的支持和鼓励，西方发达国家已开始着手建立行业的操作风险损失数据库。

然而，利用外部数据作为建模补充同样面临着一些难以解决的问题。操作风险具有银行内源性的特点，不同银行业务、管理的特征不同，从而潜在风险分布也不同，外部数据的建模可靠性值得怀疑。还有，操作风险往往涉及银行一些内部机密信息，银行出于种种考虑往往不愿公开提供一些风险数据，对此外部损失数据库一般将涉及银行的一些具体信息去掉，而这又造成数据信息缺乏建模的实际意义。其他方面的困难还包括由于单个风险之间的风险特征差异很大，这需要用不同的统计分布来进行模拟，现有的统计工具具有相对的局限性；不同风险组合之间的相关性问题还没有很好地得到解决等。

（三）极值理论

操作风险的极值理论是专门用来衡量操作风险损失分布的尾部即损失极端值的方法，它通过推导超过一定临界水平的操作风险损失的具体分布函数，得出一定置信水平下 VaR 的估计值和超过临界水平的损失的期望值，并以此作为提取操作风险监管资本的参照。

目前，主要的操作风险极值理论模型是 POT（peak over threshold）模型，该模型通过对样本中超过某一充分大的阈值（threshold）的数据进行建模，能有效地利用有限的观察数据。当阈值趋于极大时，对于超过确定阈值的随机变量的分布近似为广义帕累托分布。广义帕累托分布可以很好地描述操作风险损失分布的“厚尾”特征。运用数据分析可以得到合适的阈值，并可以计算出一定置信水平下的操作风险 VaR 值。

极值理论的优势在于它可以直接处理损失分布的尾部，且没有对损失数据预先假设任何分布，而是利用数据本身说话。但极值理论模型也有自身的不足，例如模型中参数具有不确定性，参数估计具有较高的标准误差；有较多的参数要估计，难以有足够的数据满足统计要求；阈值的确定比较困难，只有较高的阈值才能符合模型的要求，而较高的阉值又使得用于建模的损失数据变少。

以上述几种模型为代表的基于历史损失数据的操作风险度量模型客观性强，而且理论上风险敏感性较强，代表着国际操作风险度量建模的发展趋势。建模面临的主要困难是操作风险损失数据的稀缺性和非同质性。这类模型以历史损失为基础，假设历史可以再现，没有考虑银行在风险管理方面的努力，不能反映银行操作风险特征的动态变化。由于这类模型建模技术相对复杂，尽管理论上较为严谨，但模型风险较大。对于稀有的重大操作风险事件，理论上我们无法通过统计手段模拟其损失分布状况，对这类事件，专家的经验知识在管理实践中是重要的风险识别信息，而这类信息没有在模型中体现。

（四）计分卡方法

以主观判断为基础的度量模型中具有代表性的是计分卡方法。计分卡方法是由卡普兰（Kaplan）和诺顿（Norton）提出的一种通过对关键指标打分来对绩效进行评估的管理方法。该方法可以用于操作风险的计量，巴塞尔银行监管委员会将计分卡方法作为计算操作风险资本的高级法模型之一。

计分卡是对操作风险的一个自我评估，主要包括以下组成部分：风险事件、风险拥有者、风险发生的可能性、风险的严重程度、缓释风险的控制措施、控制实施者、控制设计和控制影响等。该方法的关键在于设计出切实可行的，能够充分反映风险状况的评估打分指标。评估专家通过对影响风险的主要因素（如内控因素、人员状况、内外部环境、硬件设施以及历史风险损失等）给每一类操作风险记分，得到风险发生可能频率和损失严重程度的估计，这样可以计算出操作风险的预期损失和非预期损失。操作风险预期损失等于风险暴露、损失事件发生频率和风险事件发生时的损失三者的乘积。操作风险非预期损失可以按照预期损失的一定比例推算，也可以结合其他方法或通过计分方式直接给出估计。

计分卡方法从严格上讲不是一种纯粹的计量模型，而是一种管理评估方法。该方法通过定性与定量相结合的方式度量操作风险，可以及时反映风险特征的动态变化，不受数据缺乏的制约．可以反映风险管理专家的宝贵经验。其缺点是过于依赖专家的主观判断，缺乏客观性。

在操作风险实际度量中，根据实施方法，这些模型大体上可以分为自上而下（up-down）和自下而上（down-up）两种。自上而下法的总体思路是通过一些整体的风险暴露指标计算出整个银行所需经济资本数量，再按照一定的标准在内部机构之间进行资本分配。自下而上法则是从业务品种和产品线的风险状况出发，分别度量具体业务活动的操作风险，然后得出整个银行的操作风险度量值。在上面介绍的一些主流度量模型中，基本指标法和标准法属于自上而下类型，其余的几种度量模型属于自下而上类型。考虑我国操作风险管理的实际，我国商业银行操作风险度量模型可选择用内部控制评价结果调整的基本指标法和标准法作为自上而下的度量模型，用贝叶斯网络技术作为自下而上的度量模型。

在本质上，资本配置是从自上而下的资本计算过程中演化而来的。在资本分配体系中，我们首先开发一个总体的资本计算模型，然后再以恰当的方式将资本逐级分配下去。而自下而上的方法是内部风险管理的基础，资本汇集、与损失报告的过程都是自下而上的，即我们逐一地对产品或单位计算风险再汇总，最终得到银行总体的风险资本。这两类方法由于视角和实施方法的不同，运用的场合也不同。自下而上的模型可能更适合于风险识别和内部管理控制，而自上而下的模型则对于估计经济资本更有效。

第四节　操作风险的管理

一、操作风险管理的环境

操作风险管理的环境包括公司治理、内部控制、合规文化以及信息系统四项要素，它们对有效管理与控制操作风险至关重要。

（一）公司治理

（1）操作风险管理委员会及操作风险管理部门负责商业银行操作风险管理体系的建立和实施，确保全行范围内操作风险管理的一致性和有效性。

（2）业务部门对操作风险的管理情况负直接责任，应指定专人负责操作风险的管理。根据商业银行操作风险管理体系的要求，建立本部门持续有效的操作风险识别、评估、控制/缓释、监测及报告程序。

（3）内部审计部门负责定期检查评估商业银行操作风险管理体系的运作情况，监督操作风险管理政策的执行情况，对新出台的操作风险管理方案进行独立的评估，直接向董事会报告操作风险管理体系运行效果的评估情况。

（二）内部控制

健全的内部控制体系是商业银行有效识别和方法操作风险的重要手段。内部控制失效是我国商业银行案件频发的直接原因，而隐藏在内部控制失效背后的则是内部控制要素的缺失和内部控制运行体系的紊乱。

（三）合规文化

内部控制体系和风险管理文化是操作风险管理的基础。培育良好的合规文化，加强合规管理，将在相当长的时期内成为我国商业银行操作风险管理的核心问题。即便在风险管理体系和技术已经相当成熟的西方国家，合规管理依然是金融机构全面风险管理的基石。

（四）信息系统

商业银行信息系统包括主要面向客户的业务处理系统和主要供内部管理使用的管理信息系统。先进的业务处理系统能大幅提高商业银行的经营管理水平，并降低操作出错的概率。

二、操作风险管理的措施

根据管理和控制操作风险的能力，我们可以将操作风险划分为四大类：可规避的操作风险、可降低的操作风险、可缓释的操作风险和应承担的操作风险。相应地，我们又可以将操作风险管理措施分为四大类：风险规避、风险控制、风险转移、风险自留。风险规避是指企业通过调整业务规模、改变市场定位、放弃某些产品等措施让某些操作风险不再出现。风险控制包括风险预防和风险降低，风险预防是指企业可以通过采取更为有力的内部控制措施（如轮岗、强制休假、差错率考核等）来降低风险发生频率；风险降低是指通过制订应急和连续营业方案等措施降低风险发生后企业的损失程度。风险转移是指对于诸如火灾、抢劫、高管欺诈等操作风险，企业往往很难规避和降低，甚至有些无能为力，但可以通过购买保险、业务外包等方式将风险转移。企业不管尽多大努力，采取多好的措施，购买多好的保险，总会有些操作风险发生，这些是企业的自留风险，需要为其计提损失准备或分配资本金。以下仅对操作风险控制和转移加以介绍。

（一）连续营业方案

由于存在不可控制的因素，当商业银行的物资、电信或信息技术基础设施严重受损或不可用时，商业银行可能无力履行部分或全部业务职责，结果给商业银行带来重大经济损失，甚至通过诸如支付系统等渠道而造成范围更广的金融系统瘫痪。这种可能性的存在要求商业银行建立灾难应急恢复和业务连续方案，考虑商业银行可能遭受的各种可能情形，方案应该与商业银行经营的规模和复杂性相适应。商业银行应该识别那些对迅速恢复服务至关重要的关键业务程序，包括依赖外包商服务，明确在中断事件中恢复服务的备用机制。商业银行还应定期检查其灾难恢复和业务连续方案，保证与其目前的经营和业务战略吻合，并对这些方案进行定期测试，确保商业银行在低概率的业务中断严重事件发生时能够执行这些方案。

持续经营计划应是一个全面的计划，强调操作风险识别、缓释、恢复以及持续计划，具体包括业务和技术风险评估、面对灾难时的风险缓释措施、常年持续性/经营性的恢复程序和计划、恰当的治理结构、危机和事故管理、持续经营意识培训等方面。

（二）商业保险

保险作为操作风险缓释的有效手段，一直是西方企业操作风险管理的重要工具。虽然还没有一种保险产品能够覆盖企业所有的操作风险，但很多操作风险能够被特定的保险产品所转移。商业保险主要包括如下内容：

（1）企业一揽子保险，主要承保企业内部盗窃和欺诈以及外部欺诈风险。

（2）错误与遗漏保险，主要承保无法为客户提供专业服务或在提供服务过程中出现过失的风险。

（3）经理与高级职员责任险，主要承保企业经理与高级职员操纵市场、洗钱、未对敏感信息进行披露、不当利用重要信息等行为给企业造成潜在损失的风险。

（4）未授权交易保险，主要承保未报告交易、未经授权交易及超限额交易引起的直接财务损失。

（5）财产保险，主要承保由于火灾、雷电、爆炸、碰撞等自然灾害引起的被保人物理财产损失。

（6）营业中断保险，主要承保因设备瘫痪、电信中断等事件所导致的营业中断而引发的损失。

（7）商业综合责任保险，主要承保由于营业过程中发生的事故对第三者造成身体伤害或物质损失的责任。

（8）电子保险，主要承保由于电子设备自身的脆弱性所引发的风险损失。

（9）计算机犯罪保险，主要承保由于有目的地利用计算机犯罪而引发的风险。

在企业投保前，不论是企业自身还是保险机构都要充分评估企业操作风险的暴露程度、风险管理能力及财务承受能力，最终确定企业自担风险还是保险机构承保。要清楚地认识到，保险只是操作风险管理的补充手段之一，预防和减少操作风险的发生，最终还要靠企业自身加强风险管理。国内企业在利用保险转移操作风险方面还处于探索阶段。除了那些诸如火灾、固定资产损害之类的意外事故险外，国内保险公司尚未开发出更多针对企业操作风险的保险产品，这直接制约了企业将保险作为操作风险的缓释工具。当然，随着我国加入世贸组织后外资保险公司的进入，这一局面可能会有所改变。

（三）业务外包

除了保险外，企业也可以通过业务外包来转移操作风险，即将相关业务转交给具有较高技能和规模的其他机构来管理。以商业银行为例，业务外包通常有以下几类：技术外包，如呼叫中心、计算机中心、网络中心、IT 策划中心等；处理程序外包，如消费信贷业务有关客户身份及亲笔签名的核对、信用卡客户资料的输入与装封等；业务营销外包，如汽车贷款业务的推销、住房贷款推销、银行卡营销等；某些专业性服务外包，如法律事务、不动产评估、安全保卫等；后勤性事务外包，如贸易金融服务的后勤处理作业、凭证保存等。外包使企业将重点放到核心业务上，从而提高了效率，节约了成本。业务外包必须有严谨的合同或服务协议，以确保外部服务提供者和企业之间责任划分明确。同时，企业应了解和管理任何与外包有关的后续风险，如营业中断、潜在的业务失败或外包方违约等。

从本质上说，操作或服务虽然可以外包，但其最终责任并未被“包”出去。业务外包并不能减少董事会和高级管理层确保第三方行为的安全稳健以及遵守相关法律的责任。外包服务的最终责任人仍是企业，对客户和监管者仍承担着保证服务质量、安全、透明度和管理汇报的责任。所以，一些关键过程和核心业务，如账务系统、资金交易业务等不应外包出去。过多的外包也会产生额外的操作风险或其他隐患。

企业必须对外包业务的风险进行管理。企业选择外包服务提供者时要对其财务状况、信誉状况和双方各自的独立程度进行评估，要和对方签订明确的合同或服务协议，明确对外包服务质量和可靠性的基本要求，并对信息保密和业务安全提出明确的要求。合同双方要清楚划分各自所要履行的义务，并在双方之间建立公开、可信的沟通渠道。对于关键业务，企业还要考虑应急方案，包括外部替代方的可行性以及可能在短期内转换外部合同方所需要的资源和成本。

专栏 10－1

银行操作风险管理的三道防线

操作风险是所有银行业产品、服务和活动所固有的风险，因此，有效的操作风险管理也就成为银行风险管理程序中的基本要素。基于近年来对银行良好风险管理作法的观察，巴塞尔银行监管委员会（BCBS）认为良好的操作风险管理通常依靠以下三道防线：

（1）业务条线管理。即明确各业务单位的人员在识别和管理银行产品、服务和活动中的内在风险的责任。这是操作风险管理的第一道防线。

（2）独立的法人操作风险管理部门。法人操作风险管理部门作为业务条线管理的有效补充，是操作管理风险管理的第二道防线。其独立性程度依据银行的规模变动，其关键职责在于审查业务条线的投入与产出、银行的风险管理、风险测度和报告系统。

（3）独立的评估与审查。操作风险管理的第三道防线是对银行操作风险管理的操作、程序和系统进行独立评估和审查。实施此类评估和审查的人员必须经过培训，并保持独立。在必要时，银行可以引入具备资质的外部机构参与此类评估和审查。

决定上述三道防线的架构和活动的因素包括：银行产品、服务的资产组合；银行的规模；银行的风险管理方式。此外，强有力的风险文化、三道防线之间的协调、内部审计的独立性和力度对银行操作风险管理的有效性具有重要影响。

资料来源：巴塞尔委员会发布《操作风险管理和监管的良好作法》

第五节 操作风险的监测与报告

企业应该制订一套程序来定期监测操作风险状况和重大风险事件，对积极支持操作风险管理的高级管理层和董事会，应该定期报告有关信息。

一、风险诱因/环节监测

操作风险涉及的领域广泛，形成原因复杂，其诱因主要可以从内部因素和外部因素两个方面来进行识别。从内部因素来看，包括人员、流程、系统及组织结构引起的操作风险；从外部因素来看，包括外部经营环境变化、外部欺诈、外部突发事件和经营场所安全性所引起的操作风险。从实际来看，操作风险的形成，特别是重大操作风险事件的形成，往往是上述因素同时作用的结果。对这些因素进行监测将有助于企业及时发现风险。

此外，一些数量指标的变动会诱发企业的内在风险，这类指标包括交易量、员工水平、技能水平、客户满意度、市场变动、产品成熟度、地区数量、变动水平、产品复杂程度和自动化水平等。由于这些因素常常是操作风险发生和变化的诱因，其相关指标的显著变化意味着操作风险的总体性质发生变化，因此，对这些指标进行分析，往往可以预测将来的风险状况。

二、关键风险指标监测

关键风险指标（key risk indicators，KRI）是指可以代表某一风险领域变化情况并可定期监控的统计指标。关键风险指标可用于监测可能造成损失事件的各项风险及控制措施，并作为反映风险变化情况的早期预警指标（高级管理层可据此迅速采取措施）。在操作风险管理中，企业可选择一些指标并通过对其进行监测，从而为操作风险管理提供早期预警。关键风险指标的选择应遵循以下四个原则：

（1）相关性，即指标与关键操作风险具有明显的相关性，指标的变动能揭示风险变化情况，反映风险暴露程度。

（2）可测量性，即能够利用现有的资源对指标进行量化。

（3）风险敏感性，即资产组合的变动能够及时通过指标体现出来。

(4) 实用性，即指标能够满足使用者的需要，主要是满足风险管理部门的风险主管和各业务部门的操作风险管理经理的需要。

确定关键风险指标的三个步骤为：

第一步，了解业务和流程；

第二步，确定并理解主要风险领域；

第三步，定义风险指标并按其重要程度进行排序，确定主要的风险指标。

为了便于决策，企业应该为所选定的风险指标设定门槛值（限额或范围，如上下不超过3%，不超过人民币1 000万元等），并根据其所包含的风险情况确定相应的监测频率，便于风险管理部门及时向高级管理层发出预警，促使企业及时对风险变动采取必要的行动。根据操作风险的识别特征，操作风险关键指标包括人员风险指标（如从业年限、人均培训费用、客户投诉占比等）、流程风险指标（交易结果与核算结果差异、前后台交易中断次数占比等）、系统性风险指标（如系统故障时间、系统数量等）和外部风险指标（如反洗钱警报数占比等）。

(1) 人员在当前部门的从业年限。不考虑先前的工作经验（包括内部的和外部的），只考虑员工在当前部门的从业年限。一般地，员工从业年限越长，工作经验越丰富，业务出错的可能性越小。监控员工从业年限变化趋势以及预计该项工作所需要的经验，有助于分析员工流动情况，发现可能会出现高风险的部门，并对有高度人员流动历史记录的部门进行监管。

(2) 员工人均培训费用。其公式为：年度员工培训费用/员工人数。员工人均费用的变化情况，反映出商业银行在提高员工工作技能方面所做的努力。如果商业银行总培训费用增加，但人均培训费用下降，那就表明有部分员工没有受到应有的培训，可能会留下操作隐患。

(3) 客户投诉占比。其公式为：每项产品客户投诉数量/该产品交易数量。客户投诉反映了商业银行正确处理包括行政事务在内的能力，同时也体现了客户对商业银行服务的满意程度。监控客户投诉可以帮助商业银行了解在服务传达到客户之前没有被发现的错误以及错误的来源。

(4) 失败交易数量占比。其公式为：一段时间内的失败交易笔数/该时间内的总交易笔数。失败交易的成本可以衡量补偿客户的实际成本或者那些因为交易不当而付出的成本。企业可以从失败交易中了解到整体层面上所有失败交易的总成本。

(5) 交易结果和财务核算结果间的差异。其公式为：某产品交易结果和财务结果之间的差异/该产品交易总次数。种类繁多的金融产品使得交易结果和财务核算结果匹配和核对困难，尤其当财务人员配备不足、前台/中台/后台和财务部门缺少充分合作时，其匹配和核对工作更是举步维艰。差异扩大意味着存在管理报表和决策基础不稳的风险。监控本指标可以提高风险管理报告的质量。

(6) 系统故障时间。其公式为：一段时间内业务系统出现故障的总时间/该段时间的承诺正常营业时间。监控系统故障时间变化可以及时发现和处理业务系统故障。

(7) 系统数量。其公式为：每个业务部门与业务有关的Excel表格数量/业务系统种类。在很多情况下，由于缺乏很好的系统支持，业务人员不得不借助于大量的Excel表格，后果是业务流程中出现很多手工作业，既不准确，又加大了工作量，导致流程低效以及员工缺乏工作激励。监控每个业务部门的系统数量，可以反映出哪里的问题最严重，以及哪些业务的风险趋势是下降的。

（8）反洗钱警报占比。其公式为：反洗钱系统针对洗钱发出报警的交易量/实际交易量。本指标是对洗钱风险的度量指标。监控反洗钱警报占比可以及时发现外部风险行业和外部风险事件，并为企业制订风险控制措施应对外部风险提供了依据。

关键风险指标的显著波动可能意味着操作风险的总体性变化。商业银行可以自主地选择一些能够充分反映本行经营特色的关键风险指标，并为其设定阈值，同时根据这些关键风险指标所反映的风险状况确定适当的监测频率，使得操作风险管理部门能够及时向高级管理层发出预警，及时对异常风险状况采取行动。

商业银行通过监测和分析自身关键风险指标的不同变化，并与同类金融机构进行横向比较，有助于深入理解操作风险状况的变化趋势，为操作风险管理提供早期预警。

三、操作风险的预警

操作风险预警系统是指能够对操作风险的发生提前发出警报的经济金融指标系统。在操作风险不断聚集时，系统内的相关指标会显示出与正常状态下不同的情况。因此，可以通过监测指标出现的异常变化衡量风险发生的可能性。

（一）操作风险预警指标体系设计原则

为使操作风险预警指标体系高效、灵敏，指标设计应遵循以下原则：一是指标的科学性，所选指标值的变化能客观地反映和估计风险发生的可能。它包括指标的动态性、独立性（或不相关性）、前瞻性以及可比性等几个方面的内容。指标的动态性，要求系统能够连续不断地监控指标的变动，通过指标数值的变化趋势直接判断操作风险的变化情况；指标的独立性（或不相关性），要求选择指标时，要尽可能保证各指标之间相互独立、互不关联，尽量将有关联的指标合并，以避免预警结果的失真；指标的前瞻性，要求随着银行创新能力的不断提高，新的业务种类将不断推出，操作风险预警指标要具备前瞻性，以不断适应市场发展的需要；指标的可比性，要求指标可以计量为次数、百分比或比例，并且随着时间的推移具有比较价值，在业务线和机构间可比；二是指标的易操作性，要求指标设计要简单明了，便于操作，并可以从日常数据中取得，不可似是而非、含糊不清；三是指标的可度量性，要求每一项指标均可计量，能用准确的数值表示其状态的差异。

（二）操作风险预警指标体系设计思路

操作风险预警系统由指标体系、指标规则、数据处理和预警结果四部分组成。

操作风险预警指标体系用于提示银行管理层发生操作风险的可能。预警指标值的变化先于实际风险的出现，这些指标值的变化对操作风险的发生具有预先警示和提示功能，可用以分析未来风险水平及其对今后银行经营效益的影响。当预警指标值达到或突破某一界限时，相关部门就需要对该指标所涉及的操作范围、人员及操作程序实施预警管理，制订并实施风险控制、风险缓释措施，以使指标值恢复到原控制水平内，最终消除风险源。

操作风险的预警识别应基于商业银行各阶段的操作特点，探究操作风险的成因和风险特征，之后进行归类。对商业银行八大业务系统分析结果表明，各业务系统的操作程序、特点以及由此带来的风险和风险预兆特征各不相同。因此，操作风险预警指标设计需要按照风险事件分类和商业银行业务分类两条主线展开，第一条是分析操作风险事件的类型，第二条是分析不同业务系统所可能发生的操作风险事件及所属类型，并细分至产品或服务。在每条主线下，根据分析的内容，分层次、分步骤地逐步深入，最终确定形成操作风险预警指标。

（三）按操作风险事件类型预警指标体系设计

（1）操作风险事件分类。巴塞尔委员会通过进行操作风险事件的调查，按照引起操作风险事件的原因种类，将操作风险归纳为七类，即内部欺诈风险，外部欺诈风险，就业政策和工作场所安全风险，客户、产品及业务操作风险，实物资产损害风险，业务中断及系统失灵风险以及执行、交割及流程管理风险。这七类风险分别由不同的行为而诱发，据此进一步细分，列出各类操作风险的诱因，增设为次级分类，形成操作风险事件类型表。该表是研究商业银行操作风险的重要依据，通过对操作风险事件的分类，确定对应的指标，便可建立预警指标体系。

（2）操作风险预警指标体系。商业银行操作风险预警指标体系建立的关键在于将上述诱发各类操作风险的行为转换为描述这些行为发生水平或程度的可计量指标，规定每一种指标值的预警范围，观测它们的绝对值及变动趋势，对于超过正常范围以及变化趋势异常的指标进行预警，并查找诱发指标异常变化的原因，采取相应的管理措施，从源头上化解风险。

操作风险事件类型预警指标体系的设计主要从以下两个角度观察：一是以指标当前时期的绝对值表示的静态指标，指标的绝对值表示目前风险的存在与否以及风险的大小，它对目前风险的大小给以直接警示；二是以指标的相对变化趋势表示的相对指标，指标的相对变化值表示风险发生可能性的增长或减小的趋势，是早期预警的重要依据，管理部门往往依据指标值的变化趋势判断风险是否可能发生，以及是否需要采取措施和采取措施的力度，从而及时采取缓释行动以防止重大操作损失或危机事件的发生。

下面，我们以内部欺诈风险为例说明相应预警指标的建立方法。

内部欺诈风险是操作风险的一个重要类型，其产生的根源和实施过程均为内部人员，为了分解内部欺诈的行为类型，需对其产生的主要途径进行分类，根据对国内外商业银行操作特点、产生内部欺诈途径原因的分析和典型案例的归纳，可将其分为五个主要方面：

（1）违反授权规定，包括超授权或无授权，并能因此导致经济损失的行为。它有可能是进行欺诈行为的前兆或实施欺诈图谋的主要步骤。

（2）贿赂行为一般是行贿者为实现其目的而采取的主要手段。为了达到经济或非经济的目的，贿赂的对象不仅包括主管领导，甚至还包括对实现其预谋有控制或操作职责的相关人员。而对后一种人员的贿赂行为往往会导致该种人员与行贿者组成共谋团伙，行动隐蔽，引发更大的内部欺诈风险。

（3）内部员工利用其工作的便利以及管理制度的不规范，是产生挪用客户资产实现个人经济目的行为的条件。特别是在市场经济条件下，金融资产增值的不平衡性和个别员工急于致富的心理，以及内部考核的压力，驱使内部员工铤而走险，私自挪用客户资产。这是在国内外商业银行产生操作风险损失最主要的也是损失规模较大的一种途径。

(4) 员工偷盗银行内部资产(特别是货币资产)的行为是员工直接利用工作便利和内部监督缺失而实现个人致富目的的又一途径。这类行为主要发生在金库保管员、押运员、柜员等直接接触货币资产的岗位上。这类行为的实施者大多有不良嗜好,不具备职业准入资格,问题可追溯至录用阶段,大多在监督措施缺失的岗位上。

(5) 商业银行的大额资金交易是受到严格法律限制的,正当的大额资金交易需经过规范的交易程序。内部犯罪集团为达到洗钱的目的,往往采用不规范的交易方式,其实施大多需要与相关岗位人员勾结。

还有其他一些产生内部欺诈的途径,但最主要的是以上五点。它们具有三个典型特征:①内部监督缺失;②内部人员非业务交往过密;③员工不具备职业准入资格。

综上所述,对可能诱发每一类风险的关键行为及描述关键行为的指标进行分解、归纳,即可形成相关静态预警与动态预警指标,从而构成依据风险事件类型(操作风险分类树)构建的操作风险预警指标体系。

四、操作风险的报告

国际先进银行普遍采用的操作风险报告路径是各业务部门负责收集与操作风险相关的内部数据和信息,并报告至风险管理部门,风险管理部门汇总内外风险信息并集中处理、评估后,形成操作风险报告递交高级管理层。而有些商业银行的业务单位、内部职能部门、操作风险管理部门和内部审计部门可单独向高级管理层汇报。操作风险报告内容主要包括风险状况、损失事件、诱因与对策、关键风险指标和资本金水平。

复习思考题

一、单项选择题

1. 下面哪个事项不属于操作风险(　　)。

   A. 某银行由于交易部门没有执行头寸限额管理而被监管部门处罚

   B. 某银行的系统出现了瘫痪导致业务无法继续进行

   C. 某银行的交易部门负责人离职后,部门近40%人员同时辞职

   D. 银行持有某公司债券因为该公司违反环保规定受到处罚导致债券价格下跌

2. 操作风险和信用风险之间存在着什么关系?(　　)

   A. 相互独立　　B. 相互排斥　　C. 相互关联　　D. 没有关系

3. 根据巴塞尔新资本协议,操作风险要素必须有助于以下哪个选项(　　)。

   A. 操作风险的识别、评估、监督和控制/降低

   B. 操作风险的框架制订

   C. 操作风险的框架制性

   D. 操作风险的识别、评估和控制

4. 从企业经营角度来看,下面哪项正确?(　　)

A. 完善的操作风险管控措施，可以把操作风险下降到零

B. 再好的管控措施也无法完全消除操作风险，操作风险是经营所固有的

C. 操作风险管理无须落成文字，只需要严格实施就可以了

D. 操作风险会影响到多有缓解，包括企业战略制订

5. 根据巴塞尔尔协议Ⅱ的定义，交易故意未报告属于操作风险中的哪个大类？（　　）

A. 内部欺诈中未经授权行为

B. 内部欺诈中的盗窃和舞弊

C. 外部欺诈中未经授权行为

D. 客户产品和商业惯例中的未经授权行为

6. KRI 被称为什么？（　　）

A. 关键业绩指标　　B. 关键控制指标

C. 关键资本指标　　D. 关键风险指标

二、多项选择题

1. 下列针对高管欺诈操作风险的说法，正确的有（　　）。

A. 该风险属于可规避的操作风险

B. 该风险属于可缓释的操作风险

C. 该风险属于应承担的操作风险

D. 可通过差错率考核的方法来降低该风险

E. 可通过购买商业银行一揽子保险来转移该风险

2. 内部流程引起的操作风险是指由于商业银行业务流程缺失、设计不完善，或者没有被严格执行而造成的损失，主要包括（　　）。

A. 财务/会计错误　　B. 文件/合同缺陷

C. 产品设计缺陷　　D. 交易/定价错误

E. 错误监控/报告

3. 在标准法中，商业银行的所有业务可划分成 8 大类银行产品线，主要包括（　　）。

A. 支付和结算　　B. 资产管理

C. 公司金融　　D. 贷款

E. 零售银行业务

4. 形成操作风险的因素主要有四个：人员因素、内部流程、系统缺陷、外部事件。下列引发操作风险的因素中，属于人员因素的有（　　）。

A. 内部欺诈　　B. 失职违规

C. 核心雇员流失　　D. 财务/会计错误

E. 违反用工法

5. 商业银行通常对下列业务进行外包以转移操作风险，主要包括（　　）。

A. 资金交易　　B. 消费信贷业务有关客户身份的核对

C. 网络中心　　D. 不动产评估

E. 账户系统

三、判断题

1. 完善的公司治理结构是现代商业银行控制操作风险的基石。 （ ）

2. 无论用于损失计量还是用于验证，商业银行必须具备至少 3 年的内部损失数据。 （ ）

3. 商业银行只能通过内部损失数据来评估操作风险。 （ ）

4. 无论是否存在资金损失，交易品种未经授权的情况都属于内部欺诈引起的操作风险。 （ ）

5. 作为关键流程的有效控制与否的证据，文件/合同历来是各商业银行加强档案管理的重点。 （ ）

6. 操作风险识别的方法只有自我评估法。 （ ）

7. 因果分析模型可以识别哪一种或哪些因素与风险具有最高的关联度，但不能很好地预测潜在损失。 （ ）

8. 购买保险只是操作风险缓释的一种措施，预防和减少操作风险事件的发生，根本上还是要靠商业银行不断提高自身的风险管理水平。 （ ）

四、简述题

1. 什么是操作风险？简述其主要成因。

2. 简述操作风险的识别方法。

3. 简述标准法的基本原理。

五、综合训练

案例：农行爆发票据窝案 38 亿无法兑付

中国农业银行北京分行 2 名员工已被立案调查，原因是涉嫌非法套取 38 亿元票据，同时利用非法套取的票据进行回购资金，且未建立台账，回购款其中相当部分资金违规流入股市，而由于股价下跌，出现巨额资金缺口无法兑付。由于涉及金额巨大，公安部和银监会已将该案件上报国务院。

据了解，案件的大致脉络是，农行北分与某银行进行一笔银行承兑汇票（下称银票）转贴现业务，在回购到期前，银本票应存放在农行北分的保险柜里，不得转出。但实际情况是，银本票在回购到期前，就被某重庆票据中介提前取出，与另外一家银行进行了回购贴现交易，而资金并未回到农行北分的账上，而是非法进入了股市。“农行北分保险柜中原来封包入库保存的票据则被换成报纸。”一位接近农行北分的人士对此证实。

据《21 世纪经济报道》报道，某国有大行出现 38 亿元巨额票据事件，某票据中介机构以“一票多卖”的方式从银行内套取资金。该事件在票据市场刮起一轮风暴，导致票据利率大幅上涨。

近日，银监会办公厅下发了《关于票据业务风险提示的通知》（银监办发［2015］203 号），对票据市场普遍存在的问题都予以风险提示。文件发出后，多家大行进行紧急自查，暂停部分票据业务操作，对市场造成不小的流动性压力。

分析指出，票据是中小银行融资的主要工具之一，如果大行对票据业务风险管控更加严格，可能一定程度上削弱想小银行利用票据融资的能力，进而加剧中小银行的资金紧张。此外，如果票据利率持续上升超过债券利率，则又变成对银行更有吸引力的资产，进而压缩银行对债券的需求。

《21 世纪经济报道》称，涉事银行存放在库中的票据在到期前被中介转卖给了另外一家银行。到期后钱并没有到账，并且库中的票据被换成了报纸。不过，这一细节并未得到相关部门核实。

资料来源：搜狐财经（http：//business. sohu. com/20160122/n435445563. shtml）

思考：商业银行怎样降低或防范操作风险？

第11章 市场风险管理

知识目标

1. 了解市场风险的定义及分类、市场风险的度量方法
2. 熟悉利率风险的定义、成因
3. 理解和掌握利率风险的度量方法
4. 理解和掌握利率风险的管理方法
5. 熟悉外汇风险的定义及类型
6. 理解并分析汇率风险产生的原因
7. 掌握外汇风险的管理方法

技能目标

1. 能熟练运用市场风险的度量方法，尤其懂得利率风险和外汇风险的度量
2. 能解释利率风险和外汇风险产生的原因
3. 掌握利率风险和外汇风险管理的方法

能力目标

1. 能分析企业面临的利率风险和外汇风险
2. 把握相关市场风险的管理方法

导入案例

2015年注定是中国股市难忘的一年。从牛市起步到疯牛的形成，再到股灾爆发流动性完全丧失，监管当局出手救市后又遭人民币贬值预期打压，政府不得不全球安抚，这一切仅仅在半年多的时间内完成，如梦亦如幻。

中国股市2015年的起点注定了这一年的惊心动魄。在2014年的年末，由于券商股的疯狂上涨，市场结构变得非常不稳定。整个2014年12月和2015年1月，市场几乎是在剧烈振荡中度过的。之所以有这种剧烈振荡，是因为券商股的大幅上涨引发了市场狂热，伴随着杠杆资金的运用，券商股股价和指数的波动率急剧扩大。这本就是一个警示信号，但整个市场包括各类媒体都没有对此引起足够的重视。甚至还有官方媒体鼓吹大牛市的起点。

造成这种局面的深层次原因，是由于传统经济的不景气，银行收缩信贷，无风险收益

率持续下滑，央行主动或被动降息，但无益于信贷等传统方式融资规模的提升。似乎中国经济陷入了一个恶性循环。间接融资难以发力，直接融资就成了新的期盼。中国股市就是在这样一个宏观背景下被赋予了政治色彩。

为了营造一个能够帮助债务问题缓解和经济转型的大牛市，中国股市迎来了奔放的黄金时期。金融监管在金融创新的名义下完全丧失，金融创新的快速推进又夹杂着浓厚的草莽色彩。证券这个利益链上所有人都摩拳擦掌跃跃欲试，监管的放松令大家乐于承担更多的风险，以获取更多的利益，不仅从股价的上涨中，还从市场的功能上。券商融资补充资本金投向创新业务，业务线各种积极推进，甚至银行也通过各种方式绕开各种限制、以看似合规的方式参与到了股市之中，民间资金更是肆无忌惮的直接或间接入市。一时间，中国股市的杠杆率急升，推动了 1 月份剧烈振荡后急不可耐的疯牛形成。

疯狂的上涨总有尽头，尽管人们并不知道它何时到来。在狂热情绪中，许许多多的风险信号被人有意无意的忽视。比如高风险偏好的资金已经大规模入市，而市场还在憧憬资产配置的大转移。比如机构和投资者净多仓位大规模提升，几乎买完了市场上的流动性，还在指望更多场外资金的入市。比如当市场波动率再一次显著持续的上升时，没有人意识到这意味着流动性出了问题。直到大部分人尽可能加足杠杆站在山峰上时，才开始有人意识到自己的脚下好像已经没有太多人了。

有些投资者在狂热的情绪中对流动性风险置若罔闻，认为以当时指数顶峰时的成交额并不会出现流动性问题，且相信有股指期货的做空就不怕现货兑现不了。但这无法解释为什么市场波动率的急剧上升。波动率的急剧上升其实意味着，市场参与者为了买入或卖出股票，需要支付更多的溢价，而这些溢价隐含的就是流动性风险。

但总归有一部分市场参与者意识到了风险的存在，并开始偷偷缩减自己在股市中的头寸。其中最为领先的可能就是银行。在上证综指接近 5000 点时，已经开始有银行控制向股市投入的杠杆资金。随后，监管层似乎意识到了疯牛不符合自己的工作开展计划，可能在一轮牛熊闪电形成后新股发行规模还未顺利持续的提升，于是着手风险控制。有些有意进行资本运作的集团高管也会发现，自己旗下上市公司市值太高，阻碍了资产评估和增加股权激励风险。当这些市场参与者渐渐清醒时，却发现稍有退却就会引发杠杆疯牛像多米诺骨牌一样排山倒海式的倾覆。

中国股市“疯牛”的重要原因之一是杠杆的过度运用，中国股市“闪电熊”的重要原因之一也是杠杆的过度运用。极高水平的杠杆是一把“双刃剑”。于是就在一瞬间，股灾从天而降，演变到最后就成了所有人为了逃出市场，不计成本的抛售股票，在股灾最极端的情况下，市场大部分股票都是无量跌停，并持续了数日。

极端的疯牛引来了极端的闪电熊，极端的股灾引来了极端的救市。救市是不得已而为之，因为各方利益牵涉其中，若不救市就可能引发系统性金融风险。要知道，在股灾爆发时，市场中到底有多少杠杆资金，牵涉到多少金融机构，监管层和市场似乎一样心里没有底。最后证金公司筹得资金直接入市扫货，连同券商基金一起锁仓自救，再加上上市公司有史以来最大规模的停牌潮以及之后大规模的增持，甚至对恶意做空出动了暴力机关，促成了代表着政府意愿的资金对股市全面控盘。股灾算是告一段落。

随之而来的是金融监管的一百八十度转变，从金融管制的极度放松到金融管制的极度收紧。这是特殊时期的特殊措施。极端的特殊措施拯救了市场，却也对市场造成了伤害。很多原本行之有效的资本运作模式和投资手段被摧毁，市场的价值体系混乱接近崩溃，迫使不少投资者或更谨慎看待市场，或干脆离开市场一段时间。

股灾结束了，然而市场余震还没消散。因中国股市崩溃引发的全球投资者对中国经济、金融市场的不信任逐渐形成，当资金离开股市时，还有大量资金开始逃离中国，这造成了人民币兑美元的贬值压力释放。当中国央行迫于全球渐起的货币竞争性贬值形势，不得已一次性大幅下调人民币兑美元中间价后，8 月下旬开始，中国股市经历了又一波大幅下挫。

这次余震对中国的警示意义其实高于股灾，因为它直接触动了中国最敏感的神经——资金逃离。此时中国政府和央行正式出面，在全球进行安抚工作，传达人民币没有持续贬值的风险。中国央行为了改变全球投资者对人民币的看法，借助金融机构之手入市承接人民币，算是修正了之前一次性贬值所带来的影响。中国政府和央行的努力短期看来行之有效，人民币汇率不但被稳定住，甚至出现了明显反弹，还有全球各色重要人物表示对中国有信心。之后金融当局加强了中国资金非法出入的查处和监管，地下钱庄也被大规模冲击。

中国政府依然需要中国股市为经济提供融资功能，之前高杠杆的疯牛有百害而无一利，于是牛还是牛但模式被引导到了慢牛，至少现在看起来如此。在一系列升级的各种手段管控后，股灾时不得已推出的管制措施如今正慢慢退出。

2015 年末的 IPO 重启标志着中国股市的重置。2016 年中国股市将继续肩负重任，在政府和监管当局的引航下，小心翼翼亦步亦趋的前行。2015 年令人窒息的疯狂和恐惧或许短期内不会重现，但必会是每一个市场参与者挥之不去的记忆。

资料来源：凤凰国际（http：//finance. ifeng. com/a/20151127/14095937 _ 0. shtml）

讨论题：

1. 这是什么风险？

2. 请在目前中国金融市场环境当中，为这种风险设计一套管理方案。

第一节 市场风险概述

近年来，随着全球金融一体化进程的加快，以及金融资产市场化、可交易化程度的不断加深，金融机构的市场交易活动引起金融监管者和市场分析师的广泛关注。特别是 21 世纪以来，金融创新和金融衍生品的发展使得市场风险的破坏力日趋显现。在 2008 年的全球金融危机中，市场风险对大批金融机构的破产起到了推波助澜的作用。因此，如何衡量和监管金融机构的市场风险成为学术界和实务界广泛关注的重点。

一、市场风险的定义及分类

自 20 世纪 70 年代布雷顿森林体系崩溃以来，由于国际金融市场利率、汇率波动的加剧，金融市场风险已成为各类金融机构无法回避而必须面对的基础性风险。同时，其他各种金融风险事件的背后，时常能发现金融市场风险的影子，金融市场风险往往还是其他金融风险的驱动因素。因此，对金融市场风险的认识和考察，极为重要。

所谓金融市场风险（financial market risk），是指由于金融市场变量的变化或波动而引起的资产组合未来收益的不确定性。其中，金融市场变量也被称为市场风险因子（market risk fact），主要包含股票价格、汇率、利率及衍生品价格等等。所以金融市场风险也常被称为金融资产价格风险。

根据金融市场风险不同的驱动因素或者不同类型的市场风险因子，可以把市场风险进一步划分为利率风险、汇率风险、证券价格风险、购买力风险等。①

（一）利率风险

利率风险（interest rate risk）是指由于利率水平的变动而引起行为主体未来收益变化的不确定性。一般而言，利率上升会导致证券价格下降，利率下降会导致证券价格上升。在利率水平变动幅度相同的情况下，长期证券比短期证券的价格变动率更大。

（二）汇率风险

汇率风险（exchange rate risk）是指由于汇率的变动而导致行为主体未来收益变化的不确定性。

（三）证券价格风险

证券价格风险（securities price risk）是指证券价格的不确定变化而导致行为主体未来收益变化的不确定性。导致证券价格变动的因素很多，包括政治因素、经济因素、社会因素、心理因素等等。

（四）购买力风险

购买力风险（purchasing power risk）又称通货膨胀风险，是指由于一般物价水平的变动而导致行为主体未来收益变化的不确定性。购买力风险会造成单位货币购买力下降，也会导致实际收益率的潜在变动，并对经济主体的经营行为产生影响。

二、市场风险的度量方法

市场风险管理是当今金融机构风险控制部分管理的核心内容之一，理论研究者和风险管理人员一直致力于建立准确可靠的度量模型。商业银行、投资银行、保险公司和共同基金等金融机构开发和使用的市场风险衡量方法主要有三种：风险度量法、历史或向后模拟法和蒙特卡罗模拟法。

（一）风险度量法

风险度量（Risk Metrics）模型是由 J·P·Morgan 建立的基于 VaR（Value at Risk，在险价值）概念的第一个全面市场风险度量模型。模型首先假设影响资产价值的内在因素是一个正态分布的随机变量，通过构造一定的置信区间，就可以得到每天在某个确定性的

---

①在金融风险管理中，我们不可能完全把金融市场风险类型一一分离出来，现实中影响资产组合的风险因子往往很多，但有些影响因素并非是金融市场中的价格。例如，期权标的资产的波动率就不是金融市场中的一个价格，但我们可以把它当作风险因子来处理。

置信水平下，资产价值波动可以导致的投资者面临的最坏情况。每天的最坏情况即单日的市场风险。在假设影响资产价值的内在因素，例如收益率等的冲击是独立的，不存在自相关，而且每天的波动性大致保持不变。那么，就可以测量大于一天期限的风险敞口（例如5天）。

因此，风险度量法是VaR方法的运用，它假设影响资产价值的内在因素是正态分布的，而且每天的内在因素冲击是独立的，大体保持不变。

（二）历史模拟法

历史模拟法（Back/Historic Simulation Approach）是一个简单的、非理论的方法，有些金融商品不易取得完整的历史交易资料，此时可以借由搜集此金融商品之风险因子计算过去一段时间内的资产组合风险收益的频率分布，通过找到历史资料求出其报酬率，然后搭配目前持有资产的投资组合部位，则可以重新建构资产价值的历史损益分配，然后对资料期间之每一交易日重复分析步骤，如果历史变化重复时，则可以重新建构资产组合未来报酬的损益分配。历史模拟法不必假设风险因子的报酬率必须符合常态分布。

（三）蒙特卡罗模拟法

蒙特卡罗模拟法（Monte Carlo method）也叫随机模拟法，它首先对影响资产价值的风险因子（例如资产收益率）选择一个随机过程，根据所选择的随机过程生成一个伪随机变量序列，代表在目标时间范围内风险因子的取值结果，根据每个风险因子结果，测算对应的资产组合的价值。不断重复上述步骤，得到一系列的投资组合价值，根据这些投资组合的价值分布，就可以得到对应的VaR。

可以看出，上述三种方法都是将VaR运用到风险管理中，区别就在于风险因子的假设不同：风险度量法是依赖假设风险因子为正态分布得到VaR；历史模拟法是依赖历史数据得到；而蒙特卡罗模拟法是通过假设随机过程模拟得到。

第二节　利率风险管理

利率风险是金融机构所面临的主要风险之一。20世纪70年代以前，由于大多数西方国家对利率实行严格管制，长时期利率相对稳定。因此，利率风险并没有受到监管当局和金融机构的重视。然而，随着20世纪80年代世界宏观经济形势的巨大变化，西方各国相继放松或取消了对利率的管制，这样利率便逐渐成为影响金融机构经营与利润的一个核心因素。如何识别、测定和管理利率风险也成为金融机构日常管理的一个重要内容。

一、利率风险的识别

1997年9月，巴塞尔银行监管委员会发布了一份关于利率风险管理原则的文件——《利率风险管理与监管原则》，这是该委员会致力于处理国际银行监管问题工作的一部分。利率风险是指利率的不利变动给银行财务状况带来的风险。对银行来说，承受这种风险是正常的，它可以成为创造利润与股东价值的重要来源。然而，过度的利率风险会对银行的收益和资本构成严重威胁。利率的变化将改变银行的净利息收入和其他利率敏感性收入与营运支出，从而影响到银行的收益。利率的变化还将影响到银行资产、负债和表外工具的内在价值，因为未来现金流的现值（有时还包括现金流本身）也随利率变动。因此，按照审慎原则，对利率风险加以有效管理，对于银行的安全与稳健是相当重要的。

（一）利率风险的形式

银行通常面临的利率风险的主要形式，包括重新定价风险、收益率曲线风险、基准风险和期权性风险。

1. 重新定价风险

作为金融中介机构，银行会遇到多种利率风险，其中最主要、最常见的利率风险源于银行资产、负债和表外业务中到期日（就固定利率而言）与重新定价（就浮动利率而言）的实施时间差。虽然此类重新定价的错配对银行业务十分重要，但利率变动时，他们会给银行的收入和内在经济价值带来意外波动。例如，如果银行以短期存款作为固定利率长期贷款的融资来源，一旦利率上升，银行就将面临由此带来的未来收入的减少与内在价值的降低。这是由于在贷款期限内，其现金流是固定的，而融资的利息支出却是可变的，在短期存款到期后会增加。

2. 收益率曲线风险

重新定价的错配也会影响银行收益率曲线的斜率与形状。当收益率曲线的意外移位对银行的收入或内在经济价值产生不利影响时，就形成了收益率曲线风险。举例来说，假设以 5 年期政府债券的空头为 10 年期政府债券的多头进行保值，那么，如果收益率曲线变陡的话，即便已经对收益率曲线上的平行变动作了保值，该多头的 10 年期债券的内在经济价值也会骤然下降。

3. 基准风险

另一种重要的利率风险（通常称之为基准风险）来自于：对重新定价特征相似的不同工具进行利息收支调整时，会出现的不完全对称的情况。利率变动时，这些差异会给到期日和重新定价频率相似的资产、负债和表外业务之间的现金流及收益利差带来意外的变化。假如一家金融机构用 1 年期存款提供一笔 1 年期贷款，贷款按照 1 个月美国国库券利率每月重新定价一次，同时 1 年期存款按照 1 个月伦敦同业拆借市场利率每月重新定价一次。在这种情况下，该机构就面临着两种基准利率的利差发生意外变化的基准风险。

4. 期权性风险

另外一种越来越重要的利率风险，来自于很多银行资产、负债和表外业务中所包含的期权。一般而言，期权赋予其持有者买入、卖出或以某种方式改变某一工具或金融合同的现金流量的权利，而非义务。期权可以是单独的工具，例如场内（交易所）交易期权和场外合同，也可以包含于其他标准化工具之中。虽然银行在交易与非交易账户上都使用场内和场外期权，但包含期权的工具通常是在非交易业务中使用。它们包括含有择购或择售条款的各类长期与中短期债券、允许借款人提前还款的贷款和允许存款人随时提款而通常不收任何罚金的各种无期限存款工具。如果不加以有效管理的话，此类期权性工具会由于其不对称的支付特征，而给卖主带来极高的风险，因为无论是直接的还是内含的期权，一般都是在对持有人有利而对卖主不利时才得以执行。更有甚者，如今越来越多的期权品种带有极高的杠杆效应，这会进一步扩大期权头寸对公司财务状况的影响（包括有利和不利影响）。

案例 11－1

美国储贷协会危机

美国的储贷协会是一个由储户参与，为单户住宅提供抵押贷款的融资机构。储贷协会在美国相当发达，行业资产总额曾在 80 年代初期一度逼近商业银行的 40％，住宅抵押贷款的市场份额达到商业银行的 2 倍之多，是美国金融市场的重要力量。储贷协会资产负债业务的主要惯例是：以 20 年至 30 年的住宅抵押和固定利率来发放贷款，并以短期存款作为自己的资金来源，利率有固定的亦有浮动的。20 世纪 70 年代美国利率市场化，1986 年取消利率管制 Q 条例。储贷协会的长期固定利率抵押贷款在利率市场化中出现资产负债期限和利率不匹配，利率上升和金融创新加剧竞争，使其筹资成本大幅上升，出现利率逆差。1982 年一半储贷协会丧失偿付能力，80％面临亏损，挤兑风潮迅速蔓延。危机一直持续到 90 年代初，美国储蓄保险基金损失殆尽，政府最终以 1500 亿美元的代价才基本平息了这场危机。

资料来源：根据百度百科整理

案例 11－2

长期资本管理公司危机

长期资本管理公司曾被基金界誉为“梦幻组合”。在 1994 年到 1997 年间的业绩辉煌而诱人，资产净值由 12.5 亿美元迅速上升到 48 亿美元，各年的投资回报率依次为 28.5％、42.8％、40.8％和 17％。LTCM 所依赖的战略和秘密武器分别是“相对价值论”和“交易模型”，认为在任何两类相似的金融工具之间，都会存在着某种正常的关系。如果这种关系被打破，可以预计经过一段时间它们还会恢复到原来的状态。在这一理论的指导下，LTCM 通过计算机编制出复杂的“交易模型”，在金融市场上寻找他们认为“不正常”的关系。买入“低估”的金融产品，同时卖空“高估”的金融产品。

1998 年，LTCM 认为公司债券与房屋抵押债券的利率已高出国库券的利率很多，它们之间的差别超出了正常的范围，于是便开始大量卖空国库券，同时买进其他被“低估”了的债券。由于猜测 1999 年 1 月 1 日启动的欧元会使得各国政府债券的回报率变得相同，LTCM 买入了价格较低的意大利政府债券，而卖空价格较高的德国政府债券。

然而由于受俄罗斯金融危机的影响，人们担心公司获利减少，纷纷卖出公司债券和房屋抵押债券，抢购国库券；与此同时，安全性较高的德国政府债券受到青睐，而意大利政府债券价格迅速下跌。在这种情况下，LTCM 买进和卖空的债券由于两边都与市场的方向相反而损失惨重。从 5 月俄罗斯金融风暴到 9 月全面溃败，短短的 150 天长期资本管理公司资产净值下降 90％，出现 43 亿美元巨额亏损，走到了破产边缘。9 月 23 日，美联储出面组织安排，以美林、摩根为首的 15 家国际性金融机构注资 37.25 亿美元购买了 LTCM 的 90％股权，共同接管了该公司，从而避免了它倒闭的厄运。

资料来源：根据百度百科整理

（二）利率风险的成因分析

利率是金融市场上资金的时间价值，是连接货币因素与实际经济因素的中介变量。在金融市场上，利率水平的高低一般来讲主要受到以下四个因素的影响：一是资本的收益率；二是通货膨胀率；三是消费的时间偏好；四是政府的宏观经济政策。具体而言，导致利率风险的具体原因如下：

1. 利率水平的预测和控制具有很大的不稳定性

从金融机构自身来看，它对自己的产品具有定价能力，也就是说它能确定本机构的筹资成本和贷款收益，但它的定价水平能否被市场接受，则取决于其能否与市场利率保持一致。如果其筹资成本低于市场利率水平，或贷款利率高于市场利率水平，那么其定价是很难行得通的。因此，它的定价能力是受到限制的，必须考虑市场利率水平，并与市场利率保持一致。当然，公司可以通过预测利率变化来对自己的产品定价，但是在市场化利率体系下，市场利率是不断变化的，其变化是由多种因素（如资金供求状况、物价水平、经济运行周期、社会平均利润率）决定的。所以公司在预测和控制利率水平时面临许多不确定因素，要准确预测有很大困难。

2. 金融机构的资产负债具有期限结构的不对称性

金融机构通常是以较低成本的中短期负债来支持收益较高的中长期资产，通过两种利率水平的差额来取得收益。但由于利率水平处于不断变化之中，利率风险也常常伴随着公司。如贷款发放以后，利率水平上涨，公司不得不为以后的存款付出更高的成本，而原来发放贷款的利率水平却有可能太低，使银行入不敷出，经营难以维持。

3. 利率计算具有不确定性

为了避免利率的变化在结构不对称的负债和资产方引起失衡，金融机构也在不断发展和完善利率定价技术，主要是通过引入浮动利率定价机制来减少利率风险，但这只能在一定程度上降低利率风险，并不能完全消除利率风险。这是因为，消除利率风险的一个假设前提是利率是可控制的，具有可测性。而实际上，在市场利率体系下，利率是一个内生变量，是不可控的。因此，通过计算得出的利率水平与实际利率变化经常不一致。存贷利率定价方法不匹配也会造成金融机构的风险。如在利率下跌时，以高水平的固定利率吸收存款，以浮动利率发放贷款；或者在利率上升时，以浮动利率吸收存款，以固定利率发放贷款，都会导致公司经营成本过高，甚至亏损，引发危机。

4. 为保持流动性而导致利率风险

为了保证一定的流动性，金融机构通常需要持有相当于其总资产20%～30%的有价证券，以满足随时出现的支付需要。为了保持证券价格的稳定，金融机构一般倾向于持有流动性较强的短期证券或易于被市场接受的政府债券。短期证券主要是国库券、短期公司债、短期商业票据等，其利率一般是固定的，因此它们的市场价格随着市场短期利率水平反向变化，公式为

$$\text{短期证券价格} = \sum_{i=1}^{n} \frac{b+R}{(1+r)^i} + \frac{p}{(1+r)^n} \tag{11-1}$$

式中，b 为红利；R 为利息；p 为本金；i 为短期证券的期限（计息次数）；r 为短期市场利率；$1/(1+r)^i$ 为第 i 期的折现系数。

利率通过流动性渠道引发风险主要表现在两个方面：一是当市场利率较高时，证券价格会下降，由于折现系数变小，短期证券的现值就越低，流动性风险也就越大；二是在利率大幅波动时期，无论是固定利率的短期证券还是易于被市场接受的政府债券，其价格都会随市场剧烈震荡而受到影响。在这种情况下，公司持有的证券很难以令人满意的价格及时变现。然而，为了应付流动性需要，公司又不得不出售这些证券，从而造成收益下降或者亏损。

5. 以防范信用风险为目标的利率定价机制具有逆向选择风险

一般认为，高利率具有遏制贷款需求的功能，公司在对贷款定价时，也即确定利率水平时，主要根据借款人的资信、借款期限、贷款项目等因素来确定某一笔贷款的价格，借款人资信程度高、期限短、还款有保证，贷款的利率水平就低；反之，贷款利率则高。对于有信誉的借款人来说，在借款时就必须要考虑未来还款付息的承受能力问题。如果利率水平高于其承受能力，这样的贷款一般是不会被接受的，因为这可能会产生到期的支付问题。对于银行来说，这笔贷款虽然没有放出去，但也避免了由此可能产生的不良贷款问题。因此，高利率被认为具有防范不良贷款的功能。但这一规则并不适用于那些有道德风险倾向的借款人，对于他们来说，借款之时就存有赖账动机。因此高利率并不能阻碍他们对于银行的贷款需求，反而只会使那些本来具有资格的借款人退出，使得那些有道德风险的人最终获得贷款，从而增大了公司的风险。这就是所谓的“逆向选择风险”。

6. 金融机构的非利息收入业务对利率变化也越来越敏感

在20世纪80年代以前，金融机构的收益主要来自传统的净利息收入，但随着公司新业务的不断拓展，如开展贷款管理服务和资产证券化、表外业务等业务种类，金融机构的手续费和其他非利息收入迅速增加。在一些大的银行，这些非利息收入甚至超过了传统的净利息收入。这些非利息收入类业务对市场利率的变动也十分敏感，会受到利率风险的影响。如一些公司为不动产抵押贷款组合提供收取本息和贷款管理服务，并按其管理的资产总额收费。当利率下降时该机构同样会由于许多不动产抵押贷款提前还款而导致服务费收入的减少。

二、利率风险的度量

（一）灵敏度方法

灵敏度方法（sensitivity measures）最早应用在利率风险的度量上，主要用于利率敏感性分析。灵敏度方法的基本思想可以归结如下：

我们可以根据定价理论和方法先将资产组合的价值映射为一些市场风险因子的函数，并给出函数的具体表达形式。于是，假设资产组合的价值为P，收到n个市场风险因子x_i（$i=1, 2, \cdots, n$）的影响，利用定价理论可得到的资产组合价值关于市场风险因子的映射关系为$P=(t, x_1, \cdots, x_n)$，再利用Taylor展式近似地得到资产组合价值随市场因子变化的二阶形式，即

$$\Delta P = \frac{\partial P}{\partial t}\Delta t + \sum_{i=1}^{n} \frac{\partial P}{\partial x_i}\Delta x_i + \frac{1}{2}\sum_{i,j=1}^{n} \frac{\partial^2 P}{\partial x_i \partial x_j}\Delta x_i \Delta x_j$$

$$\Delta P = P(t+\Delta t, x_1+\Delta x_1, x_2+\Delta x_2, \cdots, x_n+\Delta x_n) - P(t, x_1, x_2, \cdots, x_n) \quad (11\text{-}2)$$

式中，$\Delta P = P(t+\Delta t_1, x_1+\Delta x_2+, \cdots, x_n+\Delta x_n) - P(t, x_1, x_2, \cdots, x_n)$，$\Delta x_i$表示市场风险因子$x_i$的变化，$\overline{\partial t}$表示资产组合对时间$t$的灵敏系数，$\partial x_i$和$\partial x_i^t$分别表示资产组合对风险

因子 x_i 的一阶和二阶灵敏度，$i=1,\cdots,n$ 。

1. 简单缺口模型

简单缺口模型（simple gap model）主要考察经营者所持有的各种金融产品的缺口或净暴露情况以及市场因子变动的幅度。一般地，当某种市场因子发生变动时，可以将经营者一定时期内持有的全部金融产品大体分为两类：一类是有可能获得额外收益的产品，该类产品的暴露称为正暴露；另一类是有可能遭受损失的产品，该类产品的暴露称为负暴露。正暴露和负暴露相比，用缺口或净暴露考察金融风险更为全面些。缺口或净暴露越大，意味着经营者面临的风险越大，反之则反是。

简单缺口模型主要适用于汇率、利率、证券与衍生品等风险的度量。当人们只要粗略地估计金融风险时，会经常运用简单缺口模型。但是，该模型没有考虑期限对风险的影响，或者说没有考虑正暴露和负暴露的期限结构对风险的影响。于是，人们又进一步提出了利率敏感性缺口模型（rate-sensitive gap model）或到期日（maturity date）缺口模型。

2. 到期日缺口模型或利率敏感性缺口模型

经营者可能有许多种资产或负债，在给定时期内，有些资产和负债会到期，有些可能需要重新定价，我们将其称为对应于该给定时期的敏感性资产组合 RSA（rate-sensitive assets）或敏感性负债 RSL（rate-sensitive liabilities)。各个金融机构对时间区间的认定可能存在差别，产品小、规模小的机构一般取 1 年为标准，而产品多、规模大的机构往往需要根据产品的数量、类型、交易频度、期限等实际情况设计出一系列的时间区，例如将 1 年划分为 1 至 5 天、5 至 10 天、10 天至 1 个月、1 至 3 个月、3 至 6 个月、6 至 12 个月等时间区间，再确定每个时间区间内到期或需要重新定价的资产和负债的数额。每个时间区间敏感性资产组合和敏感性负债之差，称为敏感性缺口 RSG（rate-sensitive gap)。

利率敏感性缺口可分为三种情况，即正缺口、负缺口和零缺口。正缺口是指利率敏感性资产总量大于利率敏感性负债，为资产敏感型缺口，此时，市场利率下降会导致银行的净利息收入下降。在这种情况下，当利率上升，公司对敏感性金融资产负债重新定价后，由敏感性资产带来的收入增长幅度要大于敏感性负债带来的支出增长幅度，从而使公司的净收入增加，赢利水平相应提高；当利率水平下降时，公司对敏感性金融资产负债重新定价后，敏感性资产的收入和敏感性负债的支出都会减少，但前者下降的数额要大于后者，因此公司净收入将会减少，赢利水平也会下降。

负缺口是指利率敏感性资产总量小于利率敏感性负债，即负债敏感型缺口，此时，市场利率上升会导致银行的净利息收入下降。在这种情况下，当利率上升，公司对敏感性金融资产负债重新定价后，由敏感性资产带来的收入增长幅度要小于敏感性负债带来的支出增加幅度，公司净收入将会下降；当利率水平下降时，敏感性资产的收入和敏感性负债的支出都会减少，但前者下降的数额要小于后者，公司净收入反而会比以前有所增加，赢利水平也会相应提高。

零缺口是指利率敏感性资产总量等于利率敏感性负债总量。在这种情况下，无论利率水平如何变化，由于资产收入和负债支出水平将发生同等规模的变化，因此，利率变化将不会引发公司净收入的变化。

一般来说，银行敏感性缺口绝对值越大，银行所承担的利率风险也就越大：当然如果银行对利率走势预测准确的话，缺口越大，收益越大。

所谓到期日缺口模型，就是先根据资产负债的结构情况，将考察期划分成相应的时间区间，在每个时间区间上得到敏感性缺口，加总考察期内所有时间区间的敏感性缺口，就可得到敏感性总缺口 GRSG（general rate—sensitive gap）；再根据某市场因子的变动幅度 ΔR，我们可以得到经营者所面临的收入变化，即 GRSG×ΔR，并据此度量经营者所面临的金融风险。

表 11-1 利率敏感性缺口、利率变化和净利息收入变化之间的关系

	利率敏感性 缺口	利率变化方向	利息收入变化	利息支出变化	净利息收入变化
正缺口	>0	上升	增加	增加	增加
	>0	降低	减少	减少	减少
负缺口	<0	上升	增加	增加	减少
	<0	降低	减少	减少	增加

尽管缺口分析是评估利率风险时常用的方法，但它仍然有许多不足。首先，缺口分析没有考虑一个时段中各种头寸特点的差异。尤其是，它假定给定时段中所有头寸均同时到期或重新定价。这一简化做法可能会随着一个时段中加总程度的提高，而严重影响估值的精确性。其次，缺口分析忽视了因市场利率水平变化而导致的不同利率利差的变化（基准风险）。此外，它没有考虑因为利率环境变化而可能引发的支付时间的变化。因此，它不能解释与期权有关的头寸导致的收入敏感性差异。由于上述原因，缺口分析仅仅是对选定的利率变动导致的净利息收入的实际变动做出的粗略估测。最后，大多数缺口分析未能反映非利息收支的变动情况，而这种变动是当期收入的一个潜在而重要的风险来源。

3. 久期与凸性

到期日缺口模型尽管考虑了期限的影响，但只考虑了资产和负债名义到期日的本息偿还情况，而忽视了到期前可能需要支付的现金流。1938 年，麦考利（F・R・Macaulay）提出的久期概念更好地解决了上述问题。

（1）久期的定义

久期是以未来时间发生的现金流，按照目前的收益率折现成现值，再用每笔现值乘以现在距离该笔现金流发生时间点的时间年限，然后进行求和，以这个总和除以债券目前的价格得到的数值。概括来说，久期就是债券各期现金流支付所需时间的加权平均值。公式如下：

$$D=\frac{\sum_{t=1}^{T}t\times\frac{C_t}{(1+y)^t}}{\sum_{t=1}^{T}\frac{C_t}{(1+y)^t}} \tag{11-3}$$

式中，T 为到期日，i 为债券息票率，第 t 期期末现金流为 C_t，y 为贴现率。

久期（持续期）的大小反映了金融资产价格对利率变化的敏感程度，其导数的定义式表示如下面公式所示：

$$D = -\frac{\frac{\mathrm{d}p}{p}}{\frac{\mathrm{d}y}{1+y}} \tag{11-4}$$

该公式也可近似表达为：

$$D = -\frac{\frac{\Delta p}{P}}{\frac{\Delta y}{1+y}} \tag{11-5}$$

通常将 $D/(1+y)$ 界定为修正久期，表示的是收益率曲线平移一个单位引起的债券价格变化的百分比。

从形式上看，久期是一个时间概念，其表示资产在未来产生现金流的时间加权平均数，其权重就是当期现金流现值在总现值中所占的比例。因此，久期反映了资产暴露在利率风险中的平均时间长短，久期越大，资产暴露在利率风险中的平均时间越长，风险越大；反之亦反。从实质上看，久期是一个弹性概念，其表示资产价格的利率弹性。

(2) 久期定理

定理一：只有零息债券的马考勒久期等于它们的到期时间。

定理二：直接债券的马考勒久期小于或等于它们的到期时间。

定理三：统一公债的马考勒久期等于 $(1+1/y)$，其中 y 是计算现值采用的贴现率。

定理四：在到期时间相同的条件下，息票率越高，久期越短。

定理五：在息票率不变的条件下，到期时间越久，久期一般也越长。

定理六：在其他条件不变的情况下，债券的到期收益率越低，久期越长。

所有定理都可以根据久期的定义及息票债券的定价公式进行严格的数学证明，具体推导过程留给读者。

(3) 久期缺口模型

设 D_A 表示总资产的加权平均久期，D_L 表示总负债的加权平均久期，V_A 表示总资产的初始值，V_L 表示总负债的初始值。则当市场利率变动时，公司资产和负债的变化可由式(11-6)和式(11-7)表示：

$$\Delta V_A = -V_A \times D_A \times \frac{\Delta y}{1+y} \tag{11-6}$$

$$\Delta V_L = -V_L \times D_L \times \frac{\Delta y}{1+y} \tag{11-7}$$

上述两式表明，当市场利率 y 变动时，银行资产价值和负债价值的变动方向与市场利率的变动方向相反，而且银行资产与负债的久期越长，资产与负债价值变动的幅度越大，即利率风险越大。

久期分析（duration analysis）也称为持续期分析或期限弹性分析，是衡量利率变动对银行经济价值影响的一种方法。它是对各时段的缺口赋予相应的敏感性权重，得到加权缺口，然后对所有时段的加权缺口进行汇总，以此估算某一给定的小幅（通常小于1%）利率变动可能会对银行经济价值产生的影响（用经济价值变动的百分比表示）。各个时段的敏感性权重通常是由假定的利率变动乘以该时段头寸的假定平均久期来确定。利率变动时会对资产负债都产生影响。为此，我们使用有效久期缺口比较总资产和总负债的平均有效久期，从而分析利率变动对银行利率风险的综合作用。

$$DG = D_A - kD_L（其中 k 为资产负债率，为\frac{V_L}{V_A}） \tag{11-8}$$

当久期缺口为正时，资产平均久期大于负债平均久期与负债资产系数的乘积。如果利率下降，资产和负债的价值都会增加，但资产价值增加的幅度比负债大，银行市场价值将增加。反之，银行市场价值下降。久期缺口的绝对值越大，银行市场价值对利率变动越敏感，银行面临的利率风险越大。

与缺口分析相比，久期分析是一种更为先进的利率风险计量方法。缺口分析侧重于计量利率变动对银行短期收益的影响，而久期分析则能计量利率风险对银行经济价值的影响。但是久期分析仍然存在一定的局限性：第一，如果在计算敏感性权重时对每一时段使用平均久期，即采用标准久期分析法，久期分析仍然只能反映重新定价风险，不能反映基准风险，以及因利率和支付时间的不同而导致的头寸的实际利率敏感性差异，也不能很好地反映期权性风险。第二，对于利率的大幅变动（大于1%），由于头寸价格的变化与利率的变动无法近似为线性关系，因此，久期分析的结果就不再准确。

(4) 凸性

用久期来表示价格变动时，隐含的条件是价格与收益率之间的变动呈线性关系，然而实际上，二者之间往往存在着非线性关系。在现实生活中，债券价格变动率和到期收益率变动之间并不是线性关系，持续期只不过是用线性关系进行近似估计。在收益率变动较小，或者利率期限结构平行移动时，这种近似比较准确，如果收益变动比较大，或者利率期限结构发生了非平行移动，一阶近似就会产生比较大的误差，此时就需要进行二阶项的调整。这个二阶项就是凸性。凸性衡量了曲线的弯曲程度，表示价格收益率曲线的斜率的变化。这里就不再进行公式的推导了，感兴趣的同学可以去参考相关书籍。

凸性具有如下性质：

性质1：对于息票债券而言，凸性总是正的。

性质2：收益率和久期给定时，息票率越大，债券的凸性就越大。

性质3：通常债券的期限越长，债券的凸性越大，并且债券凸性增加的速度随到期期限的增加越来越快。

性质4：债券组合的凸性是组合内各种债券凸性的加权平均。

4. β系数和风险因子敏感系数

久期和凸性主要用以测度债券价格对利率变化的敏感程度。β系数和风险因子敏感系数，主要反映证券收益率对证券所在市场以及其他因素变化的敏感程度。

(1) β系数

β系数是由 Sharpe（1964）等人提出的资本资产定价模型（CAPM）中给出的。CAPM模型表明，在证券市场处于均衡状态时，单个证券的超额期望收益率（也称风险升水）等于市场组合的超额期望收益率的β倍，即

$$E(r_i) - r_f = \beta_i(E(r_m) - r_f) \tag{11-9}$$

其中：$E(r_i)$ 表示证券 i 的期望收益率，$E(r_m)$ 表示市场组合的期望收益率，r_f 是无风

险收益率。

$$\beta_i = \frac{COV(r_i, r_m)}{Var(r_m)} \tag{11-10}$$

由于证券市场处于均衡状态时市场组合的非系统性风险为 0，所以 β_i 度量的是证券 i 的系统性风险。β_i 系数实际上反映了证券 i 的超额期望收益率对市场组合超额期望收益率的敏感性，因而是度量证券 i 的系统性风险的灵敏度指标。

β 系数具有一些很重要的特点：首先，β 系数既可以取正值，也可以取负值，当 β 系数取正值时，说明所考察的证券与市场组合的走势刚好一致。其次，当 β 系数的绝对值大于 1 时，说明所考察的证券的系统性风险大于市场组合；当 β 系数的绝对值等于 1 时，说明所考察的证券的系统性风险与市场组合相同；当 β 系数的绝对值小于 1 时，说明所考察的证券的系统性风险小于市场组合；当 β 系数为 0 时，说明所考察的证券的系统性风险为 0。再次，β 系数也满足可加性，也就是证券组合的 β 系数等于组合中每种证券 β 系数的加权平均，即

$$\beta_P = \sum_{i=1}^{n} \omega_i \beta_i \tag{11-11}$$

其中：β_P 是证券组合的 β 系数，β_i 是证券组合中第 i 个证券的 β 系数，ω_i 是第 i 个证券的价值占整个组合价值的比重。

（2）风险因子敏感系数

风险因子敏感系数来源于 Ross 于 1976 年提出的套利定价理论（APT），套利定价理论把单因素 CAPM 模型扩展成为多因素模型，因而是对 CAPM 模型的改进和推广。Ross 认为，证券收益率不会只受市场组合的影响，而可能会受诸如通货膨胀率、证券市场综合指数等许多因素的共同影响，并可以表示为这些“共同影响因素”的线性组合，即套利定价理论的一般形式为：

$$E(r_i) - r_f = \sum_{k=1}^{K} b_{ik} \lambda_k \tag{11-12}$$

上式表明，证券 i 的超额收益率同时受到 K 个风险溢价因子 λ_k（$k=1, \cdots, K$）的影响，系数 b_{ik} 就称为第 k 个风险溢价因子 λ_k 的风险因子敏感系数，表示证券 i 的超额收益率对风险溢价因子 λ_k 的灵敏度。风险因子敏感系数反映了某证券的收益率随其对应的影响因素变化的情况，因而可以度量出“共同影响因素”变动给该证券带来的风险。

（二）波动性方法

波动性方法（volatility measure）是用因市场风险因子的变化而导致的资产组合收益的波动程度来度量资产组合的市场风险。实际上，波动性方法就是统计学中方差或标准差的概念在风险度量中的应用，而方差或标准差描述的是随机变量的取值偏离其数学期望的程度。该部分知识点详见 Markowitz（1952 年）提出的运用方差（或标准差）度量风险的分析方法。

（三）VaR 方法

针对灵敏度方法、波动性方法的不足，J·P·Morgan 的风险管理人员于 1994 年提出了著名的 VaR 方法。所谓 VaR，就是指市场处于正常波动的状态下，对应于给定的置信

度水平，投资组合或资产组合在未来特定的一段时间内所遭受的最大可能损失。VaR 方法可以把不同风险因子及不同风险因子之间相互作用而引致的组合的整体市场风险用一个对应于给定置信水平的最大可能损失值反映出来，因此，该方法比较直观，易于理解，同时简便、实用、有效。

VaR 方法在金融风险度量、确定内部经济资本需求、设定风险限额、绩效评估以及金融监管等方面都有广泛运用，目前已成为金融风险度量特别是市场风险度量的主流方法。

1. 基本原理

风险价值是指在一定的持有期内，在给定的置信水平下，利率、汇率等市场风险因素发生变化给公司造成的潜在最大损失，可以表示为：

$$Prob\ (\Delta P < -VaR) = 1 - c \tag{11-13}$$

式中：$Prob$ 表示概率测度，$\Delta P = P(t+\Delta t) - P(t)$ 表示组合在未来持有期 Δt 内的损失（为负值），$P(t)$ 表示组合在当前时刻 t 的价值（下文常记为 P_0），c 为置信水平，VaR 为置信水平 c 下组合的风险价值（取正值）。

2. VaR 计算的参数选择

VaR 的计算涉及两个因素的选取：一是置信水平；二是持有期。一般来讲，风险价值随置信水平和持有期的增大而增加。置信水平越高，意味着在持有期内最大损失超出 VaR 的可能性越小，反之，可能性越大。关于置信水平的选取，应当视模型的用途而定。如果模型是用来决定与风险相对应的资本，置信水平应该取高；如果模型只是用于银行内部风险度量或不同市场风险的比较，置信水平的选取就并不重要。

关于持有期的选取，需要看模型的使用者是经营者还是监管者。如果模型的使用者是经营者自身，则时间间隔取决于其资产组合的特性。如果资产组合变动频繁，时间间隔应该短，反之，时间间隔就应该长。公司对交易账户一般每日计算 VaR，是因为其资产组合变动频繁；而养老基金往往以一个月为持有期，则是因为其资产组合变动不频繁。如果模型使用者是监管者，时间间隔取决于监管的成本和收益，时间间隔越短，从成本的角度讲，意味着监管越频繁，监管的成本就越高；从监管收益的角度讲，时间间隔越短，越有利于公司尽早发现问题，监管的收益越高：因此，时间间隔应选取监管成本等于监管收益的临界点。基于此，巴塞尔委员会要求：持有期为 10 个营业日；置信水平采用 99%的单尾置信区间；市场风险要素价格的历史观测期至少为 1 年；至少每 3 个月更新一次数据。

在确定 VaR 计算的两个参数后，模型使用者还需确定是采用绝对 VaR 还是采用相对 VaR，这主要看模型的使用者关注什么。如果关注的是资产价值可能遭受的绝对损失，则应该用绝对 VaR；如果关注的是资产价值偏离均值的相对损失，则应该用相对 VaR。在本书中并不具体地介绍 VaR 的计算方法，感兴趣的同学可以参考相关书籍。

三、利率风险的管理

所谓利率风险管理，是指商业银行为了控制利率风险并维持其净利息收入的稳定增长而对资产负债采取的积极管理方式。利率风险常常产生于资产和负债之间的成熟期差异，也产生于资产和负债之间的利率调整幅度差异。在 20 世纪 80 年代，利率风险管理的研究重点是利率变动对银行利差的影响。20 世纪 90 年代以来，由于银行资产的多样化及企融衍生工具的发展，利率风险管理的任务转向分析利率变动对银行资产、负债的市场价值及资本净值的影响。

（一）利率风险管理的必要性

1. 利率市场化与风险管理

由于国有商业银行利率内控机制不完善、国内资本有效配置机制尚未建立以及中国人民银行利率调控能力有待提高等原因，利率市场化改革进展比较缓慢。但我国利率市场化的程度已经较高，如各类债券利率、部分贷款利率以及大额存款利率事实上已经完全市场化。随着我国利率市场化改革的进一步推进，利率市场化的程度将进一步提高，利率水平及其结构的变动也将越来越频繁，商业银行也将面临越来越大的利率风险。相应地，商业银行利率风险管理的好坏将直接影响其经营业绩，从而反过来影响着中国人民银行利率市场化改革的步伐。

2. 资产负债管理与利率风险管理

从国外商业银行资产负债管理的实践看，资产负债管理的主要内容是利率风险管理、流动性风险管理和资产充足性风险管理，而且利率风险管理在资产负债管理中的地位已经越来越突出。1998 年，中国人民银行正式取消商业银行的信贷规模控制，全面推行资产负债比例管理和风险管理，尽管资产负债比例管理更为强调各项比例的监控，但随着利率市场化改革的逐步推进，我国商业银行内在的资产负债结构，决定了利率风险管理必将成为商业银行资产负债管理的重要内容。

3. 资本充足率监管与利率风险管理

商业银行面临的风险主要有：信用风险、流动性风险、汇率风险以及利率风险。1988 年 7 月，巴塞尔银行监管委员会发布了《关于统一资本衡量和资本标准的协议》（俗称巴塞尔协议），对商业银行资本比率、资本结构、各类资产的风险权数等方面作了统一规定，但在计算风险资本比率只考虑了商业银行面临的信用风险，而没有考虑到商业银行面临的利率风险、汇率风险等因素。1999 年 6 月，巴塞尔银行监管委员会发布了新的资本协议框架，新的资本协议框架在强调商业银行运用外部或内部评级结果来区分不同信用等级的信用风险、监当局的持续性监管和强化市场监督的同时，要求各国监管当局在计算商业银行资本充足率时要将利率风险考虑在内。

中国人民银行根据巴塞尔银行监管委员会的上述要求，制订了我国商业银行资本充足率的监管规则，已将其作为现场监管和非现场监管的主要指标。随着巴塞尔银行监管委员会新资本协议框架在我国的实施，中国人民银行在计算资本充足率时必然将商业银行面临的利率风险考虑进去，商业银行也必须重视利率风险管理。

（二）利率风险管理的方法

在利率预测和利率风险衡量的基础上进行利率风险管理主要有两大类：一类是传统的表内管理方法，通过增加（或减少）资产或负债的头寸，或者改变资产或负债的内部结构（例如构造免疫资产组合），达到控制利率风险的目的；另一类则是表外管理方法，主要是为现有资产负债头寸的暂时保值以及针对个别风险较大，或难以纳入金融机构利率风险衡量体系的某一类资产或负债业务，通过金融衍生工具等表外科目的安排来对其进行“套期保值”。

1. 缺口管理

缺口管理（gap management）就是通过调控利率敏感性资产和利率敏感性负债之间的差额，将风险暴露头寸降低到最低程度，以获取最大收益。它是公司防范利率风险，保证银行利差最大化的重要措施。其基本做法就是在对利率变动预测的基础上，随着利率变动，调整敏感性资产负债结构及计划期内的敏感性缺口的正负与大小。公司采用何种方式防范利率风险，取决于利率变动情况。即当利率上升时，采用正缺口管理方式；而当利率下降时，则采用负缺口管理方式。通过改变敏感性缺口的大小，公司可以达到利润最大化。

为了明确敏感性缺口在多大区间变动才能保证公司的收益率，下面的公式可以确定敏感性缺口的目标值：

$$\frac{\text{敏感性缺口目标值}}{\text{赢利敏感性资产}}=\text{利率差允许变动幅度}\times\frac{\text{利率差预期值}}{\text{利率变动预期值}} \tag{11-14}$$

缺口管理虽然比较常用，但也有不完善之处。首先，它没有考虑一个时期内各种头寸的不同特点，特别是它假定了所有头寸是同时到期或可以同时重新定价，这种简化方式会对计算结果的准确程度有很大影响；其次，它还忽略了不同头寸的利率差异以及由此产生的不同的现金流。尽管如此，缺口管理由于其简明适用，仍不失为利率管理常用的方法之一。

2. 久期管理

当市场利率 y 变动时，银行资产价值和负债价值的变动方向与市场利率的变动方向相反，而且银行资产与负债的久期越长，资产与负债价值变动的幅度越大，即利率风险越大。这样我们就可以根据久期分析（即不同久期缺口情况下利率变动对银行市场价值的影响）的结论，结合利率变动趋势预测，调整久期缺口，对公司市场价值进行管理，预防利率风险管理。

表 11-2 总结了不同久期缺口情况下利率变动对银行市场价值的影响。根据这个结论，就可以结合利率变动趋势预测，调整久期缺口，对金融机构市场价值进行管理，预防利率风险管理。当预测利率上升时，保持负久期缺口；当预测利率下降时，保持正久期缺口；并适时调整久期缺口，使公司价值增值最大化。

银行还可以对以上的标准久期管理进行改善，如可以不采用对每一时段头寸使用平均久期的做法，而是通过计算每项资产、负债和表外头寸的精确久期来计量市场利率变化所产生的影响，从而消除加总头寸/现金流量时可能产生的误差。另外，银行还可以采用有效久期分析法，即对不同的时段运用不同的权重，在特定的利率变化情况下，假想金融工具市场价值的实际百分比变化来设计各时段的风险权重，从而更好地反映市场利率的显著变动所导致的价格的非线性变化。银行也可以把久期和凸度结合起来，准确估计证券价格。

3. 远期利率协议

远期利率协议是协议双方约定在名义本金的基础上进行协议利率与参照利率差额支付的远期合约。协议利率为双方在合同中约定的固定利率，是对名义本金额的计息基础。签订该协议的双方同意，交易将来某个预先确定时间的短期利息支付。用以锁定利率和对冲风险暴露为目的的衍生工具之一。其中，远期利率协议的买方支付以合同利率计算的利息，卖方支付以参考利率计算的利息。

远期利率协议交易具有以下几个特点：一是具有极大的灵活性。作为一种场外交易工具，远期利率协议的合同条款可以根据客户的要求“量身定做”，以满足个性化需求；二是并不进行资金的实际借贷，尽管名义本金额可能很大，但由于只是对以名义本金计算的利息的差额进行支付，因此实际结算量可能很小；三是在结算日前不必事先支付任何费用，只在结算日发生一次利息差额的支付。金融机构使用远期利率协议（FRA）可以对未来期限的利率进行锁定，即对参考利率未来变动进行保值。

在 FRA 市场中，FRA 的买方是为了防止利率上升引起筹资成本上升的风险，风险，实质上是用 FRA 市场的盈亏抵补现货资金市场的风险，因此 FRA 具有预先决定筹资成本或预先决定投资报酬率的功能。

4. 利率期货

所谓利率期货是指以债券类证券为标的物的期货合约，它可以回避银行利率波动所引起的证券价格变动的风险。利率期货的种类繁多，分类方法也有多种。通常，按照合约标的的期限，利率期货可分为短期利率期货和长期利率期货两大类。

利率期货的主要功能如下：

一是价格发现。利率期货交易是以集中撮合竞价方式，产生未来不同到期月份的利率期货合约价格。同时，和绝大多数金融期货交易一样，利率期货价格一般领先于利率现货市场价格的变动，并有助于提高债券现货市场价格的信息含量，并通过套利交易，促进价格合理波动。

二是规避风险。投资者可以利用率期货来达到如下保值目的：

(1) 固定未来的贷款利率：利率期货合约可以用来固定从经营中所获得的现金流量的投资利率或预期债券利息收入的再投资率。

(2) 固定未来的借款利率：债券期货合约可以用来锁定某一浮动借款合同的变动利息支付部分。

三是资产优化。利率期货交易具有优化资金配置的功能，具体表现在以下几个方面：

(1) 降低交易成本，利率期货的多空双向交易制可以使投资者无论在债券价格涨跌时都可以获得，以避免资金在债券价格下跌时出现闲置。

(2) 利率期货可以方便投资者进行组合投资，从而提高交易地投资收益率。

(3) 提高资金使用效率，方便进行现金流管理。由于期货交易的杠杆效应能极大地提高资金使用效率，使得投资者建立同样金额头寸的速度要比现货市场快得多。

5. 利率期权

利率期权是一种与利率变化挂钩的期权，到期时以现金或者与利率相关的合约（如利率期货、利率远期或者政府债券）进行结算。最早在场外市场交易的利率期权是 1985 年推出的利率上限期权，当时银行向市场发行浮动利率票据，需要金融工具来规避利率风险。利率期权是指买方在支付了期权费后即取得在合约有效期内或到期时以一定的利率（价格）买入或卖出一定面额的利率工具的权利。利率期权合约通常以政府短期、中期、长期债券，欧洲美元债券，大面额可转让存单等利率工具为标的物。

利率期权是一项规避短期利率风险的有效工具。借款人通过买入一项利率期权，可以在利率水平向不利方向变化时得到保护，而在利率水平向有利方向变化时得益。利率期权有多种形式，常见的主要有利率上限、利率下限、利率上下限。

利率上限是客户与银行达成一项协议，双方确定一个利率上限水平，在此基础上，利率上限的卖方向买方承诺：在规定的期限内，如果市场参考利率高于协定的利率上限，则卖方向买方支付市场利率高于协定利率上限的差额部分；如果市场利率低于或等于协定的利率上限，卖方无任何支付义务，同时，买方由于获得了上述权利，必须向卖方支付一定数额的期权手续费。

利率下限是指客户与银行达成一个协议，双方规定一个利率下限，卖方向买方承诺：在规定的有效期内，如果市场参考利率低于协定的利率下限，则卖方向买方支付市场参考利率低于协定的率下限的差额部分，若市场参考利率大于或等于协定的利率下限，则卖方没有任何支付义务。作为补偿，卖方向买方收取一定数额的手续费。

所谓利率上下限，是指将利率上限和利率下限两种金融工具结合使用。具体地说，购买一个利率上下限，是指在买进一个利率上限的同时，卖出一个利率下限，以收入的手续费来部分抵销需要支出的手续费，从而达到既防范利率风险又降低费用成本的目的。而卖出一个利率上下限，则是指在卖出一个利率上限的同时，买入一个利率下限。

6. 利率互换

利率互换是指两笔货币相同、债务额相同（本金相同）、期限相同的资金，但交易双方分别以固定利率和浮动利率借款，为了降低资金成本和利率风险，双方做固定利率与浮动利率的调换。

利率互换作为一种新型的金融衍生产品，在中国发展很快，特别是随着中国参与国际金融资本运作幅度的加大，利率互换已成为众多公司及银行之间常用的债务保值和资本升值的有效手段之一。从宏观角度看，利率互换对中国金融资本运作的意义如下：

（1）满足投资主体规避风险的要求

随着对外开放程度的加快，利率市场化进程也必将越来越快。国内企业面临市场化、乃至于国际化的竞争和冲击，必须要树立防范金融风险的意识，学会运用利率互换等金融衍生产品对自身的债务资本进行合理运作，防止给企业带来金融损失，同时可提高企业的管理和运作水平。

（2）促使金融市场的国际化，拓宽金融机构的业务范围

多种形式的利率互换业务发展，必然伴随着大量金融衍生工具的推出。在丰富投资主体资产组合的同时，也拓展了金融机构的业务范围，提升其在国际市场上的竞争力。作为有实力、有头脑的公司、银行，绝不能仅满足于债务保值，而是要能通过积极主动的互换业务等市场运作，拓宽业务范围、增加自身的资本保有量。

（3）深化金融体制改革，加快利率市场化进程

中国的存贷款利率市场化程度还不高，缺乏有效的竞争，不利于形成反映人民币供求状况的市场利率。互换业务在中国推广的主要障碍就是没有形成权威性的基础收益率曲线。因此，加大开展互换业务的力度，有助于推进利率的市场化进程。

（4）有利于发展债券市场，丰富债券市场的品种结构

中国目前的债券市场期限结构和品种结构都不利于开发相关的衍生产品，所以，要重视国债市场在调节供求关系中的重要作用，同时积极发展利率互换等衍生产品市场。

案例 11－3

2014 年 9 月，工行某分行与总行合作，成功代理该行优质客户办理 1 年期人民币利率互换业务，将贷款的固定利率转换为挂钩 1 年期贷款基准利率（Loan）的浮动利率，每季度交割一次。2014 年 11 月 21 日，央行下调 1 年期贷款基准利率 40bp，通过人民币利率互换交易，客户有效降低了财务成本，客户对工行该项产品服务感到满意。

第三节　汇率风险管理

20 世纪 70 年代初，以美元为核心、被称为布雷顿森林体系的国际货币体系瓦解，世界主要货币国普遍实行了浮动汇率制度。在这一制度下，世界主要货币的汇率自由浮动、跌落起伏。汇率的波动在不同程度上影响着一国居民、企业乃至国民经济，尤其在发生金融危机时影响更甚。随着全球经济一体化进程的加快，金融机构的业务日趋国际化，国际业务风险也日益增大。由于几乎所有的国际业务都是以外汇为载体进行的，外汇风险成为金融机构的国际业务中最主要的风险。因此，如何防范汇率风险，进行汇率风险管理以增强金融环境的稳定性和提高企业的经济效益，这一问题日益受到重视。

一、汇率风险的识别

外汇风险的准确判断是正确估价汇率变动对公司经营活动和财务状况影响的首要问题。

（一）汇率风险的类型

根据汇率风险对经济主体、会计报表、经济主体的长期发展产生的不同影响，汇率风险可以分成以下三种类型：

1. 交易风险

交易风险是指公司的债权债务因汇率变动在进行外汇交割清算时所出现的风险。这些债权、债务在汇率变动前已发生，但在汇率变动后才清算。如一出口商若持有外币应收账款则会因外币对本币贬值而发生损失，而持有外币应付账款的进口商则会因外币对本币升值而发生损失。交易风险存在于应收款项和所有货币负债项目中。

此外，一些表外业务中也包含着外汇交易风险：①买入外汇工具，如外汇远期合同、期货合同、期权合同及掉期合同；②卖出外汇工具；③尚未清算的客户的买卖合同，而合同的价格早已确定；④购买外币价格固定的商业合同。

2. 会计风险

会计风险又称折算风险，是指公司财务报表中的外汇项目，因汇率变动而在转换为本币时价值跌落的风险。如按规定，公司期末决算编制利润表和资产负债表时，所有的外币资产和负债都要按照期末汇率另行折算，由此引起与原账面价值不一致；又如，本国公司设在国外的子公司，按合并报表原则，也应折算为本国货币，由于汇率在不断变动，按不同汇率折算的财务状况大不相同。但事实上，公司在期末编制合并报表时并未发生外汇交易，仅仅是会计上的一种折算而已。

3. 经济风险

经济风险又称经营风险，是指由于未能预料的汇率波动，引起公司未来预期收益发生变化的潜在性风险。这种风险可能给公司带来收益，也可能带来损失，主要取决于汇率变化对未来销售量、价格和成本影响的方向和程度。由于预期的汇率变化已反映在公司的经营计划之中，所以，经济风险只包括那些没有预期的汇率变化所产生的影响。

上述三种风险对公司的影响程度是不同的，对交易风险来说，汇率的变化随时间的变化而不断对交易过程产生影响；对折算风险来说，汇率变化只对某一变动点之前或到这一变动点时的过去情况发生影响；经济风险是真实资产风险、金融资产风险与营业收入风险之和，对经济主体影响最大。在这三种风险中，按其影响的重要性大小不同排序依次为经济风险、交易风险和折算风险。

（二）汇率风险的成因分析

1. 影响外汇供求变化的因素

从表面上看，外汇风险产生于汇率变动，但汇率变动又受外汇供求变化规律的支配，所以影响外汇供求变化的因素也就成为外汇风险产生的内在因素，这些因素主要有：

（1）经济发展状况

从总体上说，一国的宏观经济状况和实力是影响该国货币汇率变动的最基本因素。如一国的生产发展速度快、财政收支状况良好、物价稳定、出口贸易增加，则该国货币会升值，即以间接法表示的汇率会上升。反之，若一国生产停滞、财政收支赤字扩大、通货膨胀不断发生、出口贸易减少，则该国货币将贬值，即间接法表示的汇率将下降。

（2）国际收支变化

国际收支状况也是影响汇率变动的主要的直接因素，因为一国外汇供求状况主要是由一国国际收支状况决定的。如果一国的国际收支是顺差，则不仅外汇的流入增多，流出减少，而且别国对顺差国的货币需求增大，顺差国对别国货币的需求减少，从而顺差国货币的供不应求引起顺差国的货币汇率上升。

如果一国国际收支顺差现象长时间持续，这个国家的货币在国际外汇市场上将成为强势货币或硬货币，其汇率将不断走高。

（3）物价水平变化（通货膨胀）

物价表现为一国货币的对内价值。通货膨胀意味着国家发行的货币量超过了流通中正常需要的货币量，使其货币所代表的实际价值减少，从而引起货币的购买力下降，物价上涨，相应地货币的对外价值也下降。当一国发生通货膨胀之后，会出现物价上涨，本国货币贬值。

一般而言，通货膨胀会导致本国货币汇率下跌，通货膨胀的缓解会使汇率上浮。通货膨胀影响本币的价值和购买力，会引发进口商品竞争力减弱、出口商品增加，还会引发对外汇市场产生心理影响，削弱本币在国际市场上的信用地位。这三方面的影响都会导致本币贬值。

（4）利率变化

利率作为一国借贷状况的基本反映，对汇率波动起决定性作用。利率水平直接对国际资本流动产生影响，高利率国家发生资本流入，低利率国家则发生资本外流，资本流动会造成外汇市场供求关系的变化，从而对外汇汇率的波动产生影响。一般而言，一国利率提高，将导致该国货币升值，反之，该国货币贬值。

各国利率的变化，尤其是各国利率水平之间的差异，是当今影响汇率变动的十分重要的因素。在金融全球化趋势日益加剧的今天，国际市场上大量的游资使得利率状况对汇率变动的影响更加巨大。

（5）中央银行的干预

在开放的市场经济下，中央银行介入外汇市场直接进行货币买卖，对汇率的影响是最直接的，其效果也是极明显的，干预的目的有：一是为了扩大出口，限制进口，往往低估本币汇率；二是为了鼓励资本输出，增强本币信心，提高本币的国际地位，往往高估本币汇率。通常中央银行干预外汇市场的措施有四种：直接在市场上买卖外汇；调整国内财政、货币等政策；在国际范围公开发表导向性言论以一影响市场心理；与国际金融组织和有关国家配合和联合，进行直接和间接干预。

（6）各国政府宏观经济政策的影响

各国的宏观经济政策将会影响其自身的经济增长、国际收支、就业率、物价水平和利率等经济变量，最终会影响到汇率的变动。

货币政策对汇率的影响更为直接和明显。货币政策的主要形式是改变经济体系中的货币供给量，货币政策在执行上可以分为收紧和放松两种情况，紧缩的货币政策是指中央银行提高再贴现率、提高商业银行在中央银行的存款准备金率和在市场上卖出政府债券，即减少货币供给，造成汇率的升值；反向的操作，则使货币供给增加，造成货币贬值。

财政政策的调整对汇率走势的影响是通过财政支出的增减和税率调整来影响外汇的供求关系。紧缩的财政政策通过减少财政支出和提高税率会抑制总需求与物价上涨，有利于改善一国的贸易收支和国际收支，从而引起一国货币对外汇率的上升。一般而言，若减税则市场货币流通量增加，货币趋跌；若增税，则货币看涨。

政府的政策变化对汇率变化的影响包括两个方面的内容：一是单独国家的宏观经济政策如财政政策、货币政策、汇率政策等，它们的变化会引起本国货币汇率的变动，从而影响国际外汇市场；二是工业国家之间的政策协调出现配合失衡或背道而驰时，外汇市场也会经常剧烈波动。

2. 经济主体的原因

经济主体由于汇率变动而遭受的汇率风险主要源于外币敞口、跨货币交易与时间因素。

（1）经济主体以外币计价的资产或负债存在“敞口”

汇率风险是由经济主体以外币表示的资产与负债不能相抵部分，即外币资产负债敞口部分造成的。例如经济主体卖出 6 个月远期美元 200 万元，又买进 6 个月远期美元 120 万元，则该经济主体承受的汇率风险不是由全部 320 万美元的交易引起的，而仅仅是由其中

80 万美元的余额引起的。这一承受汇率变动风险的外币金额称为受险部位。

(2) 汇率风险的产生源于经济主体的跨货币交易行为

该行为是以外币进行交易，但却以本币核算效益的行为。经济主体可能发生各种以外币表示的收付，例如应收应付外币款项、外币资金的借入借出、以外币资金表示的对外投资等，上述交易除需用外币进行交易和完成结算外，还需通过本币进行成本和收益核算。由于外币与本币之间的兑换率（汇率）不断发生变化，于是就产生了汇率风险。10 万美元的应收账款若以美元核算收益，则不存在汇率风险。但若以人民币核算其收益，则 10 万美元可能是 80 万人民币（1 美元＝8.00 人民币时），也可能是 60 万人民币（1 美元＝6.00 人民币时），这就产生了汇率风险。由此可见，只要核算货币与交易货币相同（不存在跨货币交易），就不存在由汇率变动引起的汇率风险。由于各国经济主体普遍使用本币核算其效益，故以本币计价的交易无汇率风险，但以外币计价的交易则存在汇率风险。

(3) 汇率风险的产生与时间因素有密切联系

汇率的变动总是与一定的时间相联系。在同一时间，汇率不可能发生变动；时间延续越长，则汇率变动的可能性越大，其可能发生的变动幅度也越大，相应的汇率风险也就越大。从经济主体外币交易的达成到结算的实际发生，均有一个时间期限问题。例如进出口交易的达成到外汇的实际收付，借贷协议的达成到贷款的提用以及本息的实际偿付，投资决策的产生到实际投入资金等，时间成为汇率风险构成中的另一个重要因素。

二、汇率风险的度量

(一) 风险度量法——外汇敞口

敞口就是风险暴露，即银行所持有的各类风险Ⅰ生资产余额。本部分所说的敞口是指狭义上的外汇敞口，也称外汇敞口头寸，分为单币种敞口头寸和总敞口头寸。

单币种敞口头寸是指每种货币的即期净敞口头寸、远期净敞口头寸以及调整后的期权头寸之和，反映单一货币的外汇风险。这包括以下几个组成要素：

(1) 即期净敞口头寸，是指计入资产负债表内的业务所形成的敞口头寸，等于表内的即期资产减去即期负债。

(2) 远期净敞口头寸，主要是指买卖远期合约而形成的敞口头寸，其数量等于买入的远期合约头寸减去卖出的远期合约头寸。

(3) 期权敞口头寸，持有期权的敞口头寸等于银行因持有期权而可能需要买入或卖出的每种外汇的总额，卖出期权的敞口头寸等于银行因卖出期权而可能需要买入或卖出的每种外汇的总额。

(4) 其他敞口头寸，如以外币计值的担保业务和类似的承诺，如果可能被动使用，又是不可撤销的，就应当计入外汇敞口头寸。

加总上述四项要素就得到单一货币敞口头寸，即

敞口头寸＝即期净敞口头寸＋远期净敞口头寸＋期权敞口头寸＋其他敞口头寸
＝即期资产－即期负债＋远期买入－远期卖出＋
期权敞口头寸＋其他敞口头寸　　(11－14)

如果某种外汇的敞口头寸为正值，则说明机构在该币种上处于多头；如果某种外汇的敞口头寸为负值，则说明机构在该币种上处于空头。

总敞口头寸反映整个货币组合的外汇风险，一般有三种计算方法：

（1）累计总敞口头寸法。累计总敞口头寸等于所有外币的多头与空头的总和。这一方法认为，不管是多头还是空头，只要是银行的敞口头寸，都应该纳入总敞口头寸的计量范围。这种计量方法比较保守。

（2）净总敞口头寸法。净总敞口头寸等于所有外币多头总额与空头总额之差。这种方法主要考虑不同货币汇率波动的相关性，认为多头与空头存在抵补效应。这种计量方法较为激进。

（3）短边法。短边法是一种为各国广泛运用的外汇风险敞口头寸的计量方法，同时为巴塞尔委员会所采用，中国银监会编写的《外汇风险敞口情况表》也采用这种算法。其处理步骤是：首先，分别加总每种外汇的多头和空头（分别称为净多头头寸之和与净空头头寸之和）；其次，比较这两个总数；最后，把较大的一个总数作为银行的总敞口头寸。短边法的优点在于既考虑到多头与空头同时存在风险，又考虑到它们之间的抵补效应。

（二）历史模拟法

历史模拟法的概念在前文中已进行介绍，现通过一案例进行运用和说明：

案例 11－1

一家美国金融机构正在交易两种货币：日元和欧元。在 2011 年 12 月 1 日结束时，该金融机构拥有 10 亿日元的多头和 1000 万欧元的多头。2011 年 12 月 1 日的汇率为：1 欧元＝1.344 美元（或 1 美元＝0.744 欧元），1 美元＝77.62 日元，该金融机构想要知道其持有的外汇合约的风险价值。如果明天是 20 天中最坏的一天（95%的置信水平），该外汇头寸的损失是多少美元？

解答：

步骤 1：测量敞口头寸。用当天的汇率把当时持有的外汇头寸转换成等值的美元。这样，得到 2011 年 12 月 1 日该金融机构的外汇头寸价值—价值为 12 883 277.5 美元的日元多头和价值为 13 440 000 美元的欧元多头。

步骤 2：测量敏感性。通过计算外汇头寸的德尔塔，来测量每笔外汇头寸的敏感性。德尔塔反映的是，如果日元或者欧元对美元贬值 1%时，外汇头寸美元价值的变化情况。从表 11－3 中可以看出，在第 6 行，日元头寸的德尔塔是－64 087.75 美元，欧元头寸是－24 884.16 美元。

步骤 3：测量风险。看看过去的 500 天中每一天美元对日元以及美元对欧元的实际汇率变化的百分比。在 2011 年 11 月 30 日这天，日元对美元的价值下降 0.5%，欧元对美元下降 0.2%。（注意，如果这两种货币对美元升值，表中第 7 行的数字符号是为负的，即该金融机构去购买一个单位的美元将比前一天花费更少的外币单位。）从第八行可以看出，将德尔塔与每种汇率的百分比变化相乘的话，该金融机构会因为其持有的外汇头寸而面临总额为 88 971.91 美元的损失。

步骤 4：重复步骤 3。在该步骤，对过去 500 个交易日的每一天（不包括周末和假日）计算外汇合约的损益。这个数量将回溯到超过两年的时间。对这些日期的每一天我们都要进行实际汇率变动的计算（第七行），并乘以每一头寸的德尔塔（第六行）。把计算出的结果相加得到的便是过去 500 天每一天总风险的测量。

步骤 5：按风险从大到小的顺序排列日期。把过去 500 天每一天的风险测量排行排列，可以很清楚地看到，该金融机构外汇头寸最坏情形的损失发生在 2010 年 4 月 29 日，总的损失为 102 002.3 美元。尽管金融机构的管理层对最坏情形的损失是感兴趣的，但我们更感兴趣的是 5%的最坏情况，即发生在 500 天中不会超过 25 天（500 * 5%）的损失。根据表 11—3 我们知道，500 天中第 25 个最坏的损失发生在 2011 年 11 月 29 日这一天，损失额为 85 271.91 美元。

步骤 6：得出 VAR。如果假定汇率最近过去的分布能精确反应将来外汇汇率的可能变得，即汇率变动分布稳定，那么 85 271.91 可以看成是该金融机构在 2011 年 12 月 1 日的外汇敞口风险价值。也就是说，如果明天（即 2011 年 12 月 2 日）在外汇市场中是最坏的一天，并且该金融机构持有 10 亿日元与 1 000 万欧元的多头头寸，那么金融机构可以预测损失 85 271.91 美元的概率为 5%。

具体计算过程如表 11-3 所示：

表 11-3 2011 年 12 月 1 日根据两种货币假设的历史模拟法的例子

风险		日元	欧元
步骤 1：测量敞口头寸	1. 2011 年 12 月 1 日的收盘头寸 2. 2011 年 12 月 1 日的汇率 3. 2011 年 12 月 1 日的等值美元数	1 000 000 000 77.62 12 883 278	10 000 000 0.744 13 440 000
步骤 2：测量敏感性	4. 假设汇率变动 1%，新的汇率等于 1.01 * 当前汇率 5. 新汇率下对应的美元头寸价值 6. 头寸价值的差异（5—3）	78.4 12 755 102.0 —128 175.5	0.751 13 315 579.2 —124 420.8
步骤 3：用过去 500 天每一天的汇率计算收盘头寸，测量 2011 年 12 月 1 日的风险	2011 年 11 月 30 日 7. 2011 年 11 月 30 日汇率变化（%） 8. 风险（德尔塔 * 汇率变化） 9. 风险之和＝—88 971.91	日元 0.5% —64 087.75	欧元 0.2% —24 884.16
步骤 4：对剩下的 499 天的每一天重复步骤 3	2011 年 11 月 29 日 … 2010 年 4 月 30 日 … 2009 年 11 月 30 日 …		

续表

风险		日元	欧元
	日期	风险	
步骤 5：按风险从大到小的顺序排列日期	1. 2010 年 4 月 29 日 2. 2011 年 7 月 5 日 3. 2009 年 10 月 18 日 … … 25. 2011 年 11 月 29 日 … … 499. 2011 年 7 月 3 日 500. 2010 年 9 月 4 日	－102 002.3 －100 273.4 －98 984.5 －85 271.91 23 989.1 24 234.8	
步骤 6：得出 VAR［过去 500 天中第 25 个最坏的一天：VAR＝－85 271.91 美元（对应于 2011 年 11 月 29 日）］			

资料来源：赵玉洁主编．《金融风险管理》，北京：对外经济贸易大学出版社。

历史模拟法在使用过程中需要大量的历史资料，才能精确计算出极端状况下（如 99％的置信水平）的风险价值，其计算结果的准确性非常依赖资料的质量和资料的多寡。它的优点在于：（1）运用简单、易懂；（2）计算资产组合风险时不需要计算标准差和相关系数，所以没有参数估计的风险；（3）直接提供最坏情形下的数字；（4）不需要假定市场因子变化的统计分布，可以有效处理非对称和厚尾问题。当然，该方法也存在一些缺点，比如：（1）假设市场因子的未来变化和历史变化完全一致，并服从独立分布，概率密度函数不随时间而变化，这与实际金融市场的变化不一致；（2）资料的品质和代表性要求较高；（3）历史观测数据与将来预测的 VAR 的相关性随时间的拉长而降低；（4）资料选取的长度，太多久远的资料会丧失预测能力；（5）在度量较为庞大且结构复杂的资产组合风险时，工作量十分繁重。

针对上述缺点，运用蒙特卡罗模拟法可以改进，蒙特卡罗模拟法需要用到计算机进行模拟，本文对此不再展开，有兴趣的读者可以查阅相关资料。

三、汇率风险的管理

（一）汇率风险管理原则

外汇风险是涉外经济中不可避免的一种市场风险，对一国政府、企业乃至个人都会产生很大的影响，外汇风险管理是企业经营管理的重要组成部分。外汇风险管理的目标是充分利用有效信息，力争减少汇率波动带来的现金流量的不确定性。控制或者消除业务活动中可能面临的由汇率波动带来的不利影响。为了实现这一目标，在外汇风险管理中应该遵循以下基本原则：

（1）全面重视原则。全面重视原则要求发生涉外经济业务的政府部门、企业或个人对自身经济活动中的外汇风险高度重视。外汇风险有不同的种类，有的企业只有交易风险，有的还有经济风险和折算风险。不同的风险对企业的影响有差异，有的是有利的影响，有的是不利的影响。因此，涉外企业和跨国公司需要对外汇买卖、国际结算、会计折算、企业未来资金运营、国际筹资成本及跨国投资收益等项目下的外汇风险保持清醒的头脑，做到胸有成竹，避免顾此失彼，造成重大的损失。

(2) 管理多样化原则。管理多样化原则要求涉外企业或跨国公司灵活多样地进行外汇风险管理。企业的经营范围、经背特点、管理风格各不相同，涉及的外币的波动性、外币净头寸、外币之间的相关性、外汇风险的大小都不一样，因此每个企业都应该具体情况具体分析，寻找最适合于自身风险状况和管理需要的外汇风险战术及具体的管理方法。随着时间的推移，外部约束因素会不断变化，因此企业的外汇风险管理战略也需要相应地更改，企业不能抱残守缺，长期只采用一种外汇风险管理方法。

(3) 收益最大化原则。收益最大化原则要求涉外企业或跨国公司精确核算外汇风险管理的成本和收益。在确保实现风险管理预期目标的前提下，支出最少的成本，追求最大化的收益。这是企业进行外汇风险管理的基石和出发点，也是企业确定具体的风险管理战术、选择外汇风险管理方法的准绳。外汇风险管理本质上是一种风险的转移或分摊，例如采用远期外汇交易、期权、互换、期货等金融工具进行套期保值，都要支付一定的成本，以此为代价来固定未来的收益或支出，使企业的现金流量免受汇率波动的侵扰。一般地，外汇风险管理支付的成本越小，进行风险管理后得到的收益越大，企业对其外汇风险进行管理的积极性就越高，反之亦然。

(二) 汇率风险控制

1. 交易风险的控制

对交易风险的控制有两种方法：内部管理方法和金融组合管理方法 。内部管理方法(internal management method) 是指通过公司内部经营活动的调整来达到保值目的的方法，主要有以下几种：

(1) 选择计价货币法。在国际金融市场上，有本币和外币之分，又有硬币和软币之分。公司在交易过程中，选择合适的计价货币，是防范汇率风险的重要方法。其实质是汇率风险由谁来承担的问题，是进口商，还是出口商，这又要取决于公司的市场竞争力等多种因素。

在选择计价货币时应遵循以下六个原则：

- "收硬付软" 原则。公司在出口贸易、借贷资金输出时，力争选择硬货币来计价结算；在进口贸易、借贷资金输入时，力争选择软货币计价结算。
- 进、出货币一致原则。公司进口使用某种货币计价，那么，出口也应采用该种货币计价，这样做可以将汇率风险通过一 "收" 一 "支" 相互抵消。如果计价货币升值，则进口成本因此提高，公司遭受损失，然而，出口收益却因此而增加，公司有盈有亏，二者相抵，风险降低或消除。
- 选择可自由兑换货币原则。自由兑换的货币流动性大，在调拨时比较方便。例如美元、欧元、英镑就比泰铢、比索的流动性大。因此，应偏向选择可自由兑换货币。
- 以本币作计价货币原则。在国际经济活动中，如果用本币计价结算，收、付不需要买卖外汇，也就不承担汇率变动的风险，但这种方法给贸易谈判带来一定困难，因为这实际上是将汇率风险转嫁给了对方，所以只能在其他方面给对方做些补偿，交易才能达成。

• 多种货币组合原则。多种货币组合原则也称一篮子货币计价原则，是指在进出口合同中使用两种以上的货币来计价以消除汇率波动的风险。若一种货币发生贬值或升值，而其他货币价值不变则不会给公司带来很大的汇率风险损失；若计价货币中的几种货币升值，另外几种货币贬值，则升值货币所带来的收益可抵消贬值货币带来的损失，从而减轻或消除汇率风险。

• 综合考虑汇率与利率的变动趋势。公司在国际市场上筹集资金时要特别注意，低利率的债务不一定就是低成本的债务，高利率的债务不一定就是高成本的债务，必须把利率和汇率的变动趋势综合起来考虑。一般地讲，硬货币利率低，软货币利率高。

(2) 提前或推后收付法。提前或推后收付是指在预测汇率将朝某一方向变化时，提前或推迟外汇收付，以便尽可能减少汇率风险，得到汇价变动的好处。一般而言，对于出口商或债权人来说，当预测计价结算货币汇率趋跌时，应设法提前收汇，以防止将来外汇汇率下跌而使出口商或债权人收到的外币兑换的本币减少；当预测计价结算货币汇率趋升时，应设法推迟收汇，以期在外汇汇率上升后，使出口商或债权人收到的外币可兑换成更多的本币。对于进口商或债务人来说，情况恰恰相反。

(3) 净额结算法。净额结算法又叫轧差，指公司之间（多指跨国公司内部的子公司间）相互抵消各自的头寸以获得净额，一些公司只剩债权净额，而另一些公司只剩债务净额，然后债务净额公司向债权净额公司清偿，以此结清款项。净额结算法分为双边和多边净额结算。双边净额结算只在两个公司之间进行债务净额的结算，而多边净额结算在多个公司之间进行债务净额的结算。债权债务的结算有两种方法：一是现金总库法，即净债务人将款项汇到总库，再由总库将款项付给净债权人；二是直接冲销法，即债权债务双方直接结算，不需要中介。所以直接冲销法更经济、合理。净额结算法可节省大量的兑换和交易成本，但许多国家的外汇管理却限制双边或多边净额交易。

(4) 配平法。配平法是指以同种货币或与该种货币有某种固定联系的货币，并以等值数额和同样的期限，创造一笔流向相反的货币流量的方法。它分为自然配平法和平行配平法：自然配平法是指以同种货币创造反向流量的方法；平行配平法是指以某种固定联系的货币创造反向流量的方法，其固定联系是指两种货币汇率走势一致。如：人民币实行与美元挂钩的汇率政策，因此美元是与人民币有固定联系的货币，美元相对于其他货币升值时，人民币也相应地对其他货币升值。

平行配平法不受同种货币的限制，因此更灵活。但自然配平法由于使用同种货币，因而可以完全保值；而平行配平法却不能完全保值，因为彼此有固定联系的两种货币，其上浮和下浮的幅度往往并非完全一致。

(5) 调整价格法。在进出口贸易中，不论选取的结算货币是“软通货”还是“硬通货”，其结果往往是使一方承担外汇风险，而另一方则不承担。在实际交易中，由于贸易条件、交易动机、市场行情和商品质量等因素的制约，进出口商有时不得不在出口贸易中按“软通货”收汇，而在进口贸易中按“硬通货”付汇。此时，进出口商可通过价格调整来降低汇率波动所造成的损失，即把汇率风险分摊到价格中去，以达到减少汇率风险的目的。对进口商来说，当计价货币趋于上升（硬币）时，可设法提高出口商品的价格即加价保值，加价后的单价＝原单价×（1＋货币的预期升值率）；当计价货币趋于下跌（软币）时，可要求降低进口商品的价格即压价保值，压价后的单价＝原单价×（1－货币的预期贬值率）。

这种方法也受到许多条件的制约，一方的受益往往以另一方的受损为代价。在卖方市场情况下，对进口商来说，如果坚持降价，则有可能失掉贸易机会；相反，对出口商来说，要求提价则容易达到目的。在买方市场下，情况则相反。

（6）订立保值条款。订立保值条款就是在经济合同中议定有关外汇风险承担的条款，保护双方当事人的利益。可以选用的保值条款有以下几种：

- 用"一篮子"货币保值。它是指选用多种货币共同作为保值货币，即在合同中规定一种计价结算货币，同时用其他多种货币组成的"一篮子"货币保值。实践证明，这种保值措施实用且有效，已广泛用于公司进出口、国际金融组织向会员国提供的贷款等业务中，并且收到了良好的效果。
- 用硬货币保值。即在合同中规定以硬货币计价，用软货币支付，并载明两种货币当时的汇率。在执行合同过程中，如果支付货币汇率下跌，则对合同中金额进行等比例的调整，按照支付日的支付货币汇率计算，这样做使得实收的计价货币金额与签订合同时相同，可以弥补支付货币汇率下跌的损失。
- 用黄金保值。即用黄金作为保值货币，具体做法是将支付货币按黄金市场价格转化为黄金的盎司数量，合约到期时，再按当时的黄金市场价格折成合同货币收付。黄金保值条款通行于固定汇率时期，现极少使用，因为黄金已不再是各国货币的定值标准，黄金与货币间的固定联系已不复存在，黄金保值便失去了意义。

不管采用哪种保值方法，都不可能保证合同货币价值完全不变，只不过相应减少其波动幅度。

金融组合管理方法是指借助于金融产品组合管理与交易来防范汇率交易风险的方法。通过在外汇市场和货币市场上的交易，持有一个与现有风险头寸金额和期限相同但方向相反的头寸，从而控制外汇风险。金融组合管理方法主要有：即期外汇交易、远期外汇交易、货币期货交易、货币期权交易、货币互换、BSI法等。各方法的原理本章就不再一一进行展开论述了。

知识拓展11-1

商业银行外汇头寸管理

1. 交易限额。交易限额是指对总交易头寸或净交易头寸设定的限额。总头寸限额对特定交易工具的多头头寸或空头头寸分别加以限制；净头寸限额对多头头寸和空头头寸相抵后的净额加以限制。如累计外汇敞口头寸比率为累计外汇敞口头寸与资本净额之比，其值不得高于20%。市值敏感性比率为修正持续期缺口乘以1%/年。

在外汇买卖交易中，每个银行对限额管理的政策和制订的限额大小是不一样的。首先，额度的大小取决于该银行对外汇业务的进取程度，是希望在外汇市场中表现为市场领导者、市场活跃者，还是一般参与者，甚至市场不参与者。由于银行在市场中扮演的角色不同，必然会造成额度不同。其次，额度的大小取决于最高领导层对外汇业务收益的期望值以及对汇率风险的容忍程度，通常，风险越大收益越高。再次，额度的大小取决于交易头寸的灵活程度和交易货币的种类，如果允许交易员的交易头寸有较大灵活度，而且交易货币的种类较多，则额度需要制订得较大。总之，银行如果在外汇交易方面进取性较强，则内部限额较大，反之则内部限额较小。

2. 风险限额。风险限额是指对采用一定的计量方法所获得的市场风险规模设置限额，例如，对采用内部模型法计量得出的风险价值设定的风险价值限额，对期权性头寸设定的期权性头寸限额等。期权性头寸限额是指对反映期权价值的敏感性参数设定的限额，包括对衡量期权价值对基准资产价格变动率的Delta、衡量Delta对基准资产价格变动率的Gamma、衡量期权价值对市场预期的基准资产价格波动性的敏感度的Vega、衡量期权临近到期日时价值变化的Theta以及衡量期权价值对短期利率变动率的Rho所设定的限额。

3. 止损限额。止损限额是指所允许的最大损失额。通常，当某项头寸的累计损失达到或接近止损限额时，就必须对该头寸进行对冲交易或立即变现。止损限额具有追溯力，即适用于1日、1周或1个月内等一段时间内的累计损失。

商业银行应当制订对各类和各级限额的内部审批程序的操作规程，根据业务的性质、规模、复杂程度和风险承受能力设定、定期审查和更新限额。市场风险限额既可以分配到不同地区、业务单元和交易员，也可以按资产组合、金融工具和风险类别进行分解。商业银行应当根据不同的限额对控制风险的不同作用及其局限性，建立不同类型和不同层次的限额相互补充的合理限额体系，以有效控制市场风险。同时，商业银行应当确保不同市场风险限额之间的一致性，并协调市场风险限额管理与流动性风险等其他风险类别的限额管理。

商业银行在设计限额体系时应当综合考虑以下主要因素：自身业务性质、规模和复杂程度；能够承担的市场风险水平；业务经营部门的既往业绩；工作人员的专业水平和经验；定价、估值和市场风险度量系统；压力测试结果；内部控制水平；资本实力；外部市场的发展变化情况等。商业银行总的市场风险限额以及限额种类、结构应当提交董事会批准。

商业银行在实施限额管理的过程中，还需要制订并实施合理的超限额监控和处理程序。负责市场风险管理的部门应当通过风险管理信息系统监测对市场风险限额的遵守情况，并及时将超限额情况报告给相应级别的管理层。该级别的管理层应当根据限额管理的政策和程序决定是否批准提高限额。如果批准，还需要明确此超限额情况可以保持多长时间。对于未经批准的超限额情况，应当按照内部的限额管理政策和程序进行处理。同时，交易部门也应当及时、主动地汇报超限额情况。另外，管理层应当根据一定时期内的超限额发生情况，决定是否对限额管理体系进行调整。

---

2. 折算风险的控制

经济主体对折算风险的控制，通常是实行资产负债表保值。这种方法要求在资产负债表上以各种功能货币表示的受险资产与受险负债的数额相等，以便其折算风险头寸（即受险资产与受险负债之间的差额）为零。只有这样，汇率变动才不致带来任何折算上的损失。

折算风险的管理方法分为缺口法和合约保值法两类。缺口法主要通过资产负债在总额上的平衡实现对风险的控制，而合约保值法带有一定投机性。

（1）缺口法。缺口法通过对资产负债表项目的调整，使缺口为零，从而避免汇率带来折算损失的方法。对于外币资产负债表来说，那些在折算时使用现行汇率的资产负债对汇率的变动是敏感的，这些资产负债被称为风险资产和风险负债。缺口就是指风险资产与风险负债的差额。

实行缺口法管理折算风险，一般包括以下三个步骤：

第一，弄清资产负债表中各账户、各科目上各种外币的规模，并明确综合折算风险的大小。

第二，根据风险头寸的性质确定受险资产或受险负债的调整方向。如果某种外币表示的受险资产大于受险负债，就需要减少受险资产，或增加受险负债，或者双管齐下。反之，如果以某种外币表示的受险资产小于受险负债，则需要增加受险资产，减少受险负债。

第三，在明确调整方向和规模后，要进一步确定对哪些账户、哪些科目进行调整。这正是实施资产负债匹配保值的困难所在，因为有些账户或科目的调整可能会造成新的其他性质的风险。因此，需要认真对具体情况进行分析和权衡，决定科目调整的种类和数额，这样才能使调整的综合成本最小。

（2）合约保值法。合约保值法就是先根据资产负债表确定可能出现的预期折算损失，再采取相应的远期交易规避风险的方法。若某外币受险资产大于受险负债，在预期该货币贬值的情况下，就会出现预期折算损失；反之，当某外币受险资产小于受险负债，在预期该货币升值的情况下，就会出现预期折算损失。这两种情况可以利用远期交易来保值。

合约保值与一般的套期保值不同，它以折算结果为基础，并没有实际的保值标的资产，而且合约数量与预期期末汇率密切相关。

值得注意的是，交易风险与折算风险的管理往往会产生冲突。从合约保值法来看，由于没有实际的保值标的资产，远期交易本身形成了一笔远期外币资产或负债，从而产生了交易风险。从缺口法来看，如果以记账货币作为功能货币，折算风险就无从谈起，但是海外子商业银行在交易中需要使用当地货币，因此，需要时时将母国货币兑换成当地货币，从而将面临更大的交易风险。

3. 经济风险的控制

经济风险涉及生产、销售、原材料供应和区位选择等经营管理的各个方面，因此，经济风险的控制不仅涉及财务管理，还涉及经营管理的各个方面。经济风险的管理是防范、控制未预期到的汇率变动对未来现金流量的影响，所以是一项非常复杂和困难的系统工程。根据资产组合理论，多样化能有效降低风险，特别是组合中各资产的相关系数越小，风险分散的效果越好，因此，经济风险管理的基本思路是多样化分散风险。

（1）财务管理法。经济风险的财务管理方法包括构造合理的财务结构和财务多样化两个方面。

①构造合理的财务结构。由于经济风险主要表现为对企业未来现金流量的影响，因此，可以利用一些财务手段对企业财务状况加以调整。这些手段包括利用前面介绍的各种金融交易进行套期保值，构造一个合理财务结构，使汇率变动导致的现金流入量和现金流出量的变动相互抵消等。例如，在本币升值的情况下，由于国内生产成本相对提高，出口

相对减少，外币销售收入减少，未来现金流入量的本币净现值下降，如果生产出口产品所需的资金在国外融资，而且所得货币是出口市场所在国货币，那么偿债成本也降低，现金流出量减少，两者的影响相互抵消，从而达到避免或控制未来现金流量现值波动的效果。

②财务多样化。财务多样化是指在多个金融市场上，以多种货币寻求资金来源和资金投向，即实行筹资多样化和投资多样化。这样，有的货币贬值，有的货币升值，大部分外汇风险会相互抵消。另外，资金来源和投向的多样化便于企业在各种外币资产和负债之间进行配对。

（2）经营管理法。经营管理法是通过经营多样化来分散经济风险。经营多样化对管理经济风险的作用体现在两个方面：一是在汇率出现意外变动时，商业银行通过比较不同地区生产、销售和成本的变化而趋利避害，迅速调整经营策略，改善竞争条件，增加一些机构的生产而减少另一些机构的生产，使商业银行的产品更富有竞争力；二是即使商业银行不积极根据汇率的意外变动调整其经营活动，经济风险也会因经营多样化而降低。经营多样化包括经营全球化和业务多样化两个方面。经营全球化是现代跨国商业银行的基本特征之一。由于不同国家的经济周期不完全同步，特别是发达国家和发展中国家之间的经济周期差异很大，企业在全球运作的结果就是避免单个国家经济的剧烈波动所造成的业务不稳定、风险骤增的情况，增加经营的连续性和稳健性。

复习思考题

一、单项选择题

1. 市场风险各种类中最主要和最常见的利率风险形式是（　　）。
   A. 收益率曲线风险　B. 期权性风险　C. 基准风险　D. 重新定价风险
2. 一家银行 1 年期的浮动利率贷款与 1 年期的浮动利率存款同时发生，贷款按月根据美国联邦利率浮动，存款按月根据 LIBOR 浮动，当联邦债权利率和 LIBOR 浮动不一致的时候，利率风险表现出（　　）。
   A. 基准风险　B. 期权风险　C. 收益率曲线风险　D. 重新定价风险
3. 某银行三年前认购一笔十年期日元债券面值 20 亿日元，票息 0.95%，每年 3 月 15 日和 9 月 15 日付息。目前，日本经济逐步复苏，市场猜测日本央行会结束“零利率政策”日元市场利率出现回升迹象。为了控制该笔日元债权投资的市场风险，该银行可采取的对冲措施是（　　）。
   A. 卖出日元债券期权
   B. 买入日元债券期权
   C. 向交易对手支付固定利率，收入浮动利率
   D. 向交易对手支付浮动利率，收入固定利率
4. 银行买卖外汇的数额经常是不平衡的，如果银行买入某种外币的数额超过卖出的数额，称为该种货币的（　　）。
   A. 多头　B. 空头　C. 平头　D. 超卖

5. 银行的表内外资产可以分为银行账户和交易账户两大类，关于交易账户的以下说法中，错误的是（　　）。

A. 计入该账户的头寸必须交易方面不受任何条款限制，或者能够完全规避自身的风险

B. 银行应对该账户的头寸进行准确估值

C. 该账户中的项目通常按市场价格计价

D. 银行的存贷款业务归入交易账户

6. 在市场风险管理过程中，由于利率、汇率等市场价格因素的频繁波动，（　　）一般不具有实质性意义。

A. 名义价值　　B. 市场价值　　C. 公允价值　　D. 市值重估价值

二、多项选择题

1. 负债市场风险管理的部门履行的具体职责包括（　　）。

A. 拟定市场风险管理政策和程序，提交高级管理层和董事会审批

B. 识别、计量和监测市场风险

C. 监测相关业务经营部门和分支机构对市场风险限额的遵守情况，报告超限额情况

D. 设计、实施事后检验和压力测试

E. 向董事会和高级管理层提供独立的市场风险报告

2. 以下属于市场风险的是（　　）。

A. 利率风险　　B. 汇率风险

C. 股票价格风险　　D. 商品价格风险

E. 流动性风险

3. 市场风险报告的内容包括（　　）。

A. 按业务、部门、地区和风险类别分别统计的市场风险头寸

B. 按业务、部门、地区和风险类别分别计量的市场风险水平

C. 市场风险头寸和市场风险水平的结构分析

D. 市场风险识别、计量、监测和控制方法及程序的变更情况

E. 市场风险限额的遵守情况，包括对超限额情况的处理

4. 下列属于利率风险的形成原因的有（　　）。

A. 利率水平的预测和控制具有很大的不稳定性

B. 商业银行的资产负债具有期限结构的不对称性

C. 利率计算具有不确定性

D. 为保持流动性而具有利率风险

E. 商业银行的非利息收入对利率变化越来越敏感

5. 下列有关市场风险限额管理说法正确的有（　　）。

A. 交易限额是指对总交易头寸或净交易头寸设定的限额

B. 风险限额是指对采用一定的计量方法所获得的市场风险规模设置限额

C. 止损限额是指所允许的最大损失额

D. 商业银行在设计限额体系时需要考虑自身业务性质、规模和复杂程度等

E. 商业银行在实施限额管理的过程中，不需要制订超限额监控和处理程序

三、判断题

1. 中国银行监管部门下发的《商业银行资本充足率管理办法》规定交易账户的所有项目应按照市场价格计算。 （ ）

2. 大多数市场风险内部模型不仅能计量交易业务中的市场风险，而且能计量非交易业务中的市场风险。 （ ）

3. 市场风险管理是基于名义价值进行的。 （ ）

4. β系数是度量证券非系统性风险的灵敏度指标。 （ ）

5. 一般来说，银行敏感性缺口绝对值越大，银行所承担的利率风险也就越大。 （ ）

6. 与缺口分析相比，久期分析是一种更先进的利率风险计量方法。 （ ）

7. 风险价值是指在一定的期限内，在给定的置信水平下，利率、汇率等市场因素变化给银行带来的最小损失。 （ ）

8. 在事后检验中，若市场风险度量方法或模型的估算结果与实际发生的结果比较接近，则说明该风险度量方法或模型的准确性和可靠性较高。 （ ）

四、简述题

1. 什么是市场风险？简述市场风险的分类。

2. 简述市场风险的主要度量指标。

3. 简述利率风险控制有哪些方法？

4. 简述压力测试方法的基本原理。

五、综合训练

银行市场风险的管理：花旗集团案例

在花旗的历史上，有三个重要的名字：花旗银行、花旗公司和花旗集团，它代表着花旗三个不同的历史时期，也代表着花旗的成长和发展。花旗集团是商业银行向金融控股集团转型的典型代表，而资产证券化产品就是典型的“产品转型”的成果。花旗集团在资产证券化市场全面投入是“机构转型”与“产品转型”这两股时代变革最终融汇的典型案例。

2009年1月12日摩根士丹利、花旗宣布成立新合资公司“摩根士丹利美邦公司”将成为全将成为全球最大证券经纪公司，拥有20，390位营业员、管理1.7兆美元客户资产。

2009年1月16日花旗集团宣布把业务一分为二，花旗集团将拆分为“花旗银行”和“花旗控股”两部分，花旗银行将保留集团在100多个国家的传统银行业务，花旗控股则将纳入一些“非核心”的资产管理、消费金融业务主要包括CitiFinancial、Primerica金融公司和“摩根士丹利美邦公司”49%的股份等，以及花旗在日本的子公司日兴花旗控股和Nikko资产管理公司。2009年5月1日花旗集团决定以5450亿日元（约55亿美元）出售旗下的日本第三大的证券公司也日兴柯迪证券（Nikko Cordial Securities）给三井住友金融集团。

就在花旗蓬勃发展，资产规模和业务产品雄踞市场第一的时候，转瞬间，随着次贷危

机的爆发以及紧随而来的“两房”破产、雷曼兄弟的倒闭，花旗银行的经营业务急转直下。不断出现的负面消息让这个金融巨人身陷囹圄。从2008年11月16日至21日，一周之内花旗股价跌幅高达68%。从2007年高点的35美元左右一路狂跌到21日的3.77美元。之后，花旗银行的股价继续下挫。2009年3月，花旗银行股价自1986年上市以来首次盘中跌破每股1美元，最终以每股1.02美元报收。在2006年下半年，花旗银行的股价曾经达到每股55.70美元，公司的市值高达2772亿美元。两年后的2009年3月5日，公司的市值只剩下55.96亿美元，缩水幅达到了98%。连续第五个季度巨额亏损，使花旗银行全年亏损超过200亿美元。

为了分享资本市场的高额收益，花旗集团积极开展了针对资本市场投资机构的杠杆授信业务。截至2007年4季度，花旗针对资本市场的信贷业务收入达到989亿美元，比去年同期增长88%。增长动力主要就是对于对冲基金的授信业务。这方面的损失被计入了相关信贷成本7.44亿美元之中。

分析花旗的业务可以看出，在金融市场化的大背景下，资产证券化和抵押证券等产品，以及其为标的而通过证券市场的杠杆交易使得花旗在低利率时期获取的丰厚的利润。作为风险转移措施，花旗也确实将高风险资产通过打包卖出等方式“甩”了出去，保持了其报表内资产风险的平衡。然而，广泛参与市场的花旗银行在一方面创造次级贷衍生品、贪婪获利的同时，花旗银行中的证券投资部门也在二级市场上创造和购买以花旗次级债产品为基础的，更为复杂的证券衍生产品。一个个创富的神话泡沫越吹越大，如同一个顶点向下、支撑逐渐减弱金字塔，最终，建立在流沙上的各种纷繁复杂的衍生品随着购房者无法支付房贷的违约爆发露出了败絮其中的本相，而此时的花旗却发现，自己原以为已经抛售掉的风险资产，却通过那些复杂的产品和自身庞杂的机构，重新溜回到企业内部，最终导致了花旗危机的爆发。

资料来源：根据网络资料整理

思考：

1. 花旗为什么会在此次危机中遭受如此巨大的损失？

2. 从花旗的案例中能得到什么启示？

第12章 法律风险及声誉风险管理

知识目标

1. 了解法律风险的含义、特征；法律风险管理的定义、原则和特征
2. 理解法律风险的分类和影响
3. 掌握法律风险管理体系的构建
4. 熟悉法律风险的控制
5. 掌握声誉风险的定义、特征
6. 掌握声誉风险的影响因素
7. 了解声誉风险管理的必要性
8. 熟悉声誉风险管理的内容及基本做法

技能目标

1. 掌握企业法律风险管理体系的构建
2. 能够进行声誉风险的成因分析

能力目标

1. 能够识别生活中的法律风险
2. 对商业银行声誉风险进行分析

导入案例

北岩银行危机

2007年9月爆发的北岩银行危机，是英国自1866年欧沃伦格尼银行挤兑事件以来发生的第一次大规模的银行挤兑危机。北岩银行的前身是一家建房互助协会，1997年转变为股份制银行，1999年开始转变经营策略，由传统的零售银行业务转向批发银行业务，开始依赖于货币市场的大规模批发性融资；同时借助于证券化手段对抵押贷款由传统的“发起一持有”模式转向“发起一分散”模式，即不再持有手中的抵押贷款，而是对抵押贷款进行打包和证券化并向金融市场中的投资者出售。在这一过程中，北岩银行在“避税天堂”英属泽西岛设立了花岗岩公司作为其实施资产证券化的特殊目的机构。通过这种方式，北岩银行的合并资产规模由1997年末的158亿英镑增长至2006年末的1010亿英镑；

在1999—2007年间，北岩银行占英国抵押贷款的市场份额由6%增长至19%。与此同时，北岩银行的负债结构也发生了巨大变化：1997年末，北岩银行的抵押贷款中有62.7%来自于储蓄存款，到2006年底，这一比例已下降至22.4%；到2007年，北岩银行50%的资金都来源于证券化融资，10%来自于资产担保债券，25%来自于大宗货币市场的批发融资，期限一般只有几个月，有些是一年多。基于这样的融资结构，北岩银行需要不断获得流动性以“新债偿还旧债”的方式保证其持续运营，“借短贷长”的期限错配蕴含着巨大风险。延至2007年8月，金融市场的流动性在次贷危机的冲击下开始冻结，北岩银行面临着流动性危机。在一系列应对措施无果之后，北岩银行与英格兰银行、英国金融服务监管局（FSA）和英国财政部决定于2007年9月17日公布了英格兰银行对北岩银行的援助计划。但是，英国广播公司（BBC）于2007年9月13日晚就曝光了这一计划，迫使英格兰银行不得不于2007年9月14提前公布了对北岩银行的援助计划。这触发了意料之外的市场恐慌，由此揭开了北岩银行危机的序幕。2007年9月14日至17日间，北岩银行遭受了存款人大规模的挤兑浪潮，短短几天被挤提了20亿英镑，其股价下跌了35.4%。直至2007年9月17日，英国财政大臣达林宣布对北岩银行存款人的存款实施全额担保，北岩银行挤兑风波才逐渐平息。2008年2月17日，英国财政部宣布对北岩银行实施暂时的国有化。2011年11月18日，维珍金融公司以7.47亿英镑收购北岩银行。

从事后归咎的角度分析，正是北岩银行激进的商业模式和盲目的规模扩张、金融监管机构的不当法律执行，以及英国破产清偿和存款保险法律的不完备等引发了北岩银行的法律风险。而流动性风险与法律风险的叠加和联动，则助推了北岩银行危机的爆发。因此，透视北岩银行危机，必须弄清商业银行的法律风险是什么？何以产生？如何克服？

资料来源：根据百度资料整理。

第一节 法律风险管理

一、法律风险概述

（一）法律风险的定义

法律风险是指企业由于不懂法律、疏于法律审查，或者逃避法律监管而违反国家法律、法规或其他规章制度导致承担法律责任或者受到法律制裁的风险和主观上不知道采取法律手段对自己的权利或者将要遭受的经济损失进行法律救济所带来的经济损失的风险。法律风险一旦发生，企业自身难以掌控，往往带来相当严重的后果，有时甚至是颠覆性的灾难，建立、健全法律风险防范机制，是企业加强风险管理最基本的要求。

法律风险融通于各种企业风险当中，不是孤立的一种企业风险，在形成原因和表现形式上看，具有多样性。新巴塞尔资本协定（BaseⅡ）指出法律风险意指包括导因于监理措施所产生的罚款、惩罚性赔偿及私下和解等。国际律师协会认为主要由下列原因引起的使一个机构招致损失的风险就是法律风险：（a）由缺陷的交易；（b）结果使一个机构招致责任或其他损失（比如，终止合同）的请求（包括对请求的抗辩或反请求）或其他事件；

(c) 未能采取适当措施保护一个机构所拥有的资产（比如，知识产权）；(d) 法律的变动。2005 年路伟国际律师事务所发布的《中国企业 100 强法律风险报告》，对中国企业的法律风险进行了系统调查与研究。该报告认为，法律风险是一种商业风险，是指违反有关法律法规、合同违约、侵权，或怠于行使公司的法律权利等而造成经济损失的客观危险。法律风险的种类包括：经营性损失（收益或利润损失、成本或责任增加等）；民事赔偿、判决或裁决（包括辩护及和解费用）；行政或刑事处罚或制裁；企业资产（包括有形和无形资产）受损；商誉受损；其他损害。

法律风险并不是违法风险。违法风险仅仅是法律风险的一种最常见的形式。法律风险也不同于法律责任。法律风险中包含了法律责任的不利后果因素，但这种责任本身仍然仅是可能性。法律风险也不同于法律问题，法律问题是法律风险发生的现实状态，而这种状态仅仅是法律风险发生的基础。

（二）法律风险的特征

企业法律风险与其他风险既有区别又有联系，其主要特征是：

(1) 企业法律风险发生原因的法定性（约定性）。例如，企业违反法律规定、合同约定、侵权、怠于行使法律赋予的权利等，这些原因都是由法律规定或者合同约定的，否则不能直接导致法律风险的发生。企业内部依据国家法律法规制订的规章制度，也是企业全体员工必须遵守的行为规范，如果企业员工不遵守企业内部规章制度，也将导致企业法律风险的发生。从企业外部看，国际范围内国与国或地区与地区之间的法律冲突，国内法律法规与规章在立法上的不一致，以及执法环节上的不协调等，也都可能诱发和引起企业的法律风险。

(2) 企业法律风险发生结果的强制性。企业的经营活动如果违反法律法规，或者侵害其他企业、单位或者个人的合法权益，势必承担相应的民事责任、行政责任、甚至刑事责任等法律责任。而法律责任具有强制性，法律风险一旦发生，企业必然处于被动承受其结果的窘迫境地。企业发生法律风险的结果往往十分严重，有时甚至是颠覆性的。

(3) 企业法律风险发生领域的广泛性。企业的所有经营都离不开法律规范的调整，企业实施任何行为都需要遵守法律规定。法律是贯穿企业经营活动始终的一个基本依据。企业与政府、企业与企业、企业与消费者以及企业内部的关系，都要通过相应的法律来调整和规范。因此，企业法律风险存在于企业生产经营各个环节和各项业务活动之中，存在于企业从设立到终止的全过程。

(4) 企业法律风险发生形式的关联性。在企业风险体系中，许多风险并不是截然分开的，往往可能互相转化，存在交叉和重叠。法律风险与其他各种风险的联系最为密切，关联度最高。如企业发生财务风险、销售风险，往往也包含法律风险。由于法律风险是根据法定原因产生的，而遵守法律法规是企业在生产经营中最基本的要求，因此法律风险是企业风险体系中最需要防范的基本风险。

(5) 企业法律风险发生后果的可预见性。法律风险是由法律规定的原因产生的法定后果，因此事前是可以预见的，可以通过各种有效手段加以防范和控制。企业法律风险事前可防可控与企业事后对法律责任的追究难以自主操控，正是基于法律风险的可预见性而言的。

（6）可认知性。与自然风险、商业风险不同，法律风险可控可防。法律风险属于可认知的风险，是可以在风险发生前进行风险预测，并通过改变行为改变的风险。

（7）专业性。“法律人具有的是技术理性，而普通人具有的是自然理性，……对法律的这种认识有赖于在长年的研究和经验中才得以获得的技术。”法律的专业性决定了法律风险的专业性。法律风险认知能力具有专业性；法律风险解决方案具有专业性；法律风险的防范具有专业性。

（8）损失性。法律风险几乎都会给企业造成损失，并且有时是无法估量的。如果法律风险没有得到有效控制，完全可能让企业走向灭亡。企业法律风险的损害结果超过任何一种企业面临的其他风险。

（9）不可投保性。避免风险最简单的方式就是购买保险将风险转嫁给保险公司，再由保险公司将风险转嫁给所有的具有类似风险的投保人，实现风险损失结果的分散。然而法律风险的特性决定了绝大多数法律风险是不能通过保险转嫁风险的。

（三）法律风险的分类

从不同角度、按照不同的分类标准，可以将法律风险分为不同的类型。法律风险分类的现实意义，在于对于不同类别的法律风险可以采取有针对性的措施加以管理。

（1）直接的法律风险和间接的法律风险。直接的法律风险是指法律因素导致的，或者由于经营管理时缺乏法律支持而带来的各种企业风险，例如：企业决策时缺乏法律支持而导致的决策风险、企业管理体系中合同管理或知识产权管理或管理人法律意识欠缺等而导致的管理风险、立法调整而导致的非经营风险。

间接的法律风险是指非法律因素的各类企业风险发生后，最后给企业带来的各种法律后果，例如：财务风险带来的法律风险、企业经营失败后给股东带来的企业清算责任、企业决策在实施中因为战争、自然灾害等不可抗力导致的经营失败给企业带来的民事赔偿以及法律纠纷。法律风险的组成很复杂，预防与控制也就因事而异。直接的法律风险往往可以通过增强法律意识与企业法务管理而得以加强预防，间接的法律风险则必须通过各责任部门、各专业人士的预防而减少损失。法律风险与企业风险的关系是，法律风险只是企业在社会海洋中航行时触碰到的风险的一种，但是企业的任何一种风险，最后都会带来法律风险。

（2）客观类法律风险和主观类法律风险。这是按照法律风险的产生与人的意识行为的关系进行的划分。客观类法律风险是指由不以人的意志为转移的客观事件引起的法律风险。例如，因自然灾害暴露的管理漏洞，致使企业遭受损失。虽然法律风险存在于管理漏洞中，但却是由于自然灾害引起的。主观类法律风险是指由人有意识的行为引起的法律风险。企业对客观类法律风险的防范，应当在完善日常管理上下功夫；对主观类法律风险的防范，要特别注意加强对员工教育培训，努力提高全体员工的守法意识。

（3）作为的法律风险和不作为的法律风险。这实际上是对主观类法律风险的细分。作为的法律风险是指企业主动实施一定行为造成的法律风险，不作为的法律风险是指企业不采取必要或必需的行为而造成的法律风险。如企业未及时注册自己的商标，而遭他人抢注。企业对作为的法律风险的防范，要主动对各项业务活动进行评估和分析，预测可能造成的风险，完善防范措施；对不作为的法律风险，则要纠正那种以为不主动实施某种行为就不会造成法律风险的错误认识。

（4）外部法律风险和内部法律风险。这是按照法律风险来源进行的分类。外部法律风险是指由于企业以外的社会环境、法律环境、政策环境等因素引发的法律风险。内部法律风险是指企业内部管理、经营行为、经营决策等因素引发的法律风险。由于本文试图构建法律风险管理体系，故选择此种分类方法。外部法律风险由于引发因素不是企业所能够控制的，因此很大程度上需要调整企业行为以适应外部因素，这种法律风险常常属于必然性法律风险。对外部环境的了解，同样有助于企业改变法律风险表现形式、损害程度等，由于引发法律风险因素的外在性，因此不能从根本上杜绝此类法律风险的发生，而只能采取适当的企业行为适应外部环境变化，减少法律风险的发生。内部法律风险可以通过改变企业行为实现对法律风险形成因素的改变，从而改变法律风险本身的发生机制。从实践来看，企业内部法律风险是法律风险管理的重点，是一个企业面临的法律风险最普遍的发生因素。

外部法律风险和内部法律风险有时并不能够准确划分，任何一种法律风险的产生都有企业行为，这是企业参与法律实施活动的必然；同时也都存在外部环境对企业行为的评价，这种外部环境影响在所有的法律风险中都存在。因此有时要判断一个法律风险是基于外部环境影响还是基于内部企业行为影响是非常困难的。如果可以通过企业行为调整实现法律风险的改变，这样的法律风险就应当认定为企业内部法律风险。反之，当通过企业行为调整无法实现对法律风险的改变时，或者是企业行为不能根据企业自身意志调整时，法律风险产生的因素就可以判断是外部环境造成的。

企业法律风险防范，要以加强内部法律风险管理为重点。对于外部法律风险，要通过对相关信息的跟踪，及时掌握外部法律环境的变化情况加以防范。

（四）法律风险的影响

（1）法律风险带给企业的结果是商业性损失。要么导致企业花费增加，要么失去商机或商业优势，严重的导致企业彻底失去竞争能力，从市场中消失。

（2）法律风险对企业的影响是连锁反应，并非单一的商业性损失。由于企业法律行为的连贯性，一旦其中一个环节出现法律问题，必然引发企业一系列经营活动受到损害。一些法律风险，可能引发企业商誉的极大影响，从而导致企业失去公众认同感，即使化解了法律风险，企业想重新获得原有的商业优势也将非常困难。

（3）法律风险对企业造成的损害程度难以估量。法律风险一旦爆发，企业自身难以掌控，往往带来相当严重的后果，有时甚至是颠覆性的灾难。近年来发生的安然、世通、帕马拉特等公司案件，都揭示了市场经济怎样表现为法制经济和规则经济的，这些案例警示我们防范法律风险的重要性和迫切性。

二、法律风险管理概述

（一）法律风险管理的定义

企业法律风险管理是指在对法律风险主体的自身目标、状况及其所处环境进行充分了解的基础上，围绕企业的总目标、结合企业及所处行业的特点、企业外部因素等，采取综合、系统的手段充分利用法律所赋予的权利，以事前控制为主避免或降低企业法律风险不利后果的法律事务处理全过程。

由于经济的发展，企业在瞬息万变、日趋激烈的市场竞争中遇到的风险也越来越多，对于企业的各种风险而言，法律风险是其中最重要、最基本的风险。从宏观上看，现代市场经济是有法治支撑和约束的经济，法律是规范企业一切经营活动的最低行为准则和具有后果承担性的行为约束准则。从微观上看，企业发生各种风险的后果表现形式很多都是法律责任。因此企业在日常的运营过程中一定要建立相应的法律风险管理流程，运用法律风险管理方法规范企业的运营活动，通过建立各项支持性管理制度，确保企业的经营活动在风险可控的条件下实施。企业法律风险管理的内涵即是对上述分类的企业法律风险进行全面的管理，其主要包括：

(1) 企业法人治理法律风险管理：包括企业股东结构、股权设置和出资是否存在潜在的法律风险，企业股东会、董事会和监事会的设置和运作是否合法，企业资本运作的往来规范性文件是否合法，企业的各类分支机构的设立和授权是否合法，企业的运营流程中各类授权和审计制度是否合法，企业内控制度的建设如何，以及相应的各项制度和合同是否能够得以落实。

(2) 企业合同法律风险管理：包括合同的订立、生效、履行、变更、转让、终止及违约责任承担的防范机制、企业内部的合同管理制度和合同审批权限及制度。

(3) 企业并购及投融资法律风险管理：包括企业兼并、收购以及各类权益性和成本性投融资行为，这会涉及企业法、竞争法、税收法、知识产权法等法律法规，且操作复杂，对社会影响较大，潜在的法律风险较高。

(4) 企业知识产权法律风险管理：包括企业的商标、专利、著作权、高新技术、专有技术、商业秘密和软件权利等一系列事关企业核心竞争力保护的制度建设和申请、保护等方案。

(5) 企业人力资源管理法律风险管理：包括企业的劳动用工、社会保障、期权设置、奖励计划、福利待遇等一系列制度的设计和持续改进以及相应的纠纷应对预案，通过这些措施防止企业陷入繁杂的劳动人事纠纷中。

(6) 企业财务和税收法律风险管理：包括企业的财务管理制度、资金使用制度、各类抵押行为、借款和委托贷款行为、涉税行为、购买保险等的合法性审查和尽职调查等。

(7) 企业环评和产品质量法律风险管理：包括企业环境治理、环保措施、环保风险、环保交易、产品质量审批和检验、产品质量保险、产品生产全流程控制等制度的合法性审计制度等。

(8) 企业怠于行使权利的法律风险管理：包括企业面临的产业政策、国家鼓励性财政激励补贴法规、企业为达到相关标准而进行的经营调整等内容。

(二) 法律风险管理的原则

基于企业经营活动的特点，以及法律实务工作人员工作效果评价的最优化考量，综合考虑，企业法律风险管理的原则主要有：

(1) 谨慎性原则。所谓谨慎性原则，是指法律实务工作人员在对企业从事法律风险管理的过程中，应首先尽可能谨慎地全面、细致地收集企业所处的法律环境，分析企业经营行为所涉及的法律规范，对企业的行为及相关主体的行为有较为全面的了解和判断。在系统性解决企业的法律困境时，要对面对的问题提出谨慎的解决方案，要有全局观念。从法律风险的识别到最终的法律风险解决，要有系统化和全局化的意识，提供的解决方案应该是最优化的方案，不能就问题解决问题，把问题孤立开来。

（2）主动性原则。所谓主动性原则，是指法律实务工作人员对于企业的各种行为，应当积极、主动地从法律风险管理的角度去收集信息，建立日常跟踪机制，制订相应的应对方案，而不是做企业的"消防队"，事后补救，为了处理孤立的法律问题而应对。在管理企业法律风险的过程中，最重要的是建立成型的管理机制，并且不断地持续改进。法律风险会随着国家的立法状况和企业的生产经营管理情况的变化而发生变化，因此这种体系的建设也是一项长期性的工作，伴随着企业的整个生命周期，法律风险管理应该是动态的运行结构，根据内外部环境的变化，法律实务工作人员也要不断调整和优化企业法律风险管理措施。

（3）合法性原则。所谓合法性原则，是指法律风险管理要与企业实际经营情况紧密结合，具有本行业、本企业的鲜明特点。不同的行业，不同的企业，除基本制度、基本流程以外，可以有差异性地选择不同的制度流程设计和风险防范方式。法律实务工作人员提出的所有方案和建议都是建立在法律规范要求的基础上，通过把具体法律的条文通过分解，转化为企业的具体管理制度和流程，保证企业的运营建立在合法性的基础上。

（4）标准性原则。所谓标准性原则，是指法律实务工作人员将相关企业的各项行为分类归纳，从法律的角度帮助企业建立不同的操作程序，理顺授权手续，进行统一的制度设计，根据法律风险的状况，决定应对法律风险的承担、控制、转移和规避等不同的选择方式。这种决定主要建立在成本和费用的比较上，也要建立在合法经营的风险控制下。由于法律的规范性，对于企业来说，来自于法律方面的风险可谓方方面面，为了能够更好地管理好企业法律风险，对于法律风险的管理必须落实到企业的每个具体活动中，因此将具体的法律规范与企业的具体行为对应起来，建立标准化的管理规范和工作流程，帮助企业的具体工作人员规范运作就十分重要了，这也避免了企业较高的法律培训成本和难以控制的实施效果。

（三）企业法律风险管理的特征

（1）识别的系统性。所谓识别的系统性是指对企业法律风险的识别必须是结构化的、全面识别的，从法律性质上看，应涵盖了违法、违约、侵权、行为不当、怠于行使权利等不同性质，从人员分布上看，应涉及包括高管在内的所有工作人员，从机构和流程上看，应贯穿于所有的部门和岗位。企业制订风险防控制度时，要将风险树中识别的风险作为一个整体来看待，并对每一风险制订风险防控制度，形成制度体系。

（2）分析的定量性。所谓分析的定量性是指对所有识别出来的法律风险，应进行量化测评，将具有不同法律性质，分散在不同领域、不同部门的法律风险，统一用可能性、损失度和风险期望值来衡量，从而使各种风险之间具有可比性，能够从管理的角度区分出轻重缓急。

（3）控制的体系性。所谓控制的体系性是指企业法律风险管理和控制的部门不再集中于企业法律事务部门，而是分散到所有的业务和管理部门，从而将法律风险的控制和管理变成企业所有部门和人员职责的一部分，把过去似乎不可能明确的各个岗位、各个环节的法律风险管理控制的责任和工作内容明确下来。

（4）运行的持续性，所谓运行的持续性是指企业法律风险管理体系是一个闭环的、动态的运行结构，它需要根据内外部环境的变化和运行的周期，进行不断的调整和优化，保证企业法律风险管理体系始终适应企业生产经营的需要。

三、企业法律风险管理体系的构建

法律风险管理体系应是法律风险防范的科学理念、基本原则、制度、体制、机制和操作规程的集合。建立法律风险管理体系是一个系统工程，基本方法是将法律风险防范的各要素按其功能整合为系统，再将各系统整合为体系。这个体系至少包含战略规划系统、内部环境控制系统、内部经营管理活动控制系统、内部法务工作系统、外部法律服务系统。

（一）建立企业法律风险管理体系的原则

1. 诚实信用原则

诚实信用原则是现代民法的最高指导原则，是市场经济活动的基本道德准则，也是法制社会的基本法律准则。诚实信用原则为市场参加者树立了一个必须广泛遵守的道德标准，反映了市场经济客观规律的要求，近现代各国民法典都对诚实信用原则从不同角度加以规定，其适用范围不断扩大，被学术界奉为民法各项原则中的“帝王条款”、“君临全法域之基本原则”。企业作为重要的市场主体，对于诚实信用原则的遵守体现在其各个活动领域。诚实信用原则一方面要求、鼓励和提倡企业在进行民事活动时应讲求诚实、信用和善意，另一方面又给予企业的民事活动以强制性约束，直接对企业所作所为的后果产生影响。对于企业，诚实信用原则体现了其行为准则的功能。企业法律风险的产生原因具有多样性，诚实信用原则意识低下是其中最重要的因素。企业只有把诚实信用原则忠实地全面彻底地贯彻于企业法律风险管理之中，才能充分履行企业对投资者、消费者、员工乃至对社会的责任，才能把法律风险最大限度地控制在企业的承受范围之内。因此，贯彻诚实信用原则是法律风险管理的第一原则，是构建法律风险防范体系的灵魂。企业必须遵守诚实信用原则，否则将受到市场及其法律的严厉惩罚，而这种惩罚很可能是毁灭性的。企业对于损失的金钱可以弥补，而对于商誉和信誉受损将会陷入长期的困扰。

2. 全方位管理原则

企业法律风险存在于整个经营活动中，决定了法律风险防范机制必然是全方位的。主要体现在：

（1）企业法律风险防范机制要贯穿企业经营管理的各个环节和全过程，将所有的经营管理行为都纳入法律风险控制体系管理，对经营管理的全过程实现全程监控、全程管理、整体把握。

（2）企业的全体员工要共同参与企业法律风险的防范体系，建立起由企业决策层主导、企业总法律顾问牵头、企业法律顾问提供业务保障、包括企业管理层和风险点岗位在内的全体员工共同参与的法律风险防范机制。

（3）要综合运用多种法律风险控制手段。不同类型的法律风险具有不同的特征，采取单一办法势必降低风险控制的效率，因而要考虑部门特点、业务性质、人员素质等，有针对性地制订切实可行的防范控制措施。

3. 责、权、利相统一，规范化运作原则

建立行为规范，把风险防范战略目标分解到全员。作为一种长效机制，企业要将法律风险防范纳入企业各项管理制度、工作流程之中，要通过规章制度来规范各部门、各岗位在法律风险防范中的职责，建立和完善法律风险管理制度体系，使企业对外投资、合同交易、市场拓展、劳动管理、财务管理等各项活动全部纳入法制化、规范化的轨道。

4. 动态化调整原则

企业所面临的法律风险不可能一成不变。随着企业外部法律环境、企业业务范围的不断变化，企业法律风险的种类、性质、影响范围和表现形式也在不断变化；随着时间的推移，法律风险发生的可能性也会出现波动。法律风险的变化决定了法律风险防范机制也应该是动态调整的。要根据企业的治理结构，围绕企业在不同时期的发展方向和重点，针对不同的法律风险，不断进行调整完善，使企业法律风险的防范和管理切合企业自身实际，符合企业不同时期的发展需要。

5. 与治理结构相匹配的原则

实践表明，有什么样的治理结构，就有什么样的法律风险防范机制。良好的治理结构和健全的企业法律风险防范机制相得益彰，互相促进，共同保障企业健康地的发展。但治理结构作为企业基本制度之一，对企业法律风险防范机制起着决定性的作用。

（1）治理结构是企业法律风险防范机制的基础和前提。现代公司原理表明，治理结构本身就是企业分权与制衡的一套制度安排，尽管各国公司治理模式各有千秋，但基本原理和原则是殊途同归的。就此而言，治理结构在某种意义上与其说是经济制度的安排，毋宁说是一种法律制度的安排。治理结构安排了企业的股东、董事、经营层的设置、权利义务以及相互关系，设计了企业最基本的机构及其之间的关系。治理结构所安排的机构，按照各自的指责和权限设计，建立起企业包括法律风险防范机制在内的其他内部机制。

（2）治理结构决定企业法律风险防范机制的核心向导。企业法律风险防范机制的内容与企业的生产经营或定是密切相关的，其范围通常与企业的经营范围一致。但企业法律风险防范机制最终的导向和侧重点要由法人治理结构来决定。例如，治理结构注重维护股东权益，以维护股东权益为核心（股东中心主义），那么其法律风险防范机制必然是围绕保护鼓动权益开展的；治理结构侧重维护董事会权利（董事会中心主义），那么其法律风险防范机制肯定是围绕董事会权利，为董事会服务；治理结构注重对董事会权力的制衡和监督，那么法律风险防范机制就会以监督经营决策的合法性为主要内容，侧重于发挥企业法律风险防范机制的监督功能。

（3）治理结构影响企业法律风险防范机制的施行效果。良好的治理结构，对企业法律风险机制的建立和运行有着至关重要的作用。安然、帕玛拉特、世通以及国内一些企业虽然在企业内部都有法律风险防范的措施和机制，但仍然没能避免法律风险带给他们的颠覆性灾难，其主要原因就是企业治理结构本身不健全，所有权和经营权不分、决策权与执行权合一、董事会成员与经理人员交叉任职，导致相互之间根本无法形成制衡关系，那么势必直接影响企业法律风险防范机制的施行效果。所以，只有良好的治理结构与健全的企业法律风险防范机制有机地结合起来，才能使企业有效控制和防范法律风险。

（二）企业法律风险管理体系的内容

任何一种法律风险流程都基本分四步走：第一步是法律风险意识，第二步是法律风险的识别，第三步是评价法律风险，第四步是控制法律风险。本文探索建立的企业法律风险管理体系是以规范化为核心，以标准化、信息化、系统化为特征，把企业各项分散的经营管理活动按功能整合为若干系统，把各系统整合为一个紧密联系的有机整体的动态流程。其主要包括以下各系统：

1. 战略规划系统

制订法律风险管理战略和实施此战略的规划和计划，确定战略目标，建立战略目标体系，制订实行战略目标的重大举措，安排方法步骤，完成战略描述。这个战略应既包括预防性措施，也包括突发事件管理预案。首先要评估公司法律风险环境。其次，法律风险的防范措施必须在全集团公司内统一适用并执行。再次，法律风险环境随时都在发生变化，法律风险管理战略应当进行必要的调整。

2. 内部环境控制系统

建立全员法律风险防范意识的教育培训机制，建立科学的治理结构，建立科学的决策和管理机制。以法律的要求将企业各项经营管理活动规范化，建立全员岗位目标、确定责权，制订每一项经营管理活动过程中各个环节的行为规范和标准，建立监控、评价、调整各岗位执行规范标准的电子化系统。这是一项细致、庞杂的工作，但却是最基本的工作。实现企业行为规范化，提供了一种较为明确的行为准则，减少了企业行为的随意性和不确定性。实现企业行为规范化，为企业法务工作人员进行日常性合规审查提供了准确、快捷的路径。

3. 内部经营管理活动控制系统

该系统是在企业行为规范化的基础上，实现确认经营管理活动中可能产生的重大事件，预测风险源、确定风险点、评价风险、确定解决方案、实施方案并跟踪反馈。法律风险识别是指对尚未发生的、潜在的各种法律风险进行系统、连续地认识和归类，并分析产生法律风险事件的原因。人们只能评估其已经认识到的风险。

常见的法律风险识别方法有：(1) 法律风险列表。通过罗列企业所面临的各种法律风险，按照发生时间先后顺序或发生部门等，将法律风险统计在一张表格内，以便之后在法律风险评估活动中使用。(2) 法律风险分析图。一些企业法律风险也可以采用法律风险分布图方式进行信息收集和统计，将法律风险按照事先制订的标准，在法律风险图中予以标明。现代企业法律风险管理的切入点应是发现本企业法律风险因素，找出风险源，认识风险。本文采用按照法律风险来源分类的方法将法律风险分为外部法律风险和内部法律风险，因此以图 12－1 所示将企业法律风险源作如下分析。

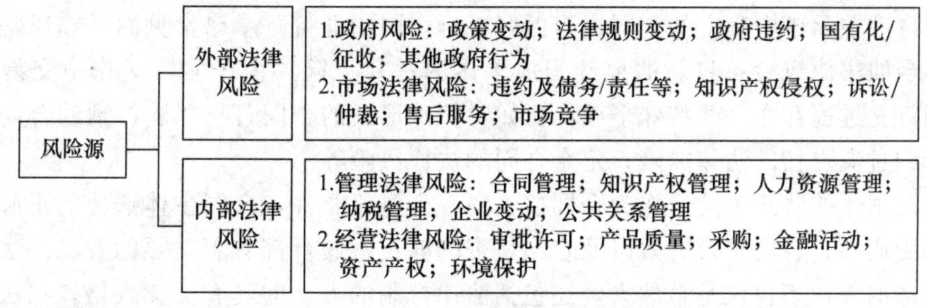

图 12－1 企业法律风险源分类示意图

4. 内部法务工作系统

内部法务工作系统就是按照图 12－1 所示内容，对企业所有面临的法律风险进行定位，确定法律风险管理目标体系，并进一步分解责任体系，落实到法务工作人员的具体工作。内部法律风险管理主要以下几个方面：

（1）企业设立中的法律风险管理。从法律意义上讲，企业是连续稳定地从事经济活动的营利性的社会组织，包括企业法人（合伙、个体工商户、个人独资企业等）。企业设立是指发起人依照法律规定的条件和程序，为组建某种社会经济体，使其具备法律人格或某种法律地位而采取和完成的一系列法律行为的总称。一个专业的法律方案涉及规范的企业设立过程是企业成功的基础。如果在企业设立之初，存在法律上的瑕疵，那么必然会为企业以后的运作埋下深远的法律隐患。在我国现行的法律体系中，独资企业、合伙企业和公司企业三种企业法律形态构成了我国的企业体系。法律对于每一种企业法律形态有着不同的规定。权利与义务、利益与风险在每一种企业法律形态中都保持与实现着平衡。企业法律形态是企业内外法律关系和法律属性的概括性反映，揭示了不同企业的组织特点，包括其在法律地位和制度设置方面的鲜明差异。一般而言，企业设立中的风险管理主要包括以下三个方面：一是企业法律形态的选择及其法律风险；二是企业设置法律文件及法律风险；三是企业权益分配的法律风险。

（2）合同管理中的法律风险管理。合同，又称契约，是双方或多方当事人之间设立、变更、终止民事法律关系的协议。合同法律风险，是指在合同订立、生效、履行、变更和转让、终止及违约责任的确定过程中，合同当事人一方或双方利益损害或损失的可能性。合同是当代社会进行各种经济活动的基本法律形式，商家通过合同来确定交易各方的权利义务，并以此约束对方进行经济活动，达到交易目的。合同在企业中运用的广泛性，决定了合同法律风险的广泛性。

①合同签订过程的法律风险。依法订立合同是合同生效的前提，是履行义务、享有权利，解决纠纷和请求法律保护的依据。任何一个合同订立的过程，都包括要约和承诺两个阶段。要约是一方当事人以缔结合同为目的，向对方当事人提出合同条件，希望对方当事人接受的意思表示。一旦要约生效，要约人不得随意撤销或对要约加以限制、变更或扩张。如果想要做出改变，必须按照法律规定的方式进行。常见的要约阶段的法律风险有：要约误认为要约邀请的法律风险；要约内容不当的法律风险；要约撤回和撤销不当的法律风险。承诺是受约人做出的同意要约以成立合同的意思表示。承诺只要没有对要约做出实质性改变，除非是要约人明确表示拒绝的，否则构成有效的承诺。一旦做出承诺，企业就应当按照自己在承诺中确定的合同内容做好履行合同的准备。承诺常见的法律风险有：承诺方式不当的法律风险；将新的要约当成承诺的法律风险。由于实际运作中交易的复杂性，合同订立过程存在一些特殊事项，比如：特殊形式的合同订立风险；预约合同的法律风险；缔约过失责任的法律风险；定金合同的法律风险等。

②合同主体的法律风险。作为合同成立的一个重要要件，合同主体选择的正确性，对于合同是否成立、合同是否有效以及合同是否能够正常履行都有着重要的意义。法律意义上作为主体的人，不仅仅是自然人，还包括法律拟制的人，即具有法律人格，在法律上能够享有权利和承担义务的组织体。简单的交易主体包括自然人、法人和其他非法人组织。自然人是最为常见的合同相对人，其订立的合同是否有效与行为能力具有密切关系。世界各国民法典没有给法人规定一个明确的定义，我国《民法通则》第 36 条规定，法人是具

有民事权利能力和民事行为能力，依法独立享有民事权利和承担民事义务的组织。非法人组织是指不具有法人资格，但可以自己的名义从事民事活动的组织体。按照现行法律，其他组织包括合伙、法人分支机构、个人独资企业、个体工商户、农村承包经营户等。由于这类主体最终的责任承担不具有完全的独立性，因此在对其进行了解时，必须同时对最终的责任承担者进行必要的了解，才能有效地控制企业法律风险。

合同主体和签约主体不一致时可能产生的法律风险有两种：

Ⅰ、现实的交易中，大部分的企业行为都是由代理人完成的。代理人从事交易活动常见的法律风险有：无权代理的法律风险；超越权限代理的法律风险；授权委托书的缺失、授权内容与合同交易不符、超过授权期限等法律风险。

Ⅱ、企业法人作为法律拟制的人，其意思最终必须通过法人机关的特定自然人来行使。法人机关本身并无独立的法律人格，只不过是法人的内部机构，作为法人机关之特定自然人基于特定的能代表法人的岗位或职务所为的对外民事行为，应为代表行为，适用代表责任。代表人从事交易活动常见的法律风险有：授权缺陷所致的法律风险；公司章程限制的法律风险。

从主观性角度分析，因合同主体可能产生的法律风险分为：非因故意的法律风险和故意设置的法律陷阱，如图 12-2 和图 12-3 所示。

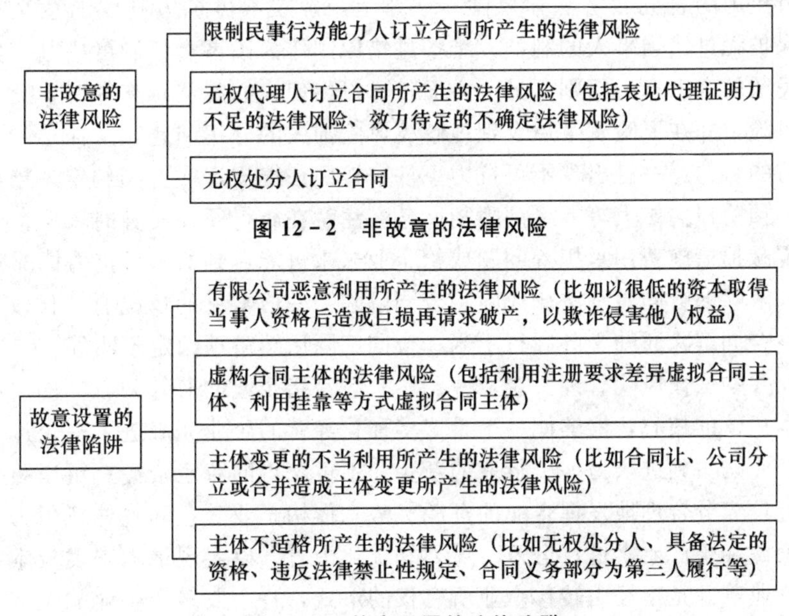

图 12-2 非故意的法律风险

图 12-3 故意设置的法律陷阱

③合同条款的法律风险。合同被称为当事人之间的法律。合同首先确认让渡商品与实现价值存在时间差距的合理性，确认经济利益暂时不平衡的合理性，同时又保证这种差距可以消除。保障这个时间差距可以消除的就是合同内容所明确的双方权利义务，合同内容如果出现缺陷，则这种差距就无法实现当事人最初设想的效果。合同条款是合同法律风险最主要的产生途径。

④合同制度建设。合同管理制度是企业重要的规章制度，通过制度形式将企业和企业

的合同管理活动流程化、规范化。合同管理制度使企业签署的合同得以顺利履行，使企业的合法权益得到有效保障。其明确了合同管理部门、合同的签订（包括合同起草、合同审查、合同谈判、合同签署）、合同的履行、纠纷处理、合同责任追究等内容。具体包括：合同归口管理制度、合同分类专项管理制度、合同授权委托制度、合同审查制度、合同公证制度、合同专用章管理制度、合同台账统计报表制度、合同归档制度等。企业制订合同管理制度应严格按照相关法律规定，并结合本企业的实际情况进行，有效填补合同在签订和履行过程中的各种漏洞，保证合同达到预期有效的履行。

⑤合同救济的法律风险。合同履行一旦发生纠纷或从出现不能正常履行的情况，就会面临合同救济。因合同救济行为不当引发的法律风险更容易转化为实质性的损害结果。

Ⅰ、对方违约的合同救济法律风险。企业几乎没有任何途径避免对方违约，一旦发生企业只能是及时采取恰当的补救措施，以免产生的损害进一步扩大，并积极行使法定或约定的权利，保存相关证据，以便追究对方相应的责任。例如行使抗辩权、采取保全措施等。

Ⅱ、我方违约的合同救济法律风险。应该说我方违约本身已经构成法律风险，期救济措施本身就是对法律风险的消除，只是这种消除必须有效且不能给企业带来新的法律风险。但毕竟这种救济是被动的，企业应该慎重对待。

Ⅲ、不可抗力的合同救济法律风险。法律上，确立不可抗力制度的意义在于：一方面，有利于保护无过错当事人的利益，维护过错原则作为民事责任制度中基本归责原则的实现，体现民法的意思自治原则；另一方面，可以促使人们在从事交易时，充分预测未来可能发生的风险，并在风险发生后合理地解决风险损失的分担问题，从而达到合理规避风险、鼓励交易的目的。一旦出现不可抗力事件，按照法律规定或合同约定，当事人应当履行通知义务、预防损失扩大等一系列附随义务。注意在履行通知义务时采取恰当的方式和在合同中约定减损措施费用承担等问题或给企业未来可能遇到的不可抗力情况减少损失。

Ⅳ、合同解除的合同救济法律风险。合同解除。一般常见的情况有：长效合同缺乏解除条件约定；合同解除通知义务履行不当；合同解除后续事项约定不明等。

（3）企业并购法律风险管理。企业并购，一般是指企业的兼并与收购的总称。企业并购是企业资本运营的核心，能够使一个希望多样化经营的企业克服进入一个产业部门的障碍；可以使企业购买到进入另一个行业的新企业不可获得的特定资源；可以更好地发挥企业的协同效应，充分合理地发挥企业的资源优势，体构企业效益和整体竞争力；使对企业可以支配的资源和生产要素进行运筹、谋划和优化配置，以实现最大限度资本增值目标的有效手段。企业兼并是指经由转移企业所有权的形式，一个或多个企业的全部资产与责任都转移为另一企业所有。作为结果，其资产与责任都予以转让的企业不需经过清算而不复存在，而接受该企业全部资产与责任的企业仍然完全以该企业名义继续运行，这在传统的企业法关于企业合并的理论中被称为吸收合并。企业收购是指一个企业经由收买目标企业的股票或股权等方式，取得目标企业的控制权或管理权。目标企业仍然存续而不必消灭。企业收购并没有改变原企业的资产状态，对从事收购活动的企业更多的应该是注重目标公司的投资安全。以下主要针对企业兼并进行分析。企业兼并是一项涉及法律内容多，操作复杂，对社会影响较大，潜在法律风险较高，对市场作用很强的企业经济行为。目前我国未建成完善的企业兼并法律体系就使得这个问题更应该高度重视。

企业兼并活动一般先是对总体活动进行全面策划，其包括法律上的策划、财务融资方面的策划、公关方面的策划、协同组织方面的策划等。正确而完善的策划会使并购成功一半，使法律风险降到最低。法律方面的策划一般包括：该项并购活动适用什么法律；此项活动是否受法律的禁止、限制；目标公司在接受并购时有无政府批准同意的要求；目标公司是否正常经营；目标公司是否破产；目标公司的资料是否显示有重大法律问题影响；在确定该项并购活动在法律上具备可能性后，分析确定最佳的并购法律形式；（并购形式一般有兼并目标公司、收购目标公司资产、收购目标公司股票或股份，企业应该根据具体情况确定）理顺各种法律关系（比如产权关系、主体关系）。

并购方对目标公司的相关情况要进行全面充分的调查，进行评估。重点审查公司文件中是否有防御收购的相关内容，并正确分析目标公司被收购的难易程度以及并购费用或代价。要点包括：目标公司的主体资格；目标公司的成立合同、章程及其他公司文件；目标公司的董事会决议、股东大会决议、纪要；目标公司的资产情况；目标公司的知识产权情况；目标公司的租赁情况；重要合同与合同责任（权衡并购完成后是否会因并购而使并购人丧失某些预期利益或权利）；目标公司的职工安置情况；目标公司的债权债务情况；重大诉讼或仲裁；必要的批准文件等。并购交易过程中可能涉及以下法律风险：财务风险；关联风险；诉讼仲裁风险；客户关系风险；人力资源风险；交易保密风险；资产风险；法律变动风险；商业信誉风险。

（4）知识产权法律风险管理。知识产权是人们基于自己的智力活动创造的成果和经营管理活动中的经验、知识而依法享有的权利。知识产权指的是人们可以就其智力创造的成果所依法享有的专利权利。随着世界知识经济的迅猛发展，我们在获得发展机遇的同时也面临着日益严重的知识产权法律风险。知识产权客体是一种非物质形态的特殊财产，它的保护范围要求相关法律给予特别的规定。知识产权是一种无形财产，它能够被买卖和转让。随着国际化进程的加剧，中国企业在国际化战略布局上的先天不足越发明显。因为知识产权的一个重要特性就是地域性，中国企业在中国获得相关知识产权并不能保证其在我国领域之外受到法律保护。企业应该充分认识知识产权的国际化特点，通过商标、专利等的域外申请，扩大保护范围，同时也是为企业将来进入相应的国际市场排除障碍，并保障领先国外竞争对手的国际地位。网络时代带给企业的知识产权法律风险正与日俱增，我们必须做好准备迎战这些风险。比如域名法律风险、网络的经营方法法律风险、免费网络资源的法律风险等，企业应当重视知识产权的深入保护，因为从法律风险的解决成本看，避免他人制造侵权产品显然比事后索赔更为经济。

专栏 12 - 1

企业专利法律风险

专利制度是通过依法授予发明创造专利权的方式，保护专利权，鼓励发明创造，促进发明创造的推广应用，推动科学技术进步、创新及经济发展的制度。申请人按照专利法规定的程序和手续向专利机关提出书面申请，经审查合格后获得专利权。专利权是法律赋予申请人实施其发明创造的专有权，任何人要实施专利，除法律另有规定之外，必须得到专利权人的许可，并按双方协议支付使用费，否则就构成侵权。

Ⅰ、专利申请法律风险。包括：申请策略的法律风险（比如不符合专利要求的发明创造申请专利的风险、虽然符合专利要求但不适宜采取专利保护的申请风险）；申请布局的法律风险；专利申请文件瑕疵的法律风险；专利申请后授权前的法律风险。

Ⅱ、专利侵权的法律风险。一般认为，在满足下列四个条件后即构成专利侵权：有被侵犯的有效专利权存在；未经专利权人许可；侵权行为以生产经营为目的；行为不属于法律另有规定的情形。专利侵权行为可以分为直接专利侵权行为和间接专利侵权行为两类。直接专利侵权行为包括：制造专利产品的行为；使用专利侵权产品（只适用于发明专利和实用新型专利）；销售专利侵权产品；进口专利产品；使用专利方法；使用、销售或者依专利方法直接获得的产品；假冒他人专利的行为。间接专利侵权行为包括：提供、出售制造专利产品的零部件或专利方法的专用设备；擅自转让他人专利技术的行为。

Ⅲ、技术合同的法律风险。企业许可他人使用专利权、专利权的转让、利用专利权质押融资、利用专利权合作、交叉许可等，都需要合同来确定双方的权利义务。企业应充分认识此类合同的法律风险。专利实施许可合同的法律风险包括：缺少专利法律状态检索的法律风险；专利许可方式不当的法律风险；保密条款的法律风险（包括技术保密、商业秘密）；后续改进条款的法律风险；专利许可期限的法律风险。专利权转让合同的法律风险包括：专利权实施情况的法律风险；专利权被宣告无效的法律风险；专利申请文件以外的资料交接法律风险。

Ⅳ、企业专利管理。企业专利管理就是以现实或潜在的市场为目标，利用专利制度提供的法律保护及其种种便利条件，对于技术、产品的发明，权衡利弊，申请专利，占领国内、国外的市场，行使和维护专利权，以抵制其他企业对自己市场的渗透和竞争。专利管理基本制度包括：专利信息管理制度、专利提案制度、奖励制度、实验室管理制度、商业秘密管理制度、专利权运营管理制度、专利权法律危机处理方法、专利权维护、知识产权稽核制度等。专利法律风险不仅仅是简单的运用不当或者合同问题，尤其宏观的专利战略失误给企业带来的法律风险及其后果是无法估量的。

专栏 12-2

企业商标法律风险和企业商业秘密法律风险

商标：是生产经营者为了使自己的商品或服务，在市场上同其他生产经营者的商品或服务相区别而使用的一种标记。

Ⅰ、商标注册及法律风险。商标不以注册为条件，但是如果想让商标具有专利权等权利，就必须进行注册。我国商标采取注册原则。商标注册的法律风险包括：未注册商标及误认商标的法律风险；未充分行使商标申请权利的法律风险；商标申请战略的法律风险（注册商标时间安排的法律风险、近似或类似商标被他人抢注的法律风险、相同商标在不同类别被抢注的法律风险等）。

Ⅱ、商标合同的法律风险。商标权是能够被转让和被许可他人使用的权利。商标合同的法律风险包括：商标权转让手续的法律风险；商标权转让合同的法律风险（尤其注意防御性商标转让的法律风险、申请中商标的查询法律风险）；商标权许可形式的法律风险（独占许可、独家许可、普通许可）；商标权许可合同的法律风险（合同当事人的法律风险、超范围许可的法律风险、商标使用不当的法律风险、许可合同备案的法律风险等）。

Ⅲ、企业商标管理。每个企业都要像爱护企业生命一样爱护自己的商标。商标管理是企业对于注册及未注册商标的控制、使用、维护的过程，正确完善的管理可以在提升品牌价值的同时降低法律风险。企业商标管理包括：商标档案管理的法律风险；商标惯性管理的法律风险、商标流程的法律风险、商标运作管理的法律风险。

企业商业秘密法律风险。对现代企业而言，商业秘密：一般是指不为公众所知悉，能为权利人带来经济效益、具有实用性并经权利人采取保密措施的技术信息和经营信息。是企业财富和市场竞争力的核心竞争力的体现。丧失或泄漏企业商业秘密意味着对企业的毁灭性颠覆。商业秘密保护范围广泛、成本较低、没有期限限制，所以商业秘密的保护更多依赖企业自身。对商业秘密的保护，企业应设置完善的管理和法律文件。商业秘密法律风险的产生途径有：人才流动泄漏商业秘密；工业或商业间谍、企业自身经验介绍、接待来访等泄漏商业秘密；供应商或客户泄漏商业秘密；发表学术论文泄漏商业秘密；广告或商贸展览泄漏商业秘密。企业建立商业秘密的保密制度和签订商业秘密保护合同是企业采取保护措施的主要形式。

---

(5) 人力资源管理法律风险管理。从企业招聘开始，面试、录用、试用、签订劳动合同、员工的待遇、员工离职等一系列流程，都应当按照法律法规、规章制度的规定签订劳动合同、提供劳动保障。

①劳动合同及法律风险。劳动合同是劳动者与用人单位之间确立劳动关系，明确双方权利义务的书面协议，是企业人力资源管理的主要内容。

Ⅰ、劳动合同的种类及法律风险。劳动合同一般分为固定期限、无固定期限、完成一定工作为期限的劳动合同三种。固定期限劳动合同又分长期、中期、短期三种。期限越长，则劳动者技能变化和社会变化越难控制，不确定性法律风险越强。无固定期限劳动合同，只要不出现法律、法规或合同约定的可以变更、解除、终止劳动合同的情况，双方当事人不得擅自变更解除合同，终止劳动关系。完成一定工作为期限的劳动合同，是劳动合同双方当事人将完成某项工作或工程作为合同起始和终止日期的劳动合同，合同中不明确约定合同的起始和终止日期，某项工作或工程完工之日就是合同终止之日。

Ⅱ、劳动合同的变更及法律风险。根据相关法律的规定，允许变更劳动合同的情况有：双方协商一致达成变更协议；订立劳动合同所据法律法规、规章发生变更以影响合同；与集体合同规定不符；企业经上级主管部门批准或根据市场变化转产或调整任务的；劳动合同订立所依据的客观情况发生重大变化，致使劳动合同无法履行；劳动者因健康状况不能从事原工作；法律允许的其他情况。一般对劳动合同变更的条件都约定不明，也使得此领域容易发生纠纷。

Ⅲ、劳动合同解除及法律风险。劳动合同的解除是指劳动合同当事人在劳动合同期限届满之前终止劳动合同关系的法律行为。劳动合同对双方当事人影响较大，是劳动合同中最容易出现法律争议的领域。依据法律的相关规定，用人单位解除劳动合同分为即时解除、预告解除和经济性裁员等。但为了保护劳动者的合法权益，同时法律对用人单位预告解除或经济性裁员作了相关限制性规定。劳动部《违反和解除劳动合同的经济补偿办法规定》对解除劳动合同的经济补偿作了具体规定，用人单位应当严格遵守执行。

Ⅳ、劳动合同终止及法律风险。劳动合同期限届满或者当事人约定的劳动合同终止条件出现，劳动合同即告终止。《劳动法》规定"劳动合同终止的情形有：劳动合同期限届满；企业宣告破产或依法被解散、关闭、撤销；劳动者被开除、除名或因违纪被辞退；劳动者完全丧失劳动能力或死亡；劳动者达到法定退休年龄；法律法规规定的其他情况。"这部分多数依法律直接规定，法律风险较低。常见的劳动合同法律风险包括：不签订书面劳动合同；劳动合同与就业协议相混淆；劳动合同内容约定违法；职工违法跳槽所致法律风险；劳动合同内容约不当的法律风险（包括：劳动合同期限、工作内容、劳动保护、劳动条件、劳动报酬、劳动纪律、劳动合同终止条件、违约责任、试用期条款、保密条款、竞业禁止条款等）。

②劳动者社会保障及法律风险。社会保障包括劳动者权利和社会保险。劳动者权利包括：休息休假权利；取得报酬权；劳动安全卫生权利；女职工及未成年工特殊保护。劳动者的权利保障是《劳动法》的重要内容，是企业的重要义务。企业应当保障劳动者的权利并慎重防范因侵犯劳动者权利所引起的法律风险。社会保险是指具有一定劳动关系的劳动者在暂时或永久地丧失劳动能力或者在失业期间，为保障其基本生活需求，由国家和社会提供物质帮助的一种社会保障制度。我国的社会保险包括：养老保险；失业保险；工伤保险；医疗保险；生育保险等。企业应当按照法律规定缴纳社会保险，否则将面临多方面的法律风险。比如企业未足额缴纳社会保险，将面临补交并交纳高额滞纳金的风险。

③劳动争议解决及法律风险。我国劳动争议遵循调节为主、仲裁先置的原则。《劳动法》第十七条规定"用人单位与劳动者发生劳动争议，当事人可以依法申请调解、仲裁、提起诉讼，也可以协商解决。"据此，我国处理劳动争议的程序为协商、调解、仲裁和诉讼四个阶段。常见的劳动争议法律风险表现为：劳动争议的性质判断不清（注意与承揽合同关系、雇佣关系、劳务关系相区别）；劳动仲裁程序与诉讼途径先后相混淆（我国劳动争议解决途径实施的是一裁两审制度，必须先经过劳动仲裁委员会的仲裁，对劳动仲裁决定不服的，才能起诉至人民法院，不能直接起诉至人民法院。）；时效问题的法律风险；证据固定的法律风险；工伤认定争议解决的特殊性（工伤争议采取行政救济途径）等。企业必须树立起正确的劳动法律观念，了解和掌握法律、行政法规对企业及劳动者权利义务的规定。

（6）企业税收法律风险管理。纳税法律风险是企业的涉税行为因未能正确有效遵守税收法规而导致企业未来利益的可能损失或者不利的法律后果。企业的涉税行为大致可以分为：税收遵从；纳税金额核算；纳税策划三类。税收遵从就是纳什么税的问题；纳税金额核算就是纳多少税；纳税策划就是如何纳最少的税。

（7）其他部分。根据企业自身需要，企业内部法务工作系统还可以包括公共关系管理法律风险管理、交易结算法律风险管理、物流管理法律风险管理、环境保护法律风险管理等。

5. 外部法务工作系统

企业内部法务工作主要是针对企业规范的法律风险管理，企业外部法务工作主要是针对具有一定对抗性的法律风险管理，包括诉讼对策和对抗性谈判的法律风险管理。当然这种区分只是相对的，企业应该根据自身情况，制订一套适合自己的工作模式和流程。

6. 综合信息管理系统

企业法律风险管理系统是以企业行为规范为中心，以各分项管理系统为基本内容的管理模式，其必然依托于科学合理的信息化技术。通过信息化技术将企业的各项行为落实为企业法律风险管理的基础信息，以便管理人员准确快捷地掌握企业的具体行为并做出科学合理的决策。

四、法律风险的控制

当前经济形势日益严峻，市场竞争环境不断变得复杂，导致现代企业面临的各种法律风险种类也在不断增多。为了企业的长远发展，企业经营者需要考虑的是如何降低和防范企业风险，确保企业经营活动不受各种法律风险的影响。综合来讲，企业可以从以下几个方面来防范法律风险：

（一）建立思想保障机制

（1）企业全体员工普遍的法律风险防范意识。强化企业员工法律风险意识是识别风险、防范风险的前提，也是建立健全法律风险防范机制的思想基础。培养和增强企业各级人员的法律风险意识，使全体员工形成依法获取权利，行使权利和维护权利的思维方式，在工作中不断学习、充实相关法律知识，时刻保持法律风险的警觉性，是构建稳固的法律风险防范的重要根基。

（2）企业领导层自觉的法律风险防范决策意识。企业员工法律风险防范共识的形成取决于企业领导层的法律意识。企业法律风险防范要以企业决策层为主导，企业总法律顾问牵头，首先有赖于企业领导层法律意识的加强。只有企业领导充分认识到建立企业法律风险防范机制的必要性和迫切性，自觉主动地建立健全企业法律风险防范机制，将公司政策、标准、规范、规章、制度等分解为企业员工行为指南，才能保证企业法律风险机制的有效实施。

（3）企业中间管理层尤其是企业法律顾问专业化的法律风险防范的执行意识。企业中间管理层特别是企业法律顾问强烈的执行意识，是法律风险防范机制有效实施的重要保障。企业可以制订各种规章制度和运行程序来防范和控制法律风险，但没有企业中间管理层的贯彻落实和不折不扣地执行，再好的机制也无法实现风险防范的目的。

（二）健全组织保障机制

（1）企业总法律顾问的职能定位。企业总法律顾问是全面负责企业法律事务的高级管理人员，直接参与企业经营决策，直接向企业法定代表人负责，全面领导企业法律风险防范机制建立和运行，在法律风险防范体系中处于牵头地位。国际上的实践证明，大公司一般都设有总法律顾问，由其作为企业的高层管理者，全面负责全公司的法律事务管理，有利于法律风险的防范。

(2) 企业法律事务机构的建设。企业法律事务机构是具体实施企业法律事务管理的职能部门，在企业法律风险防范机制中起着业务保障作用。企业法律风险防范机制设计和监督执行、法律风险发生后的处理等，都要由法律事务机构具体负责。加强企业法律事务机构建设，必须处理好其与其他业务部门相互协作的关系。

(3) 企业法律风险防范的工作体系。企业法律风险防范工作体系包括企业内部法律风险防范机制、企业内部法律事务机构与外聘律师的联动机制、社会中介组织提供的企业内部法律风险防范交流平台三个层次。其中，企业内部法律风险防范机制是建立法律风险防范工作体系的核心，企业内部法律事务机构与外聘律师的联动机制是企业法律风险防范机制的延伸，企业法律顾问协会等中介组织为企业法律风险防范工作的交流、沟通提供良好的平台，促进企业法律风险防范工作的建立健全。

(三) 完善运行机制

建立企业法律风险的防范机制，应该通过有关制度建设增强风险控制的主动性、前瞻性、计划性和时效性，按照风险分析评估、风险控制管理、风险监控更新三个阶段，构建科学的动态闭环运行制度。

(1) 法律风险分析评估。这是法律风险控制的第一阶段。风险分析评估的重点内容，是对企业现有法律风险进行识别、归类、评分和分级排序。首先，要对企业进行全面深入的法律风险调查，研究以往案例，发现和识别企业所面临的各方面法律风险，确定法律风险点、风险源，梳理具体的风险清单。其次，结合企业自身实际，根据法律管理工作的不同要求、企业经营管理的特点和企业经营战略目标确定风险分类方法，对企业现有的法律风险进行归类。最后，依据风险发生的可能性、损失程度、损失范围等，对各类法律风险进行评分和排序，划分风险等级，提出下一阶段进行风险控制管理的措施建议。

(2) 法律风险控制管理。这是指在风险分析评估的基础上，制订和实施企业法律风险防范战略。法律风险防范战略是企业处理法律风险的总体政策。按照分级管理的原则，重点从风险预警和防范入手，制订各类风险的预警机制、预案机制以及补救方案。坚持对法律风险以事前防范、事中控制为主，以事后补救为辅，全面落实企业管理层、各部门和员工的各个岗位在法律风险防范机制中的职责和任务。

(3) 法律风险监控更新。这是指企业要定期对法律风险防范机制所运用的方法、过程和结果进行整体的监督、评价，查找存在的问题和不足，分析原因，研究改进方案，对法律风险分析评估和控制管理进行改进、调整和更新。

(四) 明确企业法律风险管理机制的目标

建立企业法律风险防范机制的最终目标，并不是单纯追求所有法律风险的最小化。对于企业来讲，风险与收益往往是相互矛盾和对立的，高收益往往伴随着高风险，风险承受度与预期收益之间的矛盾是企业发展过程必须妥善处理的问题。企业经营的根本目标是利益最大化，一味地降低和消除所有的法律风险，将造成企业商业机会的丧失和管理成本的增加，势必影响企业经营和发展。但如果为了谋取利益最大化而疏于对法律风险的防范，也会给企业带来重大损失，甚至导致企业遭受灾难性的打击。所以，企业需要正确处理好业务发展和风险承受能力之间的关系，要在法律风险可承受的范围内，通过法律风险防范提高企业收益的质量，实现企业利益最大化。

（五）决策中的法律风险防范与控制

决策在企业管理中起着关键作用，也是法律风险防范的关键所在。企业法律风险形成于决策之时，违法的决策必然产生法律风险。因此，建立企业法律风险防范机制，应当高度重视决策中的法律风险。要在总法律顾问的直接参与下，加强对决策的合法性和法律可行性分析，确保将决策纳入企业法律风险防范体系之中，立足源头，标本兼治，使法律风险防范机制在高层次上有效运行。

（六）重要法律风险源的查找、分析和控制

从企业内部来看，一般分为：企业购销中的法律风险；企业改制、并购重组等重大财产变动中的法律风险；企业内部管理中的法律风险；企业诉讼、仲裁中的法律风险。企业应通过细化分析风险源，建立健全相应的责任体系。

（七）培养高素质法律顾问人才队伍和研究涉外法律环境

建立健全企业法律风险防范机制，要以企业全体员工普遍的法律风险防范意识、企业领导层自觉的法律风险防范决策意识、企业中间管理层尤其是企业法律顾问专业化的法律风险防范的执行意识为思想保证，而这些法律意识的形成，需要采取各种行之有效的培训、宣传和教育措施、建立企业法律风险防范机制，还有赖于在企业内部建立一支善于经营、懂管理、精通法律的高素质的法律顾问队伍。企业法律人才培养是企业整体人力资源管理的范畴，要充分利用各方面的有利资源，加强企业法律顾问培训，提高企业法律顾问的整体素质，是法律顾问队伍各有专长，分工协作，确保为企业各职能机构和业务部门提供优质高效的法律服务。企业参与国际竞争，应该重视了解和熟悉经营活动所涉及国家的法律环境。

（八）选择合适的法务系统

企业法律风险防范机制可以归纳为三种模式：

（1）纵向集中模式。在此模式下，公司总部总法律顾问全面负责公司的法律风险防范工作，领导公司法律事务机构工作。其子、分公司法律机构由母公司总部统一设立，法律机构负责人由母公司总部委派。子、分公司法律机构直接向总部法律事务机构报告工作并对其负责。在这种体制下，公司总部法律事务机构的设置和业务开展分两种：一种是按法律专业标准分类管理，在法律部门中设立若干法律专业处室，每一专业处室负责处理全公司同类法律业务；另一种是按公司业务分类纵向管理，按大的板块设置，每一处室专门处理本板块的所有法律事务，但有关环境、知识产权、反垄断等全局性法律事务，仍有公司总部统一处理。

（2）横向分散模式。在此模式下，企业的每一业务领域以及子、分公司配有法律顾问，法律顾问直接受分管业务的公司副总裁或子、分公司总裁领导，而不是受总法律顾问或总部法律事务机构的领导。

（3）纵横结合模式或“网络”模式。在此模式下，公司总部和其子、分公司各自设立独立的法律部门，子、分公司法律部门既对子、分公司总裁负责，同时也对公司总部负责。但对于涉及公司重大利益或战略利益、可能产生重大影响的法律及证券、金融、保

险、税收等事项，总部仍实行垂直管理。

对于大企业、大公司来讲，由于企业法律风险防范的基本要求之一是防止其组织结构内部承担连带法律责任，因此，为确保企业内部上下统一、步调一致，从全球发展趋势来看，企业法律风险防范机制正逐步向由企业总法律顾问牵头的纵向集中模式、纵横结合模式（“网络”模式）靠拢。

第二节　声誉风险管理

在经济全球化的今天，伴随着全球金融海啸的潮水慢慢退去，各国的经济也在曲折的道路上缓慢的复苏，一些商业银行依旧面临着极大的生存危机，除了经营失败，声誉风险的爆发更加剧了银行的生存危机，所以商业银行不仅仅要加强经营管理，控制银行的声誉风险、完善声誉风险管理也已经成为商业银行能否持续运营、成长壮大的重中之重。声誉风险已然上升为商业银行风险管理的核心之一，成了商业银行面临的新课题。

一、声誉风险概述

（一）声誉风险的定义

目前学术界对商业银行声誉风险的定义主要有三种观点。巴塞尔银行监管委员会将声誉风险定义为“操作上的问题、违反相关的法律法规及其他情况是银行声誉风险产生的三大因素”。国外其他学者认为“当公众对银行的评价负面评价速增，而产生的资金损失和客户损失等方面的风险就是银行的声誉风险”。中国注册会计师协会则将银行声誉风险定义为“由于商业银行经营管理不善、违反法规等导致存款人、投资者和银行监管机构对其失去信心的可能性”。2009 年 8 月 25 日，银监会发布的《商业银行声誉风险管理指引》作的定义是：声誉风险是指由商业银行经营、管理及其他行为或外部事件导致利益相关方对商业银行负面评价的风险。

（二）声誉风险的特征

1. 成因多样化

商业银行的声誉风险的形成原因纷繁复杂，是一种比较特殊的，无形的风险，国际和国内尚未得出标准有效的衡量手段，所以现实生活中还是无法通过经济学家给出了计量模型准确地测量出声誉风险的产生原因和发展过程。而各个商业银行仅仅按照自己的理解界定声誉风险，缺乏统一的标准使得声誉风险的识别和监控难度加大，管理效率低下。声誉风险产生的原因有很多，主要包括以下几种。第一种是经营不善、员工缺乏忠诚度等单纯由内部风险引起的。第二种是由公众不满及其他舆论压力等较复杂外部风险引发的，第三种是内外部风险同时作用触发的。所以银行需要建立一个业务能力和协调能力较强的专业队伍，保证遇到问题能做出及时反应，并且能与外部做好沟通。

2. 风险关联化

声誉风险作为新《巴塞尔协议》中的八大风险之一，就表示他并不是独立存在的，声誉风险与信用风险、操作风险、市场风险、法律风险及流动性风险都有着非常密切的关联。虚假营销夸大保险收益而不能兑现，收费不合理，不公平交易而引起的诉讼，挪用资金，贷款诈骗等风险一旦发生所带来的负面影响和舆论压力，就极易引发商业银行声誉风险危机，由此可以看出声誉风险是其他风险发展所产生的结果。

表 12-1 商业银行主要风险对声誉的影响分析

风险类别	风险因素/事项	可能影响声誉的风险因素
信用风险	客户违约率上升 不良贷款率上升 贷款损失准备金充足率在 100%以下 房地产行业贷款比例在 30%以上	信用风险状况将逐渐恶化
市场风险	国债交易的损失加大 衍生产品交易策略错误 所持有外汇品种少 跨国投资的账面损失增加	市场风险管理能力差/技术不先进
操作风险	内外勾结欺诈 监管处罚增加 信息系统故障造成业务瘫痪 地震等造成营业场所损毁	内部控制机制不健全 技术部门/外包机构能力差
其他风险	流动性缺口显著增大 产品缺少特色市场份额低	资产负债/风险管理能力低下 战略风险管理薄弱/缺失

3. 风险常态化

在银行的经营过程中股东、客户、监管部门、员工、金融分析师等利益的相关者都会对银行做出评价，银行往往通过广告、公关等方法提高形象，努力缔造一个正面形象，赢得良好的声誉。但是由于他们的角色不同，所站的角度、立场也不一样，无论银行的经营状况如何，公众满意度高低，都会出现正面评价和负面评价，所以声誉风险是一种常态风险。但是正面评价和负面评价对银行的影响结果是大不相同的，当银行或银行的产品备受信赖时，就会为银行吸引更多的资源，会对银行产生长期的积极影响。银行或者银行的产品产生负面的评价多，那么银行利润就会降低。如果当这样常态的风险累积到一定程度银行就将面临声誉风险事件的发生，如何处理不当将引发声誉风险危机。

4. 传播飞速化

在信息高度发达，信息渠道多元化的今天，人们通过电脑、手机时刻关注着“微博、微信、QQ”，银行作为金融企业与公众自身利益联系密切，所以银行的一言一行和一举一动都备受关注。各大银行业纷纷建立了微博，据不完全统计，已有 304 万人次关注中国招商银行、58 万人次关注中国光大银行、185 万人次关注工商银行电子银行。一旦爆发声誉风险事件，将会被公众迅速传播，而媒体也会抓住第一时间进行的报道，然而这样的报道往往严重失实，主观性强，而银行的“权威”信息相对滞后，给银行的声誉风险危机处理带来更大的难度。公众关注度增加，如果不快速合理的解决，就可能被一轮又一轮的反复性发布，导致声誉风险事件升级、扩大。

5. 影响广泛化

商业银行是特殊的社会机构，肩负着调节市场经济，保护社会安定团结的重要使命，一旦商业银行发生遭遇声誉危机，将会在短时间内造成非常恶劣的社会影响，其自身的经营和发展将面临极大的困难，而且短时间内无法走出声誉低迷期。面临着投资者背离、客户流失、存款减少、贷款不良增加，品牌效应消失了，无形资本损失巨大，而无形资本的积累过程复杂，时间长，一旦无形资本损失将很难弥补，重塑品牌更是难上加难。银行收益减少，员工收入也随之减少，银行员工工作压力和生活压力增大，人才容易流失，员工不良情绪加剧，引发恶性循环。如果声誉危机解决不及时不彻底，某个银行的声誉危机就会引发公众对银行业乃至整个金融业的不满，引发整个银行业的声誉危机。如 2012 年的烟台银行 4.3 亿承兑汇票案，引发了社会的极大关注，38 人被逮捕，烟台银行许多高管被开除，使烟台银行品牌形象尽毁，带来了极大的声誉风险危机。为了加强声誉风险管理，重塑形象，烟台银行广发“招聘贴”希望可以迅速找到专业人才担任银行首席风险官和风险管理部总经理，要想重新树立烟台银行的声誉还有一段漫长且艰难的道路要走。

二、声誉风险的影响因素

声誉风险往往隐藏在其他风险的背后，其一般是隐蔽的、多变的、被动的，经济大环境的变化、舆论的导向、竞争对手的变化都可以影响到银行的声誉，所以声誉风险很不容易被发现，比较难以预测，声誉风险一旦爆发，将给银行信誉带来难以估量的不良影响。声誉风险具有连锁效应。传统的市场风险、信用风险、操作风险都是个体风险，是独立发生的，不会造成连锁的反应，而声誉风险一旦发生就会使其他银行及相关的产品同样遭受声誉危机。声誉风险产生的原因非常复杂，有可能是商业银行内、外部风险因素综合作用的结果，也可能是非常简单的风险因素就触发了严重的声誉风险。

1. “硬件”对声誉风险的影响

作为银行，其“硬件”设施要过硬，规模大，资金充足，网点分布广，业内排名靠前，信誉良好，服务水平高，产品优势强，风险控制能力好的银行更能吸引投资者，更容易得到客户的认可。设施先进，规模大体，资金充足说明银行实力强，抗市场冲击能力好，网点分布广给客户带来方便。信誉好，服务好让客户放心，舒心。这些“硬件”所带来品牌效应，相对于那些“硬件”薄弱的银行则更有竞争力，更容易留住投资者和客户同银行建立长期忠诚的互惠互利关系，而长期良好的客户关系能源源不断地为银行带来收益，促进银行的发展。同时该银行发生声誉风险的可能性也会降低。

2. “软件”对声誉风险的影响

一个银行有成千上万名员工组成，每一个员工的每一个行为都与银行息息相关。当前，员工犯案屡见不鲜，私吞，侵吞银行财产、挪用公款等案件频发，一些员工对工作不尽心不尽职，对待客户太多恶劣，对银行存在不满情绪散布谣言、利用工作之便以权谋私等，这些不遵守法律法规，藐视银行规章制度的不正当行为都会对银行产生不良的影响，如果发现不及时，控制不当就很可能引发声誉风险。

3. “外部因素”对声誉风险的影响

由银行外部的原因而导致的声誉风险。首先是洪水、地震等自然灾害的发生、全球的经济金融危机、国家政策法规的调整、商业银行出现重大被投诉案件等突发事件所引起声誉风险；其次是因为欺诈、抢劫等银行外部人员作案所引起的声誉风险；再次是商业银行负面新闻所导致的声誉风险。

4. “监督管理”对声誉风险的影响

遵纪守法、合规经营是银行经营发展的前提，标志着商业银行经营管理水平的高低，只有规范商业银行的经营行为才能有效防范、控制风险。如果银行不合规经营，银行的风险控制能力、沟通协调能力、处理突发事件的能力就会下降，客户投诉将增加，必将受到监管处罚。失去了公众的信赖和监管部门的信任，银行的业务开展也会受到影响，容易引发声誉危机，给银行带来无法弥补的损失。

5. “金融创新”对声誉风险的影响

随着银行竞争日益激烈，金融创新成了各个银行吸引投资，稳定存款、增加收益的有力法宝。各种复杂金融工具和金融产品层出不穷，但是对消费者而言，如何正确地理解产品，找出各家银行的产品差异选择适合自己的产品则难上加难。普通客户时间有限，对产品的分析能力也比较弱，所以银行就应该针对不同的客户群，推荐适合的产品，而不能盲目地追求完成任务，追求高利润。只有这样才能赢得客户的满意，提高竞争力。

三、声誉风险管理的必要性

（一）有利于商业银行发展

随着国际先进银行大批涌入中国市场，商业银行的业务竞争、生存竞争日益激烈，声誉风险已然成了银行能否健康发展的重要依托。外资银行依托其响亮的品牌及良好的声誉在竞争中的优势日益显现，国际先进的银行始终坚持把建立和维护银行的品牌作为一项重大战略任务。据资料显示，品牌、声誉、技术等无形资产为银行创造的价值已经到达银行总价值的70％－80％。然而缺乏品牌意识，缺少品牌优势，产品雷同、竞争方式相似，创新能力差等“短板”造成我国的商业银行缺乏市场竞争力，一致处于劣势的地位。

时代不断变迁，社会不断发展，我国商业银行已经认识到，我们已经走过了价格竞争、质量竞争、服务竞争三个阶段，迈入了声誉竞争的新阶段。在经济全球化的今天，要想抛弃短板、转变劣势地位，就要提升加强声誉风险管理，提升品牌形象，提高市场竞争力。同时 商业银行应当前移风险关口，快速转变经营理念，将声誉风险管理融入存款、贷款，中间业务等业务中，同时在产品开发、宣传、销售等环节结合声誉风险管理，建立全面有效的风险管理机制，使管理部门和业务部门共同管理声誉风险，建立声誉风险意识，合规有序的经营模式，才能保持银行持续健康的发展态势。

（二）有利于商业银行降低成本

一直以来声誉风险管理模式是从上而下的垂直管理模式，层次多结构复杂总是出现风险难以避免，所以我国商业银行应该建立全面的声誉风险管理体系，建立有效的声誉风险预警机制可以在声誉风险事件爆发前得到警示，就有机会将声誉事件在萌芽期就得以解决，从而减少成本支出。如果声誉风险事件没有在萌芽期解决，一旦爆发，风险预警也使银行先在事件爆发前对次风险事件有了一定了解，对银行来讲是一场“知己知彼的有备之战”。通过健全的有效的声誉风险管理机制可以在事件继续扩散前快速、妥善的解决，避免了声誉风险危机的爆发，把银行损失降到最低。因为一旦爆发声誉危机对其打击非常大，各方面的损失不是短期内可以弥补的，将使其在一段时期内处于低迷期，处于成本倍加收益骤减的经营瓶颈。

然而建立风险预测机制、风险管理机制同时也要建立风险管理后的评价机制，这样可以找到风险管理中存在的不足，通过分析声誉风险预测成本和处置声誉风险管理成本的投入多少与所带来的声誉风险效果关系，测算出在保证声誉风险管理效益最大化同时，降低声誉风险预测成本和声誉风险管理成本。既能够减少道德风险的发生，也能为商业银行提供最优的声誉风险处置策略，以最小的投入换来最大的收入，有效地降低了银行的成本。

（三）有利于提高客户的满意度和忠诚度

商业银行是一个信用机构，以获取利润为经营目的，从事吸收存款、发放贷款和办理结算业务等服务。也可以说银行是经营资本和信用的，所以银行的稳定经营，持续健康的发展都离不开客户的支持和公众的信任。中国加入 WTO 以来，我国逐步提高了金融市场的对外开放程度，随之而来的是纷纷加入的外资银行和日益放开的业务范围。现如今我国的金融市场竞争已经进入白热化，一度出现“狼多肉少的局面”，作为稀有资源的“客户资源”已经成了各个银行争相抢夺的一只“大肥羊”。如何留住客户，争取新客户资源已经成了银行能否平稳、健康发展的关键因素。

银行的声誉决定着客户的信任度、忠诚度。客户更愿意追随信誉度高、口碑好的银行。声誉良好的商业银行的公众形象更得人心，更易于建立银行自身品牌，提高知名度。更便于提高客户对银行的信任感，客户资源也会随之提高，使银行更具备市场竞争力。“存款”是银行“贷款业务、结算业务”的大前提，是银行生存发展的根本，如果一个银行没有良好的信誉，就无法取得公众的信任。试问哪一个客户会把自己的钱存到一个没有信誉，自己不信任的银行里呢。没有了存款作为基础，商业银行犹如无本之木、无源之水，完全丧失了生存能力，又何谈发展呢。长期的依法合规经营、良好经营业绩、有竞争力的产品有利于提高银行声誉，从而提高客户的信任度。

如今商业银行间的竞争不再是银行规模的竞争、银行实力的竞争、银行服务的竞争，而是银行形象、银行声誉的竞争。银行规模的大小，实力的强弱都会给客户带来一种印象，日积月累这种印象就会转变成客户对银行的或积极或消极的评价，也可以说是银行的声誉评价。声誉好的银行客户的满意度和忠诚度就高，更愿意购买银行推出的各项产品，享受银行给予服务，更会以一种包容的心态去对待银行经营过程中的所发生的一些小失误，从而给银行带来更多的收益，使银行能更好地发展。相反，声誉较差的银行，就会在产品推广、市场拓展中就会受到更大的阻力、更多的限制，同时付出更高的成本，不利于银行的发展。

四、声誉风险管理的内容及基本做法

目前国内商业银行声誉风险管理工作虽然已经取得了一定的成绩，但一些不利因素对商业银行的声誉风险管理工作提出了巨大的挑战，如国际国内金融业发展环境剧烈变化，银行业竞争日趋激烈，公众对银行的信任度逐渐降低，媒体环境（尤其是网络媒体环境）日趋复杂，关于商业银行的信息总量迅速增长等等，这些都是之前不曾遇到的新课题。尤其是一些重大声誉风险事件给当事银行造成巨大损失之后，越来越多的商业银行开始考虑将声誉风险管理工作纳入传统意义上的全面风险管理框架中，探索建立声誉风险管理系统，实现集成化、IT化管理，从而实现提前预防、高效应对，有效降低声誉风险损失。

商业银行应建立和制订适用于全行的声誉风险管理机制、办法、相关制度和要求，其内容至少包括：（1）声誉风险排查，定期分析声誉风险和声誉事件的发生因素和传导途径；（2）声誉事件分类分级管理，明确管理权限、职责和报告路径；（3）声誉事件应急处置，对可能发生的各类声誉事件进行情景分析，制订预案，开展演练；（4）投诉处理监督评估，从维护客户关系、履行告知义务、解决客户问题、确保客户合法权益、提升客户满意度等方面实施监督和评估；（5）信息发布和新闻工作归口管理，及时准确地向公众发布信息，主动接受舆论监督，为正常的新闻采访活动提供便利和必要保障；（6）舆情信息研判，实时关注舆情信息，及时澄清虚假信息或不完整信息；（7）声誉风险管理内部培训和奖惩；（8）声誉风险信息管理，记录、存储与声誉风险管理相关的数据和信息；（9）声誉风险管理后评价，对声誉事件应对措施的有效性及时进行评估。

商业银行声誉风险管理的基本做法如下：

（一）明确董事会和高管层的责任

董事会和高级管理层负责制订商业银行的声誉风险管理政策和操作流程，并在其直接领导下，独立设置声誉风险管理职能，负责识别、评估、监测和控制声誉风险。除制订常态的风险处理政策和流程外，董事会和高级管理层还应当制订危机处理程序，定期根据自身情况对声誉风险进行情景分析和压力测试，以应对突发事件可能造成的管理混乱和重大损失。董事会和高级管理层对声誉风险管理的结果负有最终责任。

董事会和高级管理层应当定期审核声誉风险管理政策，敦促所有员工熟知相关政策，并在商业银行内部积极鼓励严谨的工作方式和态度。根据商业银行的规模和业务复杂程度，董事会和高级管理层以身作则，严格遵守道德规范和利益冲突政策，并积极参与声誉风险管理活动，对实现商业银行的声誉风险管理目标至关重要。

高级管理层应当确保商业银行能够充分识别和及时处理可能导致声誉风险的事件，准确评估和报告声誉风险管理政策的遵守情况，正确识别和审核早期预警指标，在发生未遵守操作规程的情况下采取适当的跟进措施。

（二）建立清晰的声誉风险管理流程

（1）声誉风险识别：与信用、市场、操作、流动性等风险交叉存在、相互作用。商业银行通常要求各业务单位及重要岗位定期通过清单法详细列明其当前所面临的主要风险及其所包含的风险因素，然后将其中可能影响到声誉的风险因素提炼出来，报告给声誉风险管理部门。

（2）声誉风险评估。声誉风险评估的关键在于深刻理解潜在风险事件中，利益持有者对商业银行有何期待，以及商业银行对此应当作何反应。声誉风险管理部门可以采取事先调查等方法，了解典型客户或公众对商业银行经营管理活动中的可能变化持何种态度，以尽量准确预测此类变化可能产生的积极或消极结果。商业银行通常需要做出预先评估的声誉风险事件包括：

①市场对商业银行的盈利预期；

②商业银行改革/重组的成本/收益；

③监管机构责令整改的不利信息/事件；

④影响客户或公众的政策性变化等（如营业场所、营业时间、服务收费等方面的调整）。

（3）监测和报告。声誉风险管理部门处在声誉风险管理的第一线，应当随时了解各类利益持有者所关注的问题，并且正确预测他们对商业银行的业务、政策或运营调整可能产生的反应。同时，声誉风险管理部门应当仔细分析和监测所收到的意见/评论，通过有效的报告和反应系统，及时将利益持有者对商业银行积极和消极的评价或行动、所有的沟通记录和结果，以及商业银行所应当采取的应对措施，经过提炼和整理后，及时汇报给董事会和高级管理层，由最高管理层制订最终的声誉风险应对方案。

声誉风险管理应当成为业务单位日常工作的重要部分。虽然很多商业银行已经将声誉风险管理政策融入业务领域和相关金融产品中，但商业银行仍然需要通过定期的内部审计和现场检查，保证声誉风险管理政策的执行效果。

（4）内部审计。金融机构必须确保其声誉风险管理操作政策和流程定期通过内部审计部门的审核，或通过其他独立的外部专业机构的评估。声誉风险管理应当成为业务单位日常操作中的重要部分，虽然很多金融机构已经将声誉风险管理政策融入业务领域和相关金融产品中，但金融机构必须通过定期的内部审计和现场检查，保证声誉风险管理政策的执行效果。

（三）采取适当的声誉风险管理办法

截至目前，国内外金融机构尚未开发出有效的声誉风险管理量化技术，但普遍认为声誉风险管理的最佳实践操作是：

（1）推行全面风险管理理念，改善公司治理，并预先做好防范危机的准备；

（2）确保各类风险被正确识别、优先排序，并得到有效管理。

案例 12-1

中国银行股份有限公司年度内部控制评价报告 2015

随着社会的发展进步，金融欺诈和犯罪的手段也越来越高深莫测、花样繁多，令人防不胜防。这给商业银行声誉风险的防控及识别带来很大的难度，除了提前进行预防工作，大部分的也只能采取事后积极处理和风险告知来应对。

（一）声誉风险形成

2015 年 12 月 14 日，一位客户来到邮储银行某市分行辖内某一支行查询自己的账户明细，账户显示其通过手机银行进行了款项为 2800 元的转账。客户说在最近几天，曾收到邮储银行服务电话 95580 发给他的短信，短信上指示其登陆短信当中的网址链接进行升级，操作之后才发现自己卡内的 2800 元已经被转走。经过仔细的了解和调查发现，该客户收到的短信提示的网站不是邮储银行官方网站 www.psbc.com 而是经过改号软件发送的钓鱼网站。该客户案件发生之后，在银行工作人员的建议下客户报警处理，然而由于资金不满 5000 元公安局没有进行立案，两天后邮储银行某市分行接到了该客户的投诉办理单，客户一方坚持认为该事件应该是邮储银行的责任，并且希望邮储银行能够给自己一个合理的解释，但是沟通无果。这在当地引起了较为广泛的影响，给邮储银行某市分行造成了不良的社会影响，形成了一定的声誉风险。

（二）风险识别

这个事件发生的起因是不法分子的短信诈骗，显然的是，在这桩罪行下，客户和邮储银行都是受害者，而公安机关的不予立案或不能破案则会产生一定的不良影响，其结果是使得公众认为是邮储银行的问题导致了钱财的被盗。在这件事情中，客户的要求并不是合理的，银行没有义务按照客户认可的方式进行服务，但客观上已经造成了邮储银行声誉的损失。由此可见，该声誉风险是典型的“诈骗案件”拖累所引发的。

（三）风险控制与预防

事件发生后邮储银行某市分行第一时间对诈骗的信息进行了解，迅速地向上级行反映情况并做出积极的应对措施：在邮储银行的各个网点进行风险提示告知书的张贴、通过网点的LED屏提醒客户警惕诈骗的信息、柜台的工作人员对客户进行口头告知提醒等。同时邮储银行某市分行也意识到，对于该类事件，银行工作人员的预防诈骗意识不强是导致该类事件发生的重要原因之一，即使客户的要求不合理，该行的工作人员应该从专业的角度，尽可能地化解误会，对其进行耐心、地讲解和情感疏导，最大限度地降低对银行自身声誉的影响。

（四）对声誉风险管理的启发

在后续的工作中，邮储银行某市分行制订了针对性的培训，工作人员接受培训后进步很大。辖内另外一所支行的工作人员凭借自己离度的警觉性，帮助一位年老的客户成功地拦截了一起电话诈骗案例，避免了客户的资金损失。工作人员在工作当中能够积极地为客户所想，而且通过媒体曝光的W及银行自己举行的日常案件防控培训学习活动的获得的知识，运用到工作当中。发现有异样情况应该及时向上级报告，寻求解决措施。本案例当中的柜台工作人员第一时间上报自己所在网点的营业主管W及支行长，通过和客户的积极沟通和耐也解释，最终成功地避免了诈骗案件的发生也成功地维护了银行的声誉，客户对银行工作人员的专业工作能力和认真的工作态度深表感谢和信任，这起事件在有效维护客户利益的同时也树立了邮储银行的良好社会形象。由此可见，针对金融诈骗等案件，虽然与邮储银行工作没有直接关系，但客户、群众会把邮储银行作为不满的发泄对象，因此对于商业银行的声誉风险控制上，要把做好对金融诈骗的预防、识别工作放在重要的位置。

复习思考题

一、单线选择题

1.（　　）是目前最恰当的声誉风险管理方法。

A. 采取平等原则对待所有风险

B. 采用精确的定量分析方法

C. 按照风险大小，采取抓大放小的原则

D. 推行全面风险管理理念，确保各类主要风险被正确识别、优先排序，并得到有效管理

2. 声誉危机管理的主要内容不包括（　　）。

A. 危机现场处理　　B. 危机处理过程中的持续沟通

C. 模拟训练和演习　　D. 明确记载的危机处理/决策流程

3. 激烈的行业竞争必然形成优胜劣汰，产品的品牌管理直接影响了商业银行的（　　）。

A. 竞争能力　　B. 风险管理水平

C. 盈利能力和业务发展空间　　D. 客户资源

4. 下列关于声誉风险说法错误的是（　　）。

A. 声誉风险的损害有时甚至是致命的损害

B. 社会责任感与声誉风险无关

C. 声誉风险应按照声誉风险因素的影响程度和紧迫性来排序

D. 具有建设性的声誉危机处理方法是“化敌为友”

5. 下列声誉风险管理中不是董事会及高级管理层的责任的是（　　）。

A. 制订声誉风险管理原则和操作流程

B. 独立设置声誉风险管理职能

C. 负责识别、评估和监测声誉风险状况

D. 征询最大多数员工的意见和建议

二、多项选择题

1. 以下关于商业银行声誉风险管理的方法中，正确的有（　　）。

A. 要求所有员工都能深入贯彻、理解价值理念，恪守内部流程

B. 如果经过努力确实无法实现对利益持有者的承诺，则必须做出明确、诚恳的解释

C. 确保及时处理投诉和批评

D. 与非营利机构合作，更多地服务当地社区，创建更加友善的机构环境

E. 通过不同的媒体定期或不定期地宣传银行的价值理念

2. 清晰的声誉风险管理流程包括（　　）。

A. 声誉风险识别　　B. 外部审计

C. 声誉风险评估　　D. 监测和报告

E. 内部审计

3. 关于商业银行声誉风险管理的方法，下列说法正确的是（　　）。

A. 高度重视对员工守则和利益冲突政策的培训

B. 制订声誉风险管理应急机制

C. 及时检测和分析客户投诉的起因、规模、趋势、规律、相关性等特征要素

D. 与非营利机构合作，更多地服务当地社区，创建更加友善的机构和人文环境

E. 通过接受利益持有者的投诉和批评，深入发掘商业银行的潜在风险

4. 以下属于法律风险的特征的有（　　）。

A. 企业法律风险发生原因的法定性　　B. 企业法律风险发生结果的强制性

C. 企业法律风险发生领域的广泛性　　D. 企业法律风险发生形式的关联性

E. 企业法律风险发生后果的可预见性

5. 下列有关法律风险的控制说法正确的有（　　）。

A. 建立思想保障机制　　B. 健全组织保障机制

C. 完善运行机制　　D. 明确企业法律风险管理机制的目标

E. 决策中的法律风险防范与控制

三、判断题

1. 声誉风险管理是一种全面、预防性的风险管理方法，得到国际上越来越多的金融机构特别是大型商业银行的高度重视。（　　）

2. 商业银行声誉风险管理政策中，不必要进行定期的内部审计和现场检查。（　　）

3. 声誉危机管理需要技能、经验以及全面细致的危机管理规划，以便为商业银行在危机情况下保全甚至提高声誉提供行动指南。（　　）

4. 董事会和高级管理层负责制订商业银行的声誉风险管理政策和操作流程，并在其直接领导下，独立设置声誉风险管理职能，负责识别、评估、监测和控制声誉风险。（　　）

5. 声誉风险与信用风险、操作风险、市场风险、法律风险及流动性风险关联不大。（　　）

四、简述题

1. 什么是法律风险？法律风险具有什么样的特征？

2. 如何构建企业的法律风险管理体系？

3. 如何进行法律风险的控制？

4. 试论述商业银行主要风险对声誉风险的影响。

5. 声誉风险的影响因素有哪些？

6. 如何进行声誉风险的管理？

五、综合训练

案例分析：加拿大帝国商业银行（CIBC）与安然事件（ENRON）

CIBC是加拿大五大商业银行之一，提供全方位的金融服务，业务遍及北美和欧洲；安然公司曾经是美国第七大企业。从1998年至2003年安然宣告破期间，CIBC被控连同其他多家国际著名金融机构与安然高管人员，合谋策划、操纵安然公司的财务报告并历时数年，使得安然公司多项以失败告终的投机行为经过金融机构的“粉饰”，骗取了投资者的巨额资金。CIBC承认在已知安然公司对构造金融产品做出不恰当财务处理的情况下，无视法律/合规/监管要求，协助安然非法融资，获利超过1400万美元。

安然的破产倒闭给市场和投资者造成了无法估量的损失，其股东的全部索赔金额高达300亿美元。参与安然非法融资事件的金融机构对安然破产负有直接的、不可推卸的责任，最终CIBC被判支付24亿美元，接近股东权益的20%；JP摩根大通支付22亿美元；花旗银行支付20亿美元，接近股东权益的2%；瑞士信贷支付约11亿美元。消息会布之日，所有与安然事件有关的金融机构股票价格大幅下跌、声誉严重受损。标准普尔等著名评级机构无一例外地全部调低了CIBC的未来发展评级。

欺诈事件被披露后，监管机构立即对CIBC采取了一系列强制执行措施及严厉惩罚。纽约联邦储备银行及加拿大金融监管局联合发布“CIBC整顿办法”，规定CIBC在未来三年内不得从事“某些构造金融产品”业务（事实上禁止了CIBC从事当时市场上所有主要的构造金融产品业务），同时强制制订并执行“CIBC构造金融产品业务政策和程序”：

1. 风险审阅。CIBC必须设置“特别委员会”，专门负责审阅季末、年末的构造金融产品业务，“特别委员会”将时每一宗构造金融产品业务进行法律及声誉风险评估。

2. 加强员工的交流与培训。必须将“特别委员会”及构造金融产品的政策和程序广泛、深入地明示从事相关业务的人员，审阅并完善现有的培训计划，以符合“CIBC构造金融产品业务政策和程序”的规定。必须确保从事相关业务的人员将每一笔业务递交“特别委员会”审核、批准，以避免可能发生的法律及声誉风险，违反“特别委员会”的审核程序将受到严厉处罚。

美国证券交易委员会（SEC）也决定：起诉CIBC的三名高层管理人员；对CIBC实施“强制监管决议”，加强对CIBC进行永久性监管和审查，以确保其不再违反美国《证券法》中关于反欺诈、记录和内部控制的条例（此前CIBC在美国发行的构造金融产品无须审查，只需报备便可进入市场）；对CIBC罚款8000万美元。

此外，CIBC还被判支付监管诉讼费1.25亿美元。经此事件，CIBC国际业务部门的声誉和业务严重受损、相关的国际业务部门和风险管理部门也不得不大规模裁撤。

试分析：

1. 声誉风险可能造成一系列什么样的严重损失？

2. 该声誉风险事件对我国商业银行的借鉴意义有哪些？

第13章 全面风险管理与金融监管

知识目标

1. 了解全面风险管理产生的原因及理论发展
2. 掌握全面风险管理的原则及优缺点
3. 理解《ERM框架》的主要内容
4. 了解《中央企业全面风险管理指引》的主要内容
5. 熟悉《巴塞尔协议Ⅲ》的主要内容及影响
6. 掌握我国的金融风险监管

技能目标

1. 能够树立全面风险管理的理念
2. 掌握我国银行、证券和保险的风险监管

能力目标

1. 分析风险管理的发展趋势
2. 把握我国金融风险监管的发展变化

导入案例

新形势下应对风险新挑战　全面风险管理护航新发展

当前，世界经济发展进入转型期，中国经济发展进入新常态，供给侧结构性改革进入关键期，经济发展的质量和效益正在稳步提升，重大改革举措落地不断增强发展信心。在经济长期处于L型增长的新常态下，与经济周期息息相关的商业银行如何全方位提升对风险识别的前瞻性、风险把控的全面性、风险处置的科学性，切实管理好金融风险，是一项十分重要而紧迫的课题。

在经济转型和结构调整阶段，金融风险的隐蔽性和复杂性有所增强，商业银行的风险管理压力明显加大。

一是经济转型加大银行传统风险压力。伴随供给侧结构性改革的深入推进，部分领域、产业和地区加快去产能、去库存、去杠杆、清理“僵尸企业”，给银行业的信贷资产质量带来显著压力，信用风险、市场风险、操作风险等各类传统风险的防控难度也有所增加。

二是创新融合带来银行新风险暴露。跨界融合业务的发展在催生金融业变革的同时，也给商业银行带来了一定的潜在风险隐患。金融体系外风险的跨界传染，重点领域、跨区域风险、非信贷资产和表外业务等潜在风险，对银行的风险防控能力提出了更高要求。

三是监管趋严要求银行稳健经营。随着银行业务复杂化、综合化程度逐步加深，规范经营的审慎监管趋向更加明确，跨部门联动监管的趋势更加明显，监管执法透明度进一步提高，表内外监管的穿透性原则更加强化。市场化监管手段的运用也更加频繁，同时，监管部门对银行系统性、区域性风险的防控要求也更加严格。

北京银行积极推动风险管理与业务拓展同步发展，始终坚持审慎稳健发展战略，坚守风险底线，致力于打造稳健经营的国际一流现代银行。

一是提升战略定位，搭建全面风险管理体系。始终坚持把风险管理提升到战略高度，分阶段、分步骤完成了从系统化到体系化，从单一风险到全面风险管理的重要转变，建立起以总分支三级架构、信贷业务“六集中”为核心框架、对各类风险全流程嵌入式管理和全方位网状化覆盖的全面风险管理体系。在各类风险管理过程中，前移风险控制关口，增强信贷类与非信贷类并重的全资产管理能力，加强风险监测预警，强化重点领域和创新业务的风险管控，政策制度的针对性和有效性得到大幅提升。操作风险标准法项目成功实现核心数据库建设、评价工作流程和风险语言标准等方面的整合统一，形成联防联控的风险防范机制，开创了行业先河，探索出一套适合中小商业银行操作风险和内控管理的崭新模式。

二是强化科技支撑，引入综合风险管理系统。率先启动国内先进的综合信贷管理系统，以完整翔实的信息搜集、严谨科学的授权授信管理、专业化的风险控制手段促进了信贷管理质的飞跃，该系统始终处于国内领先水平。通过持续优化完善管理系统和工具，不断提升科技系统精细化和专业化水平，大幅增加了风险管理的科技含量，实现“从无到有”的转变。北京银行早在 2000 年就建立起国内银行业第一家全行性的会计核算中心，真正实现了全行经营“一本账”。独立开发了第四代核心系统，持续推进数据仓库建设，不断在客户关系管理、客户信息加密、身份认证、“防火墙”方面加大投入，实现科技智能化。

三是深化中外融合，吸收国际风险管理经验。2005 年 3 月 25 日，北京银行成功引入战略投资者 ING 集团，通过引资、引智和引制，将国际先进的风险管理技术与中国本土文化完美结合。2007 年，率先引入西方发达国家 30 多年的经营数据进行专项压力测试，提高了自身识别、量化、控制和化解风险的能力。此后，结合 ING 集团的技术援助项目，全面推进新资本协议实施，截至 2015 年底，已经启动 18 个项目，基本完成第一支柱三大风险项目，启动第二支柱内部资本充足评估及全行风险偏好体系架构搭建，新协议实施成效逐步显现。外资的引入和合作的深化推动了公司治理和管理机制的深刻变革，从制度层面提升了北京银行的风险防控能力。

四是夯实管理基础，实现稳健依法合规发展。持续完善风险管理制度体系，出台、修订、更新多项风险制度文件，共制订各项规章制度 1300 多项。规范业务管理操作流程，形成完善严密的内控体系。率先实施了经济资本管理和 VAR 值限额管理，率先引入了 ISO 质量体系认证，开创了中国银行业管理变革的先河。坚持加强党风廉政建设，从严落实党委主体责任、纪委监督责任，将加强思想建设、创建学习型党组织作为党建工作的重要抓手，从制度、形式、内容多维度坚持长抓不懈。积极构建“全员参与、三道防线主动约束、控制、管理的风险管理长效机制”，不断夯实管理基础，实现稳健合规发展。

资料来源：http：//www.zgyhy.com.cn/zixun/2016－10－09/3042.html

第一节 全面风险管理

多年来，人们在风险管理实践中逐渐认识到，一个企业内部不同部门或不同业务的风险，有的相互叠加放大，有的相互抵消减少。因此，企业不能仅仅从某项业务、某个部门的角度考虑风险，必须根据风险组合的观点，从贯穿整个企业的角度看风险，即要实行全面风险管理。然而，尽管很多企业意识到全面风险管理，但是对全面风险管理有清晰理解的却不多，已经实施了全面风险管理的企业则更少。但 2001 年 11 月的美国安然公司倒闭案和 2002 年 6 月的世通公司财务欺诈案，加之其他一系列的会计舞弊事件，促使企业的风险管理问题受到全社会的关注。2002 年 7 月，美国国会通过萨班斯法案（Sarbanes-Oxley 法案），要求所有在美国上市的公司必须建立和完善内控体系。萨班斯法案被称为是美国自 1934 年以来最重要的公司法案，在其影响下，世界各国纷纷出台类似的方案，加强公司治理和内部控制规范，加大信息披露的要求，加强企业全面风险管理。

全面风险管理（Enterprise-Wide Risk Management，ERM）是指统一集中管理整个机构的各种风险，对机构内各个单位和层次的风险统筹考虑。它是一种思想或理论，而不单是具体的风险管理方法或技术，是基于风险一体化的基础，采用了一致的标准测量并加总，考虑全部的相关性，采用多种方法处理所面临的风险。全面风险管理提出了一个整体机构风险一致性和全面性的情况。在这种情况下，就需要使用一致的方法、系统和数据来度量所有业务部门和所有风险因子的风险。

一、全面风险管理概述

（一）全面风险管理产生的原因

1. 金融业的发展

20 世纪 90 年代以后，随着全球范围内金融自由化进程的进一步推进，金融业的发展进入了一个崭新的时期，在该过程中伴随着很多不利因素的影响，例如：随着金融机构的全球化进程，风险暴露越来越多；风险的表现形式各异，形式趋于复杂；各种风险因子之间相互作用。不同市场的风险之间发生相互联系，使得风险和产品之间的相关性显得异常重要。

2. 风险度量方法的改进

近些年来，金融业在风险度量方面有了很大的发展，各种指标被用于风险度量，例如：VaR 方法和 RAROC 方法等，使得人们对于风险的管理更加具体。

3. 利益和环境推动

20 世纪 80 年代以来，企业的经营管理理念发生了本质的变化，大多数学者的观点是：

企业不应只追求单一利润最大，而应该转变为对股东价值最大化的追求。因而，股东价值成了衡量企业经营的最高指标。与此同时，金融危机的爆发等不利环境，也使得人们越来越强烈地意识到风险管理的必要性和紧迫性。

4. 市场推动

随着经济全球化和一体化的不断推进，作为市场主体的公司所面临的风险越来越多，越来越复杂。存贷款市场的利率、商品的市场价格和外汇市场的汇率不断波动，使得各行各业越来越注重风险的管理。实践证明，在每一次重大损失事件后，都推动了风险管理手段、理论等更进一步发展。

（二）全面风险管理理论发展

很早以前就出现具有一定整体风险管理思想的应用实践。例如，早在1979年XL环境有限公司曾就化学业提出了一套综合风险管理方案，不过那只是将几种不同的可保风险加以综合考虑，提供一些新型的保险品种或风险管理方案。XL环境有限公司是一家资本供给公司，客户是化学产品制造商和销售商。其客户面临的主要风险暴露有：生产过程中因化学要素污染环境而产生的责任赔付和销售过程中可能出现的产品责任。这些风险暴露的发生都将削弱公司的盈利能力，影响到还款能力。为此，XL环境有限公司通过它的保险操作部门为这些化学制造商和销售商客户提供了一套综合性的风险管理方案，涉及保险、风险控制和索赔管理，它为客户提供的保险与保险公司提供的标准保险所设定的保险责任范围有很大区别，在其保单中，保障范围不但包括环境污染责任损失，也包括产品销售过程中的产品责任损失。

到了20世纪90年代，在世界经济快速发展，在自然灾害给人类带来频繁冲击的环境和状态下，整体风险管理思想一经提出就立即受到企业各界人士的青睐，专家和学者开始着手探讨具体实施的方法和技术，许多金融机构着手将这一思想应用于自己实际的风险管理活动中。IRM的研究和实践主要以纯粹风险和投机风险的相互关联为出发点，其过程则是从局部向着整体方向的发展，例如，先从几种重要风险的综合管理开始，然后逐渐过渡到真正意义上的整体风险管理实践；将金融风险管理的理论和方法（如金融工程）逐渐推广到既包含纯粹风险又包含金融风险的情形。

整体风险管理方式作为一种内部管理整合方式已经在许多大型企业推广应用，尤其是银行和保险公司应用最为普遍。那些初步实施了整体风险管理方案的企业已经获得了成效和收益，大大提高了企业竞争力。其他应用比较广泛的领域有政府部门在生态管理、宏观经济管理、行业管理的政策研究方面。

Kent D. Miller在1992年提出了整合风险管理（Integrated Risk Management）的概念，随后的十多年，不同学者从自己的研究领域出发对整体风险管理理论的阐释各有侧重，形成了多个学派。各个学派在研究的角度、关注的侧重点等方面存在着差异，但他们的基本思路是一致的：强调将各种风险及其管理综合起来，赋予全面的考虑，试图走出以前将风险分别进行分析和处理的误区。具有代表性的学派如下：①整合风险管理（Integrated Risk Management）。工业管理、工程项目管理领域的学者从控制和组织的角度提出了整合风险管理，认为企业要从整体角度出发分析、识别、评价企业面对的所有风险，并实施相应的管理策略。其主要观点在于企业可以根据具体的风险状况，对多种风险管理方式进行整合，强调风险研究范围的扩展。②整体风险管理（Total Risk Management）。心理学、社会学和经济学的交叉学者认为，风险管理活动应该涉及3个要素：价格、偏好和概率。价格用来确定因预防各种风险所必须支付的成本；概率用来估计这些风险发生的可能性；偏好用来确定承受风险的能力、意愿和信心度。风险管理必须将三要素综合起来，进行系统和动态的理性决策，从而实现金融风险与风险偏好之间的均衡，使投资者承担愿意承担的风险从而获得最大的风险报酬。尤其重要的是它可以使由若干个单个决策者组合而成的机构主体在风险管理中最优地控制风险，不至于由于某一决策者的行为而造成整个机构遭受过大的风险损失。③综合风险管理（Global Risk Management）。金融机构的学者在对金融机构特别是银行的风险管理实践中，提出了综合风险管理的理论，强调对金融机构面临的风险做出连贯一致、准确和及时的度量；试图建立一种严密的程序，用来分析总的风险在交易过程、资产组合及其他经营活动范围内的分布情况以及对不同类型的风险应该怎样进行评价和合理配置资本。同时，在金融机构内部建立专门的风险管理部门，致力于防范和化解风险并且消化由此带来的成本。

进入21世纪，整体风险管理理论的研究经历了从百家争鸣到逐渐融合的变革。世界各国包括政府和行业、民间机构纷纷展开了对全面风险管理的研究，主要包括北美非寿险精算师协会（Casualty Actuarial Society）提出的全面风险管理（Enterprise－wide Risk Management 或 Enterprise Risk Management）、巴塞尔银行监管委员会推出的《巴塞尔新资本协议》以及 COSO（The Committee of Sponsoring Organizations of The National Commission of Fraudulent Financial Reporting）委员会推出的《企业风险管理——整合框架》等。

（三）全面风险管理的原则

全面风险管理的对象是整个机构的所有风险，进行全面风险管理需遵循的基本原则如下：

（1）独立性与开放性相统一。风险管理的独立性，就是要有独立的机构、人员，以独立的视角，对业务发展中存在的风险进行客观识别、度量和控制。风险管理独立性是风险管理有效性的核心，是风险管理权威性的根本保证，是风险管理制约性的关键。在保证独立性的前提下，保持风险管理的适度开放性，面向不断变化的市场、客户和同业，与时俱进，顺势而为；要注意风险管理方法的创新和完善，服务于业务，不断发展。

（2）统一性和差别化统一。一个银行风险管理的理念、战略、偏好应当是统一的，银行承担什么样的风险、承担多大的风险、追求什么样的风险收益配比是银行经营管理的基本原则，任何部门和业务都应贯彻这个原则。但经营领域的广泛性、业务产品的多样性、客户需求的复杂性，客观上也要求必须实行差别化的风险管理政策。要根据不同业务流程特点和各类风险的特征，根据不同行业、地区、产品，采取不同的风险管理技术。

（3）控制性和服务性统一。银行风险管理具有双重性，一方面风险管理要合理控制业务的发展，使收益和风险相互匹配；另一方面风险管理从根本上讲是服务于业务发展、服务于客户的，真正实现风险管理价值的最大化。

（4）矩阵式和扁平化统一。既要强调风险管理要涵盖所有业务领域，对不同业务部门实现矩阵式管理，实现对银行整体的风险监控，又要强调风险管理的效率，在原有垂直化管理模式的基础上压缩管理层次，进行扁平化管理，保证准确性和及时性，提高有效性。

（四）全面风险管理的评价

1. 全面风险管理的优点

全面风险管理是建立在经济资本（Economic Capital，EC）框架上，允许机构评估相关风险并准备资本来覆盖风险产生的影响。它的优点如下。

（1）加快金融业改革。全面风险管理的理念和做法对金融业的要求较高：金融机构必须具有良好的公司治理结构，建立相应的监督机制和评级系统，真正成为市场的竞争主体，要自负盈亏并自担风险，机构内部必须协调一致，相关协作；机构内部要采取统一的度量标准。因此，上述要求必然会在一定程度上促进金融业的良性发展。

（2）风险度量更加准确。全面风险管理通过统一管理整个机构风险，不仅考虑了单一产品的风险，而且在此基础上考虑了整个机构风险分散带来的好处，比传统风险度量方法更加准确有效，可以提高金融业度量风险的准确度，增强机构的定价能力，从而提高机构的市场竞争力。因此，全面风险管理是整个机构核心竞争力的重要组成部分。

（3）有利于投资者投资。使用全面风险管理可以使金融机构更充分、更准确地报告其风险头寸，向投资者提供更好、更全面的风险信息，可以使股东全面清晰地了解金融机构所面临的风险状况，有利于他们做出正确的决策。当投资者全面了解了金融机构的风险敞口时，他们可以清楚地知道金融机构防范风险的措施，这样有利于增强投资者信心，减少市场波动性，减少风险溢价，从而降低资本成本。

（4）提高风险管理收益水平。金融机构需要度量自己所面临的整体风险，但是在传统的风险管理水平下是无法做到的。而在实施了全面风险管理体系之后，这种需求成了可能。全面风险管理使得各级决策人员在做出决策时可以站在更全面的角度进行考虑。同时，全面风险管理体系可以协调各业务单位分散的投资者之间的利益问题，使得各个层次的决策者做出质量更高的风险管理策略，从而产生更大的经济效益。

（5）有利于监督质量的提高。全面风险管理使用一致的方法、系统和数据来度量所有业务部门和所有风险因子的风险，在数据收集、度量和处理方面高度一致，有利于进行审计与监督，使得人们在实际操作中发生错误的可能性降低，防止公司把风险转化成那些不容易被度量和控制的风险，改善合规控制和监督，特别是针对子公司的控制。

2. 全面风险管理的缺点

全面风险管理体系所提供的仍然只是实现主体目标的合理保证，而主体目标的整体框架到目标实现仍受到所有管理过程中固有局限的影响。因此，需要确认全面风险管理仍然未能涵盖以下两个方面：

第一，未来是具有不确定性的，在实际中不存在可以对未来有正确预测的人或工具，而全面风险管理与未来有关。

第二，合理保证并不是绝对保证——即便是有效的全面风险管理仍然可能会失败，而不可控制的事项、错误等的发生也不可避免。同时，金融机构在实施或执行全面风险管理的同时仍会在过程中受到诸多如决策判断、操作故障、内部人串通、管理收入成本比、寻租行为等不利事件不同程度的影响。

总的来说，全面风险管理是在一个整体框架内管理所有的公司风险，其主要的方法是确定所有主要风险并在加总的基础上对它们进行度量。当然，公司的目标不应该是避免所有的风险发生而是在相对优势的地方承担风险，因为其余的风险可以进行有效的对冲，特别是在对冲成本不高的时候，这样会降低公司价值的波动率和公司面临金融危机时陷入金融困境的可能性。另外，稳定的收入状况可以使得公司投资于更有经营价值的项目，避免公司出现投资现金流断裂的情况发生。

全面风险管理可以帮助并引导公司承担核心风险，这样可以使得管理者制订出增加公司价值的策略，但是也会带来业务风险。因此，单个项目和业务应当结合它们对总体风险的贡献进行评估。对那些风险贡献较大的项目应该要求更高的收益率。

全面风险管理是风险管理中一个较新的理念，它是在内部控制基础上发展和完善起来的，代表了金融业风险管理发展的新趋势。随着金融业经营环境的日益复杂，是否拥有一套完善的全面风险管理体系将成为判断一家金融机构竞争力高低的重要标志。

二、COSO 全面风险管理框架

1992 年，美国 COSO 委员会发布的《内部控制——整体框架》（Internal Control－Integrated Framework）报告，即通称的 COSO 报告，它构建了由三个目标和五项要素组成的内部控制框架。该框架的核心内容是系统归纳出了内部控制的五个要素，即控制环境、风险评估、控制措施、信息和交流、监控，并把内部控制细分为经营效率与效果、财务报告可靠和遵纪守法这三个子目标。

COSO《全面风险管理框架》是在 COSO 报告的基础上发展和完善起来的。相对于 COSO 早先发布的《内部控制——整合框架》而言，《企业风险管理——整合框架》的范围相对扩大。COSO 内部控制被涵盖在了企业风险管理框架之内，且是企业风险管理不可分割的部分。尽管许多金融机构已经意识到了全面风险管理框架之内，且是企业风险管理不可分割的部分。尽管许多金融机构已经意识到了全面风险管理的重要性，但由于其复杂性，完成全面风险管理整合的却很少。为了改变这种状况，美国 COSO 委员会从 2001 年七开始进行这方面的研究，在普华永道的协助下，2003 年 7 月完成了《全面风险管理框架》（草案）（简称 ERM 框架），这一框架很快成了全面风险管理的权威模式，被世界各国金融监管当局以及金融学者所研究。

《ERM 框架》首次从体系上规范了全面风险管理的目标、要素和层次，将全面风险管理从理念发展到了实践操作层面。全面风险管理体系由八个相互独立、相互联系又相互制约的模块共同构成，其内容包括以下八个方面：

（1）风险管理环境。风险管理环境是全面风险管理的基础，具体包括价值取向、管理风格、风险管理组织结构和风险管理文化等。其中风险管理文化是全面风险管理的核心，它影响到目标设定、风险识别和评估、风险处置等各个层面的活动；风险管理组织结构是全面风险管理得以实施的组织保障和支撑，风险管理职能必须保持一定独立性。

（2）风险管理目标与政策设定。风险管理必须能为机构管理层提供一种设定目标的科学程序，机构管理者要将风险管理的要求贯穿于业务各项目标之中，通过选定风险偏好和风险容忍度，制订明确统一的风险管理政策，包括信用风险管理政策 、市场风险管理政策和操作风险管理政策等 ，以实现风险管理和机构目标的紧密结合。

(3) 风险监测与识别。风险监测和识别包括监测和识别客户信用风险，跟踪国家宏观政策、行业状况、金融市场以及监管法规等有关情况，识别市场风险和操作风险。对风险的识别是准确度量风险的前提，整个机构必须通过监测系统保持对内、外部事件的敏锐性，首先做出事件“是否是风险，是什么类型的风险"的判断，才能对风险程度和大小进行分析，在此基础上进行风险预警和处置。

(4) 风险评估。风险评估可以从定性和定量两个方面来进行度量，但在新巴塞尔协议颁布之后，风险测度偏重于定量分析，要求尽量以数据量化来确定受险程度。在建立信用风险内部评级系统的基础上，机构应同样以风险价值法（VaR方法）为核心的度量方法来建立市场风险评估系统，并且尽量将操作风险的内部计量包括进来，建立一体化的风险管理体系，使风险分析的结果能相互比较以利于决策，合理地在不同业务间配置经济资本。

(5) 风险定价和处置。对于预期风险，可通过风险定价和适度的拨备来抵御；对于非预期风险，金融机构则必须通过资本管理来提供保护；对于异常风险可采取保险等手段解决。在确定了决策主体经营活动中存在的风险，并分析出风险概率及其风险影响程度的基础上，根据风险性质和决策主体对风险的承受能力而制订的回避、承受、降低或者分担风险等相应防范计划。制订风险应对策略主要考虑四个方面的因素：可规避性、可转移性、可缓解性和可接受性。

(6) 控制活动。控制活动是指确保管理阶层的指令得以执行的政策及程序。控制活动在企业内的各个阶层和职能之间都会出现。控制活动包括与授权、业绩评价、信息处理、实物控制和职责分离等相关的活动。企业必须制订控制的政策及程序，并予以执行，以帮助管理阶层确保国家法律规定和金融机构内部规章制度的贯彻执行，确保操作的规范性和得到有效监督。

(7) 风险信息处理和报告。建立包括信贷信息、操作风险损失和市场风险信息等在内的数据库，通过信息处理系统保持数据库更新，及时反映内外部风险信息等。信息系统利用内部生成的数据和来自外部渠道的信息，为管理风险和做出与目标相关的知情决策提供信息。要建立科学灵敏的风险报告制度，对金融机构的风险现状进行汇总、分析，对各种风险管理政策的实施效果进行分析，形成定期、不定期综合及专题报告。

(8) 事后评价和持续改进。金融机构风险管理部门应该对全行规章制度、信贷管理流程、风险管理流程的执行情况进行事后评价，建立相应的授权调整和问责制度，确保风险管理体系的运行。同时，风险管理部门应根据外部环境、监管当局要求以及事后评价中发现的问题，对风险管理体系中有关内容提出调整和完善意见，由机构决策层来对全面风险管理体系进行持续改进。

从《ERM框架》可以看出，全面风险管理和内部控制之间既有联系又有区别。联系方面指的是，从两者的框架来看全面风险管理除了包括内部控制的三个目标外，还增加了战略目标；全面风险管理的八个要素除了包括内部控制的五个要素外，还增加了目标设定、事件识别和风险对策三个要素。因此，全面风险管理包括了内部控制的所有内容。

两者之间的差异是从两者的实质方面来分析的。

第一，内部控制仅仅是管理的一项职能而已，而全面风险管理则属于风险的范畴，贯穿于整个管理过程的各个方面。

第二，全面风险管理框架中风险，被明确定义为“对企业的目标产生负面影响的事件发生的可能性”，因此，该框架中包含了市场风险、操作风险、信用风险和业务风险等各种风险，而内部控制框架则没有区分风险和机会。

第三，在全面风险管理框架中，我们引入了风险对策、风险偏好、压力测试和情景分析等概念和度量方法，该框架在风险度量的基础上，有利于企业的发展战略和风险偏好的一致性，进行经济资本分配及利用风险信息来支持业务策略过程，从而帮助管理者实现全面风险管理的目标。内部控制框架中则没有上述的一些内容，也无法做到。

三、《中央企业全面风险管理指引》

企业全面风险管理是一项十分重要的工作，关系到国有资产保值增值和企业持续、健康、稳定发展。为了指导企业开展全面风险管理工作，进一步提高企业管理水平，增强企业竞争力，促进企业稳步发展，国务院国有资产监督管理委员会（简称国务院国资委）在2006年6月正式印发了《中央企业全面风险管理指引》（以下简称《指引》），这对于指导企业全面风险管理体系的建立具有重要的意义。《指引》是在总结国有企业的经验、损失、教训的基础上，参考国际经验、国际做法而制订的，具有较强的现实性和前瞻性。下面我们从几个方面来对该指引进行解读。

（一）产生背景

在2006年之前，我国国有企业的风险管理尚不全面，风险管理工作薄弱，缺乏风险防范机制，资产发生损失的现象严重。而多年来由于管理体制、制度和机制等方面的原因，国有企业存在着诸如乱投资、乱担保、乱借款和乱扩张等不规范行为，给企业带来了巨大的损失。而另一方面，美国《萨班斯法案》对在纽约上市的公司提出了建立内控体系的要求，许多国际大公司在内控体系的基础上进一步建立了全面风险管理体系，国有企业为了缩小与国际大公司的差距，必须在风险管理方面有所改变。

为了建立全面风险管理体，以减少和防范资产损失，提升企业管理水平，国资委借鉴国外全面风险管理经验，结合我国具体国情，起草并通过了《中央企业全面风险管理指引》，中央企业可以根据自身实际情况来贯彻执行本指引。

（二）总体目标

全面风险管理总体目标有以下几点：

第一，确保将风险控制在与总体目标相适应并可承受的范围内；

第二，确保内外部，尤其是企业与股东之间实现真实、可靠的信息沟通，包括编制和提供真实、可靠的财务报告；

第三，确保遵守有关法律法规；

第四，确保企业有关规章制度和为实现经营目标而采取的重大措施的贯彻执行，保障经营管理的有效性，提高经营活动的效率和效果，降低实现经营目标的不确定性；

第五，确保企业建立针对各项重大风险发生后的危机处理计划，保护企业不因灾害性风险或人为失误而遭受重大损失。

（三）主要内容

《指引》要解决的主要问题有三点：一是明确要求中央企业要重视和开展全面风险管理，二是明确什么是全面风险管理，三是企业如何开展全面风险管理工作。

《指引》的内容也是围绕上面这三点来制订的，其主要内容有：风险管理初始信息、风险评估、风险管理策略、风险管理解决方案、风险管理的监督与改进、风险管理组织体系、风险管理信息系统和风险管理文化等。下面对主要内容进行详细解读。

1. 风险管理初始信息

收集初始信息的目的是在企业开展风险评估工作之前，首先需要收集风险和风险管理相关的内部、外部初始信息，包括历史数据和未来预测，作为风险评估的准备。《指引》中将企业面临的风险分为了战略风险、财务风险、市场风险、运营风险和法律风险。各种风险的定义和管理方法我们在前面的章节中有详细的介绍，在此，重点介绍下如何开始收集风险管理初始信息的工作。

第一，角色与分工。首先我们要明确哪些相关人员、职能部门和业务单位应该负责收集风险管理初始信息。企业管理者应该把收集初始信息的职责分工落实到各有关职能部门和业务单位。一方面职能部门与业务单位对相应的风险信息有比较清楚的了解，另一方面通过对风险初始信息的收集过程，又可以提高他们的风险意识。收集到的风险管理初始信息内容是非常多的，因此可以考虑由各职能部门及业务单位对本部门或单位的信息进行更新和维护，并由专门的风险管理部门进行指导和监督。由于初始信息的来源广泛，涉及多个部门与单位，可以考虑由专门的风险管理部门对信息进行统一的筛选、提炼、对比、分类、组合工作，以便开展下一步的风险评估工作。

第二，时间安排和信息收集管理方法。时间安排上应该考虑到企业风险评估的周期，可以作为年度业务计划或预算的一个重要组成部分，也可以和风险与控制自我评估周期相配合（年度或半年度）。另外，信息收集是一个广泛、持续的过程，因此可以考虑融入日常的工作当中，保证信息收集的及时性，提高风险应对能力。由于信息的多样性和涉及参与单位的广泛性，信息收集管理要有规范的流程和标准模板，并且建立风险信息收集的汇报与监督机制。

第三，工作成果内容。该内容可以包含行业最佳实务（供应链、财务业绩、人才资源等）和企业资料（企业的战略目标、企业架构图、企业面临的挑战和企业的竞争优势等），作为下一步风险评估工作的基础。

第四，总结。根据《指引》第十一条：“实施全面风险管理，企业应广泛、持续不断地收集与本企业风险和风险管理相关的内部、外部初始信息。”

2. 风险评估

在收集到风险管理初始信息之后，就可以进行风险评估了。风险评估的三个主要步骤是风险辨识、风险分析和风险评价。风险辨识是指查找企业各业务单元、各项重要经营活动极其重要业务流程中有无风险，有哪些风险。风险分析是对辨识出的风险及其特征进行明确的定义描述，分析和描述风险发生可能性的高低和风险发生的条件。风险评价是评估风险对企业实现目标的影响程度、风险的价值等。

风险评估的方法主要是定性和定量方法相结合．定性方法主要有问卷调查、专家咨询和情景分析等。定量方法主要有集中趋势法、蒙特卡罗模拟法和事件树分析等。

风险评估的目的是分析风险之间的关系，从风险策略上对风险进行统一集中管理。

3. 风险管理策略

风险管理策略是指企业根据自身条件和外部环境，围绕企业发展战略，确定风险偏好、风险承受度、风险管理有效性标准，选择风险承担、风险规避、风险转移、风险转换、风险对冲、风险补偿、风险控制等适合的风险管理工具的总体策略，并确定风险管理所需人力和财力资源的配置原则。根据这个定义，我们要解决的问题主要有以下四点：

第一，风险偏好和风险承受度。企业要承担什么样的风险，应该承担多少风险？

第二，有效性标准。衡量风险管理工作的标准是什么？

第三，工具选择。用什么样的工具来进行重大风险管理？

第四，资源配置。如何合理地进行资源配置？

第一个问题我们在前面已经解决了。第二个问题，风险管理的有效性标准应当对照全面风险管理的总体目标，保证企业的运营效果，并且应当在企业的风险评估中应用，并根据风险的变化随时调整，其最重要的地方在于对风险进行量化，选择合适的度量方法。第三个问题，风险管理的工具分为风险承担、风险规避、风险转移、风险转换、风险补偿、风险控制和风险对冲。各种工具的作用不相同，因此要根据风险的性质和产生的后果进行选择使用。第四个问题，制订风险管理策略要注意整个全面风险管理体系的配合，如是否有强有力的组织职能支撑，经济上是否划算，技术上能否掌握等，并且合理安排人力、财力、物资、外部资源等风险管理资源。

4. 风险管理解决方案

按照风险管理的基本流程，制订风险管理策略后的工作是制订实施风险管理解决方案，也就是，执行前一阶段制订风险管理解决策略，进一步落实风险管理工作。

企业应根据风险管理策略，针对各类风险或每一项重大风险制订风险管理解决方案。方案一般应包括风险解决的具体目标，所需的组织领导，所涉及的管理及业务流程，所需的条件、手段等资源，风险事件发生前、中、后所采取的具体应对措施以及风险管理工具。

风险管理解决方案分外部和内部解决方案。内部解决方案是前面所说风险管理策略的实施，是全面风险管理体系的运转。因此，在具体实施中，一般是以下几种手段的综合应用：

（1）风险管理策略；

（2）组织职能；

（3）内部控制，包括政策、制度、程序；

（4）信息系统，包括报告体系；

（5）风险理财。

内部控制是通过有关企业流程的设计和实施的一系列政策、制度、程序和措施，控制影响流程目标的各种风险的过程。一般说来，内部控制系统针对的风险一般是可控纯粹风险，其控制对象是企业中的个人，其控制目的是规范员工的行为，其控制范围是企业的业务和管理流程。

为确保工作的效果，落实到位，要对风险管理解决方案的实施进行持续监控改进，并与绩效考核联系起来，通过建立各种制度来规范操作，最大程度上防范风险的产生。

5. 风险管理的监督与改进

监督和改进的实质是关注风险管理的目标，深思熟虑地对风险管理进行分析，集中发现关于重大风险、重大事件、重要管理及业务流程的风险管理的缺陷，并根据变化情况进行改进，持续提升风险管理水平。

监督的对象有：风险管理初始信息、风险评估、风险管理策略、关键控制活动和风险管理解决方案，即对前面所有提到的步骤进行监督。监督的重点有：重大风险、重大事项和重大决策以及重要管理和业务流程。如果管理层和董事会能在以下四个方面得到合理保证：了解企业战略目标实现的程度，了解企业经营目标实现的程度，企业财务报告的可靠性和企业对相关法律法规的遵守，则可以认为风险管理活动是有效的，否则就要进行改进。

监督的前提是做好信息的沟通，信息传递的内容是以重大风险、重大事件和重大决策、重要管理及业务流程为重点，传递风险管理初始信息、风险评估、风险管理策略、关键控制活动及风险管理解决方案的实施情况。在传递过程中，要保证信息的及时、准确和完整性。

6. 风险管理组织体系

全方位的风险管理体系应该包括董事会、监事会、审计委员会、风险管理委员会、总经理、内部审计、风险管理、业务部门和业务单位。国有独资公司，要改革“一把手”体制，建立规范的公司法人治理结构，从企业制度层面根除产生风险的体制根源。

董事会的主要有三项职责：第一是把握企业发展方向；第二是选择合适的人担任各个部门管理者；第三是控制风险。董事会的重要职责就是判断风险、控制风险，并承担风险决策的责任。监事会负责对总经理及董事会全面风险管理工作进行评价和监督。总经理对企业日常全面风险管理负责，全面掌控风险的能力是判断总经理是否称职的重要条件。

具备条件的企业，董事会可下设风险管理委员会。该委员会的召集人应由不兼任总经理的董事长担任；董事长兼任总经理的，召集人应由外部董事或独立董事担任。该委员会成员中需有熟悉企业重要管理及业务流程的董事，以及具备风险管理监管知识或经验，具有一定法律知识的董事。

建立高效的风险管理职能部门应当遵循两个基本准则：

第一，风险管理职能部门必须具备高度独立性，以提供最佳的风险规避策略；

第二，风险管理职能部门不具备或具备非常有限的风险管理策略执行权，以降低运营风险。

内部审计部门的职责是负责研究提出全面风险管理监督评价体系，制订监督评价相关制度，开展监督与评价，出具监督评价审计报告。

企业其他职能部门及各业务单位在全面风险管理工作中，应接受风险管理职能部门和内部审计部门的组织、协调、指导和监督。

企业应通过法定程序，指导和监督其全资、控股子企业建立与企业相适应或符合全资、控股子企业自身特点、能有效发挥作用的风险管理组织体系。

7. 风险管理信息系统

风险管理信息系统是整个全面风险管理体系中的重要组成部分，为全面风险管理体系中进行风险评估、实施风险管理解决方案、执行风险管理的基本流程、履行内部控制 系统提供必需的技术基础。

风险管理信息系统必须涵盖风险管理基本流程和内部控制系统各环节，它存在于经营管理的各个层次之中，是企业风险策略和风险解决方案的重要支撑手段。

《指引》对于风险管理信息系统的数据要求、功能要求、跨部分特点、改进和完善、保障体系的内容和目标、改进系统的驱动因素以及搭建策略都给出了详细的说明。这对于企业建立完整的风险管理信息系统具有很好的参考价值。

8. 风险管理文化

全面风险管理不是某个人或某个部门的单独的事情，而是涉及企业各个层面、各个业务领域、所有员工的事情，只有将风险意识和理念融人企业文化中，把风险意识转化为全体员工的共同认识和自觉行动，才能确保风险管理目标的实现。建立良好的风险管理文化，与建立全面风险管理体系、执行风险管理流程同等重要。

国内风险管理做得较好的企业，它们都具有共同的特征：领导者有极强的风险意识，并极力将这种意识灌输给企业内的所有成员，即注重风险管理文化的培育。

风险管理文化建设的任务是将风险意识和风险管理行为等进行规范化，对其进行梳理和提炼，然后在员工的培训中进行传播，使得风险管理文化深入员工心中。

企业要注重员工守法意识和诚信意识的培养，企业应大力加强员工法律素质教育，制订员工道德诚信准则，形成人人讲道德诚信、合法合规经营的风险管理文化。

如何化解守法意识、诚信意识与赢利意识之间的冲突，从短期来看，守法、诚信与赢利之间会存在冲突，但是从长期来看，诚信能够大大提升企业的持续盈利能力，获得可持续发展。

目前国内关于这方面的研究尚处于发展阶段，随着《中央企业全面风险管理指引》的实施，相信可以改善国内大部分企业缺乏对全面风险管理认识的现状。作为我国金融业主体的银行业，在风险管理方面还存在着很多的问题，例如：资本充足率低，抗险能力差；不良贷款比例大，盈利状况不理想，造成银行清偿能力不断下降；商业银行的盈利能力低下，资产利润率低；融资及投资渠道单一，不利于银行风险的分散等。

针对上述问题，根据《中央企业全面风险管理指引》的指导意见，在此提出我国商业银行全面风险管理的对策，主要有以下一些：第一，建立健全全面风险管理的运行环境；第二，建立与新资本协议一致的风险控制体系；第三，建立风险预警系统并及时防范和化解金融风险；第四，树立先进的银行风险管理文化；第五，优化风险管理的理念。

全面风险管理在我国所有企业中实施尚需时日，金融危机之后，我国金融业面临着更加严峻的考验，如何合理有效地来进行风险管理，全面地度量各个业务部门所面临的风险，尽可能地降低风险发生的可能性以及风险发生时的损失，是整个金融业需要思考的问题。在整个金融业推进全面风险管理办法，在当前的环境下，不失为一个好的手段。

专栏 13-1

《银行业金融机构全面风险管理指引》

为进一步引导银行业金融机构树立全面风险管理意识，完善全面风险管理体系，持续提高风险管理水平，中国银监会起草了《银行业金融机构全面风险管理指引（征求意见稿）》，并于2016年9月27日下达了关于印发《银行业金融机构全面风险管理指引》的通知，该指引自2016年11月1日起施行。《银行业金融机构全面风险管理指引》主要是为了提高银行业金融机构全面风险管理水平，促进银行业体系安全稳健运行，主要包括第一章总则、第二章风险治理架构、第三章风险管理策略、风险偏好和风险限额、第四章风险管理政策和程序、第五章管理信息系统和数据质量、第六章内部控制和审计、第七章监督管理以及第八章附则。

《指引》制订的背景主要有三方面：一是我国银行业风险管理缺乏统领性规制。近年来，银监会陆续制订了各类审慎监管规则，覆盖了资本管理、信用风险、市场风险、流动性风险、操作风险、并表管理等各个领域，比较系统，但仍然缺乏一个针对全面风险管理的统领性、综合性规则。因此，有必要制订关于全面风险管理的审慎规制，为银行建立完善的全面风险管理体系提供政策依据和指导。二是银行业金融机构全面风险管理实践有待完善。我国银行业在全面风险管理体系建设上已取得一定的成果，但实践中仍然存在以下问题有待完善：第一，全面风险管理的统筹性和有效性有待提升。第二，中小银行业金融机构全面风险管理体系建设起步相对较晚，精细化程度有待提高。第三，银行业金融机构全面风险管理成果的应用较多基于银监会的监管要求，深度和广度仍有很大的拓展空间。三是国际监管改革对风险管理提出了新的要求。2008年国际金融危机后，国际组织和各国监管机构都在积极完善金融机构全面风险管理相关制度。2012年，巴塞尔委员会修订了《有效银行监管核心原则》，完善和细化了原则15“风险管理体系”的各项标准。之后，巴塞尔委员会和金融稳定理事会针对公司治理、风险偏好、风险文化和风险报告等全面风险管理要素陆续发布了一系列政策文件，提出了更具体的要求。《指引》的制订既是积极适应国际监管改革新要求的结果，又有助于提升我国银行业风险管理水平。

第二节 金融监管

一、《巴塞尔资本协议Ⅲ》

2010年12月16日，巴塞尔委员会正式发布了《全球更稳健的银行及银行体系监管框架》及《流动性风险计量标准及监管的国际框架》，明确于2013年1月1日起实施，2018年底达标。这是自1988年出台巴塞尔资本协议以来的第三版，简称“巴塞尔协议Ⅲ”。

巴塞尔协议Ⅲ的主要内容包括：一是修改合格资本定义，明确普通股作为核心资本应占主导地位；二是扩大资本覆盖风险面，增加对交易账户新增风险、交易对手风险、再证券化资产风险等风险的资本覆盖；三是新增留存超额资本要求、系统重要性附加资本要求、逆周期超额资本要求；四是建立杠杆率标准，增强对银行表内外资产总规模的资本约束；五是增设流动性覆盖率与净稳定融资比率两项监管指标；六是要求加强银行公司治理，建立薪酬管理机制。

巴塞尔协议Ⅲ主要特点有：一是继承和丰富了巴塞尔协议Ⅰ和Ⅱ的核心资本监管准则，扩大资本覆盖风险范围，要求银行应基于风险量化实施全面风险管理。二是明确多层次资本监管，合格资本标准更高，要求完善内部资本评估程序，建立资本补充机制，持续保持资本充足。三是宏观审慎与微观审慎监管兼顾，既要管好银行业务风险，又要有效抵御系统性风险冲击，开展压力测试，有效应对经济周期波动。

巴塞尔协议Ⅲ的主要影响有：一是抬高银行经营成本。在更严格资本定义下，强调普通股占主导地位，提高资本数量要求，银行将要承受更大的资本补充压力，资本成本将明显提高。二是促使银行改进管理。风险量化促进银行资本管理精细化，促使银行加强风险治理，加强风险计量模型、风险管理工具、数据库与信息系统基础设施建设。三是影响实体经济发展。短期内国际银行业要补充资本，资金供给会减少，进而影响实体经济增长；但长期看，将有利于银行及银行体系稳健运行，促进全球经济持续平稳增长。

二、商业银行风险监管

监管部门监督检查与市场约束构成商业银行有效管理控制风险的外部保障，《巴塞尔资本协议Ⅱ》中明确提出，资本要求、监管部门的监督检查和市场纪律形成三大支柱，它们相辅相成，不可或缺，共同为促进金融体系的安全和稳健发挥作用。了解和掌握银行监管和市场约束的基本原理，对商业银行风险管理人员至关重要。

（一）商业银行监管的目标与原则

监管目标是监管行为所应当取得的最终效果或达到的最终状态。中国银监会成立后，在总结国内外银行业监管经验的基础上，提出银行监管应当在“管法人、管风险、管内部控制、提高透明度”的监管理念指导下，遵循依法、公开、公正和效率四条基本原则，实现四个具体目标：

一是通过审慎有效的监管，保护广大存款人和金融消费者的利益；

二是通过审慎有效的监管，增进市场信心；

三是通过金融、相关金融知识的宣传教育工作和相关信息的披露，增进公众对现代金融的了解；

四是努力减少金融犯罪，维护金融稳定。

（二）商业银行风险监管的内容

银行风险监管的内容包括风险状况、公司治理、内部控制、风险管理体系、风险计量模型、管理信息系统与人力资源管理等。

1. 风险状况

监管部门所关注的风险状况包括行业整体风险状况、区域风险状况和银行机构风险状况，其中，银行机构风险状况既包括银行整体并表基础上的总体风险水平，还包括其单一或部分分支机构的风险水平。有效监控银行机构风险状况是防范和化解区域风险和行业整体风险的前提。

对银行机构风险状况的监管主要包括四个方面：

一是建立银行风险的识别、评价和预警机制，建立风险评价的指标体系，根据定性和定量指标确定风险水平或级别，根据风险水平及时进行预警；

二是建立高风险银行业金融机构的判断和救助体系，要建立对高风险银行业金融机构的判断标准，并对被判断的金融机构制订风险控制、化解方案，包括限制业务、调整管理层、扩充股本、债务重组以及请求中央银行给予流动性支持等；

三是建立应对支付危机的处置体系，包括停业隔离整顿、给予流动性救助、资产负债重组以及关闭清算、实施市场退出等；

四是建立银行业金融机构市场退出机制及金融安全网，包括存款保险体系建设等。

2. 公司治理

公司治理在商业银行经营管理实践中逐步被赋予了更广泛的内容，其内涵延伸到银行内部制衡关系和职责分工、内部控制体系、监考核机制、激励约束机制以及管理信息系统等更为广泛的领域。良好的银行公司治理普遍具备以下五个方面的特征：

一是银行内部有效的制衡关系和清晰的职责边界；

二是完善的内部控制和风险管理体系；

三是与股东价值相挂钩的有效监督考核机制；

四是科学的激励约束机制；

五是先进的管理信息系统，它能够为产品定价、成本核算、风险管理和内部控制提供有力支撑。

除上述对银行自身公司治理的要求之外，良好的外部环境被普遍作为促进稳健银行公司治理的必要条件。

3. 风险管理体系

监管部门通过对商业银行内部风险管理目标、程序的监督检查，督促商业银行建立全面涵盖各类风险的内部管理体系，并采取足够的措施，对风险进行有效的识别、计量、监测和控制。

监管部门对商业银行风险管理能力的评估主要包括以下四个方面：

一是董事会和高管层对银行风险是否实施有效监督；

二是银行是否制订了有效的政策、措施和规定来管理业务活动；

三是银行的风险计量、监测和管理系统是否有效，是否全面涵盖各项业务和各类风险；

四是内部控制制度和审计工作能否及时识别银行内部控制存在的缺陷和不足。

4. 风险计量模型

建立风险计量模型是实现对风险模拟、定量分析的前提和基础。对风险计量模型的监督检查主要包括以下几个方面：

一是建立各类风险计量模型的原理、逻辑和模拟函数是否正确合理；

二是是否积累足够的历史数据，用于计量、监测风险的各种主要假定、参数是否恰当；

三是是否建立对管理体系、业务、产品发生重大变化以及其他突发事件的例外安排；

四是是否建立对风险计量模型的修正、检验和内部审查程序；

五是对风险计量目标、方法、结果的制订、报告体系是否健全；

六是风险管理人员是否充分理解模型设计原理，并充分应用其结果。

5. 管理信息系统

管理信息系统的形式和内容应当与商业银行营运、组织结构、业务政策、操作系统和管理报告制度相吻合，构成商业银行成本核算、产品定价、风险管理和内部控制的有力支撑。一般而言，管理信息系统包括两大基础模块，即业务运营系统和管理报告系统。

监管部门对管理信息系统有效性的评判可用质量、数量和及时性来衡量，这些因素受信息需求分析和系统设计的影响。对管理信息系统的监督检查主要包括以下方面：

一是评估商业银行管理信息系统整体规划和建设开发情况；

二是检查管理信息系统的管理政策、程序范围、质量和报告频率，检查管理人员是否有能力获得充分、及时的信息；

三是评估商业银行管理信息系统及各子模块的功能，检查管理信息系统自动化和手工操作的程度；

四是检查管理信息系统所依赖的多个数据库是否独立，相关数据采集、复核程序及允许的误差度；

五是检查管理信息系统的安全性、稳健性，以及是否建立差错、失误、突发事件灾难恢复以及备份系统；

六是检查管理层和管理人员对管理信息系统的理解程度；

七是检查商业银行内部是否建立科学的授权管理、保密管理和内部评估制度和监督测试制度等。

6. 人力资源管理

监管部门对商业银行人力资源状况的监管可分为以下两大方面：一是对高级管理人员实施任职资格审核；二是需要对商业银行人事政策和管理程序进行评估。任职资格审核从职业操守、专业能力和道德品质等方面评价拟任人员适任情况。对商业银行人事政策和管理程序的评价主要包括管理政策和程序、组织结构、岗位职责分工、培训安排、考核机制、薪酬政策、休假制度和监督制约等内容，其目的是确保各级人员职责明确、相互制衡、分工合作并充分适任。

（三）商业银行风险监管核心指标体系

商业银行风险监管核心指标是对商业银行实施风险监管的基准，是评价、监测和预警商业银行风险的参照体系，是为了加强对商业银行风险的识别、评价和预警，有效防范金融风险。

商业银行风险监管核心指标分为三个层次，即风险水平、风险迁徙和风险抵补。风险水平类指标包括流动性风险指标、信用风险指标、市场风险指标和操作风险指标，以时点数据为基础，属于静态指标。流动性风险指标衡量商业银行流动性状况及其波动性，包括流动性比例、核心负债比例和流动性缺口率，按照本币和外币分别计算。信用风险指标包括不良资产率、单一集团客户授信集中度、全部关联度三类指标。市场风险指标衡量商业银行因汇率和利率变化而面临的风险，包括累计外汇敞口头寸比例和利率风险敏感度。操作风险指标衡量由于内部程序不完善、操作人员差错或舞弊以及外部事件造成的风险，表示为操作风险损失率，即操作造成的损失与前三期净利息收入加上非利息收入平均值之比。风险迁徙类指标衡量商业银行风险变化的程度，表示为资产质量从前期到本期变化的

比率，属于动态指标。风险迁徙类指标包括正常贷款迁徙率和不良贷款迁徙率。风险抵补类指标衡量商业银行抵补风险损失的能力，包括盈利能力、准备金充足程度和资本充足程度三个方面。具体如下表所示：

表 13-1　商业银行风险监管核心指标一览表

指标类别		一级指标	二级指标	指标值
风险水平	流动性风险	1. 流动性比例		大于等于 25%
		2. 核心负债依存度		大于等于 60%
		3. 流动性缺口率		大于等于－10%
	信用风险	4. 不良资产率	4.1 不良贷款率	小于等于 4% 小于等于 5%
		5. 单一集团客户授信集中度	5.1 单一客户贷款集中度	小于等于 15% 小于等于 10%
		6. 全部关联度		小于等于 50%
	市场风险	7. 累计外汇敞口头寸比例		小于等于 20%
		8. 利率风险敏感度		
	操作风险	9. 操作风险损失率		
风险迁徙	正常类贷款	10. 正常贷款迁徙率	10.1 正常类贷款迁徙率 10.2 关注类贷款迁徙率	
	不良贷款	11. 不良贷款迁徙率	11.1 次级贷款迁徙率 11.2 可疑贷款迁徙率	
风险抵补	盈利能力	12. 成本收入比		小于等于 35%
		13. 资产利润率		大于等于 0.6%
		14. 资本利润率		大于等于 11%
	准备金充足程度	15. 资产损失准备充足率	15.1 贷款准备充足率	大于 100% 大于 100%
	资本充足程度	16. 资本充足率	16.1 核心资本充足率	大于等于 8% 大于等于 4%

资料来源：中国银监会网站．中国银行业监督管理委员会关于印发《商业银行风险监管核心指标（试行）》的通知各指标的口径及计算详见附录 1。

商业银行应建立相适应的统计与信息系统，准确反映风险水平、风险迁徙和风险抵补能力。商业银行应将各项指标体现在日常风险管理中，完善风险管理方法。商业银行董事会应定期审查各项指标的实际值，并督促管理层采取纠正措施。银监会将通过非现场监管系统定期采集有关数据，分析商业银行各项监管指标，及时评价和预警其风险水平、风险迁徙和风险抵补。银监会将组织现场检查核实数据的真实性，根据核心指标实际值有针对性地检查商业银行主要风险点，并进行诫勉谈话和风险提示。

专栏 13-2

银监会发布《关于银行业风险防控工作的指导意见》

为贯彻落实党中央、国务院决策部署，进一步加强金融监管，防范化解银行业风险，近日，银监会印发《中国银监会关于银行业风险防控工作的指导意见》（以下简称《指导意见》），在全国范围内进一步加强银行业风险防控工作，切实处置一批重点风险点，消除一批风险隐患，严守不发生系统性风险底线。

《指导意见》明确了银行业风险防控工作的目标原则。银行业金融机构要落实中央经济工作会议要求，按照坚持底线思维、分类施策、稳妥推进、标本兼治的基本原则，把防控金融风险放到更加重要的位置，切实有效化解当前面临的突出风险，严守不发生系统性风险底线。

《指导意见》明确了银行业风险防控的重点领域。银行业风险防控的重点领域，既包括信用风险、流动性风险、房地产领域风险、地方政府债务违约风险等传统领域风险，又包括债券波动风险、交叉金融产品风险、互联网金融风险、外部冲击风险等非传统领域风险，基本涵盖了银行业风险的主要类别。

《指导意见》要求，各银行业金融机构切实履行风险防控主体责任，实行"一把手"负责制，制订可行性、针对性强的实施方案，严格自查整改。要求各级监管机构做到守土有责，及时开展工作督查，对自查整改不到位、存在违法违规问题的机构，要严肃问责。

资料来源：中国银监会网站。

三、保险公司偿付能力监管

与一般企业不同的是，保险公司是典型的负债经营企业。保险公司拥有雄厚的自有资金和大量的保费收入。在经营过程中，由于风险发生的概率是可以用一定的方法测算的，因此保险公司未来需赔付的金额是大致可以推算出来的。除去这部分风险备用金，保险公司有足够的时间可以将剩余的资金合理运用到投资中以获取投资收益。偿付能力就是保险公司按照保单约定按时足额给付保险收益人的能力。保险公司需要充足的资金来保证保险期满或风险发生时的给付和责任赔偿，因此保险公司十分追求资金的稳定和安全，偿付能力风险管理在保险公司经营管理中占据重要地位。保险公司偿付能力监管是协调各方利益，使得市场参与各方在市场经济下获得最大利益，提高社会总体福利，是实现监管保护公众利益这一最终目标的有效监管手段，偿付能力监管已经成为各国保险监管的核心。

（一）对国际偿付能力监管发展趋势的认识

2008 年爆发的国际金融危机，推动全球金融监管体制进入了新一轮的改革周期。在保险领域，偿付能力监管作为现代保险监管的核心，是各国监管改革的重点。与银行业统一遵守巴塞尔协议不同，保险业尚未建立起全球统一的偿付能力监管规则，因此，很多国家正在积极探索，努力寻求适合自身发展特征的改革路径。近年来，随着改革的不断深化和国际交流的日益频繁，各国对偿付能力监管的理念和框架的认识日趋一致，改革过程中出现了一些共同的发展趋势。

（1）偿付能力监管内涵不断扩大。一是确立了“三支柱”监管框架。“三支柱”监管框架将偿付能力监管的内涵和范畴逐渐扩大到了定量监管、定性监管和信息披露三个方面，是对几十年来金融监管经验的高度概括和总结，凝结了全球金融监管者的智慧，已经成为国际公认的成熟监管体系。国际保险监督官协会（IAIS）、欧盟偿付能力Ⅱ和美国保险监督官协会（NAIC）都已经明确了“三支柱”监管框架。二是监管对象由单个保险公司扩大到集团公司。IAIS 启动了“保险集团监管共同框架”的制订工作，欧盟偿付能力Ⅱ明确了集团的资本计量标准和风险管理要求，NAIC 也成立了集团偿付能力问题工作组。集团偿付能力监管已逐渐成为各国关注的焦点。三是更加重视宏观审慎监管。2010年发布的巴塞尔资本协议Ⅲ增加了逆周期资本要求、系统重要性机构资本要求和流动性监管要求。减轻偿付能力监管中的顺周期效应、加强对系统重要性机构的资本监管及防范流动性风险，成为各国偿付能力监管关注的重要内容。

（2）更加强调风险导向。多数国家都明确规定偿付能力监管应以风险为导向，通过科学识别和量化保险公司所有相关和重要的风险，来评估保险公司的偿付能力状况，使公司资本监管要求与实际的风险状况紧密相关。在扩大风险覆盖范围的同时，对风险的分类和评估更加精细。此外，偿付能力监管更加强调对公司风险管理能力的评估，资本管理和风险管理一体化的趋势更加明显，风险管理也更加注重前期预防。

（3）各国偿付能力监管逐步趋同，但又各具特色。各国国情不同，经济环境、文化背景、市场发育程度、监管水平等方面存在较大差异，因此，各国虽然在偿付能力监管改革中注意吸收国际共识，但是在具体监管标准上强调适合本国国情，反映本国特点。加拿大、澳大利亚、瑞士等国家的偿付能力监管体系，都具有较鲜明的特点。

（4）国际合作更加紧密。随着全球经济一体化的不断推进和保险业国际化程度的逐步提高，各个国家和地区，尤其是新兴市场的国家和地区，参与国际合作的意愿也越来越强烈。新兴市场在改革偿付能力监管制度时，积极与 IAIS 的保险核心原则（ICP）接轨，同时积极地参与国际保险监管规则的制订，越来越多地在 IAIS 等国际合作平台上表达自己的诉求，加强与其他新兴市场和发达国家的对话和交流。

专栏 13－3

中国偿付能力监管改革的道路选择

中国第一代偿付能力监管制度体系始建于 2003 年，主要参考了欧盟偿付能力Ⅰ和美国偿付能力监管体系（RBC），到 2007 年基本构建起一套较为完整的体系。第一代偿付能力监管制度体系推动保险公司树立了资本管理理念，在防范风险、促进中国保险业科学发展方面起到了十分重要的作用。

近年来，我国保险市场快速发展，最近 10 年的保费年均增长率达到 18%。第一代偿付能力监管制度体系已不能完全适应新的发展形势，突出表现在三个方面：一是风险反映不够全面，风险计量不够科学；二是监管框架存在一定缺陷；三是定性监管有待加强。面对国际偿付能力监管不断发展的时代潮流，中国的偿付能力监管是否需要改革，如何选择改革道路，是中国保险业面临的重大课题。经过长期的认真思考、深入研究和广泛讨论，中国保监会和中国保险行业逐渐形成了两点共识：

第一，中国偿付能力监管应当积极与国际接轨，顺应时代潮流。虽然国际上尚未形成全球统一的偿付能力监管规则，但是监管的基本理念和基本原则在逐渐趋同。特别是，IAIS 于 2011 年发布了新的保险核心原则（ICPs），并在积极推动建立“国际活跃保险集团监管共同框架”。随着经济全球化的不断深入，偿付能力监管规则的国际趋同应当是一种长期发展趋势。

中国有句古语：“明者因时而变，知者随事而制。”意思是明智的人会随着时代的改变而改变，有学问的人会根据事情的发展变化而改变策略。因此，中国的偿付能力监管体系，也应当与时俱进，借鉴国际成熟和先进的监管理念，不断完善、改进和发展。中国偿付能力监管改革应重点突出以下两个方面：

首先，要引入国际成熟的“三支柱”监管框架。三支柱的监管框架是目前国际公认的成熟体系，在理论基础、具体实践等方面较为完善。中国应当引入“三支柱”监管框架，将定量监管、定性监管和信息披露有机结合起来，提升各项监管制度之间的整体性和协调性。其次，应当建立“风险导向”的监管标准。资本的作用是吸收风险造成的损失，因此资本的多少应当与企业的风险紧密相关。中国也应当采用国际先进和成熟的风险计量技术和计量模型，科学全面地反映资本要求和风险状况之间的关系，建立“风险导向”的监管标准。

第二，中国偿付能力监管应当以本国国情为基础，走中国特色的发展道路。中国偿付能力监管的改革方向和具体路径，一直都是中国理论界和实务界讨论研究的热点。有人认为，欧盟偿付能力Ⅱ理论先进，中国偿付能力监管应当走欧盟偿付能力Ⅱ的道路；也有人认为，美国 RBC 经历了十几年的实践检验，简单易行，中国应当采用美国模式。经过讨论和研究，中国保监会认为，欧盟偿付能力Ⅱ和美国 RBC 都是基于发达保险市场的资本监管标准，更多地体现了成熟保险市场特征，不完全适用于作为新兴市场的中国。我们不能简单地说，某套监管标准是先进的，另一套标准是落后的，监管标准必须要能适应中国保险业发展实际，促进中国保险市场健康发展，有效防范风险，这套监管体系才是好的、先进的。中国应当走中国特色的偿付能力发展道路，充分体现新兴市场的特征。

资料来源：http：//finance. sina. com. cn/money/insurance/bxdt/20130730/100416284629. shtml

（二）中国第二代偿付能力监管制度体系

2012 年 4 月，中国正式启动了第二代偿付能力监管制度体系（以下简称“偿二代”）的建设工作，计划用 3～5 年时间，建成既与国际接轨，又符合国情、以风险为导向的偿付能力监管体系。经过一年多的努力，偿二代的建设工作进展顺利。2013 年 5 月，《中国第二代偿付能力监管制度体系整体框架》正式发布，标志着偿二代的顶层设计基本完成，中国偿二代建设工作取得了一项重大的阶段性成果。2015 年 2 月 13 日中国保监会发布了研制完成的偿二代全部主干技术标准共 17 项监管规则，并于 2016 年 1 月 1 日起施行。

偿二代名称是“中国风险导向的偿付能力体系”（C－ROSS）。偿二代的建设目标有三个：一是科学全面地计量保险公司面临的风险，使资本要求与风险更相关。二是守住风险底线，确定合理的资本要求，提高中国保险业的竞争力；建立有效的激励机制，促进保险公司提高风险管理水平，促进保险行业科学发展。三是积极探索适合新兴市场经济体的偿付能力监管模式，为国际偿付能力监管体系建设提供中国经验。偿二代整体框架由制度特征、监管要素和监管基础三大部分构成，既借鉴了国际先进经验，与国际接轨，又考虑了中国国情和保险业发展情况，具有鲜明的中国特色。

1. 制度特征

偿二代具有以下三个制度特征：第一个制度特征是统一监管。中国保监会根据国务院授权，履行行政管理职能，依照法律、法规统一监督管理全国保险市场，包括对全国所有保险公司的偿付能力实施统一监督和管理。偿二代应充分发挥统一监管效率高、执行力强、执行成本低的优势。同时，由于我国地域辽阔，在制订统一监管政策的同时，还需要充分考虑各地差异，适应不同地域保险市场监管需要。

第二个制度特征是新兴市场。偿二代充分考虑了中国作为新兴保险市场，在人才储备、数据积累、资本来源等方面的特征，强调监管要求必须适合中国国情。基于新兴市场特征，偿二代应当更加注重保险公司的资本成本，提高资本使用效益；更加注重定性监管，充分发挥定性监管对定量监管的协同作用；更加注重制度建设的市场适应性和动态性，以满足市场快速发展的需要；更加注重监管政策的执行力和约束力，及时识别和化解各类风险；更加注重各项制度的可操作性，提高制度的执行效果。

第三个制度特征是风险导向兼顾价值。防范风险是偿付能力监管的永恒主题，是保险监管的基本职责，因此，偿二代将以风险为导向，全面、科学、准确地反映风险，确保行业不发生系统性和区域性风险。同时，还要兼顾保险业资本使用效率和效益，降低保险公司经营的资本占用，提升保险公司的个体价值和整个行业的整体价值。基于新兴市场的偿二代，将在风险和价值之间，寻求平衡与和谐。

2. 监管要素

偿二代的监管要素包括定量资本要求、定性监管要求、市场约束机制三个支柱。第一支柱是定量资本要求，主要防范能够量化的风险，通过科学识别和量化各类风险，以定量手段要求保险公司具备与其风险相适应的资本。第一支柱主要包括五部分内容。一是第一支柱量化资本要求，具体包括：保险风险资本要求，市场风险资本要求，信用风险资本要求，宏观审慎监管资本要求（即对顺周期风险、系统重要性机构风险等提出的资本要求），调控性资本要求（根据行业发展、市场调控和特定保险公司风险管理水平的需要，对部分业务、部分公司提出一定期限的资本调整要求）。二是实际资本评估标准，即保险公司资产和负债的评估标准和认可标准。三是资本分级，即对保险公司的实际资本进行分级，明确各类资本的标准和特点。四是动态偿付能力测试，即保险公司在基本情景和各种不利情景下，对未来一段时间内的偿付能力状况进行预测和评价。五是监管措施，即监管机构对不满足定量资本要求的保险公司，区分不同情形，可采取的监管干预措施。

第二支柱是定性监管要求，在第一支柱的基础上，通过定性手段进一步防范难以量化的风险，如操作风险、战略风险、声誉风险、流动性风险等。第二支柱共包括四部分内容：一是风险综合评级，即监管部门综合第一支柱对能够量化的风险的定量评价，和第二支柱对难以量化风险的定性评价，对保险公司总体的偿付能力风险水平进行全面评价。二是保险公司风险管理要求与评估，即监管部门对保险公司的风险管理提出具体监管要求，如治理结构、内部控制、管理架构和流程等，并对保险公司风险管理能力和风险状况进行评估。三是监管检查和分析，即对保险公司偿付能力状况进行现场检查和非现场分析。四是监管措施，即监管机构对不满足定性监管要求的保险公司，区分不同情形，可采取的监管干预措施。

第三支柱是市场约束机制，通过对外信息披露等手段，借助市场的约束力，加强对保险公司偿付能力的监管。第三支柱主要包括两部分内容：一是通过对外信息披露手段，充分利用除监管部门之外的市场力量，对保险公司进行约束；二是监管部门通过多种手段，完善市场约束机制，优化市场环境，促进市场力量更好地发挥对保险公司风险管理和价值评估的约束作用。

3. 监管基础

偿二代的监管基础是保险公司内部偿付能力管理。内部偿付能力管理是外部偿付能力监管的前提、基础和落脚点，外部偿付能力监管必须与行业内部偿付能力管理水平相适应。科学有效的内部偿付能力管理制度和机制，可以主动识别和防范各类风险，对各类风险变化做出及时反应。

（三）偿二代 17 项监管规则的实施要求

1. 定量资本要求

保险公司应当按照偿二代监管规则 1 号—9 号的要求评估实际资本和最低资本，计算核心偿付能力充足率和综合偿付能力充足率，并开展压力测试。

2. 定性监管要求

保险公司应当按照偿二代监管规则第 10 号—第 12 号的要求，建立健全自身的偿付能力风险管理体系，加强各类风险的识别、评估与管理。保监会通过偿二代风险综合评级（IRR）、偿付能力风险管理要求与评估（SARMRA）、监管分析与检查等工具，对保险公司风险进行定性监管。

3. 市场约束机制

保险公司应当按照《保险公司偿付能力监管规则第 13 号：偿付能力信息公开披露》的要求，每季度通过官方网站披露偿付能力季度报告摘要，并在承保、投标、增资、股权变更、债券发行等日常活动中，向保险消费者、股东、债权人等相关方说明偿付能力、风险综合评级等信息。

根据《保险公司偿付能力监管规则第 14 号：偿付能力信息交流》，保监会将定期发布偿付能力监管工作信息，逐步建立与保险消费者、保险公司股东、信用评级机构、行业分析师、新闻媒体等相关方之间的持续、双向、互动的偿付能力信息交流机制，强化偿二代市场约束机制。

保监会鼓励保险公司主动聘请信用评级机构，并公开披露评级结果。保险公司聘请信用评级机构应当符合《保险公司偿付能力监管规则第 15 号：保险公司信用评级》有关要求，并向保监会书面报告。

专栏 13－4

积极推进新兴市场偿付能力监管的交流与合作

偿付能力监管的改革与发展离不开国际交流与合作。近年来，新兴市场已经成为国际保险市场的重要组成部分。同时，新兴市场也面临相似的发展环境、处于相似的发展阶段、具有相似的发展诉求，在偿付能力监管改革方面有许多经验值得相互学习和借鉴。中国作为新兴市场的一员，始终抱着开放、交流、合作的心态，愿意在推进中国偿二代建设的同时，积极推进偿付能力监管的交流与合作，与新兴市场携手实现保险业的发展共赢。

第一，加强交流与分享，共同推进偿付能力监管制度的完善。中国在偿二代建设中，始终坚持开放透明的原则，注重借鉴国际经验和国际合作：一方面将继续学习借鉴其他新兴国家的成功经验；另一方面，也愿意分享在偿二代建设中的做法和体会，并欢迎大家对中国偿二代提出意见和建议，欢迎海外的机构、组织、专家以各种方式参与中国偿二代建设。与新兴国家一道，通过召开研讨会、监管机构互访、分享研究报告等方式，建立起偿付能力监管交流与合作的长效机制，定期分享偿付能力监管改革的最新动向和实践成果。

第二，加强信息交换，完善监管协作机制，共同增强防范风险的能力。中国偿二代将涵盖保险集团偿付能力监管、系统性风险监管和跨国公司的监管，注重对跨境风险的监测和防范，需要与相关国家和地区的合作。加强偿付能力相关信息的交流，完善新兴市场之间偿付能力监管协作机制，加强区域间风险早期预警，协同采取监管措施，防范风险跨境传递，维护新兴市场保险业的稳定。

第三，贡献力量和智慧，深度参与国际偿付能力监管规则的制订。中国与许多新兴市场一样，愿意更多地参与国际偿付能力监管规则的制订，希望国际监管规则能够更多地体现新兴市场的特征。中国愿意与其他新兴市场一道，在充分协商交流的基础上，积极反映新兴市场共同的诉求，努力争取新兴市场的利益。

第四，积极研究探索，逐步推进新兴市场各国家和地区之间的偿付能力监管等效互认。等效互认是当前推进国际偿付能力监管规则实质趋同的有效方式。中国在推进偿二代建设过程中，愿意与其他新兴市场国家和地区，研究探索偿付能力监管双边等效互认机制。通过双边等效互认，实现一家保险公司在两边开展业务时，可以采用当地偿付能力报表，减少保险公司跨境经营的障碍，降低保险公司的经营成本；同时，节约监管资源，提升监管效率，并增强新兴市场的吸引力，给新兴市场的保险业带来更大的发展空间，促进保险资本跨境流动，实现互利共赢。

四、证券公司净资本监管

近年来，随着行业发展，现有证券公司风险控制指标制度已经难以适应新形势下风险管理的需要。因此，证券监管部门借鉴了巴塞尔协议Ⅲ及国际证监会组织（IOSCO）资本监管有关情况，立足行业发展，在总结反思股市异常波动经验教训的基础上，于 2016 年 6 月发布修订后的《证券公司风险控制指标管理办法》（以下简称《风控办法》）及配套规则，并于2016年10月1日正式实施。

为了建立以净资本和流动性为核心的风险控制指标体系，加强证券公司风险监管，督促证券公司加强内部控制、提升风险管理水平、防范风险，证券公司应当按照中国证券监督管理委员会（以下简称中国证监会）的有关规定，遵循审慎、实质重于形式的原则，计算净资本、风险覆盖率、资本杠杆率、流动性覆盖率、净稳定资金率等各项风险控制指标，编制净资本计算表、风险资本准备计算表、表内外资产总额计算表、流动性覆盖率计算表、净稳定资金率计算表、风险控制指标计算表等监管报表（以下统称风险控制指标监管报表）。”

证券公司应当根据中国证监会有关规定建立符合自身发展战略需要的全面风险管理体系。证券公司应当将所有子公司以及比照子公司管理的各类孙公司纳入全面风险管理体系，强化分支机构风险管理，实现风险管理全覆盖。全面风险管理体系应当包括可操作的管理制度、健全的组织架构、可靠的信息技术系统、量化的风险指标体系、专业的人才队伍、有效的风险应对机制。

（一）净资本及其计算

净资本是指根据证券公司的业务范围和公司资产负债的流动性特点，在净资产的基础上对资产负债等项目和有关业务进行风险调整后得出的综合性风险控制指标。证券公司净资本由核心净资本和附属净资本构成。

其中：核心净资本＝净资产－资产项目的风险调整－或有负债的风险调整－/＋中国证监会认定或核准的其他调整项目。

附属净资本＝长期次级债×规定比例－/＋中国证监会认定或核准的其他调整项目。

证券公司应当按照中国证监会规定的证券公司净资本计算标准计算净资本。证券公司计算核心净资本时，应当按照规定对有关项目充分计提资产减值准备。

证券公司净资本计算表详见附录2。

（二）证券公司风险控制指标标准

证券公司经营证券经纪业务的，其净资本不得低于人民币2000万元。证券公司经营证券承销与保荐、证券自营、证券资产管理、其他证券业务等业务之一的，其净资本不得低于人民币5000万元。证券公司经营证券经纪业务，同时经营证券承销与保荐、证券自营、证券资产管理、其他证券业务等业务之一的，其净资本不得低于人民币1亿元。证券公司经营证券承销与保荐、证券自营、证券资产管理、其他证券业务中两项及两项以上的，其净资本不得低于人民币2亿元。

证券公司必须持续符合下列风险控制指标标准：

（1）风险覆盖率不得低于100％；

（2）资本杠杆率不得低于8％；

（3）流动性覆盖率不得低于100％；

（4）净稳定资金率不得低于100％；

其中：风险覆盖率＝净资本/各项风险资本准备之和×100％；

资本杠杆率＝核心净资本/表内外资产总额×100％；

流动性覆盖率＝优质流动性资产/未来 30 天现金净流出量×100%；

净稳定资金率＝可用稳定资金/所需稳定资金×100%。

证券公司应当按照中国证监会规定的证券公司风险资本准备计算标准计算市场风险、信用风险、操作风险资本准备。中国证监会可以根据特定产品或业务的风险特征，以及监督检查结果，要求证券公司计算特定风险资本准备。市场风险资本准备按照各类金融工具市场风险特征的不同，用投资规模乘以风险系数计算；信用风险资本准备按照各表内外项目信用风险程度的不同，用资产规模乘以风险系数计算；操作风险资本准备按照各项业务收入的一定比例计算。证券公司可以采取内部模型法等风险计量高级方法计算风险资本准备，具体规定由中国证监会另行制订。

证券公司经营证券自营业务、为客户提供融资或融券服务的，应当符合中国证监会对该项业务的风险控制指标标准。证券公司可以结合自身实际情况，在不低于中国证监会规定标准的基础上，确定相应的风险控制指标标准。中国证监会对各项风险控制指标设置预警标准，对于规定“不得低于”一定标准的风险控制指标，其预警标准是规定标准的120%；对于规定“不得超过”一定标准的风险控制指标，其预警标准是规定标准的80%。

证券公司风险控制指标计算表详见附录 1。

（三）编制与披露

设有子公司的证券公司应当以母公司数据为基础，编制风险控制指标监管报表。中国证监会及其派出机构可以根据监管需要，要求证券公司以合并数据为基础编制风险控制指标监管报表。

证券公司的董事、高级管理人员应当对公司半年度、年度风险控制指标监管报表签署确认意见。证券公司经营管理的主要负责人、首席风险官、财务负责人应当对公司月度风险控制指标监管报表签署确认意见。在证券公司风险控制指标监管报表上签字的人员，应当保证风险控制指标监管报表真实、准确、完整，不存在虚假记载、误导性陈述和重大遗漏；对风险控制指标监管报表内容持有异议的，应当在报表上注明自己的意见和理由。

证券公司应当至少每半年经主要负责人、首席风险官签署确认后，向公司全体董事报告一次公司净资本等风险控制指标的具体情况和达标情况；证券公司应当至少每半年经董事会签署确认，向公司全体股东报告一次公司净资本等风险控制指标的具体情况和达标情况，并至少获得主要股东的签收确认证明文件。

净资本指标与上月相比发生 20%以上不利变化或不符合规定标准时，证券公司应当在 5 个工作日内向公司全体董事报告，10 个工作日内向公司全体股东报告。证券公司应当在每月结束之日起 7 个工作日内，向中国证监会及其派出机构报送月度风险控制指标监管报表。派出机构可以根据监管需要，要求辖区内单个、部分或者全部证券公司在一定阶段内按周或者按日编制并报送各项风险控制指标监管报表。

证券公司的净资本等风险控制指标与上月相比发生不利变化超过 20%的，应当在该情形发生之日起 3 个工作日内，向中国证监会及其派出机构报告，说明基本情况和变化原因。证券公司的净资本等风险控制指标达到预警标准或者不符合规定标准的，应当分别在该情形发生之日起 3 个、1 个工作日内，向中国证监会及其派出机构报告，说明基本情况、问题成因以及解决问题的具体措施和期限。

（四）监督管理

证券公司未按照监管部门要求报送风险控制指标监管报表，或者风险控制指标监管报表存在重大错报、漏报以及虚假报送情况，中国证监会及其派出机构可以根据情况采取出具警示函、责令改正、监管谈话、责令处分有关人员等监管措施。

证券公司净资本或者其他风险控制指标不符合规定标准的，派出机构应当责令公司限期改正，在5个工作日制订并报送整改计划，整改期限最长不超过20个工作日；证券公司未按时报送整改计划的，派出机构应当立即限制其业务活动。整改期内，中国证监会及其派出机构应当区别情形，对证券公司采取下列措施：

（1）停止批准新业务；

（2）停止批准增设、收购营业性分支机构；

（3）限制分配红利；

（4）限制转让财产或在财产上设定其他权利。

证券公司未按期完成整改的，自整改期限到期的次日起，派出机构应当区别情形，对其采取下列措施：

（1）限制业务活动；

（2）责令暂停部分业务；

（3）限制向董事、监事、高级管理人员支付报酬、提供福利；

（4）责令更换董事、监事、高级管理人员或者限制其权利；

（5）责令控股股东转让股权或者限制有关股东行使股东权利；

（6）认定董事、监事、高级管理人员为不适当人选；

（7）中国证监会及其派出机构认为有必要采取的其他措施。

证券公司未按期完成整改、风险控制指标情况继续恶化，严重危及该证券公司的稳健运行的，中国证监会可以撤销其有关业务许可。

证券公司风险控制指标无法达标，严重危害证券市场秩序、损害投资者利益的，中国证监会可以区别情形，对其采取下列措施：

（1）责令停业整顿；

（2）指定其他机构托管、接管；

（3）撤销经营证券业务许可；

（4）撤销。

复习思考题

一、单项选择题

1. 全面风险管理是建立在（　　）的框架上，允许机构评估相关风险并准备资本来覆盖风险产生的影响。

   A. 经济资本　　B. 风险资本　　C. 风险价值　　D. 市场价值

2. 依据中国银监会颁布的《商业银行风险监管核心指标（试行）》，风险监管核心指标分为三个主要类别，即风险水平、风险迁徙和风险抵补，下列属于风险水平类的指标是（　　）。

A. 资本充足率　　B. 成本收入比　　C. 资本利润率　　D. 流动性比例

3. 证券公司的风险覆盖率不得低于（　　）。

A. 20%　　B. 50%　　C. 80%　　D. 100%

4. 偿二代的监管要素包括定量资本要求、定性监管要求、市场约束机制三个支柱。其中，第一支柱是（　　）。

A. 定量资本要求　　B. 定性资本要求

C. 市场约束机制　　D. 定性监管要求

5.《巴塞尔新资本协议》通过降低（　　）要求，鼓励商业银行采取（　　）技术。

A. 经济资本，高级风险量化　　B. 注册资本，风险定性分析

C. 会计资本，风险定性分析　　D. 监管资本，高级风险量化

二、多项选择题

1. 全面风险管理的对象是整个机构的所有风险，进行全面风险管理需遵循的基本原则有（　　）。

A. 独立性与开放性相统一　　B. 统一性与差别化相统一

C. 控制性和服务性统一　　D. 矩阵式和扁平化统一

E. 风险补偿原则

2. 良好的银行公司治理普遍具备的特征为（　　）。

A. 有效的制衡关系和清晰的职责边界　　B. 完善的内部控制和风险管理体

C. 与股东价值相挂钩的有效监督考核机制　　D. 科学的激励约束机制

E. 先进的管理信息系统

3. 商业银行风险监管核心指标分为三个层次，即风险水平、风险迁徙和风险抵补。风险水平类指标包括（　　）指标。

A. 信用风险　　B. 操作风险　　C. 流动性风险　　D. 法律风险

E. 市场风险

4. 证券公司应当按照中国证券监督管理委员会（以下简称中国证监会）的有关规定，遵循审慎、实质重于形式的原则，计算（　　）等各项风险控制指标。

A. 净资本　　B. 风险覆盖率　　C. 资本杠杆率

D. 流动性覆盖率　　E. 净稳定资金率

5. 下列属于全面风险管理的优点的是（　　）。

A. 加快金融业改革　　B. 风险度量更加准确

C. 有利于投资者投资　　D. 提高风险管理收益水平

E. 有利于监督质量的提高

三、判断题

1. 全面风险管理可以帮助并引导公司承担核心风险，这样可以使得管理者制订出增

加公司价值的策略，不会带来业务风险。（ ）

2. 在新巴塞尔协议颁布之后，风险测度偏重于定量分析，要求尽量以数据量化来确定受险程度。（ ）

3. 正常类贷款定义为借款人能够履行合同，没有足够理由怀疑贷款本息不能按时足额偿还。（ ）

4. 证券公司经营证券经纪业务的，其净资本不得低于人民币 1000 万元。（ ）

5. 商业银行风险监管核心指标是对商业银行实施风险监管的基准，是评价、监测和预警商业银行风险的参照体系，是为了加强对商业银行风险的识别、评价和预警，有效防范金融风险。（ ）

四、简述题

1. 试论述全面风险管理的优缺点。
2. 简述全面风险管理体系的主要内容。
3. 简述《巴塞尔资本协议Ⅲ》的主要内容。
4. 简述银行风险监管核心指标体系。
5. 简述我国保险公司的偿付能力监管体系。
6. 简述证券公司净资本含义及其计算。

五、综合训练

资料：次债危机中羊群效应及对政府监管

2006 年始于美国的次贷风波，并没有像分析家们最初预期的那样，很快风平浪静，反而由于金融市场中的羊群效应，愈演愈烈，最终引发了全球金融市场动荡。房地产市场的繁荣，房地产金融机构产生了强烈的扩大住房抵押贷款供给的冲动。在基本满足了优质客户的贷款需求后，房地产金融机构逐渐把目光投向原本不够资格申请抵押贷款的潜在购房者群体，即次级抵押贷款申请者。次贷发放机构为了市场扩张和盈利目标，大大降低放贷标准，向信用等级不够的借款者发放住房贷款，完全不考虑可能出现的信用风险，表现出极大非理性。2006 年之前，在美国借款人不需要提供任何资产证明，就可以借到贷款。次贷发放机构的羊群行为为次债危机的爆发埋下了种子。

其实在 2005 年，美国不少州政府就觉察到了次级贷款违约的情况，并据此发布了新的规定要求次贷发放机构注意客户偿债风险。美国金融市场要推出新产品一般实行备案制或注册制，当某种新的金融产品报批时，美国证券交易委员会（SEC）一般会仔细审查，但是当有第二家金融企业再做同样的业务或同一家金融公司推出同样的产品，SEC 只会做个备案，不再仔细审查。次级贷款证券化也是同样的程序，这种松散的审批监管模式，才使得次贷市场在短短几年内发展迅速。所以对于衍生品的监管，不仅要在审批时认真审查，而且要一直密切关注其发展过程，在发展过程中给予必要的监管和指导，从银行的金融到证券化的金融，对金融系统和金融监管提出了挑战。

从 2005 年我国股改以来，股市就开始一路上扬，房市也一路走高，居民储蓄大量地从银行流向股市和房市。银行的住房抵押贷款也大量增加。银行为了增加盈利，也不断地创新房贷产品，从循环贷到双周供，吸引越来越多的人加入到申请房贷的队伍中来。更有甚者，有人通过假车贷，信用卡套现等手段，将所得资金投入了股市，造成我国股市一直节节上涨。随着房市、股市的不断走高，风险不断积累，资产泡沫也不断膨胀。

问题：

1. 银行业金融机构是否应合理评估创新产品风险，加强创新业务合规审查？
2. 是否要实行事前沟通、事中审核到事后监督的业务创新全流程持续跟踪监管？
3. 政府有必要要加强对金融机构的监管吗？
4. 谈谈我国政府监管层加强对银行及其他金融机构的监管。

附录 1

《商业银行风险监管核心指标》口径说明

一、风险水平

（一）流动性风险

1. 流动性比例

本指标分别计算本币及外币口径数据。

计算公式：

流动性比例＝流动性资产/流动性负债×100％

指标释义：

流动性资产包括：现金、黄金、超额准备金存款、一个月内到期的同业往来款项轧差后资产方净额、一个月内到期的应收利息及其他应收款、一个月内到期的合格贷款、一个月内到期的债券投资、在国内外二级市场上可随时变现的债券投资、其他一个月内到期可变现的资产（剔除其中的不良资产）。

流动性负债包括：活期存款（不含财政性存款）、一个月内到期的定期存款（不含财政性存款）、一个月内到期的同业往来款项轧差后负债方净额、一个月内到期的已发行的债券、一个月内到期的应付利息及各项应付款、一个月内到期的中央银行借款、其他一个月内到期的负债。

2. 核心负债依存度

本指标分别计算本币和外币口径数据。

计算公式：

核心负债依存度＝核心负债/总负债×100％

指标释义：

核心负债包括距到期日三个月以上（含）定期存款和发行债券以及活期存款的50％。

总负债是指按照金融企业会计制度编制的资产负债表中负债总计的余额。

3. 流动性缺口率

本指标计算本外币口径数据。

计算公式：

流动性缺口率＝流动性缺口/90天内到期表内外资产×100％

指标释义：

流动性缺口为90天内到期的表内外资产减去90天内到期的表内外负债的差额。

（二）信用风险

4. 不良资产率

本指标计算本外币口径数据。

计算公式：

不良资产率＝不良信用风险资产/信用风险资产×100％

指标释义：

信用风险资产是指银行资产负债表表内及表外承担信用风险的资产。主要包括：各项贷款、存放同业、拆放同业及买入返售资产、银行账户的债券投资、应收利息、其他应收款、承诺及或有负债等。

不良信用风险资产是指信用风险资产中分类为不良资产类别的部分。不良贷款为不良信用风险资产的一部分，定义与“不良贷款率”指标定义一致；贷款以外的信用风险资产的分类标准将由中国银行业监督管理委员会（简称银监会，下同）另行制订。

4.1　不良贷款率

本指标计算本外币口径数据。

计算公式：

不良贷款率＝（次级类贷款＋可疑类贷款＋损失类贷款）/各项贷款×100％

指标释义：

贷款五级分类标准按照《贷款风险分类指导原则》（银发［2001］416号）及《关于推进和完善贷款风险分类工作的通知》（银监发［2003］22号）文件）及相关法规要求执行。

正常类贷款定义为借款人能够履行合同，没有足够理由怀疑贷款本息不能按时足额偿还。关注类贷款定义为尽管借款人目前有能力偿还贷款本息，但存在一些可能对偿还产生不利影响的因素。次级类贷款定义为借款人的还款能力出现明显问题，完全依靠其正常营业收入无法足额偿还贷款本息，即使执行担保，也可能会造成一定损失。可疑类贷款的定义为借款人无法足额偿还贷款本息，即使执行担保，也肯定要造成较大损失。损失类贷款定义为在采取所有可能的措施或一切必要的法律程序之后，本息仍然无法收回，或只能收回极少部分。对各项贷款进行分类后，其后三类贷款合计为不良贷款。

各项贷款指银行业金融机构对借款人融出货币资金形成的资产。主要包括贷款、贸易融资、票据融资、融资租赁、从非金融机构买入返售资产、透支、各项垫款等。

5. 单一集团客户授信集中度

本指标计算本外币口径数据。

计算公式：

单一集团客户授信集中度＝最大一家集团客户授信总额/资本净额×100％

指标释义：

最大一家集团客户授信总额是指报告期末授信总额最高的一家集团客户的授信总额。

授信是指商业银行向非金融机构客户直接提供的资金，或者对客户在有关经济活动中可能产生的赔偿、支付责任做出的保证，包括贷款、贸易融资、票据融资、融资租赁、透支、各项垫款等表内业务，以及票据承兑、开出信用证、保函、备用信用证、信用证保兑、债券发行担保、借款担保、有追索权的资产销售、未使用的不可撤销的贷款承诺等表外业务。

集团客户定义按照《商业银行集团客户授信业务风险管理指引》（中国银行业监督管理委员会2003年第5号令）及相关法规要求执行。

资本净额定义与资本充足率指标中定义一致。

5.1　单一客户贷款集中度

本指标计算本外币口径数据。

计算公式：

单一客户贷款集中度＝最大一家客户贷款总额/资本净额×100％

指标释义：

最大一家客户贷款总额是指报告期末各项贷款余额最高的一家客户的各项贷款的总额。

客户是指取得贷款的法人、其他经济组织、个体工商户和自然人。

各项贷款的定义与不良贷款率指标中定义一致。

资本净额定义与资本充足率指标中定义一致。

6. 全部关联度

计算公式：

全部关联度＝全部关联方授信总额/资本净额×100％

指标释义：

全部关联方授信总额是指商业银行全部关联方的授信余额，扣除授信时关联方提供的保证金存款以及质押的银行存单和国债金额。

本指标中关联方定义按照《商业银行与内部人和股东关联交易管理办法》（中国银行业监督管理委员会2004年第3号令）及相关法规要求执行。关联方包括关联自然人、法人或其他组织。

授信定义及集团客户定义均与单一客户授信集中度中定义一致。

资本净额定义与资本充足率指标中定义一致。

（三）市场风险

7. 累计外汇敞口头寸比例

本指标计算外币口径数据。

计算公式：

累计外汇敞口头寸比例＝累计外汇敞口头寸/资本净额×100％

指标释义：

累计外汇敞口头寸为银行汇率敏感性外汇资产减去汇率敏感性外汇负债的余额。

资本净额定义与资本充足率指标中定义一致。

8. 利率风险敏感度

本指标计算本外币口径数据。

计算公式：

利率风险敏感度＝利率上升200个基点对银行净值影响/资本净额×100％。

指标释义：

本指标在假定利率平行上升200个基点情况下，计量利率变化对银行经济价值的影响。指标计量基于久期分析，将银行的所有生息资产和付息负债按照重新定价的期限划分到不同的时间段，在每个时间段内，将利率敏感性资产减去利率敏感性负债，再加上表外业务头寸，得到该时间段内的重新定价“缺口”。对各时段的缺口赋予相应的敏感性权重，得到加权缺口后，对所有时段的加权缺口进行汇总，以此估算给定的利率变动可能会对银行经济价值产生的影响。

利率上升200个基点对银行净值影响是指在给定利率变动为上升200个基点的条件下，计算得到的对经济价值产生的影响。其中，时段的划分及各个时段的敏感性权重参照巴塞尔委员会《利率风险管理与监管原则》标准框架确定。

资本净额定义与资本充足率指标中定义一致。

二、风险迁徙

9. 正常贷款迁徙率

本指标计算本外币口径数据。

计算公式：

正常贷款迁徙率＝（期初正常类贷款中转为不良贷款的金额＋期初关注类贷款中转为不良贷款的金额）/（期初正常类贷款余额－期初正常类贷款期间减少金额＋期初关注类贷款余额－期初关注类贷款期间减少金额）×100％

指标释义：

期初正常类贷款中转为不良贷款的金额，是指期初正常类贷款中，在报告期末分类为次级类/可疑类/损失类的贷款余额之和。

期初关注类贷款中转为不良贷款的金额，是指期初关注类贷款中，在报告期末分类为次级类/可疑类/损失类的贷款余额之和。

期初正常类贷款期间减少金额，是指期初正常类贷款中，在报告期内，由于贷款正常收回、不良贷款处置或贷款核销等原因而减少的贷款。

期初关注类贷款期间减少金额，是指期初关注类贷款中，在报告期内，由于贷款正常收回、不良贷款处置或贷款核销等原因而减少的贷款。

正常类贷款、关注类贷款和不良贷款的定义与不良贷款率指标中定义一致。

9.1　正常类贷款迁徙率

本指标计算本外币口径数据。

计算公式：

正常类贷款迁徙率＝期初正常类贷款向下迁徙金额/（期初正常类贷款余额－期初正常类贷款期间减少金额）×100％

指标释义：

期初正常类贷款向下迁徙金额，是指期初正常类贷款中，在报告期末分类为关注类/次级类/可疑类/损失类的贷款余额之和。

期初正常类贷款期间减少金额定义与正常贷款迁徙率指标中定义一致。

正常类贷款的定义与不良贷款率指标中定义一致。

9.2　关注类贷款迁徙率

本指标计算本外币口径数据。

计算公式：

关注类贷款迁徙率＝期初关注类贷款向下迁徙金额/（期初关注类贷款余额－期初关注类贷款期间减少金额）×100％

指标释义：

期初关注类贷款向下迁徙金额，是指期初关注类贷款中，在报告期末分类为次级类/可疑类/损失类的贷款余额之和。

期初关注类贷款期间减少金额定义与正常贷款迁徙率指标中定义一致。

关注类贷款定义与不良贷款率指标中定义一致。

10. 次级类贷款迁徙率

本指标计算本外币口径数据。

计算公式：

次级类贷款迁徙率＝期初次级类贷款向下迁徙金额/（期初次级类贷款余额－期初次级类贷款期间减少金额）×100％

指标释义：

期初次级类贷款向下迁徙金额，是指期初次级类贷款中，在报告期末分类为可疑类/损失类的贷款余额之和。

期初次级类贷款期间减少金额，是指期初次级类贷款中，在报告期内，由于贷款正常收回、不良贷款处置或贷款核销等原因而减少的贷款。

次级类贷款的定义与不良贷款率指标中定义一致。

11. 可疑类贷款迁徙率

本指标计算本外币口径数据。

计算公式：

可疑类贷款迁徙率＝期初可疑类贷款向下迁徙金额/（期初可疑类贷款余额－期初可疑类贷款期间减少金额）×100％

指标释义：

期初可疑类贷款向下迁徙金额，是指期初可疑类贷款中，在报告期末分类为损失类的贷款余额。

期初可疑类贷款期间减少金额，是指期初可疑类贷款中，在报告期内，由于贷款正常收回、不良贷款处置或贷款核销等原因而减少的贷款。

可疑类贷款的定义与不良贷款率指标中定义一致。

三、风险抵补

（一）盈利能力

12. 成本收入比率

本指标计算本外币口径数据。

计算公式：

成本收入比率＝营业费用/营业收入×100％

指标释义：

营业费用是指按金融企业会计制度要求编制的损益表中营业费用。

营业收入是指按金融企业会计制度要求编制的损益表中利息净收入与其他各项营业收入之和。

13. 资产利润率

本指标计算本外币口径数据。

计算公式：

资产利润率＝净利润/资产平均余额×100％

指标释义：

净利润是指按照金融企业会计制度编制损益表中净利润。

资产是指按照金融企业会计制度编制的资产负债表中资产总计余额。

14. 资本利润率

本指标计算本外币口径数据。

计算公式：

资本利润率＝净利润/所有者权益平均余额×100％

指标释义：

所有者权益是指按照金融企业会计制度编制的资产负债表中所有者权益余额。

净利润定义与资产利润率指标中定义一致。

（二）准备金充足程度

15. 资产损失准备充足率

本指标计算本外币口径数据。

计算公式：

资产损失准备充足率＝信用风险资产实际计提准备/信用风险资产应提准备×100％

指标释义：

信用风险资产实际计提准备指银行根据信用风险资产预计损失而实际计提的准备。

信用风险资产应提准备是指依据信用风险资产的风险分类情况应提取准备的金额。其中，贷款应提准备依据《银行贷款损失准备计提指引》（银发［2002］98号）及相关法规确定；贷款以外信用风险资产的应提准备标准将由银监会另行制订。

信用风险资产定义与不良资产率指标中定义一致。

15.1　贷款损失准备充足率

本指标计算本外币口径数据。

计算公式：

贷款损失准备充足率＝贷款实际计提准备/贷款应提准备×100％

指标释义：

贷款实际计提准备指银行根据贷款预计损失而实际计提的准备。

贷款应提准备按照《贷款损失准备计提指引》（银发［2002］98号）及相关法规确定。

（三）资本充足程度

16. 资本充足率

本指标计算本外币口径数据。

计算公式：

资本充足率＝资本净额/（风险加权资产＋12.5倍的市场风险资本）×100％

指标释义：

资本净额等于商业银行的核心资本加附属资本之后再减去扣减项的值。

核心资本、附属资本、扣减项、风险加权资产和市场风险资本的定义和计算方法按照《商业银行资本充足率管理办法》（中国银行业监督管理委员会2004年第2号令）及相关法规要求执行。

16.1　核心资本充足率

本指标计算本外币口径数据。

计算公式：

核心资本充足率＝核心资本净额/（风险加权资产＋12.5倍的市场风险资本）×100％

指标释义：

核心资本净额等于商业银行的核心资本减去核心资本扣减项的值。

核心资本、核心资本扣减项、风险加权资产和市场风险资本的定义和计算方法按照《商业银行资本充足率管理办法》（中国银行业监督管理委员会2004年第2号令）及相关法规要求执行。

附注说明

以上指标中项目的详细定义及填报要求依据银监会非现场监管报表填报说明执行。

参考阅读：《证券公司风险控制指标计算标准规定》

附录 2

我国《商业银行操作风险管理指引》

（2007 年 5 月 14 日）

商业银行操作风险管理指引

第一章　总　则

第一条　为加强商业银行的操作风险管理，根据《中华人民共和国银行业监督管理法》、《中华人民共和国商业银行法》以及其他有关法律法规，制订本指引。

第二条　在中华人民共和国境内设立的中资商业银行、外商独资银行和中外合资银行适用本指引。

第三条　本指引所称操作风险是指由不完善或有问题的内部程序、员工和信息科技系统，以及外部事件所造成损失的风险。本定义所指操作风险包括法律风险，但不包括策略风险和声誉风险。

第四条　中国银行业监督管理委员会（以下简称银监会）依法对商业银行的操作风险管理实施监督检查，评价商业银行操作风险管理的有效性。

第二章　操作风险管理

第五条　商业银行应当按照本指引要求，建立与本行的业务性质、规模和复杂程度相适应的操作风险管理体系，有效地识别、评估、监测和控制/缓释操作风险。操作风险管理体系的具体形式不要求统一，但至少应包括以下基本要素：

（一）董事会的监督控制；

（二）高级管理层的职责；

（三）适当的组织架构；

（四）操作风险管理政策、方法和程序；

（五）计提操作风险所需资本的规定。

第六条　商业银行董事会应将操作风险作为商业银行面对的一项主要风险，并承担监控操作风险管理有效性的最终责任。主要职责包括：

（一）制订与本行战略目标相一致且适用于全行的操作风险管理战略和总体政策；

（二）通过审批及检查高级管理层有关操作风险的职责、权限及报告制度，确保全行的操作风险管理决策体系的有效性，并尽可能地确保将本行从事的各项业务面临的操作风险控制在可以承受的范围内；

（三）定期审阅高级管理层提交的操作风险报告，充分了解本行操作风险管理的总体情况、高级管理层处理重大操作风险事件的有效性以及监控和评价日常操作风险管理的有效性；

（四）确保高级管理层采取必要的措施有效地识别、评估、监测和控制/缓释操作风险；

（五）确保本行操作风险管理体系接受内审部门的有效审查与监督；

（六）制订适当的奖惩制度，在全行范围有效地推动操作风险管理体系地建设。

第七条　商业银行的高级管理层负责执行董事会批准的操作风险管理战略、总体政策及体系。主要职责包括：

（一）在操作风险的日常管理方面，对董事会负最终责任；

（二）根据董事会制订的操作风险管理战略及总体政策，负责制订、定期审查和监督执行操作风险管理的政策、程序和具体的操作规程，并定期向董事会提交操作风险总体情况的报告；

（三）全面掌握本行操作风险管理的总体状况，特别是各项重大的操作风险事件或项目；

（四）明确界定各部门的操作风险管理职责以及操作风险报告的路径、频率、内容，督促各部门切实履行操作风险管理职责，以确保操作风险管理体系的正常运行；

（五）为操作风险管理配备适当的资源，包括但不限于提供必要的经费、设置必要的岗位、配备合格的人员、为操作风险管理人员提供培训、赋予操作风险管理人员履行职务所必需的权限等；

（六）及时对操作风险管理体系进行检查和修订，以便有效地应对内部程序、产品、业务活动、信息科技系统、员工及外部事件和其他因素发生变化所造成的操作风险损失事件。

第八条　商业银行应指定部门专门负责全行操作风险管理体系的建立和实施。该部门与其他部门应保持独立，确保全行范围内操作风险管理的一致性和有效性。主要职责包括：

（一）拟定本行操作风险管理政策、程序和具体的操作规程，提交高级管理层和董事会审批；

（二）协助其他部门识别、评估、监测、控制及缓释操作风险；

（三）建立并组织实施操作风险识别、评估、缓释（包括内部控制措施）和监测方法以及全行的操作风险报告程序；

（四）建立适用全行的操作风险基本控制标准，并指导和协调全行范围内的操作风险管理；

（五）为各部门提供操作风险管理方面的培训，协助各部门提高操作风险管理水平、履行操作风险管理的各项职责；

（六）定期检查并分析业务部门和其他部门操作风险的管理情况；

（七）定期向高级管理层提交操作风险报告；

（八）确保操作风险制度和措施得到遵守。

第九条　商业银行相关部门对操作风险的管理情况负直接责任。主要职责包括：

（一）指定专人负责操作风险管理，其中包括遵守操作风险管理的政策、程序和具体的操作规程；

（二）根据本行统一的操作风险管理评估方法，识别、评估本部门的操作风险，并建立持续、有效的操作风险监测、控制/缓释及报告程序，并组织实施；

（三）在制订本部门业务流程和相关业务政策时，充分考虑操作风险管理和内部控制的要求，应保证各级操作风险管理人员参与各项重要的程序、控制措施和政策的审批，以确保与操作风险管理总体政策的一致性；

（四）监测关键风险指标，定期向负责操作风险管理的部门或牵头部门通报本部门操作风险管理的总体状况，并及时通报重大操作风险事件。

第十条 商业银行法律、合规、信息科技、安全保卫、人力资源等部门在管理好本部门操作风险的同时，应在涉及其职责分工及专业特长的范围内为其他部门管理操作风险提供相关资源和支持。

第十一条 商业银行的内审部门不直接负责或参与其他部门的操作风险管理，但应定期检查评估本行的操作风险管理体系运作情况，监督操作风险管理政策的执行情况，对新出台的操作风险管理政策、程序和具体的操作规程进行独立评估，并向董事会报告操作风险管理体系运行效果的评估情况。

鼓励业务复杂程度较高和规模较大的商业银行委托社会中介机构对其操作风险管理体系定期进行审计和评价。

第十二条 商业银行应当制订适用于全行的操作风险管理政策。操作风险管理政策应当与银行的业务性质、规模、复杂程度和风险特征相适应。主要内容包括：

（一）操作风险的定义；

（二）适当的操作风险管理组织架构、权限和责任；

（三）操作风险的识别、评估、监测和控制/缓释程序；

（四）操作风险报告程序，其中包括报告的责任、路径、频率，以及对各部门的其他具体要求；

（五）应针对现有的和新推出的重要产品、业务活动、业务程序、信息科技系统、人员管理、外部因素及其变动，及时评估操作风险的各项要求。

第十三条 商业银行应当选择适当的方法对操作风险进行管理。

具体的方法可包括：评估操作风险和内部控制、损失事件的报告和数据收集、关键风险指标的监测、新产品和新业务的风险评估、内部控制的测试和审查以及操作风险的报告。

第十四条 业务复杂及规模较大的商业银行，应采用更加先进的风险管理方法，如使用量化方法对各部门的操作风险进行评估，收集操作风险损失数据，并根据各业务线操作风险的特点有针对性地进行管理。

第十五条 商业银行应当制订有效的程序，定期监测并报告操作风险状况和重大损失情况。应针对潜在损失不断增大的风险，建立早期的操作风险预警机制，以便及时采取措施控制、降低风险，降低损失事件的发生频率及损失程度。

第十六条 重大操作风险事件应当根据本行操作风险管理政策的规定及时向董事会、高级管理层和相关管理人员报告。

第十七条 商业银行应当将加强内部控制作为操作风险管理的有效手段，与此相关的内部措施至少应当包括：

（一）部门之间具有明确的职责分工以及相关职能的适当分离，以避免潜在的利益冲突；

（二）密切监测遵守指定风险限额或权限的情况；

（三）对接触和使用银行资产的记录进行安全监控；

（四）员工具有与其从事业务相适应的业务能力并接受相关培训；

（五）识别与合理预期收益不符及存在隐患的业务或产品；

（六）定期对交易和账户进行复核和对账；

（七）主管及关键岗位轮岗轮调、强制性休假制度和离岗审计制度；

（八）重要岗位或敏感环节员工八小时内外行为规范；

（九）建立基层员工署名揭发违法违规问题的激励和保护制度；

（十）查案、破案与处分适时、到位的双重考核制度；

（十一）案件查处和相应的信息披露制度；

（十二）对基层操作风险管控奖惩兼顾的激励约束机制。

第十八条　为有效地识别、评估、监测、控制和报告操作风险，商业银行应当建立并逐步完善操作风险管理信息系统。管理信息系统至少应当记录和存储与操作风险损失相关的数据和操作风险事件信息，支持操作风险和控制措施的自我评估，监测关键风险指标，并可提供操作风险报告的有关内容。

第十九条　商业银行应当制订与其业务规模和复杂性相适应的应急和业务连续方案，建立恢复服务和保证业务连续运行的备用机制，并应当定期检查、测试其灾难恢复和业务连续机制，确保在出现灾难和业务严重中断时这些方案和机制的正常执行。

第二十条　商业银行应当制订与外包业务有关的风险管理政策，确保业务外包有严谨的合同和服务协议、各方的责任义务规定明确。

第二十一条　商业银行可购买保险以及与第三方签订合同，并将其作为缓释操作风险的一种方法，但不应因此忽视控制措施的重要作用。

购买保险等方式缓释操作风险的商业银行，应当制订相关的书面政策和程序。

第二十二条　商业银行应当按照银监会关于商业银行资本充足率管理的要求，为所承担的操作风险提取充足的资本。

第三章　操作风险监管

第二十三条　商业银行的操作风险管理政策和程序应报银监会备案。商业银行应按照规定向银监会或其派出机构报送与操作风险有关的报告。委托社会中介机构对其操作风险管理体系进行审计的，还应提交外部审计报告。

第二十四条　商业银行应及时向银监会或其派出机构报告下列重大操作风险事件：

（一）抢劫商业银行或运钞车、盗窃银行业金融机构现金 30 万元以上的案件，诈骗商业银行或其他涉案金额 1000 万元以上的案件；

（二）造成商业银行重要数据、账册、重要空白凭证严重损毁、丢失，造成在涉及两个或两个以上省（自治区、直辖市）范围内中断业务 3 小时以上，在涉及一个省（自治区、直辖市）范围内中断业务 6 小时以上，严重影响正常工作开展的事件；

（三）盗窃、出卖、泄漏或丢失涉密资料，可能影响金融稳定，造成经济秩序混乱的事件；

（四）高管人员严重违规；

（五）发生不可抗力导致严重损失，造成直接经济损失 1000 万元以上的事故、自然灾害；

（六）其他涉及损失金额可能超过商业银行资本净额 1‰的操作风险事件；

（七）银监会规定其他需要报告的重大事件。

第二十五条 银监会对商业银行有关操作风险管理的政策、程序和做法进行定期的检查评估。主要内容包括：

（一）商业银行操作风险管理程序的有效性；

（二）商业银行监测和报告操作风险的方法，包括关键操作风险指标和操作风险损失数据；

（三）商业银行及时有效处理操作风险事件和薄弱环节的措施；

（四）商业银行操作风险管理程序中的内控、检查和内审程序；

（五）商业银行灾难恢复和业务连续方案的质量和全面性；

（六）计提的抵御操作风险所需资本的充足水平；

（七）操作风险管理的其他情况。

第二十六条 对于银监会在监管中发现的有关操作风险管理的问题，商业银行应当在规定的时限内，提交整改方案并采取整改措施。

对于发生重大操作风险事件而未在规定时限内采取有效整改措施的商业银行，银监会将依法采取相关监管措施。

第四章 附则

第二十七条 政策性银行、金融资产管理公司、城市信用社、农村信用社、农村合作银行、信托投资公司、财务公司、金融租赁公司、汽车金融公司、货币经纪公司、邮政储蓄机构等其他银行业金融机构参照本指引执行。

第二十八条 未设董事会的银行业金融机构，应当由其经营决策机构履行本指引规定的董事会的有关操作风险管理职责。

第二十九条 在中华人民共和国境内设立的外国银行分行，应当遵循其总行制订的操作风险管理政策和程序，按照规定向银监会或其派出机构报告重大操作风险事件并接受银监会的监管；其总行未制订操作风险管理政策和程序的，按照本指引的有关要求执行。

第三十条 本指引所涉及的有关名词见附录。

第三十一条 本指引自发布之日起施行。

附录3

《商业银行操作风险管理指引》有关名词的说明附录

有关名词的说明

一、操作风险事件

操作风险事件是指由不完善或有问题的内部程序、员工和信息科技系统，以及外部因素所造成财务损失或影响银行声誉、客户和员工的操作事件，具体事件包括：内部欺诈，外部欺诈，就业制度和工作场所安全，客户、产品和业务活动，实物资产的损坏，营业中断和信息技术系统瘫痪，执行、交割和流程管理七种类型（进一步的信息可参阅《统一资本计量和资本标准的国际协议：修订框架》，即巴塞尔新资本协议的“附录7：损失事件分类详表”）。

二、自我风险评估、关键风险指标

商业银行用于识别、评估操作风险的常用工具。

（一）自我风险评估

自我风险评估是指商业银行识别和评估潜在操作风险以及自身业务活动的控制措施、适当程度及有效性的操作风险管理工具。

（二）关键风险指标

关键风险指标是指代表某一风险领域变化情况并可定期监控的统计指标。关键风险指标可用于监测可能造成损失事件的各项风险及控制措施，并作为反映风险变化情况的早期预警指标（高级管理层可据此迅速采取措施），具体指标例如：每亿元资产损失率、每万人案件发生率、百万元以上案件发生比率、超过一定期限尚未确认的交易数量、失败交易占总交易数量的比例、员工流动率、客户投诉次数、错误和遗漏的频率以及严重程度等。

三、法律风险

法律风险包括但不限于下列风险：

1. 商业银行签订的合同因违反法律或行政法规可能被依法撤销或者确认无效的；

2. 商业银行因违约、侵权或者其他事由被提起诉讼或者申请仲裁，依法可能承担赔偿责任的；

3. 商业银行的业务活动违反法律或行政法规，依法可能承担行政责任或者刑事责任的。

参考文献

[1] Scott E Harrington, Gregory R Nihaus. 风险管理与保险[M]. 北京:清华大学出版社,2005.

[2] 保罗·霍普金著,蔡荣右(译). 风险管理—理解、评估和实施有效的风险管理[M]. 北京:中国铁道出版社,2013.

[3] COSO,方红星,王宏(译). 企业风险管理——整合框架[M]. 大连:东北财经大学出版社,2005.

[4] COSO,张宜霞(译). 企业风险管理——应用技术[M]. 大连:东北财经大学出版社,2006.

[5] 张金清. 金融风险管理[M]. 上海:复旦大学出版社,2009.

[6] 刘新立. 风险管理[M]. 北京:北京大学出版社,2006.

[7] 范道津,陈伟珂. 风险管理理论与工具[M]. 天津:天津大学出版社,2010.

[8] 胡杰武,万里霜. 企业风险管理[M]. 北京:清华大学出版社,2009.

[9] 胡为民. 内部控制与企业风险管理[M]. 北京:电子工业出版社,2009.

[10] 叶陈刚,郑君彦. 企业风险评估与控制[M]. 北京:机械工业出版社,2009.

[11]《企业内部控制配套指引》编写组. 企业内部控制配套指引[G]. 上海:立信会计出版社. 2010.

[12] 张庆龙,聂兴凯. 企业内部控制建设与评价[M]. 北京:经济科学出版社,2011.

[13] 企业内部控制编审委员会. 企业内部控制基本规范及配套指引案例讲解[G]. 上海:立信会计出版社,2011.

[14] 毛通. 风险管理[M]. 北京:中国金融出版社,2010.

[15] 菲利普·乔瑞. 金融风险管理师手册[M]. 张陶伟,彭永江,译. 2 版. 北京:中国人民大学出版社,2003.

[16] 何叶荣,李慧宗. 企业风险管理[M]. 合肥:中国科学技术大学出版社,2015.

[17] 黄霖. 企业风险管理案例分析[M]. 北京:北京理工大学出版社,2013.

[18] 菲利普·乔瑞. 风险价值 VaR[M]. 郑伏虎等译. 3 版. 北京:中信出版社,2010.

[19] 麦茨,诺伊. 流动性风险计量与管理——通向全球最佳实践的从业指南[M]. 北京:中国金融出版社,2010.

[20] 冯宗宪. 金融风险管理[M]. 西安:西安交通大学出版社,2011.

[21] 崔占兵. 基于 VaR 的企业流动性风险评价的研究[D]. 广州:广东商学院,2010.

[22] 王顺. 金融风险管理[M]. 北京:经济科学出版社,2014.

[23] 赵玉洁. 金融风险管理[M]. 北京:对外经济贸易大学出版社,2015.

[24] 菲利普·卡雷尔. 金融机构风险管理[M]. 北京:中信出版社,2013.

[25] 菲利普·乔瑞. 金融风险管理师考试手册[M]. 北京:中国人民大学出版社,2012.

[26] 乔埃塔·科尔基特. 信用风险管理[M]. 北京:清华大学出版社,2014.
[27] 王勇,隋鹏达,关晶奇. 金融风险管理[M]. 北京:机械工业出版社,2014.
[28] 中国银监会. 商业银行资本管理办法[D]. 2012.
[29] 周晔. 金融风险的度量与管理[M]. 北京:首都经济贸易大学出版社,2010.
[30] 周旭东. 公司治理视角的商业银行声誉风险管理[J]. 中国金融,2010(7).
[31] 王林. 巴塞尔协议Ⅲ新内容及对我国商业银行的影响[J]. 西南金融,2011(1).
[32] 李东卫. 关于银行声誉风险管理问题的几点思考[J]. 中国农村金融,2010(1).
[33] 刘新宇. 基于全面风险管理的中国商业银行内部控制研究[D]. 辽宁大学,2011.
[34] 辛乔丽,孙卫东. 次贷危机[M]. 北京:中国经济出版社,2008.
[35] 郭聪. 企业法律风险管理研究[D]. 中国政法大学,2010.
[36] 白洋. 全面风险管理—国际银行业风险管理新趋势[D]. 吉林大学,2006.
[37] 蒋婕菲. 我国保险公司投资行为对偿付能力影响的研究—以安邦保险为例[D]. 浙江财经大学,2016.
[38] 李永华. 中国商业银行全面风险管理问题研究[D]. 武汉大学,2013.
[39] 高晓燕. 金融风险管理[M]. 北京:清华大学出版社,2012.
[40] 中国证监会. 证券公司风险控制指标管理办法[D]. 2006.
[41] 中国保监会.《保险公司偿付能力监管规则(1—17号)》[D]. 2015.
[42] 中国银监会. 商业银行操作风险管理指引[D]. 2007.
[43] 中国银监会. 商业银行市场风险管理指引[D]. 2005.
[44] 中国银监会. 银行业金融机构全面风险管理指引[D]. 2016.
[45] 中国银监会. 商业银行流动性风险管理办法[D]. 2014.